戍鼓烽烟

明代辽东的卫所体制与军事社会

杜洪涛 著

上海古籍出版社

图书在版编目(CIP)数据

戍鼓烽烟: 明代辽东的卫所体制与军事社会 / 杜洪涛著. —上海: 上海古籍出版社, 2021.3
ISBN 978-7-5732-0039-6

Ⅰ.①戍… Ⅱ.①杜… Ⅲ.①卫所制(明兵制)—史料—辽东(历史地名)—明代 Ⅳ.①E294.8

中国版本图书馆CIP数据核字(2021)第138173号

戍鼓烽烟: 明代辽东的卫所体制与军事社会

杜洪涛　著

上海古籍出版社出版发行

(上海瑞金二路272号　邮政编码200020)

(1)网址: www.guji.com.cn
(2)E-mail: guji1@guji.com.cn
(3)易文网网址: www.ewen.co

常熟市文化印刷有限公司印刷

开本635×965　1/16　印张22.25　插页5　字数321,000
2021年3月第1版　2021年3月第1次印刷
ISBN 978-7-5732-0039-6
K·3033　定价: 98.00元
如有质量问题, 请与承印公司联系

图 1 辽阳白塔　摄于 2010 年

图 2 辽阳博物馆藏《骠骑将军左军都督府都督佥事王公（祥）墓志铭》
摄于 2010 年

图 3 广宁鼓楼 摄于 2012 年

图 4 广宁北镇庙 摄于 2012 年

图 5 北镇庙的明代碑刻
摄于 2012 年

图 6 铁岭李成梁家族墓地　摄于 2012 年

图 7 作者在千山龙泉寺考察　摄于 2012 年

图 8 大连旅顺博物馆藏明代天妃庙碑

摄于 2018 年

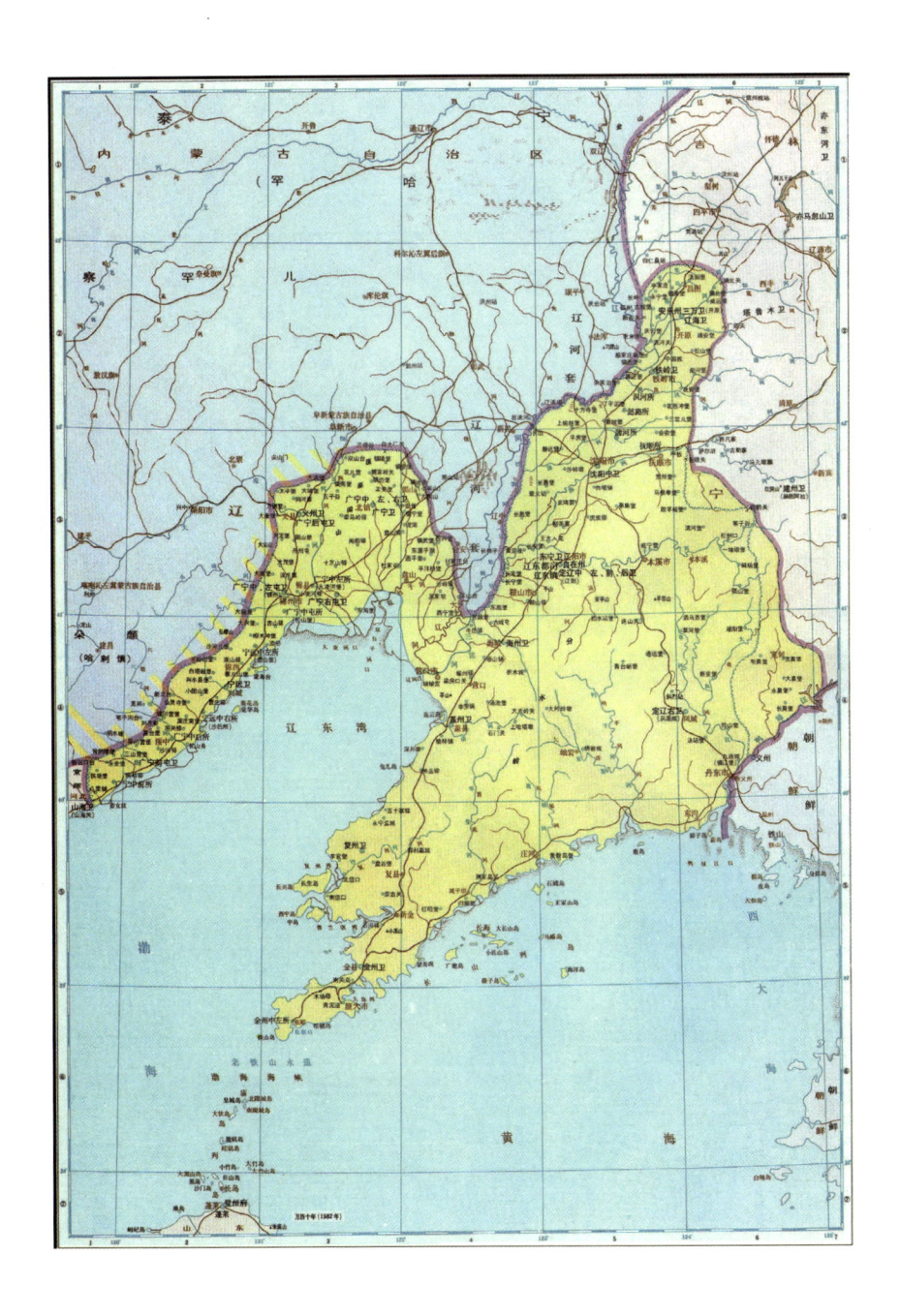

地图 1 辽东都司

引自谭其骧主编：《中国历史地图集·元明时期》，北京：中国地图出版社，1982年，第52-53页。

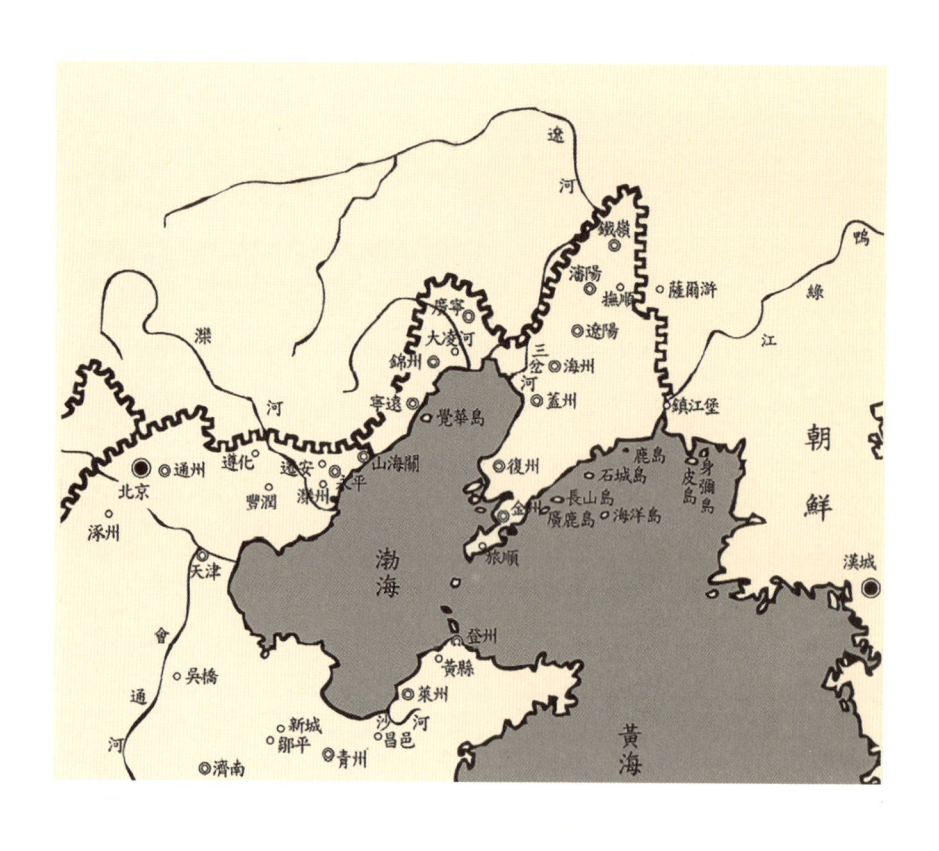

地图2　辽东都司与周边地区

引自黄一农：《吴桥兵变：明清鼎革的一条重要导火线》，《清华学报》新42卷第1期，2012年，第81页。

序 一

赵世瑜

这里呈现给读者的,是杜洪涛在北京大学的博士论文基础上加以修订完成的著作。他最近几次向我索序,我因众所周知的坏毛病,即较少表彰学生的成绩,较多不知当否的批评,因此踌躇再四。最终想到无论是学生索序还是我应命写下几段文字,都不是为了光大门楣,而是在他们完成学业后延续共同感兴趣的学术话题,特别是想到,在相隔千里之遥、疫情发生后相见不知何期的时空条件下,可以就这些话题隔空对话,最终还是答应了下来。

杜洪涛走上治史之路,比同期的学生晚很多,也许正是因为这个原因,他比同时的学生加倍用功。在北师大读硕士的时候,大家公认他是最用功的人,早晨8点进入图书馆,下午闭馆时方离,日复一日,始终不懈。同时他也勤于动脑和笔耕,故此读书期间已颇有发表,天道酬勤的古话,在他身上体现得尤为突出。此外,他的个性执拗,时有与人扞格之处,为此我不知道批评了他多少次。这两个特点,在我的学生中,大概是绝无仅有。回想起来,除了是他老师这个身份外,我好像也没有什么资格批评他,因为至少后面一个特点,在我的身上也很明显。

关于明代的辽东社会这个题目,是我建议的,因为在区域社会史研究领域里,对东北的研究很少,而他是东北人,硕士阶段又是随王东平教授学习北方民族史,故而有一点先天优势。不过对东北地区的研究也的确面临许多困难,因为这个地区长期以来是北方各族生活的地方,进入明代，虽然王朝势力已远至今日之版图以外，但大部属于李治安教授所说的间接统治或羁縻统治，即辽东地区也实行卫所体制进行管理，即本书所谓军事社会，内地那种管理民政的州县系统在这里几等于无。即便如此，除了汉人之外，也充斥着女真、蒙古、朝鲜等多个族群，部落社会与卫所军户构成的社会犬牙交错。入清之后，则因其为满洲的龙兴之地而加以封禁，200年来未能像明清时期其他地区那样成为一个充满流动性的开放社会，直至清末民初才得以终止。因此，国内外对东北地区的研究较多集中于清末民国时期或伪满统治时期，而对清代的研究，多呈现出一种盗猎、盗掘、盗采和政府查禁相互激荡的景象。

　　上述状况与区域社会史研究较多讨论的汉地社会形成了鲜明的反差。我曾在《长城内外》一书的前言中说到，这里长期未能形成一个像内地那样的"士绅社会"，这一点查查明清时期有关科举功名的记录就可以知道（本书告诉我们，至嘉靖末，明代辽东进士和举人总数为229人，这个数字看起来不少，但与明代苏州一府仅进士就超过千人相比，实在算不得什么）。即使有若干获得功名的人，也很难成为支配地方社会的主要力量，更不用说形成某种根深蒂固的文化传统，而这种文化传统可以进而在全国范围内产生影响。于是，由于没有这样一个士绅社会，后者生产的地方志、文集、笔记、族谱、日记等等地方文献便成了大熊猫。即便是华南研究中的常见主题民间宗教研究，在这里也会难以措手，因为很少见到萨满教传统中的仪式文本，也很少在辽东的汉人社会中看到仪式专家的身影。习惯于使用这些资料来重构地方社会历史的学者到了这里，就会变得手足无措，顿生巧妇难为无米之炊的挫折感。

　　相应地，我把这个地区称之为"强人社会"，就是指在相当长的历史时期内，这个社会是靠拳头来说话的。我上课的时候经常举奴儿干都司之设的例子，明朝初年是企图在这里建立礼仪秩序的，证据就是两块永宁寺的碑记。虽然当时朝廷也是派了浩浩荡荡的一支武装船队，但毕竟体现了"国之大事，在祀与戎"的传统。不过凄惨的是，永宁寺很快被毁，第二次朝廷又派人来，重修了永宁寺，后来不知何时又被毁掉，就再也没有重建过了，相信明朝是彻底放弃了将这一地区变为"化内"的努力，与对曾经同属"化外之地"的西南地区的态度大相径庭。

我并不是说"强人社会"是东北地区的独有特征，比如这很容易让我联想到金元之际华北地区由世侯控制的社会、明代之前华南沿海的豪强。我相信在更早的历史时期，比如北朝时期的华北，甚至秦汉时期的关中，那些所谓的豪强地主，对地方乡里掌握着超过国家的控制力。不过到了明代，除了长城沿线的东北地区和西北地区外，绝大部分地区都不再是这种情况了。其实西南地区也还未完全建成士绅社会，但西南地区的地理环境使得基层聚落极为分散，再加上其他文化传统因素，使得这里呈现出由贵族控制的坝子社会和靠结盟关系维持的山区社会的二元格局。

到了清代，主要表现为由八旗驻防控制的东北地区还是不是一个"强人社会"呢？遗憾的是，已有的关于清代东北的研究还不足以告诉我们这个答案，包括近年来在美国颇受赞誉的东北史著作在内，除了国家之外，我们看不到社会的主导力量。我们看到的只是一个八旗驻防的结构性框架，没有看到一个多元族群的基层社会的秩序。假如真是这样的话，清代的东北就与明代辽东的"军事社会"没有本质上的差别，就都是一种在军事体制宏观约束下的自组织社会，这就为"强人社会"的存在提供了制度性空间。当然，对这个问题的回答就必然指向明清两朝对东北地区统治原则的异同问题，也为明代辽东研究之后的接续研究指出了方向。

上述假设当然没有解决区域社会史研究者的常用资料在这里颇显匮乏的问题，但我并不认为这会阻碍我们探究的脚步。一方面，我们还几乎没有在这个地区进行过深入细致的田野调查，这并不是说我期待通过田野调查，可能搜集到更为丰富的明清时期的地方民间文献——尽管这种可能性还是很大的，而是说，通过参与观察，找到更多的提出问题和解决问题的新思路，找到更多的对人们熟知的传世文献进行重新解读的办法。对这一点，凭借近年来对江南地区水上人的调查，我变得更加自信。另一方面，清代关于东北地区的官方文献毕竟大大多于以前历代，无论是中央档案还是地方档案，近年来都得到了很好的整理，唯一需要做的是我们如何去利用它们，当然还有人所共知的朝鲜《李朝实录》，以及自从清代中叶以来俄国、日本、美国人的官方记录和探险家记录，日本人在20世纪上半叶所做调查也极为重要。

本书对明代辽东"军事社会"的看法,主要是根据这里的帝国管理制度是卫所体制而非州县体制的特点来判定的。这个因素当然十分重要,但却不是唯一的,正像我在前面所说的内地的"士绅社会"或者傅衣凌、郑振满所说的"乡族社会"不是由于州县体制造成的一样。我们要确定明代辽东是一个与卫所体制相关的"军事社会",首先要看这里为什么采用了卫所体制,其次要看卫所体制如何型塑了这里的社会,而不要将其视为一个理所当然的做法。对于第一个问题,给予惯常的泛泛回答是不够的,比如从国家实行卫所制度,特别是在边疆地区设立实土卫所的制度设计角度去说,而是要对这项制度在这里落地之前这里究竟是个什么社会,以及国家对这个社会究竟做何认识,有个清晰的了解。对于第二个问题,就是要去看看这里社会的各个结构要素与卫所体制的关系是什么,如果很多重要的要素与卫所体制没有关系,那就不好说是卫所体制导致了明代辽东的"军事社会",甚至连明代辽东是不是一个"军事社会"都不好说了。

必须说明,我并没有否定明代辽东是一个"军事社会"的说法,因为我自己对这里毫无研究,不能妄断,我只是在讲一种研究逻辑。杜洪涛在书中提到了前辈学者对晚明李成梁、祖大寿等军事家族的研究,也提到了柯娇燕关于"辽东人"的说法,包括我们曾经合作研究过的毛文龙军事集团,以及他在本书中讨论的韩氏和崔氏,当然与卫所体制有关,我们甚至可以说,努尔哈赤及其祖先的崛起,也和卫所体制有关,但是没有卫所体制,他们也是当地豪强,或是建州女真的酋长。李成梁号称祖先于唐末避难于朝鲜,于明代回归,相信只是一种说辞;崔氏则是沈阳的原住民,洪武时便归附明朝,被授官职,如果不是地方豪强是不太可能的。当然也有韩氏、祖氏这样从关内调防过来的军户,是卫所体制的直接受益者。所以,我的假设是,在卫所体制实施之前,这里在很大程度上就是一个"强人社会",而卫所体制只是把这种"强人社会"合法化了,这种被合法化了的"强人社会"就可以被称为"军事社会"——都是靠拳头说话的。

本书在前人研究的基础上,首先讨论了明代辽东人口的问题,这对回答上述问题异常重要。曹树基认为迁辽卫所人口所占比例只有20%，张士尊则认为这部分人口达到总人口的三分之二，杜洪涛根据《全辽志》和《辽东志》的数据推算，明初辽东人口为40万左右（我意应为在籍人口），其中汉人外迁至此的约为11万多，从东北其他地方迁入的各族人口4万多，也就是说，明初从内地迁来的卫所官兵及其家属仅占总数的四分之一强，薛廷宠"华人十七"的说法包括了明代以前的汉人移民和汉化的北族人口。这些数字可以说明明初辽东人口的基本面貌，但又不能说明全部问题，因为只有真正了解这些冠以族群标签的不同人群的社会文化行为，才能判断明代辽东社会的特征。比如，所谓"汉化"的北族人口在什么程度上只是他们的自我标榜，明代以前至此的汉人移民相对中原汉人来说是否也同时"胡化"了等等，都是需要再进一步追究的。

在本书中，杜洪涛在不同的章节讨论了明代辽东的社会结构，比如第三章谈及当地的士大夫化努力，如嘉靖时贺钦的"毁淫祠"之举和宗族建设的尝试，说明辽东士绅与全国多地的士大夫"同呼吸"。但似乎由于材料的限制，我们无法知道这只是个别的事例还是日益普遍的现象，也不知道这些举动在社会中究竟产生了何种影响。在第三章中，杜洪涛也论及辽东卫所的"去军事化"，主要是从卫所体制逐渐行使民政职能的角度说的。但"去军事化"不仅应指制度层面的变化，似乎还应包括"在地化"的一面，即社会层面的变化。在这个层面，已有一些论文谈及其他区域的类似问题，即卫所军士及其家属日益与当地的原住民日益融合，相互影响，不知道辽东是否存在这样的情况。也许他们自己形成的聚落，始终与原住民聚落之间存在较大隔离，双方几乎不发生关系。如果是这样，明代辽东社会就可以说是一个二元社会，即属于国家编户的移民社会和不在籍的原住民部落社会，笼统地概括其社会的特质大概就是不可行的了。

在本书第二章中，杜洪涛讲到这里的人在长期的交往中"通过血缘、婚姻、同乡、上下级、袍泽、同学、朋友、邻里等关系结成彼此交错的社交网络。这些不同的社交网络又通过缔结婚姻、崇拜共同的神灵、共享地方性知识与地方社会的历史记忆等方式彼此关联在一起"。我特别希望有更多的案例详细陈述上述各种关系是如何结成的，他们是如何缔结婚姻关系、如何崇拜共同的神灵,如何形成哪些地方的历史记忆,比如,关于北镇医巫闾山上的信仰是如何变化的。这样,我们对辽东的社会结构的描述,就不仅局限于拥有官籍和军籍两部分人的情况,还应包括生态环境、生计模式、聚落形态、族群分类、神明信仰等多种结构要素,比如本书涉及这里的族群分类,但却对女真、朝鲜、蒙古等涉及较少,记得朝鲜人有一些对女真人南迁后聚落形态和社会组织的详细记录,应该是认识明代辽东社会的题中应有之义。如果这样,对一部以研究一个区域社会为主旨的著作来说,就会更加名副其实。

总之,杜洪涛的这项研究引发了我的许多联想,但对于一个没有研究过该地的人来说,我上面所说可能并不成立,而且可谓苛求。但也说明他的研究使我进一步认识这里的欲望变得更加强烈,这就是本书重要的成功之处。无论如何,我认为本书是对明代辽东史研究的推进,并希望作者能在此基础上继续深化,使其成为一项可持续的研究。同时,亦请作者把我的假设和苛求当作一种殷切的期待,而不止是批评。

2021 年 4 月 25 日草于南都旅次

序 二

徐 泓

内蒙古师范大学历史文化学院杜洪涛,最近完成新作《戍鼓烽烟:明代辽东的卫所体制与军事社会》,嘱我作序。

初识杜洪涛是十年前,2011年的秋季,我受北京大学历史系郭润涛教授和李新峰教授邀约,作一个半月的短期讲学,他那时是上课的博士生。后来就没再联络,直到2019年年初,为参加天津南开大学历史学院举办的《纪念郑天挺先生诞辰一百二十周年暨第五届明清史国际学术讨论会》,计划提一篇讨论大明国号的论文时,才重新取得联系,从此成为微信上的好朋友,经常交换研究信息与心得。

明朝国号"大明"的缘由,朱元璋的《即位诏》及其后的官方文书均未说明,后代遂多猜测,或以火德为之解。但以"五德终始"立论,有其缺失,与前朝的大元王朝既非相生也非相克,难以服人。20世纪40年代初,吴晗首倡"大明"国号源于明教(摩尼教)类似弥赛亚救世主的"明王出世"说,广为学界与社会大众接受,几成定论。直至70年代,学界才开始有人质疑"明王"是否出于明教。80年代初,杨讷阅读现存所有元代白莲教史料后,否定吴晗学说。他除指出吴晗论文方法上的错误,及引证史料之疏漏外,并以传世史料,证实元末起事者所提"弥勒佛下生"与"明王出世"口号,出于佛教经典,均与明教无涉。但吴晗首倡"大明"国号源于明教的"明王"说已深入人心,是以杨讷新说未引起较多注意。陈学霖以此颇感不平,遂于2009年撰一长文《明朝"国号"的缘起及"火德"问题》演绎杨讷论说，提醒学界不应继续宣扬此一错误论断。然而杨讷与陈学霖虽否决吴晗学说，但其思路仍在宗教中寻找国号出典，并未脱离吴晗。

多年来，我在海峡两岸的大学讲授《明史》时，也觉得吴晗的论说并不妥切，开始关注这一论题。在搜寻相关论著时，发现杜洪涛于2014年在《史林》发表的论文《明代的国号出典与正统意涵》，首先摆脱吴晗思路，主张明朝国号不但与明教无关，也与白莲教无涉，而与儒家首要经典《易经·大明终始》相关。当时还是北京大学历史系博士生的杜洪涛，有此出众的卓见，实属难得。

杜洪涛这个论点正好与我们注意到朱元璋得到浙东儒生集团支持时，亲书的标语"六龙时遇千官觐，五虎功成上将封"相关。"六龙时遇"即来自《易经·乾卦》"大明终始，六位时成，时乘六龙以御天"。杜洪涛的论文鲜明地阐明了这一论点，论据充分，说理清晰，但和杨讷一样，并未受到明史学界主流的重视。于是我就仿效陈学霖，演绎杜洪涛的论说，撰写《明朝国号"大明"的缘由及意义》，在《纪念郑天挺先生诞辰一百二十周年暨第五届明清史国际学术讨论会》上作主题报告，获得与会学者的赞同。借此扭转五四以来，学者抛弃儒家经书，不愿从中寻找历史答案的趋势。在五四后一百年的今天，中国国势振新，国人找回自信心，重新肯定老祖宗留给我们的遗产。在政府的鼓励和民间的自主发动下，中国传统学术文化的研究与推广，受到重视。在这新生的氛围中，学者开始实事求是地处理历史问题，把历史解释放在当时历史情境中研讨，而不是用现代思维要求古人。传统中国社会与政治脱不开儒家传统，尤其政治操作更须参考儒家经典，即使是非汉族的少数民族政权亦如此，大元国号与年号之命名就是很好的例子。杜洪涛提出研讨大明国号的新思路，是他个人的学养与聪慧有以致之，同时也是中华民族文化复兴氛围涵养的成果。

多年来，杜洪涛关注明代辽东的研究。清朝为隐没其入关前与明朝的关系，在官修的正史《明史》中刻意不提明朝疆域所及于今库页岛的"大东北"，而后来配合日本政府侵华政策的学者以及今日别有用心的"新清史"学者都提倡"满、蒙、维、藏非中国说"，指称中国疆域只及于明朝长城以内。杜洪涛的明代辽东研究，确切证实明朝对山海关以外的统治及明朝军民对辽东的开发与其政治、社会、经济发展。亦可谓对以上缪说之正面反击。

自古以来,尤其秦汉以来,中国就是一个中央集权的统一国家,其幅员广阔,人口众庶,族群繁多,地形地势复杂,社会经济水平不一;因此,面对这样的"多元一体"局面,中央集权的国家治理,均有因时因地制宜的弹性处理方式,以对待不同的地区,内地与边疆,汉族与少数民族地区。时至今日,我国省、市、县之外还有自治区、自治县和一国两制下的港、澳特区等。明朝亦如此,除十三布政使司外,西南和西北有由少数民族自治的土司,边疆地区有兼理军民政的实土卫所。辽东地区即是典型的实土卫所。

辽东是明朝东北边疆要塞,与蓟镇、宣府、大同等边镇相连,互相呼应,又是经营女真部落的前进基地。为巩固之,不但移徙内地军队镇戍,而且"徙江、淮、齐、鲁之民居之"。辽东这一实土卫所区的人口,除卫所官、军及其家属外,还有不少从关内移民和在当地居住的女真族与朝鲜族,例如明朝政府为牵制蒙古兀良哈部,就在辽东开原,"置快活、自在二城",供女真族居之,"俾部落自相统属,各安生聚"。为统治方便和有效,针对辽东复杂的族群,便实行与内地不同的制度,由卫所兼理军政与民政,实施军事管理。

但辽东实土卫所的军事社会,并非一成不变;随着时代的推移,社会、经济和政治及军事形势的发展,辽东的政治、军事与社会体制发生很大的变迁。杜洪涛这本《戍鼓烽烟:明代辽东的卫所体制与军事社会》就是具体论述这个历史。明朝对较晚纳入版图的地区,最初多由卫所扮演比较重要的角色,例如明初广东不少卫所与州县政府置于同一城内,许多地方事务与地方工程,绝大部分由卫和州县所依"军七民三"比例分担,到明代中期以后,军方逐渐退出而变为"军三民七";地方社会的士绅势力逐渐兴起,参与地方事务,在地方社会扮演重要角色,又有"官三民七"的发展。杜洪涛的研究证实了这一趋势,他从辽东卫所体制的发展入手,指出原来管治卫所的军事机关五军都督府逐渐退出,而由六部等中央文官行政机关接管。大量人口脱离卫所体制,军屯官田化;实土卫所的治理也逐渐去军事化。卫学的增设，参与科举考试的军民大增，武官家族也采士大夫化政策。辽东军事社会虽不像内地，士绅能支配地方社会，但对当地军政事务也有一定的影响。

杜洪涛这本书的重要贡献，还有关于晚明辽东的商业贸易与社会变迁的论述。16世纪，以辽东为纽带的长途贸易网络的兴起，这是前人较少触及的课题。他具体地绘出这一涵盖江南、东北亚的商贸网络，促使众多辽东百姓脱离原属卫所与原属户族，前往东部边地或中国北方海域从事商业贸易、农业开发以及矿冶、采参等活动。杜洪涛的研究，对理解晚明辽东袁崇焕与毛文龙之争的背景，大有帮助。

杜洪涛这本书的另一亮点是讨论辽东卫所体制变异、社会及政治认同与明清易代的关系。明代后期，辽东社会经济的新发展，使旧有的卫所体制不能适应。应对此一危机，辽东官员采取了脱籍人口就地落籍与军事家丁等权宜措施。这些措施虽然使卫所体制得以延续，却也促成军事利益集团的形成，影响辽东战局。而辽东军民长期发展出的明朝辽东地方认同，也发生变化。明代后期，明朝与满洲争战过程中，善于骑射、强悍刚毅的辽东人遭到内地社会的强烈排斥，并发展出介于满、汉之间的族群认同。这种认同的转化，加上大量辽东人降清，编入汉军八旗；在内地人看来，辽东人的认同已进一步转为对满族的认同，是非我族类的异己。辽东人是助清军统一中国的主力之一。讨论辽东人的认同转变在明清易代过程中的作用，是这本书的一大特色。

杜洪涛这本书是明了明代辽东社会史、经济史、政治史、军事史及明清易代不可多得的新作；为此，我不揣谫陋，为他写序，表达衷心的感佩。

2021年5月1日劳动节
台北景美仙迹岩下二闲居

目　录

序　一 ·· 赵世瑜　1
序　二 ·· 徐　泓　7
前　言 ·· 1

导　论 ·· 1
　一、东北边疆的军事社会 ······································ 1
　二、区域社会的卫所体制 ······································ 6
　三、思路与方法 ·· 11
　四、主要概念 ·· 15

第一章　从州县体制到卫所体制 ································ 18
　一、辽阳行省的管理体制 ···································· 19
　二、从"红巾之乱"到元明交替 ······························ 23
　三、明初辽东州县的数量、归属与裁并 ························ 29
　四、实土与抽垛：转向卫所体制的历程 ························ 43

第二章　明初的卫所体制与社会整合 ···························· 60
　一、明初辽东的人口构成 ···································· 60
　二、明初辽东的社会整合 ···································· 80
　三、卫所体制下的社会结构 ·································· 96
　四、"我东人"：地方认同的形成 ····························· 100

第三章　卫所体制的危机与变革 …… 104
一、卫所体制的危机 …… 104
二、文官体系的介入 …… 120
三、营兵制的形成与卫所的去军事化 …… 129
四、屯田的官田化 …… 137
五、增设卫学与赴山东乡试 …… 142

第四章　体制改革后的辽东社会 …… 146
一、韩、崔两家的崛起与武官权势的再生产 …… 146
二、士绅群体的形成及其社会角色 …… 157
三、军籍户族的变化 …… 167

第五章　晚明的商业贸易与社会变迁 …… 179
一、以辽东为纽带的长途贸易 …… 180
二、东部边地的开发 …… 200
三、纵横北方海域的辽东势力 …… 214

第六章　体制变异与明清易代 …… 221
一、体制危机中的权宜之计 …… 221
二、军事利益集团 …… 239
三、晚明辽东的社会危机 …… 252
四、明清易代时期的辽东社会 …… 263

结　论 …… 301
一、边疆社会的卫所体制 …… 301
二、实土都司的社会变迁 …… 309
三、认同变迁与明清易代 …… 317

参考文献 …… 320
后　记 …… 335

前　言

十三年，弹指一挥间。

2008年，我考入北京师范大学历史学院读研。我当年报考的研究领域是秦汉史，目标导师是王子今教授。不料，那一年，已经调入中国人民大学的王教授决定不再从北师大招收研究生。幸而，赵世瑜老师、王东平老师等复试考官为我提供了调整到其他研究领域的机会。当时复试主考官宁欣老师曾经征求过我的意见，我表示服从分配。最终，我被分配到王东平老师门下，学习民族史。由于民族史不限时段，我当时打算硕士期间研究秦汉时期的匈奴问题，以便日后读博时继续学习秦汉史。

2009年，我在准备撰写赵世瑜老师的课程论文时，开始研究大礼议问题。当时明代史料展现出来的历史世界深深地吸引了我。6月10日，我决心放弃秦汉史，专攻明史。随后，我向赵世瑜老师表达了想要跟随他读博的愿望，并开始研读赵老师的《小历史与大历史》《狂欢与日常》等论著。

同年9月，我在构思硕士论文《"再造华夏"：明初的传统重塑与族群认同》时，计划在硕士论文的部分章节里以明代辽东为研究范围，通过这个区域展现当地社会"由夷变夏"的历史过程。不过，当时我还不曾想到未来的博士论文会将明代的辽东社会作为研究对象。

2010年，我在完成了《空位危机、女主干政与嘉靖议礼》之后，请赵世瑜老师帮我开列一份必读书目。随后，我按照赵老师开列的书目研读陈春声老师、刘志伟老师、郑振满老师和黄国信、黄志繁、张应强、温春来等学者的论著。这些论著的研究思路与我在做大礼议研究时所习惯的传统政治史的研究方法存在很大差异,拓宽了我的研究视野;同时,也令我下定决心,要写一本区域社会史的博士论文。

同年,我偶然在北师大图书馆库本阅览室查到一本名为《辽阳碑志》的内部参考资料,其中有不少明代武官的墓志铭。通过网络查询,我得知辽阳博物馆中藏有大量明代辽东武官的墓志铭及明代碑刻。于是,我产生了将明代辽东作为我博士论文选题的想法。当年暑假,我在国家图书馆古籍部阅读了《辽东志》《全辽志》《满洲金石录》以及国图所藏辽宁省的族谱资料之后,前往辽阳进行田野调查,并拍摄了辽阳博物馆所藏的大量墓志铭、碑刻等历史文物的数字照片。

2011年,我考入北京大学历史系,在赵世瑜老师门下学习社会史。随着对明代辽东档案、碑刻、文集等史料的研读,我在赵老师的指导下逐步明确了通过卫所体制研究辽东社会的论文选题。2012年,我前往绥中、广宁、鞍山、辽阳、铁岭等地进行田野调查。在搜集各地碑刻资料的同时,我与邹宝库、温德辉等当地文史工作者及李成梁的后人进行了密切交流。此外,我还走进了绥中地区的明长城、广宁的北镇庙和铁岭的李成梁家族墓地等历史现场,文献中读到的那些历史场景突然变得鲜活起来。

2014年,我完成了博士论文的写作并通过答辩。不过,由于时间、能力所限,我的博士论文仍有不尽人意的地方。

匆匆又是七年。

在这七年中,我成为内蒙古师范大学的一名教师。教学、科研之余,偶尔会在大昭寺广场的阿勒坦汗雕像前,想象当年赵全、丘富等越过长城进入土默特地区的明代移民。与此同时,学术界也发生了不小的变化。区域社会史已经成了比较边缘的词汇,当年的区域社会史研究者更愿意称自己的研究为历史人类学(另有部分学者始终称自己的研究为历史人类学);全球史、跨文化研究已经成为不容忽视的研究取向;与我的博士论文相关的区域研究、卫所研究和辽东研究也不断有优秀的论著问世。

七年后,当我再次修改博士论文,准备交由上海古籍出版社出版的时候,我不无遗憾地发现:以我目前的时间、精力,想要充分吸收最近七年的相关成果,大幅修改自己的博士论文是不可能完成的任务。

所幸，我在博士论文中探讨的明代辽东与山东的关系、明初辽东管理体制的变迁，明初辽东的人口、移民与社会整合，明代辽东卫所体制的变革，明中叶武官家族的权力再生产，明代辽东的士绅群体及其社会角色，晚明以辽东为纽带的长途贸易网络，晚明都司东部边地的开发与纵横北方海域的辽东势力，辽东卫所体制的变异与军事利益集团的崛起，卫所体制下的社会结构及其变化，明代辽东人的认同变迁与明清易代等问题，仍然具有一定的学术新见和参考价值。因此，我决定在大体保持博士论文原貌的情况下，只作必要且适度的修改。

本书对笔者博士论文的修改主要体现在以下几个方面：

首先，本书的研究宗旨为通过卫所体制的变革考察明代辽东的社会变迁。笔者在对博士论文的修改过程中，将尽量突出这个主题。

其次，在结构上，笔者将博士论文的八章调整为本书的六章。具体地说，将博士论文的第一章"元明之际的东北边疆"的部分内容与第二章"从州县体制到卫所体制"合并；同时将博士论文第一章中关于兀良哈南迁等问题的文字大幅删减后并入本书的第三章"卫所体制的危机与变革"；将博士论文第六章"16世纪辽东商业贸易的繁荣"与第七章"商业大潮对卫所体制的冲击"合并，改写成本书的第五章"晚明的商业贸易与社会变迁"。

其三，笔者将原博士论文的第八章"卫所体制的消解"改成本书的第六章"体制变异与明清易代"。这一章的改动较大。具体地说，将博士论文这一章的第一节"既有结构的弱化与辽东官员维系卫所体制的努力"，改成本书此章的第一节"体制危机中的权宜之计"；将博士论文这一章的第二节"军事改革与利益集团"加以补充，改成本书此章的第二节"军事利益集团"；将博士论文这一章的第三节"秩序危机与体制消解"改成本书此章的第三节"晚明辽东的社会危机"；同时，在博士论文预答辩版关于东江集团与关宁集团及后金在辽东推行迁海政策等（在答辩版被我删除）内容的基础上，写成了本书此章的第四节"明清易代时期的辽东社会"。此外，本书对博士论文的导论与结论也作了大幅修改。

最后想要说明的是以下两点：

首先，学术标签。我在赵世瑜老师门下学习多年，在赵老师的指导下研读过大量区域社会史研究的理论著作与实践著作。从主观意图上说，我试图将本书写成一部区域社会史研究的专著。不过，由于明代辽东的契约、族谱等民间文献相对匮乏，再加上我在研究大礼议的过程中受传统政治史研究的影响较深等原因，本书能否算作典型的区域社会史专著是一个见仁见智的问题。在我看来，本书被贴上什么样的学术标签并不重要，如果本书能够对读者理解明代辽东社会的历史有所助益，我将深感荣幸。

其次，后续研究。我对明代辽东的研究并不会就此终结。在写作、修改博士论文的过程中，我逐步认识到明代辽东的管理体制是一个多元的制度体系。2020年，我以"明代辽东治理体系研究"为题申请国家社会科学基金项目并获立项审批。期望我日后对明代辽东制度体系的研究能够与本书对明代辽东社会变迁的研究成为各有侧重、相互补充的两部专著。

杜洪涛
2021年1月22日
写于内蒙古师范大学田家炳楼808办公室

导　　论

与州县体制相似,卫所体制是国家实现社会控制、稳定社会秩序的重要工具。一方面,卫所体制规范、约束着卫籍人口的社会生活与经济生活。另一方面,社会经济与社会秩序的变动也会导致卫所体制的变化与消解。因此,卫所体制的演变,不但能够反映国家与地方社会的互动,而且能够揭示地方社会的历史变迁。本书试图通过考察明代辽东卫所体制的演变,揭示明代辽东的社会变迁,进而丰富学界对明代中国传统社会的理解。

一、东北边疆的军事社会

明代的辽东都司东起鸭绿江,西至山海关,南临渤海,北抵开原。其辖境主要包括辽河以东的辽河平原、辽西走廊、千山山脉及其东部的丘陵地区与辽东半岛两侧的海上诸岛。这个区域是一个相对独立的地理单元。它与东北东部、东北北部的森林地带,东北西部的草原地带不同,是适宜农耕民族发展的地域。① 与此同时,辽东的大部分边界与草原地带、森林地带与丘陵地带相邻,除海路外,仅靠一条介于山海之间的狭窄通道

---

① ［美］拉铁摩尔著,唐晓峰译:《中国的亚洲内陆边疆》,南京:江苏人民出版社,2008年,第73页。需要指出的是,松花江流域虽然土地肥沃,但在中东铁路修建之前,辽河流域与松花江流域的分水界是古代农民难以逾越的界限。吕思勉:《从民族拓殖上看东北》,载吕思勉:《吕思勉论学丛稿》,上海:上海古籍出版社,2006年,第132—133页。

与中原地区保持交通往来。上述地理特征使这里成为华夏族群与北方族群频繁接触、反复争衡的地域。

洪武四年(1371),明军由海路进入辽东。洪武八年(1375),明廷在这里设立辽东都司。此后,辽东成为明代北边防御体系的重要组成部分。因其战略地位十分重要,被时人称为"神京左臂"。①

自洪武十年(1377)起,明廷在辽东推行只立卫所、不设州县的管理体制。因此,辽东社会与内地州县体制下的地方社会不同,其社会成员的绝大多数皆为卫籍人口。辽东人或是承担军役,戍守边疆;或是耕种屯田,贴补正军,修筑边墙、屯堡等。无论是否直接承担军役,辽东人的日常生活都与边疆地区的军政事务息息相关。

上述情况说明,明代辽东是一个地处东北边疆的军事社会。考察这个军事社会,不但可以加深对明代北部边疆社会变迁的理解,而且可以丰富对明代中国传统社会的整体认识。不过,既有的明代辽东或明代东北的研究专著通常将研究焦点集中在政治、军事和经济上,对明代辽东的社会变迁关注较少。下面以几部经典的东北史研究专著为例予以说明。②

杨旸主编的《中国的东北社会(十四—十七世纪)》,是在他的另外两部专著《明代辽东都司》《明代奴儿干都司及其卫所研究》的基础上编纂而成的。③该书虽然以东北社会为题,但并没有围绕14—17世纪东北社会的变迁展开论述。从该书的内容上说(而不是从范式上说),仅有第二

---

① 王圻:《续文献通考》卷232《舆地考》,台北:文海出版社,1979年,第22册,第13797页;陈子龙等选辑:《明经世文编》第436卷《论辽东税监高淮揭》,北京:中华书局,1962年,第6册,第4775页;陈子龙等选辑:《明经世文编》第323卷《辽东镇图说》,第4册,第3441页。

② 除了下面将要讨论的著作之外,还有以下一些值得注意的论著。李健才:《明代东北》,沈阳:辽宁人民出版社,1986年;杨旸、朱诚如等著,朱诚如主编:《辽宁通史》第2卷,沈阳:辽宁民族出版社,2009年;时仁达:《明代辽东卫所军役研究》,中央民族大学博士论文,2012年。

③ 杨旸主编:《中国的东北社会(十四—十七世纪)》,沈阳:辽宁人民出版社,1991年;杨旸:《明代辽东都司》,郑州:中州古籍出版社,1988年;杨旸:《明代奴儿干都司及其卫所研究》,郑州:中州书画社,1982年;按:杨旸另有《明代东北史纲》一书,此书可以视作《中国的东北社会(十四—十七世纪)》的删减版。杨旸:《明代东北史纲》,台北:台湾学生书局,1993年。

章"明代流人在东北"和第十五章"明代东北社会生活"属于社会史;而第一章"明洪武朝对东北的统一与辽东都司设置",第四章"明永乐、宣德朝对东北统治加强,奴儿干都司设立",第十一章"明朝继续加强统治挽救政治危机"和第十七章"明王朝在东北统治的瓦解"属于政治史;第三章"明代初期辽东的经济",第六章"明初奴儿干都司辖境女真社会经济形态",第八章"明代中期辽东经济",第九章"明代中期奴儿干都司辖境女真社会经济形态",第十二章"明代后期辽东经济",第十三章"明代后期建州女真社会经济形态",第十四章"明代东北城镇及城镇经济"属于经济史及城镇史;第七章"海西女真南迁和奴儿干都司辖境卫所续建以及辽东边墙的修筑",和第十章"明代东北民族"属于民族史,第十六章"明代东北的文化"属于文化史;第五章"明代东北的驿站"属于交通史。①

张士尊的《明代东北边疆研究》由十二章组成。在第一至第四章中,他讨论了明朝初期明廷经营辽东的策略及其变化、辽东的驿站与边墙、辽东的军政管理体制和辽东的人口。在第五至第七章中,他考察了明朝初期明廷对东北边疆各族的招抚和优待政策,揭示了海西女真与建州女真南迁造成的辽东边疆危机。在第八至第十章中,他对明代辽东的海运与河运,辽东的军食供应和辽东的马政进行了探讨。在第十一和第十二章中,他研究了明代的中朝关系及经济文化交流对辽东的影响。②

丛佩远《中国东北史》第三卷中的《明代东北编》着重讨论了明朝对东北地区的统一与管理,蒙古、女真等北方族群在东北地区的迁徙与分布,后金的统一战争与八旗制度,明代东北各族的反抗斗争。③

和田清《东亚史研究(满洲篇)》的第十至第十四章讨论的是明代东北的历史。其中,第十章和第十一章探究了洪武、永乐时期明廷对东北地区的经略;第十二章考察了建州女真的南迁;第十三章是关于

---

① 杨旸主编:《中国的东北社会(十四—十七世纪)》。
② 张士尊:《明代辽东边疆研究》,长春:吉林人民出版社,2002年。
③ 丛佩远著,佟冬主编:《中国东北史·明代东北编》,长春:吉林文史出版社,2006年,第533—979页。

"海西东水陆城站"的历史地理研究；第十四章主要讨论了宽奠等堡的拓展与毁弃，后金崛起与毛文龙集团的抗金活动等。需要强调的是，该书第十四章中关于嘉靖年间鸭绿江一带的农业开发与商业贸易的内容虽然篇幅不大，但对于明代辽东社会史研究具有十分重要的启发意义。①

荷见守义的《明代辽东与朝鲜》并不是一部围绕着明代辽东与朝鲜的关系展开论述的专著，而是一部包含明代辽东研究和明代辽东与朝鲜关系研究两个主题的论文集。关于明代辽东的研究又可以进一步分为两类：首先，制度史研究。这部分内容包括第一章"明代辽东统治体制"，第二章"辽东巡按"和第三章"辽东守巡道"。其次，马市研究。这部分包括第四章"辽东马市信牌档考"，第五章"辽东马市档案考"与第六章"辽东抽银考"。②

虽然与政治史、军事史等相关研究相比，明代辽东的社会史研究相对较少，但在既有的相关论著中，以下两个方面的研究十分引人注目。

首先，武官家族与军事集团。明代辽东的武官家族及以武官家族为中心的军事集团，是支配辽东军事社会的重要力量。1987年，姜守鹏率先考察了明末辽东的势族。他的势族概念含义较广，既包括世代担任军政要职的武官家族，也包含通过募兵获得军职的豪富家族和没有军职的豪富家族。然而，或许是受到现存史料的限制，他重点探讨的主要是拥有兵权的武官家族。③1989年，李洵对"祖家将"进行了深入的研究。由于他将"祖家将"界定为以祖氏将官为主体，同时包括亲信的非祖姓将官在内的军事集团，④因而他在研究思路上突破了家族研究的藩篱。2009年，叶高树对以李成梁、祖大寿、毛文龙为首的晚明辽东三大军事家族进行了比较研究。他还分析了维系上述三大家族的基本力量，即血缘关系（按：包

---

① 和田清：《東亞史研究（滿洲篇）》，东京：东洋文库，1955年，第260—565页。
② 荷见守义：《明代遼東と朝鮮》，东京：汲古书店，2014年。
③ 姜守鹏：《明末辽东势族》，《社会科学战线》1987年第2期，第203—209页。
④ 李洵：《祖大寿与"祖家将"》，载李洵：《下学集》，北京：中国社会科学出版社，1995年，第400—411页。

括拟血缘关系);主仆关系;袍泽关系和地缘关系。①此外,张士尊探讨了明代辽东海州卫的徐氏家族和孙氏家族;②绵贯哲郎讨论了祖大寿家族兴起的背景与"祖家将"被编入汉军八旗的过程;③杨海英对明清之际辽东佟氏家族的先世进行了考证。④

其次,辽东人。对明代辽东人的界定是一个涉及社会认同、政治认同,甚至族群认同的重要问题。1999年,柯娇燕在其著作中将"辽东人"作为一个具有特定含义的概念使用,但没有对这个概念进行界定。⑤2003年,王景泽主张辽东人"是一个与民族相联系又有重要区别的概念"。在他看来,辽东人指明代生活在东北地区的汉人群体。⑥2009年,司徒琳强调辽东人不限于汉人,这个概念应该用来指代"每一个在辽东共享这一地方区域文化的人,因而他们可以互相认同的程度要高于来自其他地区的人"。⑦2011年,张士尊提出了与司徒琳相近的观点,他认为辽东人指生活在辽东都司的汉人、女真人、蒙古人和高丽人。他还指出辽东人具有多元的文化倾向。⑧

此外,林延清、赛瑞斯、江嶋寿雄对明代辽东马市贸易的研究,杨旸对明代东北亚丝绸之路的探索,松浦章对毛文龙集团经济基础的分析,周远廉、谢肇华、丛佩远对辽东军户的研究,曹树基对明初辽东人口的估算,罗继祖对明末辽东人抗清斗争的考述,寺田隆信对明代北边军事消费区的

---

① 叶高树:《明清之际辽东的军事家族——李、毛、祖三家的比较》,《台湾师大历史学报》第42期,2009年,第121—194页。
② 张士尊:《从近年出土的墓志看海州卫武功集团的兴衰》,《鞍山师范学院学报》2015年第5期,第25—30页;张士尊:《从墓志看明代海州卫孙氏家族的兴衰》,《鞍山师范学院学报》2020年第3期,第35—42页。
③ 绵贯哲郎:《再论祖大寿与"祖家将"》,《吉林师范大学学报》2017年第6期,第26—40页。
④ 杨海英:《明清之际辽东佟氏先世考辨》,《民族研究》2019年第6期,第95—108页。
⑤ Pamela Kyle Crossley, *A Translucent Mirror, History and Identity in Qing Imperial Ideology*, Berkeley: University of California Press, 1999, pp.84-88.
⑥ 王景泽:《明末的"辽人"与"辽军"》,《中国边疆史地研究》2003年第1期,第26—32页。
⑦ 司徒琳主编,赵世瑜等译:《世界时间与东亚时间中的明清变迁——世界历史时间中清朝的形成》,北京:生活·读书·新知三联书店,2009年,下卷引论第14页。
⑧ 张士尊:《也论"辽土"与"辽人"——明代辽东边疆文化结构的多元倾向研究》,《社会科学辑刊》2011年第6期,第179—187页。

论述等,也对探究明代辽东的社会变迁具有十分重要的参考价值。①

综上所述,明代辽东的社会史研究仍是有待开拓的领域。本书拟在既有研究的基础上,将明代辽东社会作为研究对象,探究这个边疆军事社会的历史变迁。

二、区域社会的卫所体制

明代辽东的历史行动者被按照百户所、千户所等不同层级的卫所机构组织起来,生活在卫城或者以屯堡为中心的乡村。他们的社会身份与社会生活,主要由他们在卫所体制中的位置与角色决定。因此,卫所体制是揭示明代辽东社会的重要因素。为了更好地说明卫所体制,下面从卫所制度研究的学术史说起。

自20世纪30年代以来,卫所制度的研究主要围绕着以下三个主题展开:其一,历史地理。除了大量关于卫所建置的时间和地理位置的考证之外,最引人注目的是谭其骧、周振鹤关于实土卫所、军管型政区的探讨。②其二,兵制演变。自1937年吴晗的《明代的军兵》发表以来,兵制问题始终是卫所制度研究的热点。中外学者对京营、班军、民兵、民壮、营兵制、

---

① 林延清:《论明代辽东马市从官市到民市的转变》,《民族研究》1983年第4期,第50—57页;亨利·赛瑞斯著,王苗苗译:《明蒙关系Ⅲ——贸易关系:马市(1400—1600)》,北京:中央民族大学出版社,2011年,第70—108页;江嶋寿雄:《明代清初女直史の研究》,福冈:中国书店,1995年;杨旸:《明代东北亚丝绸之路与"蝦夷锦"文化现象》,《社会科学战线》1993年第1期,第118—124、142页;松浦章著,郑洁西等译:《明清时代东亚海域的文化交流》,南京:江苏人民出版社,2009年,第105—120页;周远廉、谢肇华:《明代辽东军户制初探——明代辽东档案研究之一》,《社会科学辑刊》1980年第2期,第45—60页;丛佩远:《明代辽东军户的反抗斗争》,《史学集刊》1985年第3期,第23—30页;曹树基著,葛剑雄主编:《中国移民史(第五卷明时期)》,福州:福建人民出版社,1997年,第268—283页;罗继祖:《十七世纪辽东人民抗后金的斗争》,《史学集刊》复刊号,1981年,第53—63页;寺田隆信著,张正明等译:《山西商人研究》,太原:山西人民出版社,1986年,第13—75页。
② 谭其骧:《释明代都司卫所制度》,载谭其骧:《长水集》,北京:人民出版社,1987年,第152页;周振鹤:《体国经野之道:新角度下的中国行政区划沿革史》,香港:中华书局(香港)有限公司,1990年,第252—263页。

家丁制、募兵制等问题进行了深入的探讨。①其三,军户、军屯与军役的问题。王毓铨、于志嘉对相关研究的发展作出了杰出的贡献。②

顾诚在20世纪80年代后期提出了著名的明代疆土管理体制论,这个宏观的理论框架为卫所制度研究提供了新的思路。1986年,顾诚指出包括实土卫所在内的绝大多数都司卫所都辖有大小不等的属地,甚至京畿地区的卫所也领有一定数额的土地。这些土地只归由五军都督府、都司、卫所构成的军事系统管辖,不受由户部、布政司、府州县组成的行政系统支配。③1989年,他进一步论证了明代疆土管理体制可以划分为行政、军事两大系统的观点。他指出这两大系统虽有联系却泾渭分明,其所辖土地、人口、赋税或屯田子粒分别在各自的系统内统计、上报。④令人遗憾的是,长期以来顾诚的重要观点并没有获得研究者的充分重视。正如邓庆平在2008年指出的那样:"顾诚提出明帝国疆土管理两大系统的宏观理论后,本可以引导卫所研究超越军制史的范畴,

---

① 概论性研究参见吴晗:《明代的军兵》,载北京市历史学会编:《吴晗史学论著选集》,第2册,第211—260页;川越泰博:《明代中国の军制と政治》,东京:国书刊行会,2001年。关于京营,参见罗丽馨:《明代京营之形成与衰败》,《明史研究专刊》1983年第6期,第1—36页。关于班军,参见彭勇:《明代班军制度研究——以京操班军为中心》,北京:中央民族大学出版社,2006年;彭勇:《明代北边防御体制研究——以边操班军的演变为线索》,北京:中央民族大学出版社,2009年。关于民兵与民壮,参见梁方仲:《明代的民兵》,载梁方仲:《梁方仲文集——明清赋税与社会经济》,北京:中华书局,2008年,第563—589页;佐伯富:《明清时代の民壮について》,《东洋史研究》第15卷第4号,1956年,第33—63页;岩见宏:《明代の民壮と北边防卫》,《东洋史研究》第19卷第2号,1960年,第156—174页。关于营兵制,参见罗尔纲:《绿营兵志》,北京:中华书局,1984年,第13—31页;王莉:《明代营兵制初探》,《北京师范大学学报》1991年第2期,第85—93页;肖立军:《明代省镇营兵制与地方秩序》,天津:天津古籍出版社,2010年。关于家丁制,参见铃木正:《明代家兵考》,《史观》1940年第22、23册,第1—26页;铃木正:《明代家丁考》,《史观》1952年第37册,第23—40页;肖许:《明代将帅家丁的兴衰及其影响》,《南开史学》1984年第1期,第102—122页;马楚坚:《明代之家丁》,载马楚坚:《明清边政与治乱》,天津:天津人民出版社,1994年,第124—162页。关于募兵制,参见李渡:《明代募兵制简论》,《文史哲》1986年第2期,第62—68页。
② 王毓铨:《明代的军户》,《历史研究》1959年第8期,第21—34页;王毓铨:《明代的军屯》,北京:中华书局,2009年;于志嘉:《明代军户的世袭制度》,台北:台湾学生书局,1987年;于志嘉:《卫所、军户与军役——以明清江西地区为中心的研究》,北京:北京大学出版社,2010年。
③ 顾诚:《明前期耕地数新探》,《中国社会科学》1986年第4期,第193—213页。
④ 顾诚:《明帝国的疆土管理体制》,《历史研究》1989年第3期,第135—150页。

但后来者似乎并未在这个思路下重新思考明代卫所的研究,仍是多围绕军制的问题展开。"①

本书拟借鉴明代疆土体制论来分析明代辽东社会的历史变迁。不过,笔者将在借鉴这个理论的基础上略加改动。

首先,用卫所系统和州县系统代替军事系统与行政系统。谭其骧已经指出明代辖有实土的都司、卫所兼管民政,而军事系统或周振鹤提出的军管型政区虽然强调了这种非常规行政区划的军事性,却不能彰显其兼理民政的特质。②因此,笔者用卫所系统替代军事系统,用州县系统代替行政系统。

其次,在明代的大部分时间里,卫所系统并不归五军都督府管理。实际上,顾诚早已指出,随着卫所制度的演变,"整个军事系统无复当年的体系"。③鉴于他同时认为"迄至明朝灭亡,绝大部分卫所仍然是同州县类似的地理单元",④笔者认为他说的"无复当年体系"主要指中央机构层面的变化,即五军都督府的权力逐渐转移到兵部、户部等行政机构手中,都司、卫所与府、州、县一样,归六部等中央行政机构管理。⑤

---

① 邓庆平:《明清卫所制度研究述评》,《中国史研究动态》2008年第4期,第18页。
② 谭其骧:《释明代都司卫所制度》,载谭其骧:《长水集》,第152页;周振鹤:《中国地方行政制度史》,上海:上海人民出版社,2005年,第333页。
③ 顾诚:《明前期耕地数新探》,第213页。
④ 顾诚:《明帝国的疆土管理体制》,第143页。
⑤ 在此,仅以本文关注的辽东都司予以说明。关于辽东都司归户部山东清吏司、刑部山东清吏司管理,参见申时行等修:《明会典》卷14《户部一》,北京:中华书局,1989年,第86—87页;同书卷159《刑部一》,第820。关于辽东都司归都察院山东道管理的问题,参照洪武二十九年置设天下按察分司为四十一道时,隶属山东三道中有辽海东宁道与辽东巡按的正式称谓为巡按山东监察御史可知,辽东都司被划为都察院山东道的监察区。《明太祖实录》卷247,洪武二十九年十月甲寅;荷见守义:《明代巡按山東觀察御史の基礎的考察》,《人文研紀要》第72号,2011年,第91—134页。关于辽东都司的人口归户部管理,南京户科给事中杨廉指出:"洪武十四年、二十四年黄册,军匠里甲根源所在,实册之祖,存莫存于后湖,而为天下之所必查。"可见,军籍人口自洪武年间起即载入黄册,归户部管理,辽东的军籍人口亦不应例外。杨廉:《奏为黄册事》,载黄训编:《皇明名臣经济录》卷21《户部》,"景印文渊阁四库全书",台北:台湾商务印书馆,1986年,第443册,第405页。关于辽东的土地归户部管理,以下两条史料可以为证:第一,正德四年,户部侍郎韩福曾赴辽东丈量屯田。第二,万历年间,辽东巡抚顾养谦奉命清丈辽东田地,神宗在谕旨中吩咐顾养谦"查照该部题准事理",参照顾养谦"先准户部咨"可知,"该部"即户部。《明武宗实录》卷53,正德四年八月辛酉;顾养谦:《冲庵顾先生抚辽奏议》卷4《奉谕查勘清丈辽田地复命》,"四库全书存目丛书",济南:齐鲁书社,1996年,史部第62册,第434页。

其三，本书将卫所系统中推行的管理体制称为卫所体制，将州县系统中推行的管理体制称为州县体制。

其四，卫所体制又可以细分为实土卫所体制和非实土卫所体制。实土卫所具有地方行政区划的意义，因此，在实土卫所中推行的卫所体制实际上是一种非常规的地方行政管理体制。本书考察的辽东社会推行的是实土卫所体制，为行文方便，笔者将实土卫所体制简称为卫所体制。

其五，随着文官体系的介入、营兵制的形成与卫所的去军事化，明代辽东的卫所体制发生了很大的变化。不过，卫所体制始终是明代辽东管理体系中的核心制度。为行文方便，本书将体制变革前后的明代辽东管理体制统称为卫所体制。

关于本书关注的卫所体制或地方管理体制，中外学者也颇为重视。尤其值得注意的是以下两个方面的研究。

首先，明代辽东管理体制的演变。对于这个理解明代辽东社会的重要问题，中外学者进行了较为深入的探究。李三谋认为明代辽东的都司、卫所既具有军管性质，又兼有行政职能。① 张士尊指出，永乐年间，明廷在辽东推行总兵体制，辽东都司只剩下行政职能；洪熙、宣德之后形成的行政监察体制，又逐步侵夺总兵和都司的权力。② 奇文瑛发现，在辽东的管辖权转移到巡抚等文官手中之后，原本负责管理内迁女真的安乐、自在二州的知州，成了巡抚、分守道、分巡道的重要差官；然而，二州属于羁縻州的性质并没有改变；这表明辽东缺乏与文官掌权相应的运行机制。③ 陈晓珊强调，嘉靖年间辽东全境被划分成6个行政地理单元，辽东开始从军管型政区向文管型政区转变。④ 此外，日本学者荷见守义考察了明代辽东

---

① 李三谋：《明代辽东都司、卫所的行政职能》，《辽宁师范大学学报》1989年第6期，第73—77页。
② 张士尊：《明代辽东都司与山东行省关系论析》，《东北师大学报》2008年第2期，第30—34页；张士尊：《明代辽东都司军政管理体制及其变迁》，《东北师大学报》2002年第5期，第70—76页。
③ 奇文瑛：《论明后期辽东自在、安乐州的变化——兼及辽东行政问题》，《中国边疆史地研究》2012年第3期，第115—126页。
④ 陈晓珊：《明代辽东中层行政管理区划的形成——以辽东苑马寺卿兼职兵备事为线索》，《中国历史地理论丛》2011年第2期，第21—31页。

的总兵、巡按等官职的形成与演变。[1]

其次,明代辽东与山东的关系。这个问题是理解明代辽东管理体制的重要前提,中外学者也多有讨论。丛佩远认为,辽东都司辖境隶属山东布政司,辽东的民政由山东管理;不过,作为军事机构的辽东都司并不隶属山东都司。[2]张士尊否认了辽东与山东之间存在行政隶属关系。在他看来,辽东都司是个独立的行政实体。日本学者荷见守义主张,至少在万历四十四年(1616),辽东已经不再隶属山东。不过,他并未对辽东隶属山东的范围、形式与起止年代等问题展开论述。[3]

此外,张维华、李晋华、张士尊对明代辽东卫所建置沿革的辨证,丛佩远对明代辽东军屯的论述,[4]王毓铨对明代军屯制度的探讨,于志嘉、梁志胜、张金奎、业师赵世瑜对卫所制度的研究,陈春声、邓庆平、谢湜、吴滔、宋怡明采用区域社会史方法对非实土卫所社会的考察,[5]都对本书的研究具有重要的参考价值。

---

[1] 荷见守义:《明朝遼東總兵官考》,《人文研紀要》第68号,2010年,第133—167页;荷见守义:《明代巡按"遼東"考》,《九州大学東洋史論集》第34号,2006年,第157—185页。
[2] 丛佩远:《试论明代东北地区管辖体制的几个特点》,《北方文物》1991年第4期,第110—119、144页。
[3] 荷见守义:《明代遼東統治体制試論——山東布政司との関わりをめぐって》,《人文研紀要》第37号,2000年,第1—29页。
[4] 张维华:《明辽东"卫"、"都卫"、"都司"建制年代考略》,《禹贡》第1卷第4期,1934年,第1—14页;张维华:《明代辽东卫所建置考略》,《禹贡》第1卷第7期,1934年,第6—19页;李晋华:《明代辽东卫所归附及卫所都司建置沿革》,载包遵彭主编《明史论丛》之六《明代边防》,台北:台湾学生书局,1968年,第27—32页;张士尊:《明初辽东二十五卫建置考释》,《鞍山师范学院学报》1994年第1期,第34—38页;张士尊:《明代辽东二十五卫建置考释续》,《鞍山师范学院学报》1994年第2期,第32—35页;丛佩远:《明代辽东军屯》,《中国史研究》1985年第3期,第93—107页。
[5] 王毓铨:《明代的军屯》;于志嘉:《卫所、军户与军役——以明清江西地区为中心的研究》;梁志胜:《明代卫所武官世袭制度研究》,北京:中国社会科学出版社,2012年;张金奎:《明代卫所军户研究》。北京:线装书局,2005年;赵世瑜:《卫所军户制度与明代中国社会——社会史的视角》,《清华大学学报》2015年第3期;陈春声:《明代前期潮州海防及其历史影响(上)》,《中山大学学报》2007年第2期,第24—32页;陈春声:《明代前期潮州海防及其历史影响(下)》,《中山大学学报》2007年第3期,第46—52页;邓庆平:《州县与卫所:政区演变与华北边地的社会变迁——以明清蔚州为中心》,北京师范大学博士论文,2006年;吴滔:《县所两相招纳:湖南永明县"四大民瑶"的生存策略》,《历史研究》2014年第5期,第61—78、190页;谢湜:《"以屯易民":明清南岭卫所军屯的演变与社会建构》,《文史》2014年第4辑,第75—110页;宋怡明:《被统治的艺术》,北京:中国华侨出版社,2019年。

本书在既有研究的基础上,将卫所体制置入辽东社会的发展脉络予以考察,并通过卫所体制的演变揭示明代辽东的社会变迁。在具体的研究中,本书还将对明代辽东卫所体制的演变、明代辽东与山东的关系等问题进行重新思考。

三、思路与方法

20世纪70年代至90年代,历史学的研究取向开始由宏观史学转向微观史学。在此期间,欧洲兴起了以金兹堡、勒华拉杜里、戴维斯为代表的微观史,日本学者森正夫、岸本美绪提倡地域社会史,中国也兴起了以华南研究为代表的区域社会史。[1]本书对上述研究思路均有所借鉴,相对而言,区域社会史的研究方法对笔者的影响较大。

本书将明代辽东社会史视为历史行动者的历史,[2]同时将区域社会看作是与历史行动者联系在一起的分析工具。[3]这意味着本书研究的地理

---

[1] 关于20世纪70年代和80年代西方史学从宏观史学向微观史学的转变,参见[美]格奥尔格·伊格尔斯著,何兆武译:《二十世纪的历史学——从科学的客观性到后现代的挑战》,济南:山东大学出版社,2006年,第105—122页;关于戴维斯对微观史的理解,以及对她与金兹堡、勒华拉杜里三人的微观史经典之作的剖析,参见玛丽亚·露西娅·帕拉蕾丝—伯克著,彭刚译:《新史学:自白与对话》,北京:北京大学出版社,2006年,第74—77页;关于日本中国史研究者的地域社会论及其反思,参见森正夫:《中国前近代史研究中的地域社会视角——"中国史研讨会'地域社会——地域社会与指导者'"主题报告》,载[日]沟口雄三、小岛毅著,孙歌等译:《中国的思维世界》,南京:江苏人民出版社,2006年,第499—524页;岸本美绪:《明清交替と江南社会——17世纪中国の秩序问题》,东京:东京大学出版会,1999年,序第i—xix页;关于区域社会史的理论参见下文中的相关注释。
[2] 戴维斯在研究法国近代早期的农民与市民时的论述使笔者深受启发。她说,虽然社会现实中的各种既定因素"能够塑造其生活环境和目标,能够限制或是扩展他们的选择空间;而他们则是行动者,利用其所拥有的物质、社会和文化资源去生存,去应对生活,有时甚至去改变事物"。娜塔莉·泽蒙·戴维斯著,钟孜译,许平校:《法国近代早期的社会与文化》,北京:中国人民大学出版社,2011年,导言第3页。
[3] 赵世瑜:《社会史研究何处去?》,载赵世瑜:《小历史与大历史——区域社会史的理念、方法与实践》,北京:生活·读书·新知三联书店,2006年,第67—68页;陈春声:《从地方史到区域史——关于潮州研究课题与方法的思考》,区域社会史比较研究中青年学者讨论会,2004年,第110—126页。

范围虽然以辽东都司为主,但不限于辽东都司。例如,明初辽东官军前往招谕的奴儿干、明中叶大批辽东脱籍人口居住的山东海域的海上诸岛,明清交替时期辽东难民聚集的天津至山海关一带、登莱地区、朝鲜半岛及朝鲜海域的岛屿等,本书都会有所涉及。

本书的研究宗旨是探究明代辽东社会变迁的地方特质。[①]明代辽东社会的最大特征在于它是一个推行卫所体制的军事社会。考察卫所体制在当地社会的演变,有助于揭示当地特有的社会结构及其变迁。

首先,卫所体制的实际运作可以反映明代辽东的社会结构。在卫所体制的实际运作中,辽东人被国家赋予了享有不同权利和义务的社会身份。不同的社会身份不但会制约他们的社会生活,而且会影响他们获取社会权力和积累社会财富的机会。虽然历史行动者在与国家制度长期的互动过程中,可能会通过阳奉阴违、营私舞弊、共谋图利,甚至集体反抗等方式,迫使国家对卫所体制进行改革或容忍地方官员在既有体制框架内采取必要的权宜措施。然而,卫所体制在经过一定程度的变化之后又重新开始在一个新的时间周期内制约历史行动者。由于包括卫所体制在内的地方管理体制在一定历史时期内具有相对的稳定性,因而透过地方管理体制的实际运作,进而分析当地的社会结构成为一种比较有效的研究思路。本书运用这种研究思路分析明代辽东的社会结构及其历史变化。

其次,卫所体制的演变可以揭示明代辽东的社会变迁。[②]卫所体制对地方社会的制约,只有在符合当地经济发展水平并处于当地社会能够承受的限度内才能发挥作用。这也就是说,卫所体制的变动往往基于以下两个原因:国家通过卫所体制强加给地方社会的负担超过了地方社会所能承受的限度并造成了一定范围内的社会动乱;或当地社会经济的发展在一定程度上与卫所体制的制约产生了较为尖锐的矛盾。鉴于体制变动

---

① 陈春声指出区域社会史力图探究当地社会变迁的内在脉络。而不是按照《中国通史》教科书的既定架构去描述地方社会。陈春声:《走向历史现场》,《读书》2006年第9期,第24页。
② 刘志伟指出:"要阐明制度演变与社会变迁之关系,就必须用动态的眼光把握其动态关系。"上述观点使笔者深受启发。刘志伟:《在国家与社会之间——明清广东地区里甲赋役制度与乡村社会》,北京:中国人民大学出版社,2010年,第3页。

是一个渐变的过程,本书将明代辽东卫所体制的演变分为三个在时间上有所重叠的阶段。洪武至宣德年间为第一阶段,这个阶段的卫所体制具有军政合一的典型特征。宣德至嘉靖年间为第二阶段,这个阶段卫所体制发生了如下变化,即文官体系逐渐完善并形成了对辽东武官的制衡,营兵制逐步代替了卫所兵制,卫所演变为非常规的地方行政机构,辽东生员参加科举成为定制等。嘉靖至崇祯年间为第三阶段,这个阶段卫所体制又出现了一些新的变化,即脱籍人口就地落籍政策在客观上承认了脱离原属卫所和原属户族的合法性,军事家丁成为辽东核心的军事力量,军事利益集团的形成破坏了文官体系的制衡作用等。本书拟考察促成卫所体制变革的社会动因,探究体制变化引发的社会后果,从而揭示明代辽东的社会变迁。

  本书的研究方法具有以下四个方面的特点。

  首先,传统考据与田野方法相结合。明代辽东的族谱、契约等民间文献十分匮乏。幸运的是,明代辽东史料的类型相对丰富,既有方志、档案、碑刻、文集、实录等国内史料,又有《李朝实录》《燕行录》等域外史料。笔者将带着新的问题意识,结合有限的族谱材料,主要运用传统的考据方法进行研究。[①]与此同时,笔者曾于2010年和2012年多次前往辽阳、鞍山、广宁、铁岭、绥中等地进行田野考察。在上述考察中,笔者拍摄了大量碑刻实物的照片,走进了广宁北镇庙、李成梁家族墓地、绥中地区的明长城等历史现场,还与邹宝库、温德辉等当地文史工作者及李成梁的后人进行了深入交流。上述经历无疑会在笔者研读明代辽东史料时有所助益。

  其次,整体框架与个案研究相结合。辽东都司并不是一个孤立的地理单元。从军事上说,东北边疆局势的变动与辽东人的军役负担和人身、财产安全息息相关。从社会经济角度看,辽东是手工业欠发达地区,这里的布匹、丝绸等纺织品主要靠内地供给。因此,只有将明代辽东社会的历

[①] 关于在区域社会史研究中应该新旧史料并重的问题,参见赵世瑜:《旧史料与新解读:对区域社会史研究的再反思》,《浙江社会科学》2012年第10期,第125—131、160页。

史置入整体的分析框架内才能得到合理的解读。[①]例如,晚明葡萄牙、西班牙等西欧海上强国进入东亚世界,美洲白银、日本白银大量流入中国,中国海域的走私贸易十分活跃。本书将晚明辽东社会置入上述全球互动的历史背景中,探究以辽东为纽带的长途贸易网络的兴起,并考察由此产生的社会变迁。再如,隆庆年间,明廷在与俺答汗达成和议的同时却始终没能化解与察哈尔部首领打来孙及其后继者的矛盾,[②]于是,明代的北边防线形成"诸边燕然,辽左独战"的局面。[③]本书将晚明辽东社会置入上述边疆形势的变动中,考察辽东军事利益集团的崛起及其引发的社会矛盾。与此同时,本书也乐于使用个案研究的方法。例如以贺钦为例考察辽东士绅的社会角色,又如以辽阳韩氏与辽阳崔氏为例探讨明中叶武官家族的生存策略。

其三,定性描述与计量分析相结合。由于现存史料中的数据相对匮乏,笔者通常只能通过定性描述进行研究。例如,本书关于晚明辽东长途贸易网络兴起的探讨主要依靠定性描述。不过,在数据相对完整的情况下本书也会采用计量分析。例如,在探讨明初辽东人口问题与明末东江集团生存状况的时候,本书都运用了计量分析的方法。

其四,区域研究与跨区域比较相结合。总体而言,本书属于区域研究。不过,有时笔者也会采用跨区域比较的方法。笔者选择的比较对象是明代的华南地区,这主要是因为在区域社会史的研究领域中华南研究最为丰富也最为成熟。不可否认,明代辽东与华南在自然环境、地方管理体制等方面存在很大的差异。不过,德国学者凯姆指出,历史比较的主要方法之一就是"在共同的宏观背景下寻求差异性和共同性产生的原因"。[④]既然明代辽东与华南是处于同一历史时期的两个边疆社会,那么对两地

[①] 布罗代尔的理论表述卓尔不群:"整体性并不是要写出完整的世界史","而是当人们面对一个问题时,一种有系统地超越局限的愿望。"转引自彼得·伯克著,刘永华译:《法国史学革命:年鉴学派,1929—1989》,北京:北京大学出版社,2006年,第106页。
[②] 钱大昕:《十驾斋养新录》卷9,载陈文和主编:《嘉定钱大昕全集》,南京:江苏古籍出版社,1997年,第7册,第262页。
[③] 顾养谦:《冲庵顾先生抚辽奏议》卷5,第459页。
[④] [德]哈特穆特·凯博著,赵进中译:《历史比较研究导论》,北京:北京大学出版社,2009年,第5页。

的社会现象进行比较就会在一定程度上加深对明代中国社会的理解。

总之,本书将传统的考据方法视为历史研究的基本方法。除此之外,本书既不执着于特定的史学范式,也不拘泥于特定的研究方法。

四、主要概念

为了更好地分析明代辽东社会,同时也为了行文方便,本书将会使用以下概念。

首先,卫所体制。如前文所述,卫所体制即在卫所系统中推行的管理体制。在本书中,特指实土卫所体制。

其次,军事社会。指基本由卫籍人口构成,社会生活与军政事务息息相关,官(按:包括卫所武官和镇戍武官)、军(按:包括军士与余丁)差异在一定程度上决定社会资源分配的边疆社会。

其三,官籍户族与军籍户族。户族是一个历史概念。[①]在卫所体制下,户族分为官籍户族与军籍户族两种。官籍户族由作为户头的武官、户下舍人及女性家属组成,军籍户族由作为户头的军士、户下余丁及女性眷属组成。[②]其中官籍户族通常享有一定的优免特权。

其四,抽垜。1959年,王毓铨对垜集与抽籍作出了区分:垜集是以户为基准的佥兵法,通常的做法是以三户为一个垜集单位,其中承担军役的一户为正户,帮贴正户的另外两户为贴户;抽籍是以丁为基准的佥兵法,

---

[①] 徐斌、王绍欣对州县体制下的户族已经有所讨论,参见徐斌:《明清鄂州宗族与地方社会》,武汉:武汉大学出版社,2010年,第65—114页;王绍欣:《祖先记忆与明清户族——以山西闻喜为个案的分析》,载赵世瑜主编:《大河上下——10世纪以来的北方城乡与民众生活》,太原:山西人民出版社,2010年,第211—239页。
[②] 王圻:《续文献通考》卷163《兵考》,第17册,第9953页。新定辽右卫设立时,即以军士为户头、帮丁为余丁编为一户。由此推断,官户族的户头应为武官。相关问题,参见第六章。同时,学术界对于武官与军士这两种社会身份并无争议,对于舍人与余丁的认识则存在一定分歧。本文赞同于志嘉的以下观点:"舍人包括卫所武官户下所有在营余丁",余丁包括帮贴军士的帮贴余丁和不帮贴军士的杂差余丁。不过,笔者对于志嘉提出的选充余丁的概念持保留态度。参见于志嘉:《帮丁听继:明代军户中余丁角色的分化》,《中研院历史语言研究所集刊》,第84本第3分,2013年,第517页。

有每五丁抽取一丁为军的情况,也有四丁以上抽取一丁为军的事例。[1] 1979年,川越泰博以《武选簿》为史料基础,指出抽籍不过是垛集的一种表现形式。[2] 1987年,于志嘉质疑了川越泰博将抽籍等同于垛集的观点,认为他列举的史料虽多达上百条,却无一条提及正户、贴户的存在。而11条有关垛集军的记事里却有3条指出了正户与贴户的关系。研究者虽不能据此断定垛集与抽籍的差异,但也不能以此说明垛集与抽籍必然相同。[3] 2006年,于志嘉还修正了王毓铨"三户为一垛集单位"的观点,揭示了单户丁垛集的存在。她认为单户丁垛集与抽籍"看似没有两样",只"因取军时其他不足三丁户需互垛为正、贴户,因此被统称为垛集军"。[4]

鉴于朝鲜《李朝实录》有"为在逃洪武年间五丁原垛一土军应合取回人数事"[5]的记载,笔者认为垛集与抽籍的异同仍是有待进一步讨论的问题。与此同时,《明会典》有"抽垛军""抽丁垛集军"的记载。[6] 为了避免概念不清引发的误解,本书使用抽垛这一历史概念,将垛集与抽籍合二为一。此外,抽垛并非仅指强行转换民籍人口的户籍身份从而使他们承担军役,而是还包括强行使本不承担军役的卫籍人口承担军役。

其五,华夏族群与汉人。先秦时代起,现代汉族的前身即常以华夏作为本族群的自称。在朱元璋讨伐元朝的《谕中原檄》中更使用了华夏族类的概念。[7] 因此,当时的学者虽然没有建构出有关族群的社会科学理论,但这并不等于说在中国传统社会中没有与族群名异实同的观念。在

---

[1] 王毓铨:《明代的军户》,《历史研究》1959年第8期,第23—25页。
[2] 川越泰博:《明代衛所官の都司職任用について——衛選簿を中心に》,《中央大学文学部纪要》史学科第24辑,1979年,第100页。
[3] 于志嘉:《明代军户世袭制度》,第4—6页。
[4] 于志嘉:《再论抽籍与垛集》,《郑钦仁教授七秩寿庆论文集》编辑委员会编:《郑钦仁教授七秩寿庆论文集》,台北:稻香出版社,2006年,第199页。
[5] 吴晗辑:《朝鲜李朝实录中的中国史料》,北京:中华书局,1980年,第227页;《太宗大王实录》卷14,北京:国家图书馆出版社,2011年,太宗七年九月庚申。
[6] 《明会典》有"抽垛军""抽丁垛集军"的记载。申时行等修:《明会典》卷129《兵部十二》,第666页;卷154《兵部三十七》,第786页。
[7] 程敏政辑:《皇明文衡》卷1《谕中原檄》,"四部丛刊初编",上海:上海书店,1989年,第332册。对《谕中原檄》的分析,参见杜洪涛:《"再造华夏":明初的传统重塑与族群认同》,北京师范大学硕士论文,2011年,第7—10页。

现代学术史的脉络里，陈垣早已为使用华夏指代汉族的前身作出了示范。他在其名著《元西域人华化考》中使用的是华夏的简称华，而不是汉。①王明珂颇具影响力的专著《华夏边缘：历史记忆与族群认同》更使得华夏族群成为较为通行的概念。②不过，为行文方便，本书在使用华夏族群这个概念的同时，有时也将华夏族群简称为汉人。

其六，辽东原住民。指洪武四年（1371）征辽明军进入辽东以前已经定居在明代辽东都司境内的居民。这些原住民既包括华夏族群，也包括女真、蒙古、高丽等北方族群。

其七，东北边疆。指元明清时代的东北边疆，包括今东北地区、内蒙古东部及黑龙江下游、库页岛等地。

其八，明代辽东不同地区的地理概念。辽东都司以辽河为界可以分为东西两个地区。本书将辽河以西的地方称为辽西地区，将辽河以东的地方称为都司东部。与此同时，都司东部还可以进一步细分。本书将金、复、海、盖4卫的辖地称为辽南地区，将辽海、三万、铁岭、沈阳4卫的辖地称为辽北地区，将辽阳6卫称为辽阳地区，将今千山山脉以东、鸭绿江以西、宽奠以南、庄河以北的地方（即晚明时期新定辽右卫的辖地）称为东部边地。

其九，辽东巡按。由于明代辽东只有都司而没有布政司和按察司，因此辽东文官通常寄衔于山东。例如巡按辽东的御史例称山东巡按监察御史，分巡道例称山东按察佥事等。为避免误解，本书使用辽东巡按指代在辽东负责实际工作而寄衔山东的巡按御史。

其十，军事利益集团。指以私人关系相维系，以谋求个人利益最大化为目标，具有一定独立性且垄断地方军事权力的群体。

---

① 陈垣：《元西域人华化考》，上海：上海古籍出版社，2008年。
② 王明珂：《华夏边缘：历史记忆与族群认同》，北京：社会科学文献出版社，2006年。

第一章　从州县体制到卫所体制

自秦汉至金元,州县体制通常是辽东地区的主要管理体制。从洪武四年(1371)开始,上述情况发生了变化。洪武四年二月,明廷在辽东设立辽东卫,这是辽东的第一个卫所,其成员由归降的豪强武装刘益集团组成。同年七月,马云、叶旺率领新成立的辽东都卫自登莱由海路进入金州后,辽东卫归辽东都卫管辖。洪武五年(1372),辽东都卫在击溃了豪强武装高家奴集团后进入辽阳地区。洪武八年(1375),明廷决定将各地的都卫改为都司,于是辽东都卫变为辽东都司。①不过,当时的辽东都司仍然是军事性的卫所组织,而不是具有地方行政区划意义的实土卫所。

自洪武五年起,明廷还曾陆续设置了金州、复州、盖州、海州等州县。上述史实显示,明廷最初在辽河平原推行的是与内地相同的州县体制。辽东从州县体制到卫所体制的转化并不是在某一个特定的时间内统一完成的,而是经历了一个将近二十年的演化过程。与此同时,辽东各个地区转向卫所体制的过程也存在着一定的差异。卫所体制的确立改变了辽东的社会结构、土地分配和赋役形式。因此,从州县体制向卫所体制的转变,是理解明代辽东社会变迁的基础。

---

① 《明太祖实录》卷101,洪武八年九月癸丑。

一、辽阳行省的管理体制

至元二十四年(1287),元廷在东北边疆建立了辽阳行省。①与江浙、河南等内地行省不同,地处"边徼襟喉之地"的辽阳行省在权力格局与管理体制上具有鲜明的边疆色彩。②

在辽阳行省的权力格局中,除了行省、肃政廉访司等政府机构外,还有东道诸王与五投下两个互相制衡的强大势力。东道诸王主要指成吉思汗的三个弟弟哈撒儿、哈赤温与斡赤斤的家族,这三个家族最初的领地在大兴安岭以西的呼伦贝尔草原。③大蒙古国时期,东道诸王中最为强大的斡赤斤家族将领地拓展到今东流松花江流域。④其他东道诸王亦应有向大兴安岭以东扩张领地的行动,但由于史料缺失,其详情已不得而知。

东道诸王在今黑龙江、吉林东部及黑龙江下游等地的女真人聚居区占有大量的投下人户。据《元典章》,开元路"所辖,俱系诸王投下女真打捕人户"。⑤从斡赤斤后王乃颜等东方三王发动叛乱以后,元廷立即

---

① 关于元代东北的疆域,参见箭内亘:《滿洲に於ける元の疆域》,载白鸟库吉监修,箭内亘、稻叶岩吉、松井等著:《滿洲歷史地理(第二卷)》,东京:丸善株式会社,1940年,第268—432页。
② 《元文类》:"国初征伐,驻兵不常其地","及天下平,命宗王将兵镇边徼襟喉之地。如和林、云南、回回、畏兀、河西、辽东、扬州之类。"苏天爵编:《元文类》卷41《屯戍》,北京:商务印书馆,1958年,第594页。
③ 杉山正明:《モンゴル帝國の原像——チンギス・カンの一族分封をめぐって—》,《東洋史研究》第37卷第1号,1978年,第21页。成吉思汗庶弟别里古台亦受赐"蒙古百姓三千户,及广宁路、恩州二城户一万一千六百户,以为分地。又以斡难、怯鲁连之地建营以居"。宋濂等:《元史》卷117《别里古台传》,北京:中华书局,1976年,第10册,第2905页。关于别里古台的分地,参见箭内亘著,陈捷、陈清泉译:《元代经略东北考》,上海:商务印书馆,1934年,第36页。
④ 箭内亘著,陈捷、陈清泉译:《元代经略东北考》,第35页。按:黑龙江宝清县出土的"管民千户之印"为箭内亘的观点提供了实物证据。孙秀仁、孙长庆:《塔察"国王"与管民千户》,《学习与探索》1980年第1期,第144—145页。
⑤ 未著辑者,陈高华、张帆、刘晓、党宝海点校:《元典章》卷35《开元路打捕不禁弓箭》,北京:中华书局、天津:天津古籍出版社,2011年,第1230页。关于元代开元路的疆域及其变迁,参见池内宏:《元代の地名開元の沿革》,载池内宏:《滿鮮史研究(中世第一册)》,东京:吉川弘文馆,1979年,第679—680页。

在豪州(按：辽宁彰武小南洼古城)、懿州(按：辽宁阜新塔营子城)、咸平府(按：辽宁开原老城)等地增兵,而叛军可以直接发动对上述地域的攻击来看,当时今黑、吉两省之地皆已成为东道诸王的势力范围。①此外,东道诸王不但派遣达鲁花赤等属官参与其华北分地的管理,斡赤斤后王有时还奉元廷之命出镇辽东。②

乃颜之乱以后,元廷虽然比较严厉地惩罚了参与叛乱的东道诸王,并在乃颜故地肇州城设置了肇州蒙古屯田万户府,但东道诸王的封爵仍然由相关家族未参加叛乱的成员继承,其领地、民户及各种特权几乎原封未动。③至顺三年(1332)以后,斡赤斤家族走向衰落,元代后期的政治舞台上几乎看不见他们的身影。④

五投下即札剌亦儿、兀鲁、忙兀、弘吉剌、亦乞烈思,通常指与成吉思汗诸弟、诸子同时受封的上述五个部落的首领,其领地主要在今内蒙古东部及辽宁省西部的部分地区。⑤忽必烈建都幽燕后,"视辽阳行省为之左臂",命五投下"列镇此方,以为藩屏"。⑥五投下中实力最强大的是札剌亦儿,其最初的受封者是成吉思汗最著名的四大功臣之一,曾全面负责经略中原的国王木华黎。木华黎后王在辽阳行省的权力格局中占有重要地位,他们不但世袭国王的封号,镇戍其王府所在的辽西地区,⑦还

---

① 薛磊:《元代东北统治研究》,北京:社会科学文献出版社,2012年,第45页。
② 关于东道诸王在华北地区的领地,参见海老泽哲雄:《关于蒙古帝国东方三王家诸问题》,《蒙古学资料与情报》1987年第2期,第13页。关于斡赤斤后王塔察、乃颜、辽王脱脱出镇辽东的记载,参见袁桷:《清容居士集》卷34《韩威敏公家传》,国家图书馆藏元刻本,第12页下;宋濂等:《元史》卷120《亦力撒合传》,第10册,第2958页;宋濂等:《元史》卷175《张珪传》,第13册,第4076页。
③ 丛佩远:《元初乃颜、哈丹之乱》,《社会科学战线》1993年第3期,第162页。关于肇州蒙古屯田万户府,参见薛磊:《元代东北统治研究》,第255页。
④ 薛磊:《元代东北统治研究》,第324页。
⑤ 丛佩远:《中国东北史(第三卷)》,第70页。
⑥ 危素:《危学士全集》卷5《送札剌尔国王诗序》,《四库全书存目丛书》,济南:齐鲁书社,1996年,集部第24册,第698页。
⑦ 关于木华黎后王"还镇辽西",参见危素:《危学士全集》卷12《故管领随州路蒙古、汉人军民都总管府判官彭君墓志铭》,第816页;关于木华黎后王的王府在辽西的锦州,参见佟冬主编,丛佩远著:《中国东北史(第三卷)》,第73—74页。

时常出任辽阳行省的官职。①元朝后期，木华黎后王的势力有进一步的发展，不但获得了镇戍辽东的权力，其领地亦向北拓展至今吉林省中西部。②

元廷对辽阳行省不同地区的统治存在着明显的差异。在东道诸王与五投下的领地，元廷虽然设有泰宁、宁昌等路一级的行政机构，但这些地区的行政管理权基本掌握在东道诸王与五投下的手中。③在今黑、吉两省东部及黑龙江下游等地，元廷虽然也设置了路一级的行政机构，但推行的

---

① 贾敬颜认为木华黎后王"又必兼行省的官职"，笔者对此有不同看法，下面以木华黎后王朵儿只为例予以说明。《元史》载："(至顺)二年朵儿只袭国王，扈跸上都，诏便道至辽阳之国。顺帝至元四年"，"乃蛮台以赂故得国王，除朵儿只辽阳行省左丞相。以安靖为治，民用不扰。(顺帝至元)六年，迁河南行省左丞相，为政如在辽阳时。""至正四年，迁江浙行省左丞相。""七年，召拜御史大夫。会丞相缺位，秋拜中书左丞相。冬，升右丞相、兼修国史。""九年，罢丞相位，复为国王，之国辽阳。"据此可知，朵儿只在最初享有国王封号时及恢复国王封号后皆没有被授予行省职务，只是当其国王封号被剥夺时元廷才授予他辽阳行省左丞相的职务。其河南行省、江浙行省的左丞相也是在其国王封号被剥夺期间担任的。这也就是说，出任行省官职与享有国王封号之间没有必然联系。贾敬颜：《五投下的遗民——兼说"塔布囊"一词》，《民族研究》1985年第2期，第30页。宋濂等：《元史》卷139《朵儿只传》，第11册，第3353—3355页。

② 据《元史》，至正九年，木华黎后王朵儿只"罢丞相位，复为国王，之国辽阳"，甘立的《送国王朵儿只就国》当作于此时。诗中"远分茅土镇辽东"显示，元朝后期木华黎后王获得了镇戍辽东的权力。此外，元末木华黎后裔纳哈出将基地设在今吉林省中西部地区，可以证明木华黎后王的领地在元朝后期有向北扩展的趋势。宋濂等：《元史》卷139《朵儿只传》，第11册，第3355页；蒋易辑：《皇元风雅》卷17《送国王朵儿只就国》，"续修四库全书"，上海：上海古籍出版社，1995年，第1622册集部，第132页。

③ 李治安指出："世祖以降，某些漠南宗王兀鲁思相继设置了路州官府。这些路州或隶诸王位下，或隶省部和行省。其长官也是达鲁花赤、总管。""然而，这类路州的达鲁花赤、总管等往往由王府怯薛家臣担任。即使在领地路州直隶省部的情况下，他们仍可代表诸王掌管领地。""可见宗王领地路府虽然在形式上纳入了元朝的路州县体系，但其隶属关系仍以宗王为主。"他还认为，五投下之一弘吉剌部所在的应昌、全宁二路，"与宗王领地路州性质相同"。李治安：《元代分封制度研究》，北京：中华书局，2007年，第36—37、43页。关于东道诸王与五投下的封地是否隶属于辽阳行省的问题，笔者认同丛佩远的观点，即"以隶属于辽阳行省的根据较为充分"。谭其骧在其主编的《中国历史地图集》中亦将东道诸王与五投下的领地视作辽阳行省的一部分。程尼娜的看法与此不同，她认为"东道诸王封地与辽阳行省之间没有行政隶属关系，二者分别直属中央"。佟冬主编，丛佩远著：《中国东北史(第三卷)》，长春：吉林文史出版社，2006年，第56页；谭其骧主编：《中国历史地图集(元·明时期)》，北京：中国地图出版社，1996年，第7册，第13—14页；程尼娜：《元代对蒙古东道诸王统辖研究》，《辽宁师范大学学报》2004年第5期，第118页。

是因俗而治的万户府制度。① 在上述地区,元廷与东道诸王的势力是并存的。当地的女真人除了承担各种劳役外,还需向元廷缴纳丝税,向东道诸王缴纳包银。②

元廷在包括辽东在内的辽河平原推行与内地行省相同的州县体制。不过,由于辽河平原是"边徼襟喉之地",③元廷除了设置东路蒙古军万户府,总管高丽、女真、汉军万户府等军事机构之外,④还派宗王和异姓王镇戍这一地区。

在至顺三年(1332)之前,元廷为了使东道诸王与五投下相互制衡,往往派遣斡赤斤后王镇戍辽东地区,木华黎后王镇戍辽西地区。⑤这一格局的改变与天历年间的两都之战有关。在这场皇位争夺战中,"位冠宗室,居镇辽东"的斡赤斤后裔辽王脱脱,支持在上都即位的天顺帝。当倒向大都方面的齐王月鲁帖木儿的军队进攻上都时,留守上都的脱脱兵败身死。⑥至顺三年,元廷任命郯王彻彻秃出镇辽东,从此不再委任斡赤斤后王镇戍此地。⑦至正九年(1349),木华黎后王朵儿只获得了出镇辽东的权力。⑧

与由分封获得的领地不同,宗王镇戍区是元廷直辖的区域,由行省等

---

① 关于水达达路的情况,参见宋濂等:《元史》卷59《地理二》,第5册,第1400页;由《元典章》开元路"所辖,俱系诸王投下女真打猎人户"可知,开元路的情况与水达达路相似。未著辑者,陈高华、张帆、刘晓、党宝海点校:《元典章》35《开元路打捕不禁弓箭》,第1230页。关于辽阳行省境内的万户府、千户府等机构的性质学术界有不同认识。和田清指出辽阳行省境内的万户府是隶属于兵部的军事机构;程尼娜在探讨元代对辽阳行省水达达路的管辖时,将该地区的万户府、千户府视作之下的行政机构,称元廷在水达达地区"设置了三级行政建制"。和田清:《明初の滿洲經略(上)》,载和田清:《東亞史研究(滿洲篇)》,第260页;程尼娜:《元朝对黑龙江下游女真水达达地区统辖研究》,《中国边疆史地研究》2005年第2期,第69页。
② 海老泽哲雄以《元史》所载忽必烈的敕令为例,分析了斡赤斤后王塔察儿所辖女真人户,指出其既要向塔察儿缴纳包银,又要向元廷缴纳丝税。他还指出这个敕令是针对斡赤斤后王塔察儿及其他诸王所掌握的东北地区以狩猎为业的女真人颁发的。海老泽哲雄:《关于蒙古帝国东方三王家诸问题》,《蒙古学信息》1987年第2期,第17页。
③ 苏天爵:《元文类》卷41《屯戍》,第594页。
④ 关于元廷在东北的军事镇戍机构,参见薛磊:《元代东北统治研究》,第231—273页。
⑤ 关于斡赤斤后王出镇辽东、木华黎后王出镇辽西的记载,参见前文及相关注释。
⑥ 宋濂等:《元史》卷175《张珪传》,第13册,第4076页;同书卷32《文宗一》,第3册,第715页。
⑦ 宋濂等:《元史》卷37《宁宗》,第3册,第813页。
⑧ 宋濂等:《元史》卷139《朵儿只传》,第11册,第3355页。

政府机构管理。出镇宗王与行省长官有着明确、严格的职能分工,即宗王统领军队,行省官员管理民政、征收赋税、掌控军需。元廷对镇戍宗王在财政、军事、驿站等方面皆采取限制政策,有效地控制了出镇宗王在镇戍区的军事势力。[1]异姓王木华黎后裔的镇戍区与宗王镇戍区的性质相同。

元廷虽然能够在辽河平原进行直接、有效的统治,但包括东道诸王与五投下在内的诸王位高权重,辽阳行省的官吏难以与之颉颃,诸王与五投下的扰民事件屡禁不止。元廷为了维持州县体制下的社会秩序,于至顺二年(1331)下令:"每岁枢密院、宗正府遣官,与辽阳行省官,巡历诸郡,毋令诸王所部扰民。"[2]

二、从"红巾之乱"到元明交替

至正十一年(1351),刘福通拥戴已故白莲教首领韩山童之子韩林儿起兵反元,史称"红巾军起义"。刘福通率领的红巾军,迅速攻占了河南大部分地区,人数也增加到10余万人。

辽阳行省虽然远离红巾军活动的地域,但戍守辽阳行省的官军仍然无法置身事外。危素《送札剌尔国王诗序》云:"盗起河南,当事者不习兵事,悉调东北之兵。"[3]据此,辽阳行省的军队大都被调往内地平乱。统率"东北之兵"的是木华黎后王朵儿只,即危素所谓"札剌尔国王"。据《元史·朵儿只传》:"(至正)十四年,诏脱脱总兵南讨。中书省参议龚伯遂建言:'宜分遣诸宗王及异姓王俱出'。"于是,朵儿只"领兵出淮南,听脱脱节制"。[4]脱脱被解除兵权后,各地红巾军对官军展开反攻。

至正十五年(1355),刘福通在开封拥立韩林儿为帝,建立龙凤政权。至正十七年(1357),刘福通派遣三路大军北伐。其中由关先生、破头潘、

---

[1] 李治安:《元代分封制度研究》,北京:中华书局,2007年,第184—205页。
[2] 宋濂等:《元史》卷35《文宗四》,第3册,第793页。
[3] 危素:《危学士全集》卷5《送札剌尔国王诗序》,第698页。
[4] 宋濂等:《元史》卷139《朵儿只》,第11册,第3355页。

沙刘二率领的中路军于至正十八年(1358)攻陷上都,随后向辽阳行省进军。当时,朵儿只率领的军队并没有返回辽阳行省,而是奉命驻守扬州。①

至正十九年(1359)正月,红巾军攻克懿州,②随后进军"海、盖、复、金四州及辽阳路。所过杀掠、逃窜殆尽"。③危素指出,元廷调动东北边疆的军队南征是辽阳行省遭遇"红巾之乱"的重要原因:"当事者(中略)悉调东北之兵。兵虽集,而将帅不用命,独弱其力而劳其民。及盗由开平东去,焚掠无遗,而凶焰炽甚。向使先事属谋,责任行省以及诸王,训练甲兵,固守封筦,务农通商,以保义东土,则祸患何至此极也!"④

红巾军进入辽西地区时,奉行的仍是其一贯的"流寇"主义策略。当关先生等人率领主力进入辽东之后,留在辽河以西的红巾军数量相对有限。至正十九年七月,奉命平叛的囊加歹、佛家奴、也先不花等率领探马赤军着手收复辽西地方。⑤同年冬季,官军收复了懿州城。⑥至正二十年(1360)四月,佥枢密院事张居敬又收复了辽河以西的重要城市兴中州。⑦

至正十九年,关先生等人率领主力进入辽东地区之后,突然改变了行动策略。《庚申外史》载,关先生、破头潘"住居辽阳。贺太平当相位,奏用其子也先忽都。时也先忽都为詹士,以为总兵大将军,取辽阳。太平意谓关先生、破头潘在晋、冀、西京,历上都,军常无留行。其破辽阳,必不能

---

① 宋濂等:《元史》卷139《朵儿只》,第11册,第3355页。
② 宋濂等:《元史》卷45《顺帝八》,第4册,第946页。
③ 嘉靖十六年《辽东志》卷8《杂志》,"辽海丛书",大连:辽海书社,1931—1934年,第7页上。《辽东志》初修本成书于永乐十一年,在初修本的修纂过程中,纂修官曾派人寻访故老,掌握了大量元明之际的口述史料。因此,《辽东志》关于明初史事的记载是值得珍视的。参见杜洪涛:《〈辽东志〉探微》,《欧亚学刊》第13辑,2015年,第274—281页。
④ 危素:《危学士全集》卷5《送札剌尔国王诗序》,第698页。
⑤ 宋濂等:《元史》卷45《顺帝八》,第4册,第948页。按:《元史》原文为"进征辽阳"。参照下文将会提到的元军于至正十九年年底才收复懿州城;至正二十年方收复兴中州、义州等记载,可知《元史》"进征辽阳"之"辽阳"泛指辽阳行省而不是特指辽阳城。和田清、陈文石误将此处的"辽阳"理解为辽阳城,并且在没有直接史料支撑的情况下作出了至元十九年囊加歹、也先不花、佛家奴等围攻辽阳城,红巾军战败后分东、西两路遁走等与史实不符的论述。和田清:《明初の滿洲經略(上)》,载和田清:《東亞史研究(滿洲篇)》,第265—266页;陈文石:《明代前期辽东的边防》,载陈文石:《明清政治社会史论》,第182页。
⑥ 宋濂等:《元史》卷140《太平传》,第11册,第3371—3372页。
⑦ 宋濂等:《元史》卷45《顺帝八》,第4册,第950页。

守,可以取辽阳,则其子功成。至,则关、潘军日治战马,一无退意。也先忽都畏之,缩迹不前,竟溃而归"。①

在红巾军控制辽东大部分地区的三年里,辽东半岛的社会秩序遭到了很大程度的破坏,一些地方豪强为了保护家族财产和人身安全组织乡兵抗击红巾军。②

在元明之际的社会动荡中,豪强集团是不容忽视的社会群体。与广东的何真集团相比,③辽东豪强刘益集团、高家奴集团虽然相对弱小,但同样是明初社会变动中不可忽视的地方势力。以往研究辽东史事的学者,通常忽视了刘益集团、高家奴集团的豪强身份,④美国学者鲁大维(David M. Robinson)甚至认为在元末辽阳行省的"红巾之乱"中,当地缺乏其他地区常见的那种由地方豪强组织的武装势力。⑤

然而,《辽东志》在记述刘益集团据守的得利嬴城时写道:"在复州城东八十里,元季土人筑之以避兵。"⑥该书又载:"高家奴团结乡民,结寨于老鸦山";⑦"王哈剌不花团结民兵于复州。"⑧刘、高、王三人皆不见于《元史》,参照他们或为"土人",或"团结乡民""团结民兵"的行动,特别是刘、高二人据守的地方是远离复州、辽阳等较大城镇的山城或山寨,可知刘益集团、高家奴集团、王哈剌不花集团皆为豪强武装。

---

① 权衡:《庚申外史》,"丛书集成续编",台北:新文丰出版公司,1989年,第277册,第156页。
② 如刘益集团首领张良佐的家族有80余口,是典型的大家族。解缙:《张盖州耆德记》,载嘉靖十六年《辽东志》卷7《艺文志》,第8页上。
③ 刘志伟教授在明代广东地方势力转变的研究中,深入地讨论了明初广东豪强何真集团。参见刘志伟:《从乡豪历史到士人记忆——由黄佐〈自叙先世行状〉看明代地方势力的转变》,《历史研究》2006年第6期,第49—69页。
④ 和田清:《明初の滿洲經略(上)》,载和田清:《東亞史研究(滿洲篇)》,第270—271页;李健才:《明代东北》,第4页;杨旸:《明代辽东都司》,第1—2页;杨旸主编:《中国的东北社会(十四—十七世纪)》,第2页;陈文石:《明代前期(洪武四年——正统十四年)辽东的边防》,载陈文石:《明清政治社会史论》,台北:台湾学生书局,1991年,第182页;丛佩远著:《中国东北史(第三卷)》,第534页。
⑤ David M. Robinson, *Empire's Twilight: Northeast Asia under the Mongols*, Cambridge: Harvard University Press, 2009, p.146.
⑥ 嘉靖十六年《辽东志》卷1《地理志》,第31页上。
⑦ 嘉靖十六年《辽东志》卷8《杂志》,第7页上。
⑧ 嘉靖十六年《辽东志》卷8《杂志》,第7页上—7页下。

辽东豪强势力的坚决抵抗，使红巾军逐渐陷入困境。或许是为了解决军需问题，至正二十一年（1361）十月，关先生等率领红巾军主力十余万人进入高丽，豪强武装取代红巾军成为辽东社会的支配势力。

至正二十二年（1362）正月，已经占领高丽京城的红巾军遭到高丽将领安祐、李芳实等人率领的二十万大军的围攻。在关先生、沙刘二等将领被杀，红巾军主力损失过半的情况下，破头潘率领余众"遁走鸭绿江而去"。① 四月，撤入辽阳行省境内的红巾军遭到了高家奴集团的截击，破头潘被擒，四千多名红巾军将士战死。② 失去主帅的红巾军在向西退却的过程中，于至正二十三年（1363）正月攻陷大宁，但在以也速为首的元军围剿下势力日衰。不久，逃离辽阳行省的红巾军余部在进攻上都时被孛罗帖木儿击溃。③

"红巾之乱"平定后，平叛官军与豪强集团逐渐演化为割据势力。《辽东志》载：

> （明）太祖龙飞，剪除群雄，扫清六合，大兵方下幽冀。元丞相也速以余兵遁栖大宁，辽阳行省丞相也先不花驻兵开原，洪保保据辽阳，王哈剌不花团结民兵于复州，刘益亦以兵屯得利嬴城，高家奴聚平顶山。各置部众，多至万余人，少不下数千，互相雄长，无所统属。④

上引《辽东志》将辽阳行省的割据势力分为两类，区分的方式是记载或漏载元朝授予的官职。被记录官职的是也先不花和也速，如前文所述，他们曾率领官军平定辽阳行省的"红巾之乱"。被遗漏官职的是刘益、高家奴、洪保保和王哈剌不花。《辽东志》载："先是，高家奴团结乡民，结寨于老鸦

---

① 郑麟趾：《高丽史》卷40《恭愍王三》，东京：国书刊行会，1977年，第1册，第603页。按：中国方面的史料对红巾军主力在高丽战败的记载与朝鲜史料有所不同，《辽东志》言"高丽人谋杀关先生，破头潘遁还"。嘉靖十六年《辽东志》卷8《杂志》，第7页上。
② 郑麟趾：《高丽史》卷40《恭愍王三》，第1册，第604—605页。
③ 宋濂等：《元史》卷46《顺帝九》，第4册，第962、963页；同书卷142《也速传》，第11册，第3402页。
④ 嘉靖十六年《辽东志》卷8《杂志》，第7页上—7页下。

山。至是，以其众袭破头潘擒送京师，以高家奴为辽阳行中书省平章事。寻征入朝，授翰林承旨。以洪保保代之。"① 据此，高家奴、洪保保在平定"红巾之乱"后先后被任命为辽阳行省平章。据《明太祖实录》，刘益也是辽阳行省平章。② 参照高、洪二人被封为行省平章的时间与刘益抗击红巾军时本为"土人"的事实，可知刘益被封为辽阳行省平章亦在平定叛乱之后。王哈剌不花的情况应该与高、洪、刘三人相似。也就是说，《辽东志》编纂者清楚地知道刘、高、洪、王本为豪强，与本为朝廷命官的也速、也先不花不同，因此有意识地用漏载或记载官职的方式显示这些割据势力的区别。

关于辽东豪强集团崛起所揭示的社会变迁，留待下文讨论。这里想要强调的是，在与红巾军的对抗中，辽东豪强不但巩固了他们在地方社会的支配地位，而且逐步发展成雄霸一方的割据势力。

为了拉拢辽东豪强，元廷采取了接受既成事实的策略，授予辽东豪强高家奴、洪保保、刘益辽阳行省平章的职务，豪强集团的头目亦获得了相应的官职。虽然这些豪强对地方社会的支配获得了国家赋予的合法地位，但他们根本不关心元廷的存亡，他们力图维护的只是他们在地方社会享有的既得利益。元廷也曾设法削弱辽东豪强在地方社会的影响。如高家奴在被授予辽阳行省平章不久，元廷征召他入京担任翰林承旨，③ 这种做法与其后明廷迫使广东豪强何真离开广东的用意如出一辙。不过，从高家奴一直在辽阳地区活动分析，他并没有接受元廷的征召。

---

① 嘉靖十六年《辽东志》卷8《杂志》，第7页上。需要说明的是，据《高丽史》，至正二十二年四月，"辽阳行省同知高家奴邀击红贼"，五月，"辽阳行省平章高家奴遣使来请兵"。表面看来，高家奴原为行省同知，至正二十二年五月晋升为辽阳行省平章。然而《高丽史》在至正二十六年七月称高家奴为"辽阳平章"，同年十二月称他为"辽阳省同知"，可见《高丽史》中行省同知与行省平章实际上并无区别。参照前引《辽东志》元廷封高家奴为辽阳行省平章在擒获破头潘之后，可知《高丽史》所谓"辽阳行省同知高家奴邀击红贼"是在记述中提前使用了高家奴事后获得的官职。除上述四条记载之外，《高丽史》关于高家奴在元代的官职还有一条记载，即在至正二十一年时称他为"辽阳省总官"，这个不伦不类的官职，很可能是高家奴的僭称。郑麟趾：《高丽史》卷40《恭愍王三》，第605页；同书卷41《恭愍王四》，第625页；同书卷39《恭愍王二》，第601页。
② 《明太祖实录》卷76，洪武五年九月丁巳。
③ 参见前文。

元明鼎革之际,辽东的豪强集团不但没有出兵勤王,反而展开了激烈的兼并战争。首先高家奴、刘益与也先不花、纳哈出联合行动,攻破了洪保保据守的辽阳城。辽阳的人口、财产被各路军马洗劫一空,①失去根基的洪保保收集残部归附刘益集团。此后,刘益集团又吞并了同处辽南的王哈剌不花集团。

洪武初年,辽东出现了高家奴集团与刘益集团双雄并立的局面。《明太祖实录》载:"元主之北走也,辽阳行省平章高家奴闻之集兵老鸦山,而平章刘益亦集兵屯盖州之得利嬴城。二兵相为声援,以保金复等州,顾望欲为边患。"②

当时,刘益集团与高家奴集团面临着两个方面的威胁。一方面是势如破竹的明军;另一方面是雄踞金山一带的、东北边疆最为强大的纳哈出集团。洪武三年(1370)四月,元朝的最后一个皇帝脱欢帖木儿病逝。五月,明军北征沙漠,李文忠率军攻克应昌,擒获"元君之孙买的里八剌及后妃、宝册,省院诸官"。九月,朱元璋认为收复东北边疆的时机已经成熟,遣官"诏谕辽阳等处官民"。③

刘益审时度势,决心以金、复、海、盖四州之地归顺明廷。④洪武四年(1371)二月,刘益的部下董遵等人抵达京师,向朱元璋进献降表、辽东州郡地图和刘益集团兵马钱粮的数额。朱元璋下令,将刘益集团改编为辽东卫,任命刘益为指挥同知。⑤投靠刘益的洪保保因为没能获得明廷的封赏而怀恨在心,不久即发动叛乱将刘益谋害。刘益部下张良佐、房暠率众平乱。他们虽然没能擒获洪保保,但将其同党马彦翚等人捕获并处死。⑥

---

① 嘉靖十六年《辽东志》卷8《杂志》,第7页下。
② 《明太祖实录》卷56,洪武三年九月未著日期。
③ 同上。
④ 郑麟趾:《高丽史》卷43《恭愍王六》,第643页。
⑤ 《明太祖实录》卷61,洪武四年二月壬午。
⑥ 嘉靖十六年《辽东志》卷8《杂志》,第7页下。按:和田清将洪保保谋杀刘益视为亲元派与亲明派的斗争,陈文石将该事件解释为汉人与蒙古人的冲突。然而,上引《辽东志》明言:"以爵赏不连,怨盗卖己,遂谋杀益。"因此,笔者认为上述两种观点值得商榷。和田清:《明初の滿洲經略(上)》,载和田清:《東亞史研究(滿洲篇)》,第280页;陈文石:《明代前期(洪武四年——正统十四年)辽东的边防》,第186页。

获悉"刘益之变"后,明廷任命马云、叶旺为定辽都卫都指挥使,派遣他们率军由海路进入辽东。① 马云、叶旺率军抵达辽东后并没有立即展开军事行动,而是以金州为根基,采取"广布德威致其来,不从经之未晚"的策略,"劳来抚恤,赏功贷过,远近翕然,归者相属于道"。②

洪武五年(1372),马云率军对不肯归降的高家奴发起进攻,攻破其据守的老鸦山寨(按:今辽阳附近),高家奴在逃脱后归降。③至此,明军基本控制了辽河以东的大部分地区。

三、明初辽东州县的数量、归属与裁并

元代辽东地区属于辽阳行省的辽阳路、广宁府路等地方行政机构管辖,是辽阳行省推行州县体制的地域。明军进入辽东后,继续推行州县体制,先后在明军控制区设立了以下几个州县。洪武五年六月,明廷设立了金州、盖州、复州。④同年,辽东都卫官员本着明廷在辽东推行州县体制的方针,恢复辽阳府、辽阳县,命千户徐便代理辽阳府事务。⑤洪武六年(1373)六月,明廷接受了定辽都卫官员正式设立辽阳府、辽阳县请求,命吏部铨选官员,铸造官印。⑥

明廷还在辽东半岛设立了通常与金州、复州、盖州并称为"金复海盖"的海州。不过《明太祖实录》漏载了海州的建置时间,同时在该文献中关于辽东海州的最早记载在洪武十七年(1384)。⑦《辽东志》等传世史料亦没有记载海州的建置时间。参照洪武五年六月《明太祖实录》仅云"置辽

---

① 《明太祖实录》卷67,洪武四年七月辛亥。
② 嘉靖十六年《辽东志》卷5《官师志》,第39页下。
③ 同上。按:上引《辽东志》未提供明确的时间线索,考《高丽史》高家奴写给高丽的书写中有"仆自洪武五年,归降朝廷",故笔者将《辽东志》的相关记载系于洪武五年。郑麟趾:《高丽史》卷133《辛禑一》,第3册,第686页。
④ 《明太祖实录》卷74,洪武六年丙戌。
⑤ 嘉靖十六年《辽东志》卷8《杂志》,第7页下。
⑥ 《明太祖实录》卷83,洪武六年六月戊戌。
⑦ 《明太祖实录》卷167,洪武十七年闰十月辛酉。

东金盖复三州",①《辽东志》海州"九年革州县,设卫治",②可知海州的建置时间至早不能早于洪武五年六月,至晚不能晚过洪武九年(1376)。

位于辽西地区的瑞州此后是明代辽东广宁前屯卫的卫治,明廷在此亦曾设有州县。《明太祖实录》载,洪武六年(1373),"胡兵寇永平之抚宁县及瑞州,大肆剽掠而去。诏以瑞州逼近虏境宜罢州治,迁其民于滦州"。③《明太祖实录》《辽东志》等传世史料都没有明代瑞州建置时间的记载,因此只能从明军控制瑞州地区的时间加以推断。据《明太祖实录》,洪武二年(1369)五月,北元将领也速进兵通州,明初著名将领常遇春奉命率所部自永平出发攻取会州,擒获元将江文清等千余人。常遇春进军大宁,也速率军遁逃。随后,常遇春部转而攻克开平。④此处的大宁指辽阳行省的大宁路,而瑞州正是大宁路所辖的一个州。据此推断,明廷在瑞州设立州县在洪武二年左右。

《辽东志》描述洪武二十三年(1390)设置的广宁卫时称"本朝废州县",⑤与清水泰次试图证明明廷在义州设有州县时援引的《明史·地理志》所谓"洪武初州废",⑥并不意味着明廷曾在广宁、义州设有州县。首先,除瑞州外,笔者在现存史料中未曾见到明廷在辽北地区和辽西地区设立州县的记载。其次,洪武二十年(1387)之前辽西、辽北地区往往处在明军与纳哈出集团的反复争夺之中,明廷不具备在那里设立州县的政治、军事条件。其三,如后文所述,明廷在洪武十年(1377)颁布了只立卫所、不设州县的决策。明军在洪武二十年控制辽西地区后,也不会在那里设置州县。因此,明廷在广宁、义州废除的是元朝曾经在那里设置的州县。

由上述论述可知,明廷在辽东设立了一个府,即辽阳府;五个州,即金州、复州、海州、盖州和瑞州;一个县,即辽阳县。

---

① 《明太祖实录》卷74,洪武六年六月丙戌。
② 嘉靖十六年《辽东志》卷1《地理志》,第4页上。
③ 《明太祖实录》卷86,洪武六年闰十一月癸卯。
④ 《明太祖实录》卷46,洪武二年十月庚午。
⑤ 嘉靖十六年《辽东志》卷1《地理志》,第2页上。
⑥ 张廷玉等:《明史》卷41《地理二》,北京:中华书局,1974年,第4册,第955页;清水泰次:《明代の遼東經營》,《東亞》第8号第1卷,1935年,第133页。

在弄清了明廷在辽东设立过的府、州县的数目后,需要追问的是这些府、州县的归属问题。笔者认为要想解决这个问题,必须从更为重要的,明代辽东与山东的关系入手。

1986年,李健才指出明代东北的都司、卫所与一般的同类机构不同,是一种"军政合一的地方政权机构"。①1991年,丛佩远提出了与李健才针锋相对的观点,他认为辽东都司并非"独立设治",而是隶属于山东布政司。②李健才的观点大体不误,但他没有就此展开论证,在丛佩远提出不同意见之后亦未曾作出回应。丛佩远的观点虽然存在需要商榷的地方,但他的贡献在于提示研究者,不能不加论证地认为辽东都司是独立的、军政合一的地方行政机构。2000年、2008年,荷见守义与张士尊先后从不同的角度对丛佩远的观点提出质疑。③然而,他们对于包括丛佩远引以为证的辽东、山东"原系一省"等史料没能进行更为深入的分析。因此,以下问题仍未获得解答,即所谓"原系一省"是否意味着辽东都司曾隶属于山东布政司。如果答案是否定的,那么所谓"原系一省"又该如何解释?如果答案是肯定的,那么辽东隶属于山东的形式、范围、时限等情况究竟如何?

下面笔者先分类摘录相关史料,同时展开论述。

首先,辽东在名义上隶属于山东的史料。兵备佥事刘九容云:"山东与辽东名为一省。"④荷见守义已经指出所谓"名为一省"是说辽东与山东的隶属关系有名无实,因此这条史料不能说明辽东都司隶属于山东。⑤至于辽东、山东"名为一省"的进一步解读,将在后文论述。

---

① 李健才:《明代东北》,第35页。
② 丛佩远:《试论东北地区管辖体制的几个特点》,《北方文物》1991年第4期,第110—119、144页。
③ 荷见守义:《明代遼東統治体制試論——山東布政司との関わりをめぐって》,《人文研紀要》第37号,2000年,第1—29页;荷见守义:《明代巡按"遼東"考》,《九州大学東洋史論集》第34号,2006年,第157—185页;张士尊:《明代辽东都司与山东行省关系试析》,《东北师大学报》2008年第2期,第30—34页。
④ 刘九容:《海运议》,载嘉靖四十四年《全辽志》卷5《艺文志上》,"辽海丛书",大连:辽海书社,1931—1934年,第38页下。
⑤ 荷见守义:《明代遼東統治体制試論——山東布政司との関わりをめぐって》,第9页。

其次,辽东隶属于山东的史料。辽东巡抚张鼐曰:"太祖高皇帝","以(辽东之)地孤悬,控制诸夷,非兵不能守,国非食无以养兵,罢郡县,专置军卫,以青齐一海之限,属之山东。"①《全辽志》云:"本朝洪武四年置定辽都卫,八年改为辽东都指挥使司,十年革所属州县,置卫。永乐七年(1409)复置安乐、自在二州。今领卫二十五、州二,隶山东布政使司。"②主事陈绾曰:"夫辽镇之所以隶山东者,本以通海道也。"③明季,户科给事中官应震奏曰:"国初置辽东即隶山东,原为运便耳。"④

以上史料极易使人产生辽东都司在明代始终隶属于山东布政司的误解,受其误导者不止丛佩远一人,清代名臣曾国藩亦认为"辽东各州卫隶于山东,则终明之世不改"。⑤

其三,辽东和山东是两个不同行政区划的史料。成弘年间,辽东著名的理学家贺钦指出:"往年,东人(按:即辽东人)屡欲展辽东省,夺三岔河之北、老虎林。"⑥万历十八年(1590)《重修辽阳城西广佑寺宝塔记》的碑阴,依次将巡按胡克俭、巡抚郝杰、总兵李成梁等人的题名开列于"辽东一省文武职衔"八个字之下。⑦万历四十八年(1620),山东巡抚王在晋写道:"以贵部新加辽饷,原为赡辽东省。"⑧万历二年(1674),辽东巡抚张学颜向明廷报告招抚盘踞在山东、辽东之间海岛上的逋逃民众时称:"(臣)念必使岛无一人,庶可患绝两省(按:据上下文,两省指山东与

---

① 张鼐:《辽海东宁道题名记》,嘉靖十六年《辽东志》卷2《建置志》,第9页上。
② 嘉靖四十四年《全辽志》卷1《沿革志》,第22页下。
③ 陈绾:《与辽东抚巡诸公疏》,载顾炎武辑:《天下郡国利病书》第34册《九边四夷》,"四库全书存目丛书",济南:齐鲁书社,1996年,史部第172册,第776页。
④ 官应震:《题为辽饷燃眉,举朝袖手,敬勒交徽,苦词以祈急救危亡事》,载程开祐辑:《筹辽硕画》卷6《戊午仲夏二》,"丛书集成续编",台北:新文丰出版社,1989年,第242册,第226页。
⑤ 曾国藩:《曾文正公诗文集》卷2《书王雁汀前辈渤海图说后》,"续修四库全书",上海:上海古籍出版社,1995年,第1537册集部,第595页。
⑥ 贺钦:《医闾先生集》卷1《言行录》,第53页。
⑦ 苏东鲁:《明万历重修辽阳城西广佑寺宝塔记》,载邹宝库辑注:《辽阳金石录》,辽阳:辽阳市档案馆、辽阳博物馆,1994年,第12—13页。
⑧ 不著撰人:《海运摘钞》卷8《八十六》,"丛书集成三编",台北:新文丰出版社,1997年,第22册,第182页。上引《海运摘钞》仅云"山东巡抚王",据《明神宗实录》可知,万历四十八年在山东巡抚任上的是王在晋。《明神宗实录》卷591,万历四十八年二月己未。

辽东)。"①

所谓"省"指布政司,明代人乐于以历史名词指代现存事物,如称巡抚为"中丞",称巡按为"柱史"等,称布政司为"省"亦同此例。因此,"辽东省"的称谓意味着在贺钦、王在晋等人眼中,辽东都司是与布政司类似的独立的行政区划。不过,上述史料形成的时间均在明代中期以后,只能揭示辽东都司与山东布政司在明代中期以后没有隶属关系,却不能说明明初的情况。

其四,辽东曾经隶属于山东的史料。此类史料较多,为分析方便计,以下按序号排列。1. 成化十二年(1476)左右,时任翰林院侍讲学士的丘濬写道:"辽左旧隶山东藩司,凡边备多寡之数,出纳之政,咸其部使者主之。近用言者,择用廷臣委以边计,上命大司徒简其属,俾专其任。"② 2. 明代著名史家郑晓曰:"辽东之不(按:据上下文'不'为衍文)隶于山东,先朝有深意。辽山多,苦无布,山东登莱宜木绵,少五谷。又海道至辽一日耳。故令登莱诸处田赋,止从海道,运布辽东。"③ 3. 嘉靖三十七年(1558),蓟辽总督王忬因辽东饥馑奏请重开海道:"臣谨按,山东、辽东旧为一省,近虽隔绝海道,然金州、登莱南北两岸渔贩往来动以千艘,官吏不能尽诘。莫若因其势导之,明开海禁,使山东之粟可以方舟而下,此亦救荒一奇也。"④ 4. 嘉靖三十七年,辽东巡按周斯盛言:"国家建置之初,以之

---

① 刘效祖:《四镇三关志》卷7《巡抚都御史张学颜浦民归顺海岛悉平疏略》,"四库禁毁书丛刊",北京:北京出版社,2000年,史部第10册,第406页。
② 丘濬:《琼台诗文会稿》卷11《赠王郎中往辽东序》,"丛书集成三编",台北:新文丰出版社,1997年,第38册,第204页。据《献征录》"王宗彝,字表伦",可知丘濬所谓王郎中即王宗彝(按:丘濬在文中只称其字"表伦");据《辽东志》,王宗彝为辽东首任总理辽东都司粮储的户部郎中;据《明会典》,明廷设置户部郎中"总理辽东粮储"在成化十二年;参照《明宪宗实录》成化十三年"总理辽东粮储户部郎中王宗彝言辽东边饷委官往往稽缓",可知王宗彝此时已在辽东都司就职。因此,笔者认为丘濬的序写于成化十二年左右。焦竑《献征录》卷36《礼部尚书王宗彝传》,上海:上海书店,1987年,第1483页;嘉靖十六年《辽东志》卷5《官师志》,第11页上;申时行等修:《明会典》卷22《户部九》,第150页;《明宪宗实录》卷172,成化十三年十一月壬辰。
③ 郑晓著,李致忠点校:《今言》卷3《二百七》,北京:中华书局,1984年,第118页。
④ 《明世宗实录》卷460,嘉靖三十七年六月己卯。

(按：指代辽东)隶山东者,止以海道耳。"① 5. 万历元年(1673)左右,奉命"阅视"蓟辽保定边务的兵部右侍郎汪道昆云:"查得辽东原隶山东、同省,至今民运犹存。"② 6. 万历十五年(1587),辽东巡按李思孝奏曰:"辽东一镇旧隶山东,故士子科举亦随山东。"③ 7. 万历年间,辽东巡抚顾养谦言:"辽东故航海属山东,自金州旅顺口达登州新河关计水程五百五十里。"④ 8. 万历四十四年(1616),山东巡按御史王雅量因登莱饥荒请开海运:"国初旧制,山东、辽东原系一省。"⑤ 9. 明季,兵部尚书申用懋言:"辽(东)故沿海属山东。"⑥ 10.《皇明从信录》载:"辽东原属山东,士子赴试艰远。嘉靖甲午,改附顺天。"⑦

上述史料显示,明初辽东曾隶属于山东。⑧这是否意味着丛佩远的观点是正确的呢? 荷见守义曾针对丛佩远征引过的史料8提出批评,指出该史料是自晚明追溯明初的情况,因此不能将其视作明代辽东都司始终隶属于山东布政司的铁证。他还指出,史料8表明,至少在史料形成的万历四十四年辽东已经不再隶属于山东。⑨不过,如前文所述,荷见守义并没

---

① 章潢《图书编》卷44《辽东海道》,"景印文渊阁四库全书",台北:台湾商务印书馆,1986年,第970册,第6页。
② 汪道昆:《太函集》卷89《辽东善后事宜疏》,"续修四库全书",上海:上海古籍出版社,1995年,第1348册集部,第99页。按:汪道昆的这篇奏疏中有"表忠节"一条,请求表彰广宁卫归附军郎氏家族。据《明神宗实录》,汪道昆"阅视"蓟辽、保定边务在隆庆六年九月,明廷接受汪道昆建议,下令建"一门忠节"坊表彰郎氏家族在万历元年。由此可知,汪道昆的这篇奏疏写于万历元年左右。汪道昆:《太函集》卷89《辽东善后事宜疏》,第1348册,第100—101页;《明神宗实录》卷5,隆庆六年九月壬子;《明神宗实录》卷16,万历元年八月庚午。
③ 王圻:《续文献通考》卷45《选举考》,第5册,第2755页。
④ 顾养谦:《冲庵顾先生抚辽奏议》卷6《海道》,第464页。
⑤ 《明神宗实录》卷543,万历四十四年三月戊子。
⑥ 张萱:《西园闻见录》卷53,上海:上海古籍出版社,1995年,第1169册子部,第338页。
⑦ 沈国元:《皇明从信录》卷39,"续修四库全书",上海:上海古籍出版社,1995年,第355册,第703页。
⑧ 明末清初,长于舆地之学的顾祖禹与熟谙明代历史的万斯同亦持有此种观点。前者云"夫创法之初,以辽(东)隶山东";后者援引王雅量之言"国初旧制,山东、辽东原系一省"。顾祖禹撰,贺次君、施和金点校:《读史方舆纪要》卷37《金州卫》,北京:中华书局,2005年,第1717页;万斯同:《明史》卷99《食货五》,"续修四库全书",上海:上海古籍出版社,1995年,第325册史部,第630页。
⑨ 荷见守义:《明代遼東統治体制試論——山東布政司との関わりをめぐって》,《人文研紀要》第37号,2000年,第8页。

有结合上述史料进一步展开讨论。

笔者认为第四类史料的作者或是丘濬、郑晓、王圻这样的博学之士，或是王忬、汪道昆、申用懋这样熟悉边务的朝廷重臣，或是周斯盛、李思孝、王雅量这样曾在辽东、山东任职的巡抚、巡按，他们的论述应该可以信赖。尤其值得注意的是史料5，时任兵部侍郎的汪道昆所谓"查得辽东原隶山东、同省"，表明当时存在着能够证明辽东曾经隶属于山东的档案或者其他文献材料。

然而，第四类史料揭示的辽东与山东之间的隶属关系，并不意味着辽东都司曾经隶属于山东行省及洪武九年（1376）之后的山东布政司。①《明太祖实录》载：

> （洪武二十七年）修《寰宇通衢书》成。（中略）其方隅之目有八。东距辽东都司，陆行为里三千九百四十四（中略）。自辽东东北至三万卫，马驿四，为里三百六十。西极四川松潘，陆行为里五千五百六十（中略）。又西南距云南金齿，陆行，为里六千四百四十四（中略）。南逾广东崖州，水陆兼行，为里六千六百五十五（中略）。又东南至福建漳州府，水陆兼行，为里三千五百二十五。北暨北平大宁卫，为里三千六百一十四（中略）。又西北至陕西甘肃，为里五千五十。②

上引《实录》中三万卫与辽东都司、松潘与四川、金齿与云南、崖州与广东、漳州与福建、大宁卫与北平行都司、甘肃卫与陕西行都司皆为隶属关系。与此同时，史料未云"北距山东辽东"，仅云"北距辽东都司"。由此可见，辽东都司作为独立的地理单元并不隶属于山东布政司。那么，该如何理解第四类史料关于辽东隶属于山东的记载呢？

笔者认为史料1所谓"辽左旧隶山东藩司"、史料8所谓"山东、辽东原系一省"等记载，指洪武年间明廷在辽东设立的州县隶属于山东行省及

---

① 明廷于洪武九年改行省为布政司。《明太祖实录》卷106，洪武九年六月甲午。
② 《明太祖实录》卷234，洪武二十七年九月庚申。

其后的山东布政司。结合洪武二年(1369)北平行省成立之前,明廷曾将北平府、真定府划归山东行省管辖的事例分析,①明廷将辽东新成立的府、州县隶属于其军需物资的供应地山东行省,是非常合理的安排。

明廷在辽东设立过的州县并非都属于山东行省及其后的山东布政司。辽西地区的瑞州,理应划归当时的北平行省管辖。因为洪武六年(1373)废弃的瑞州与北平行省相连,而与当时明军控制的辽东半岛之间的陆路交通却因北元官军的劫掠而隔断。参照瑞州废弃时明廷将瑞州民众迁徙到隶属于北平行省的滦州境内,②可知洪武初年设置的瑞州隶属于当时的北平行省。从这个意义上说,前引第四类第9条史料"辽(东)故沿海属山东",最为准确地表述了明代辽东与山东的关系。

如前文所述,明代史料中还存在着辽东与山东"名为一省"③的记载。"名为一省"表现在哪些方面,不但是辨明辽东、山东关系的重要问题,而且可以揭示明廷管理辽东都司这种非常规行政区划的实际运作。

在展开讨论之前需要说明以下两点:

首先,山东与辽东之间的军需供给及海上交通与所谓"名为一省"无关。因为山东、山西、河南、陕西与北直隶运送粮食、布匹、棉花等物资供给辽东、宣府、大同、延绥等北边重镇,④是明廷为有效运作北边防御体系而实行的宏观政策,与行政隶属关系无涉。具体到明代山东、辽东两地而言,山东除了供给辽东之外尚须供给宣府,辽东除了享有来自山东的军需物资以外还享有来自北直隶的军需物资。⑤至于山东、辽东之间的民间海上贸易属于商业范畴,也与这里要讨论的问题无关。

其次,辽东生员于正统十二年(1447)至嘉靖十年(1531)赴山东参加乡试与所谓"名为一省"无关。因为卫所生员附于何处乡试并不取决于

---

① 《明太祖实录》卷35,洪武元年九月庚寅;同书卷38,洪武二年正月癸亥;同书卷40,洪武二年三月癸丑。
② 《明太祖实录》卷86,洪武六年十一月癸卯。
③ 嘉靖四十四年《全辽志》卷5《海运议》,第38页下。
④ 申时行等修:《明会典》卷28《边粮》,第208—210页。
⑤ [日]寺田隆信著,张正明等译:《山西商人研究》,太原:山西人民出版社,1986年,第26页。

卫所所在地与乡试地点的隶属关系。如陕西地区的直隶卫所潼关卫的生员参加陕西的乡试。再如嘉靖十三年（1534）之前，山东地区的直隶卫所德州左卫等卫所的生员远赴顺天府应试。①

所谓辽东、山东"名为一省"究竟表现在哪些方面呢？

首先，辽东都司属于非常规行政区划，因此在以布政司划分的中央机构中辽东都司通常被划归诸如户部山东清吏司、刑部山东清吏司、都察院山东道等机构管理。如前文所述，明廷最终放弃了在辽东推行州县体制的想法。于是，辽东都司被建构成一个不设布、按二司的非常规行政区划。正因为上述原因以及辽东半岛上曾经存在过的州县一度隶属于山东的事实，所以明廷在洪武末年设置的以布政司划分的中央机构将辽东都司划归以山东布政司命名的相应机构管理。据《大明会典》，户部山东清吏司分管辽东都司，刑部山东清吏司带管辽东都司。②据《明太祖实录》，洪武十五年（1382）明廷在都察院之下设置了包括山东道在内的12道监察御史，但未曾言及辽东都司是否被划归山东道。③参照《明太祖实录》，洪武二十九年（1396）改置天下按察分司为41道，山东3道中有辽海东宁道，及现存明朝档案中辽东巡按通常被称作巡按山东监察御史，④可知辽东都司被划为都察院山东道的监察区。

其次，辽东都司的管理体制与南北直隶相似，不设布、按二司，其文职官员往往"寄衔"于山东布政司。辽东生员徐潮曰："辽东学校见属巡按管理，与直隶提学事体相同。"⑤实际上，辽东不止学校管理与直隶"事体相同"，其不设布、按二司，分守道、分巡道等文职官员"寄衔"于相邻的布政司，亦与南北直隶的管理体制近似。辽东都司的分守道、分巡道往往由山东的布、按二司官员担任，但他们在辽东都司任职期间归辽东巡抚管

---

① 夏言：《南宫奏稿》卷1《改便科举以顺人情疏》，"景印文渊阁四库全书"，台北：台湾商务印书馆，1983年，第429册，第414—416页。
② 申时行等修：《明会典》卷14《户部一》，第86—87页；同书卷159《刑部一》，第820页。
③ 《明太祖实录》卷149，洪武十五年十月丙子，第2347页。
④ 《明太祖实录》卷247，洪武二十九年十月甲寅，第3592—3593页；[日]荷见守义：《明代巡按山東観察御史の基礎的考察》，《人文研紀要》第72号，2011年，第91—134页。
⑤ 夏言：《南宫奏稿》卷1《改便科举以顺人情疏》，第429册，第415页。

理。①之所以依然采用山东布、按二司的官职,与《明史》概括明代南北直隶的管理体制时所谓"寄衔"的现象类似。《明史》云:"两京不设布、按二司,故督学以御史。后置守、巡诸员,无所属,则寄衔于临近省布、按司官。"②

需要指出的是,辽东都司的文职官员"寄衔"于山东的现象不止限于分守道、分巡道,其兵备道、管粮通判、抚民通判、课税司大使等亦复如此。③正如正德年间兵科给事中屈铨所说:"辽东地方虽称边境,其分巡、分守等官以至钱粮吏役俱出山东。"④辽东的分守道、分巡道听命于辽东巡抚,而不是山东巡抚。因此,所谓"俱出山东"揭示了辽东文职官员寄衔山东的现象。

其三,辽东都司的土地和人口在明代全国的相关统计中通常被并入山东布政司的名下。在洪武末年即已被划归户部山东清吏司管理的辽东都司在洪武末年之后虽然依旧作为卫所系统管理原有耕地,但当明廷统计全国土地时,辽东都司的耕地数据经独立统计并上报到户部以后,⑤理应被并入户部山东清吏司管理的土地中进行统计,最终以山东布政司的名义公布。⑥

---

① 关于辽东的分守道、分巡道、兵备道"寄衔"于山东布、按二司的问题,张士尊已有所讨论,兹不赘。需要指出的是,张士尊将辽东都司文职官员"寄衔"于山东的现象进一步细分为"寄衔""寄职""寄禄"三种,而本文沿用《明史》的观点皆以"寄衔"视之。张士尊:《明代辽东都司与山东行省关系论析》,第30—34页。
② 张廷玉等:《明史》卷75《职官四》,第6册,第1845页。
③ 关于兵备道,张士尊已有所讨论,参见张士尊:《明代辽东都司与山东行省关系论析》,第33—34页;关于管粮通判、抚民通判,《四镇三关志》载:"辽阳管粮通判,弘治初年设,山东济南府列衔。""广宁管粮通判,弘治初年设,山东济南府列衔。""嘉靖四十三年,巡抚王之诰请设海盖抚民通判一员,山东济南府列衔。"刘效祖:《四镇三关志》卷8《职官考》,"四库禁毁书丛刊",北京:北京出版社,2000年,史部第10册,第456页;关于税课司大使,参见《明英宗实录》卷159,正统十二年十月辛巳,第3102页。按:《明英宗实录》虽未明言课税司大使的"寄衔"问题,但参照上文所论及下条注释所引《明武宗实录》可以推断,课税司大使亦不能例外。
④ 《明武宗实录》卷55,正德四年闰九月己巳。
⑤ 关于永乐以后辽东都司的土地清丈归户部管理,参见导论中的相关注释。
⑥ 笔者认为《明会典》与《续文献通考》记载明代全国土地统计数据时所谓"十三布政司并直隶府州"中的"十三布政司"名下的土地,其实是户部以十三布政司划分的十三清吏司管理的土地。申时行等修:《明会典》卷17《户部四》,第110页;王圻:《续文献通考》卷20《户口考》,第2册,第1175页。

与耕地统计略有不同,由于军籍是明代户籍的重要组成部分之一,即使在洪武年间,辽东都司的军籍人口也没有保密的必要。然而表面看来留存在《明太祖实录》中的洪武十四年(1381)与洪武二十四年(1391)的全国人口统计中并没有辽东都司的人口数据。笔者认为洪武十四年是明廷开始推行赋役黄册制度的年份,但当时的辽东都司仍处在与北元军阀纳哈出进行的战争之中,或许无暇从事人口统计。但至洪武二十四年更造赋役黄册时,纳哈出早已归降,明廷没有理由将辽东的军籍人口弃之不顾。不仅如此,洪武二十三年(1390)明廷将户部分为浙江、山东等12部(按:即洪武二十九年之后的浙江、山东等清吏司的前身),①由此后辽东都司归户部山东清吏司管理的史实判断,自洪武二十三年起辽东都司理应归户部山东部管理。因此,在《明太祖实录》所载洪武二十四年的全国人口统计数据中,浙江、山东等布政司名下的人口实际上指涉的是户部浙江部、户部山东部等中央行政机构管辖的人口。这也就是说,洪武二十四年的山东布政司的统计数据包括了辽东都司的人口。与此相应,洪武十四年山东布政司的人口数为5 196 715人,洪武二十四年的相关数据为5 672 543人。②后者比前者多出475 828人,这个数字应该主要是洪武二十四年辽东都司的40万人口与山东布政司十年内新增人口的总和。③

其四,在官修的全国总志《大明一统志》中,辽东都司被附在山东布政司的卷次之中。在天顺五年(1461)修成的《大明一统志》中,纂修者采取了将明代直辖疆土按南北直隶与十三布政司依次论述的体例。与辽东都司被划归户部山东清吏司、刑部山东清吏司管理类似,纂修者将辽东都司列入山东布政司的卷次之中,与隶属于山东布政司的登州府、莱州府同在一卷。④受《大明一统志》影响,《明史》和《读史方舆纪要》等著作亦将

---

① 申时行等修:《明会典》卷2《吏部二》,第4页。
② 《明太祖实录》卷140,洪武十四年十二月未著日期;同书卷214,洪武二十四年十二月未著日期。
③ 关于洪武年间辽东都司的人口参见第二章。
④ 李贤等撰:《大明一统志》卷25,西安:三秦出版社,1990年,第412—434页。按:三秦出版社出版的《大明一统志》的底本是天顺五年的内府刻本。关于《大明一统志》的版本,参见杜洪涛:《〈大明一统志〉的版本差异及其史料价值》,《中国地方志》2014年第10期,第42—47页。

辽东都司附于山东布政司之后。①然而，辽东都司与山东布政司毕竟是互不隶属的行政区划，因此部分明代著作拒绝沿用《大明一统志》将辽东都司附于山东布政司之后的体例。如王圻编纂的《续文献通考》将北直隶、山东布政司置于第225卷，将辽东、山西、河南置于第226卷。②

综上所述，所谓辽东、山东"名为一省"主要指作为非常规行政区划的辽东都司在行政、司法、监察等方面由户部山东清吏司、刑部山东清吏司、都察院山东道管理，其文职官员通常"寄衔"于山东，其土地与人口统计亦被并入山东布政司的相关统计之中。以上事实在一定程度上揭示了明廷管理非常规行政区划的实际运作。

在厘清了明代辽东与山东的关系与明初辽东州县的数目、归属之后，下面探讨与转向卫所体制紧密相关的州县裁并问题。解读这个问题的关键史料，是永乐十一年（1413）初次修成的《辽东志》所载"（洪武）十年革所属州县，置卫"。③天顺五年（1461）修成的《大明一统志》的相关记载与此无异。④《明史·地理志》亦延续了这种说法但稍变其文："（洪武）十年，（辽东）州县俱罢。"⑤

中日学者对上述记载给予了充分的重视，但张维华、和田清不加辨析地沿用相关记载，认为洪武十年（1377）明廷撤销了辽河平原的所有州县并悉数将其并入卫所；⑥李晋华因相关记载不见于《明太祖实录》，遂以"不知何据"为辞质疑《明史》的记载。⑦但实际上《明史》修纂者的论述

---

① 张廷玉等：《明史》卷41《地理志》，第4册，第937—957页；顾祖禹撰，贺次君、施和金点校：《读史方舆纪要》卷37《山东八》，北京：中华书局，2005年，第1698—1747页。
② 王圻：《续文献通考》卷225，第22册，第13331—13384页；同书卷226，第22册，第13385—13446页。
③ 嘉靖十六年《辽东志》卷1《地理志》，第1页下。关于《辽东志》的纂修过程，参见杜洪涛：《〈辽东志〉探微》，第274—281页。
④ 李贤等修：《大明一统志》卷25《辽东都指挥使司》，第424页。
⑤ 张廷玉等：《明史》卷《地理二》41，第4册，第952页。
⑥ 张维华：《明辽东"卫"、"都卫"、"都司"建置年代考略》，第10页；和田清：《明初の滿洲经略（上）》，载和田清：《東亞史研究（滿洲篇）》，第287页。
⑦ 李晋华：《明代辽东归附及卫所都司建置沿革》，载包遵彭主编：《明史论丛》之六《明代边防》，台北：台湾学生书局，1968年，第31页。

并非没有根据,他们依据的是《辽东志》和《大明一统志》。

从史源学角度看,永乐十一年(1413)初次修成的《辽东志》在史料价值方面并不比永乐年间改定的《明太祖实录》逊色。然而,《辽东志》"(洪武)十年革所属州县,置卫"的记载却看似荒诞不经。因为明廷于洪武六年(1373)在辽阳设立府县后"寻罢置辽阳府县";①辽西的瑞州亦于洪武六年撤销;②后文将会深入讨论的金州、复州、海州、盖州则直到洪武二十八年(1395)才被并入卫所。那么,《辽东志》的相关记载又该如何理解呢?

《明太祖实录》载:

> 士卒馈运渡海有溺死者,上闻之,命群臣议屯田之法。谕之曰:"昔辽左之地在元为富庶,至朕即位之二年,元臣来归,因时任之。其时有劝复立辽阳行省者,朕以其地早寒,土旷人稀,不欲建置劳民,但立卫,以兵戍之。"③

上引史料是洪武十五年(1382)朱元璋命群臣讨论屯田之法时对往事的追述。其中"朕即位之二年"是"元臣来归"的时间,未必是有人建议恢复辽阳行省的时间,更不会是明廷决定"不欲建置劳民,但立卫"的时间。④参照上引史料可知,明廷虽然曾在辽东推行州县体制,但当有人提出复设辽阳行省的建议时却没有获得批准。其后,明廷还颁布了在辽东推行卫所体制的决策。

关于明廷在辽东全面推行卫所体制的原因,将在后文讨论。这里想要强调的是,明廷在辽东设立最晚且可以确定建置时间的,是洪武六年(1373)设置的辽阳府和辽阳县,而上引《明太祖实录》将朱元璋的谕旨系

---

① 《明太祖实录》卷83,洪武六年六月戊戌。李晋华亦曾援引此条史料,并指出:"或设未几即罢,不待(洪武)十年也。"李晋华:《明代辽东归附及卫所都司建置沿革》,第31页。
② 《明太祖实录》卷86,洪武六年十一月癸卯。
③ 《明太祖实录》卷145,洪武十五年五月未著日期。
④ 自洪武五年起明廷陆续在辽东设立州县可以为证。

于洪武十五年(1382)。由此推断,明廷作出废除辽东州县,只设卫所管理此地的决策在洪武六年至洪武十五年之间。这样,在复原了历史语境之后,就可以对《辽东志》"(洪武)十年革所属州县,置卫"的记载作出正确的解释了。它指涉的是,明廷在洪武十年(1377)颁布在辽东全面推行卫所体制的决策。

下面讨论辽东州县的废除。关于辽阳府、辽阳县、瑞州皆废于洪武六年,《明太祖实录》中有着明确的记载,故不必赘论。①关于金州、复州、海州、盖州四个州县的废止时间,既有研究存在着不同的看法。如前所述,张维华、和田清认为包括金、复、盖、海四个州县在内的辽河平原的州县在洪武十年被悉数革除。清水泰次对此持有不同见解,他依据《明史·地理志》所谓"洪武二十八年四月,州废"的记载,认为金、复、海、盖四个州县废于洪武二十八年(1395)。②由于论证不够充分,清水泰次的观点遭到了张士尊的质疑。张士尊以《明实录》"自洪武六年(1373)正月有金复二州大旱记载后,再不见州县记载出现等情况"为据,认为"金、复、海、盖四州废置不会离辽阳府县废置时间太远","再从洪武十四年(1381)三月置辽阳税课司,直隶都司情况推断:《辽东志》所记金、复等州废置时间(洪武十年左右)比较接近实际。"③

然而,张士尊所谓《明太祖实录》"自洪武六年正月有金复二州大旱记载后,再不见州县记载出现"与事实不符。以下五条史料可以为证。

1.(洪武二十二年)旌表辽东州民李思善母杜氏贞节。④
2.(洪武二十六年七月)敕辽东都指挥使司谨守边防,绝朝鲜国贡使。又命左军都督府,遣人往辽东金、复、海、盖四州,增置关隘,缮修城隍。发骑兵巡逻至鸭绿江而还。⑤

---

① 《明太祖实录》卷83,洪武六年六月戊戌;同书卷86,洪武六年闰十一月癸卯。
② 清水泰次:《明代の遼東經營》,第132—133页。
③ 张士尊:《明初辽东二十五卫建置考释》,《鞍山师范学院学报》1994年第1期,第36页。
④ 《明太祖实录》卷196,洪武二十二年四月丁卯。
⑤ 《明太祖实录》卷229,洪武二十六年七月辛亥。

3.（洪武十七年）金、复、海、盖四州儒学（设）学正各一员。①

4.（洪武二十六年二月）辽东开原卫军士马名广奏曰："辽东二十一卫定辽等七卫已有都司儒学，金、复、海、盖四州已有州学。其开元（按：即开原）、沈阳、广宁、义州亦皆名郡，学基尚存，遗碑犹在。宜建学立师，以复其旧。"②

5.（洪武二十八年）改辽东金、复、海、盖四州州学为卫儒学。③

参照洪武二十二年（1389）辽东除金州等4个州县外并无其他州县，与上引史料1中的"辽东州民"可知，在洪武二十二年时金州等四个州县尚未裁并。史料2"金、复、海、盖四州"，显示至洪武二十六年（1393）4州仍未裁并。史料3、史料4皆提及金州、复州、海州、盖州，尤其是史料4将"七卫"与"四州"对举，充分地说明了金州等四个州县至洪武二十六年仍然存在。参照史料5可知，金州、复州、海州、盖州废置于洪武二十八年（1395）而不是洪武十年（1377）。

综上所述，明廷在辽东设立的府州县有辽阳府、辽阳县、金州、复州、海州、盖州、瑞州。除瑞州属北平行省外，其他辽东府州县皆属山东行省及其后的山东布政司管辖。辽东府州县的裁并主要集中在两个年份：洪武六年，辽阳府、辽阳县、瑞州被撤销建制；洪武二十八年，金州、复州、海州、盖州被并入相应卫所。

四、实土与抽垛：转向卫所体制的历程

明代辽东从州县体制向卫所体制的转变有两个重要环节：辽东的卫所从军事性卫所变为实土卫所；辽东人的户籍身份从民籍变为军籍。鉴于从州县体制到卫所体制的转变因地域不同而有所差异，下

---

① 《明太祖实录》卷167，洪武十七年闰十月辛酉。
② 《明太祖实录》卷225，洪武二十六年二月乙未。
③ 《明太祖实录》卷238，洪武二十八年四月乙亥。

面以卫所实土化与抽垛为基本关注点,以确立卫所体制的先后顺序依次考察辽阳地区、辽北地区、辽西地区和辽南地区向卫所体制的转变历程。

需要事先说明的是,明初辽东的抽垛原则。《明太祖实录》载:"初,辽东都指挥使司以辽阳高丽、女直来归官民,每五丁以一丁编为军。"[1]朝鲜《李朝实录》云:"偰眉寿赍礼部咨文回自京师。一件,为在逃洪武年间五丁原垛一土军应合取回人数事。"[2]可见,明代辽东推行抽垛政策的具体方式是"五丁垛一"。

(一) 辽阳地区

辽阳城是辽东都司的治所,此处共有6个卫所,即定辽左卫、定辽右卫、定辽前卫、定辽后卫、定辽中卫与东宁卫。在讨论上述6卫的实土化之前,需要讨论一下上述6卫的建置时间。据张士尊考证,定辽右卫建立于洪武六年(1373),定辽前卫建于洪武八年(1375),定辽后卫改建于洪武九年(1376),东宁卫建于洪武十九年(1386)。[3]至于定辽左卫与定辽中卫的建置时间,则仍有继续讨论的空间。

首先,定辽左卫。《明太祖实录》载,洪武七年(1374)正月,定辽都卫奏:"并卫所官军。以左千户所青州土军五千六百人属定辽左卫,以右千户所莱州土军五千人,并本卫军七百九十四人属定辽右卫。"[4]张士尊依据上述史料推断,定辽左卫与定辽右卫一样建于洪武六年,《明太祖实录》洪武六年的相关记载中仅有定辽右卫的建置,是因为漏载了定辽左卫的建置。[5]然而,张士尊忽略了上引《明太祖实录》所载的以下史实:定辽右卫由洪武七年划入该卫的原定辽都卫右所的5 000名军士与原定辽右卫的794名军士共同组成,而定辽左卫完全由洪武七年划入该卫的

---

[1] 《明太祖实录》卷178,洪武十九年五月癸亥。
[2] 吴晗辑:《朝鲜李朝实录中的中国史料》,第227页;《太宗大王实录》卷14,太宗七年九月庚申。
[3] 张士尊:《明初辽东二十五卫建置考释》,第35、36页。
[4] 《明太祖实录》卷87,洪武七年正月甲戌。
[5] 张士尊:《明初辽东二十五卫建置考释》,第35页。

原定辽都卫左所的5 600名军士组成。由洪武七年划入定辽左卫的军士恰好是一个卫所的标准配置可知,该卫创建于洪武七年,此前并不存在定辽左卫。

其次,定辽中卫。《明太祖实录》中没有定辽中卫的相关记载。据《辽东志》,该卫建于洪武十七年(1384)。[1]张士尊对上述史料提出质疑。他以《明太祖实录》洪武十九年(1386)"核辽东定辽等12卫并武德卫征进官军之数"为据,指出此时辽东已有定辽左、右、前、后4卫,东宁、金州、复州、盖州、海州、辽海6卫,沈阳中、左2卫,共12卫。因此,定辽中卫的设置当在洪武十九年之后。[2]然而,按照《明太祖实录》的记载,辽海卫置于洪武二十三年(1390),[3]《明太祖实录》洪武十九年的所谓"辽东定辽等十二卫"理应不包括辽海卫。因此,《辽东志》关于定辽中卫设于洪武十七年的记载值得信赖。

辽阳地区卫所的实土化始于洪武六年(1373)。本年,明廷废除辽阳府、辽阳县,此后辽阳地区的行政事务归当地的卫所官员管理。洪武十年(1377),明廷颁布了在辽东推行卫所体制的政策,此时辽阳地区共有4个卫所,即定辽左、右、前、后4卫。这4个卫所率先完成了从军事性卫所转变为实土卫所的历程。

定辽中卫与东宁卫先后于洪武十七年与洪武十九年建立时,辽阳地区不但没有府州县,而且已经拥有了定辽左、右、前、后4个实土卫所,因此定辽中卫与东宁卫在建立之初即为实土卫所。这也就是说,至洪武十九年东宁卫成立时,辽阳地区已经成为由6个实土卫所构成的地理单元。

值得注意的是,上述6个实土卫所的辖境并不限于辽阳地区。嘉靖年间,辽东巡按李辅云:"照得东南一带,南至海,北至叆阳,东至边,西至镇夷、草河等堡,周围约四五百里,原虽分派东宁卫管辖,但地方旷荡,山谷

---

[1] 嘉靖十六年《辽东志》卷1《地理志》,第2页上。
[2] 《明太祖实录》卷179,洪武十九年八月甲申;张士尊:《明初辽东二十五卫建置考释》,第38页。
[3] 《明太祖实录》卷200,洪武二十三年三月癸巳。

绵连。"① 可见，明初东宁卫的辖境还包括千山以东的东部边地。

辽阳地区的抽垛始于洪武六年（1373）六月。《辽东志》载：

> 壬子（洪武五年）复设辽阳府州县，以千户徐便统署府事。安集人民，柔来绥附，众咸得所。已而，罢府州县，籍所集民为兵。②

《明太祖实录》载：

> （洪武六年六月）定辽都卫请设辽阳府、县治，（中略）从之，命吏部铨官铸印。寻罢置辽阳府、县。③

综合上述两条史料可知，明廷在废除辽阳府、辽阳县的同时，"籍所集民为兵"，所谓"籍"，指抽丁垛集。

值得注意的是，洪武六年六月以后，明廷在辽阳地区抽垛新军，同年十一月在辽阳城北成立了定辽右卫，两者的时间间隔至多不超过5个月。据此推断，抽垛新军与建立右卫存在着紧密的关联。虽然这个重要的史实缺乏直接的证据，但通过定辽右卫的变动及相关史料的关联性还是能够找到一些蛛丝马迹。

《明太祖实录》载：

> （洪武六年十一月）置定辽右卫于辽阳城之北，立所属千户所五。命定辽都卫指挥佥事王才等，领原将山东诸卫军马屯守。④

----

① 李辅：《补议经略东方未尽事宜以安边境疏》，载嘉靖四十四年《全辽志》卷5《艺文志上》，第50页上。上引《全辽志》仅云"前人"，据《四镇三关志》所载这一奏疏相对简略的版本可知，此份奏疏的作者为李辅。下文再次征引这一史料时，不再加以说明。李辅：《巡按御史李辅补议经略未尽事宜以安边境疏略》，载刘效祖：《四镇三关志》卷7《制疏考》，第396页。
② 嘉靖十六年《辽东志》卷8《杂志》，第7页下。
③ 《明太祖实录》卷83，洪武六年六月戊戌。
④ 《明太祖实录》卷86，洪武六年十一月癸酉。

据此,定辽右卫设立于洪武六年十一月,辖有5个千户所。结合《辽东志》洪武六年左右"罢府州县,籍所集民为兵"的记载,①与下文即将讨论的、定辽都卫的内地官军在洪武七年(1374)才开始分散、调整可知,洪武六年的定辽右卫主要由抽垛新军构成。出于对抽垛新军的不信任或防范意识,定辽都卫指挥佥士王才奉命率领所属内地官军与定辽右卫的抽垛新军共同在辽阳城北屯守。

洪武七年,定辽右卫的构成发生了很大的变化。《明太祖实录》载:

> (洪武七年正月)定辽都卫奏:"并卫所官军。以左千户所青州土军五千六百人属定辽左卫,以右千户所莱州土军五千人并本卫军七百九十四人属定辽右卫。余军分为八千户所,内调千户余机领中、后二所往金州守御。俱隶都卫。"从之。②

上引"以右千户所莱州土军五千人并本卫军七百九十四人属定辽右卫"中的"并"意为合并,即将莱州土军5000人与原定辽右卫的794人合并组成新的定辽右卫。其中"本卫"指定辽右卫而不能指都卫,其原因如下:第一,定辽都卫相当于后来的都司,是管辖卫所的机构,都卫不能简称为"卫";第二,当时定辽都卫所辖的卫仅有3个,即由刘益集团改编的辽东卫、洪武六年已经设立的定辽右卫与洪武七年设立的定辽左卫。由于辽东卫并未在上引史料中出现,洪武七年成立的定辽左卫不能在成立之前即辖有794名军士,因而所谓"本卫"只能是洪武六年已经成立的定辽右卫。这也就是说,洪武六年由抽垛新军构成的定辽右卫至洪武七年调整卫所时,仅剩794人。

下面讨论一下定辽都卫内地官军的调整及其去向。据《明太祖实录》洪武七年正月"命工部令太仓海运船附载战袄及裤各二万五千副赐辽东

---

① 嘉靖十六年《辽东志》卷8《杂志》,第7页下。
② 《明太祖实录》卷87,洪武七年正月甲戌。

军士",①可知当时辽东都卫的军士为25 000人。据洪武五年(1372)《明太祖实录》"给辽东卫军士战袄凡五千六百七十五人",②可知辽东卫为5 675人。这也就是说,洪武七年卫所调整时,定辽都卫所属内地官军为19 325人。③在这次调整中,定辽都卫内地官军的去向如下：5 600人组成定辽左卫,5 000人加入重组后的定辽右卫,剩余8 725人构成了8个千户所。④

上述关于定辽都卫内地官军的论证不但可以为洪武六年的定辽右卫由抽垛新军构成提供佐证,而且有助于估算当年定辽右卫抽垛新军的数量。综合洪武七年(1374)辽东都卫所辖的辽东卫、定辽左卫和重组后的定辽右卫的军士皆达到或超过了标准人数5 600人,可知洪武六年建成的共有五个千户所的定辽右卫的军士亦应在5 600人左右。那么,为什么到了洪武七年正月调整卫所时,由抽垛新军构成的定辽右卫只剩下794名军士了呢?

考《辽东志》有纳哈出洪武六年进攻辽阳被明军击退的记载,但具体的月份缺载。⑤据《明太祖实录》洪武八年(1375)十二月"纳哈出寇辽东"⑥推断,洪武六年明军与纳哈出的战斗亦发生在十二月。参照曾引起明廷高度重视的牛家庄之战明军丧失5 000余名军士可知,在不见于《明太祖实录》的这次战役中明军不应仅定辽右卫就有数千人的伤亡。因此,定辽右卫军士的锐减,除了一小部分为战斗减员之外,更重要的原因是抽垛新军的大批逃亡。

辽阳地区的第二次大规模抽垛是在洪武九年(1376),此次抽垛的新军构成了新定辽后卫。据《明太祖实录》,洪武八年"以辽东卫为定辽后卫指挥使司";洪武九年"改定辽后卫为盖州卫。复置定辽后卫于辽阳城

---

① 《明太祖实录》卷87,洪武七年正月壬申。按：据《明太祖实录校勘记》"两万五千事""嘉本作副",据此改正。黄彰健:《明太祖实录校勘记》,第367页。
② 《明太祖实录》卷72,洪武五年二月癸巳。
③ 如果后来构成辽海卫的1 418名军士也在25 000人之列,那么构成8个千户所的人数为7 307人。关于辽海卫的军士数量,参见本书第二章第一节关于明初辽东人口的讨论。
④ 《明太祖实录》卷72,洪武五年二月癸巳。
⑤ 嘉靖十六年《辽东志》卷5《官师志》,第39页上。
⑥ 《明太祖实录》卷102,洪武八年十二月未著日期。

北"。① 由此可见，由辽东豪强武装改编的辽东卫曾于洪武八年改称定辽后卫；洪武九年，原定辽后卫改称盖州卫后，明廷重新组建了定辽后卫。

为了说明定辽后卫主要是由抽垛新军构成，有必要首先回顾由渡海而来的定辽都卫官军构成的卫所。如前文所述，洪武七年（1374）归并卫所时，定辽都卫左所的5 600名军士构成了定辽左卫，定辽都卫右所的5 000名军士与原定辽右卫的794名军士共同构成了新定辽右卫，定辽都卫直辖的其他军士被分为8个千户所，其中的中、后2所被调往金州。② 洪武八年，定辽都卫改为辽东都司，原定辽都卫直辖的6个留在辽阳的千户所构成了定辽前卫。③ 参照定辽都卫主要分化为定辽左卫、新定辽右卫、定辽前卫与金州卫的2个千户所可知，定辽后卫主要由当地的抽垛新军构成。

辽阳地区的第三次大规模抽垛是洪武十三年（1380）。东宁卫虽然是洪武十九年（1386）成立的，但是构成东宁卫的东宁、南京、海洋、草河、女直五千户所于洪武十三年已经成立，④ 这5个千户所是"以辽阳高丽、女直来归官民，每五丁以一丁编为军"⑤ 的方式构成的。

辽阳地区的第四次大规模抽垛是在洪武十七年（1384），此次抽垛的新军构成了定辽中卫。⑥

辽阳地区转向卫所体制转化的起点在洪武六年（1373），本年明廷废除了辽阳地区的州县并在当地推行抽垛政策；终点是洪武十九年，本年辽东地区最终形成了由6个实土卫所构成的地理单元。辽阳地区向卫所体制的转化过程经历了13年的时间。

（二）辽北地区

辽北地区共有4个卫所，即沈阳中卫、铁岭卫、三万卫和辽海卫，其中

---

① 《明太祖实录》卷101，洪武八年九月癸丑；同书卷110，洪武九年十月辛亥。
② 《明太祖实录》卷87，洪武七年正月甲戌。
③ 《明太祖实录》卷101，洪武八年九月癸丑。
④ 嘉靖十六年《辽东志》卷1《地理志》，第2页上。
⑤ 《明太祖实录》卷178，洪武十九年五月癸亥。
⑥ 关于定辽中卫主要由抽垛新军组成，参见有关定辽后卫的论述。

三万卫与辽海卫的卫治同在开原城。

辽北地区最早建立的卫所是沈阳中卫和沈阳左卫,对于此后转化为京卫的沈阳左卫这里不拟展开讨论。沈阳中卫建于洪武十九年,[①]是明廷准备与纳哈出集团决战期间设立的军事性卫所。

辽海卫、三万卫和铁岭卫是从其他地域调至辽北地区的卫所。下面分别讨论这三个卫所的建置时间及迁入辽北的时间。

据《明太祖实录》,洪武二十三年(1390),"置辽海卫指挥使司于三万卫北城,调定辽卫指挥张复等领兵守之"。[②]据《辽东志》:"辽海卫,洪武十一年置。初治牛家庄,二十六年徙治开原城。"[③]张士尊正确地指出:牛家庄位于今辽宁海城牛庄镇,是明初海运的重要码头;开原老城无北城,《实录》所谓"北城"应是城北之误。不过,他的以下观点值得商榷,即辽海卫设立于洪武十一年(1378)。[④]参照东宁卫先有千户所后设卫的情况可知,洪武十一年只是驻守牛家庄、后来构成辽海卫的若干千户所成立的时间。至于上引《明太祖实录》与《辽东志》的时间差异,可以作出如下解释,即洪武二十三年是辽海卫正式成立的时间,洪武二十六年(1393)是辽海卫从开原城北迁入开原城内的时间。

据《明太祖实录》洪武二十年(1387)十二月,"置辽东三万卫指挥使司,以千户侯史家奴为指挥佥事"。[⑤]据池内宏考证,明廷在洪武二十年只是设置了三万卫的组织机构,在斡朵里(按:今黑龙江省哈尔滨市依兰县)开设衙门是洪武二十一年(1388)的事。[⑥]由于运送粮食的艰难与海西女真的压力,不久,明廷即"徙置三万卫于开元"。[⑦]

洪武二十一年,明廷在鸭绿江边的黄城设立铁岭卫,不久回撤。据《明太祖实录》,同年"置铁岭卫指挥使司。先是元将拔金完哥率其部属

---

① 《明太祖实录》卷179,洪武十九年八月辛丑。
② 《明太祖实录》卷200,洪武二十三年三月癸巳。
③ 嘉靖十六年《辽东志》卷1《地理志》,第3页下。
④ 张士尊:《明初辽东二十五卫建置考释》,第37页。
⑤ 《明太祖实录》卷187,洪武二十年十二月庚午。
⑥ 池内宏:《三萬衛についての考》,载池内宏:《滿鮮史研究(中世第三册)》,第683—693页。
⑦ 《明太祖实录》卷189,洪武二十一年三月辛丑。

金千吉等来附。至是,遣指挥佥事李文、高颙,镇抚杜锡,置卫于奉集县以抚安其众"。①洪武二十六年(1393),"徙辽东铁岭卫治于沈阳、开元两界古嚚州之地"。②可见,回撤的铁岭卫先迁至奉集堡,最终迁至嚚州(按:今辽宁铁岭)。

辽北地区的四个卫所最初皆不是实土卫所。沈阳中卫与辽海卫最初为军事性卫所,铁岭卫和三万卫最初是远离辽东的具有羁縻色彩的卫所。上述4个卫所向实土卫所的转化也经历了一个过程。

辽北地区卫所实土化的起点是洪武二十年。当时纳哈出归降明廷,卫治设在沈阳城的沈阳中卫开始从军事性卫所向实土卫所转化。洪武二十一年,自斡朵里迁入开原城的三万卫亦向实土卫所转化。由于明廷从未在辽北地区设立州县,元朝在这个地区设立的州县在长期战争的破坏下已经残破不堪,因此沈阳中卫与三万卫实土化的过程比较迅速。铁岭卫和辽海卫的实土化过程相对曲折。虽然上述2卫在洪武二十一年(1388)和洪武二十三年(1390)即已先后迁入辽北地区,但卫治的变迁显示2卫的实土化进程直到洪武二十六年才宣告完成。这一年,铁岭卫的卫治迁入铁岭城,辽海卫的卫治迁入开原城。

明廷在辽北地区建立的卫所都不是通过抽垛的方式建立的。沈阳中卫由来自山东、河南的内地军士构成。《明太祖实录》载,洪武十九年(1386),"置沈阳中、左二卫,命指挥鲍成领原将河南、山东校卒一万三百二十八人分隶焉"。③同时,鉴于辽海卫驻守的是辽东明军海上军需补给线上的重要码头,该卫人员应由内地军士组成。

《明太祖实录》在记述铁岭卫建置时云"先是元将拔金完哥率其部属金千吉等来附",又云"诏指挥佥事刘显等至铁岭(按:本应为今朝鲜境内的摩天岭,但实际上是今吉林集安附近的黄城)立站招抚鸭绿江以东夷民"。④由此可知,铁岭卫主要是由归附的高丽、女真等北方族群为基础建

---

① 《明太祖实录》卷189,洪武二十一年三月辛丑。
② 《明太祖实录》卷227,洪武二十六年四月壬午。
③ 《明太祖实录》卷179,洪武十九年八月辛丑。
④ 《明太祖实录》卷189,洪武二十一年三月辛丑。

成的卫所。朝鲜《李朝实录》提供了旁证："铁岭卫军人,原系高丽人民高安住等逃往本国。"[①]与此同时,三万卫最初的卫治设在女真地区及该卫中存在大量女真官员,[②]表明三万卫亦是由归顺明廷的女真等北方族群为基础建成的卫所。

辽东官员没有在辽北地区推行大规模的抽垛政策,这主要是因为这个地区处于明军与纳哈出集团征战的前方,长期的战争与人口掠夺导致这个地区经济残破、人口锐减。

辽北地区向卫所体制转化的起点是洪武二十年(1387),当时沈阳中卫开始从军事性卫所转向实土卫所;终点是洪武二十六年(1393),此时辽北地区形成了由4个实土卫所构成的地理单元。辽北地区向卫所体制转化的过程经历了6年的时间。

(三) 辽西地区

辽西地区共有11个卫所。其中广宁与广宁左、右、中4卫的卫治同在广宁城,[③]义州卫、广宁后屯卫的卫治同在义州城,广宁左屯卫、广宁中屯卫的卫治同在锦州城。此外,广宁前屯卫、广宁右屯卫及宣德五年(1430)建成的宁远卫的卫治分别处在以各自卫所名称命名的卫城。[④]

由于明廷设在辽西地区唯一的州县瑞州已于洪武六年(1373)裁革,元朝在这个地区设置的州县皆被明廷废置。因此,辽西地区卫所的实土化进程相对迅速。

辽西地区最早完成实土化的卫所是义州卫。洪武十九年(1386)左右,明廷为了准备与纳哈出的决战,派遣此后构成义州卫的官军到辽西的

---

① 吴晗辑:《朝鲜李朝实录中的中国史料》,第180页;《太宗大王实录》卷5,太宗三年正月辛卯。
② 参见川越泰博:《卫選簿よりみた三萬衛人の構造—明代衛所制度史研究について—》,《军事史学》第7卷第4号,1972年;奇文瑛:《论〈三万卫选簿〉中的军籍女真》,《学习与探索》,2007年第5期。
③ 据《辽东志》,广宁卫设于广宁城,广宁左、右、中3卫最初设在大凌河,后迁入广宁城。嘉靖十六年《辽东志》卷1《地理志》,第2页上—2页下。
④ 关于宁远卫的建置时间,参见后文。

十三山屯种、守御。①当时在十三山屯种、守御的官军构成的是一个军事卫所组织。至洪武二十一年(1388),义州卫成立,义州城成为义州卫的卫治。同年八月,义州卫迁入义州城。②至此,义州卫成为实土卫所。

洪武二十三年(1390)建成的广宁卫,是明廷在辽西地区设立的第二个卫所。③此时不但辽西的州县皆已废置,而且该地区已经拥有了一个实土卫所义州卫,因此广宁卫在设置之初即为实土卫所。

与广宁卫不同,广宁中屯卫和广宁左屯卫成为实土卫所经历了一个过程。广宁中、左二屯卫成立于洪武二十四年(1391),④但当时两卫的职责是在辽西的东关驿和十三山驿"摆站、屯种",⑤并不是具有地方行政区划意义的实土卫所。洪武二十五年(1392),广宁中屯卫在锦州城建立了卫治。洪武二十六年(1393),广宁左屯卫在显州城建立了卫治(此后迁入锦州)。至此,上述2卫先后成为实土卫所。⑥

洪武二十六年是辽西地区向卫所体制转化的一个重要年份。在这一年,明廷宣布在这里建立8个卫所,即广宁中卫、广宁左卫、广宁右卫、广宁前卫、广宁后卫、广宁右屯卫、广宁前屯卫和广宁后屯卫。⑦在明廷计划建立的8个卫所中,广宁前卫、广宁后卫没有建成;广宁前屯卫与广宁后屯卫实际上于洪武二十五年已经建成,洪武二十六年,明廷不过是在行政程序上予以确认而已。与上述卫所不同,广宁右屯卫是洪武二十六年建成的。⑧

广宁中卫、广宁左卫和广宁右卫的情况比较复杂。据《辽东志》,上述3卫实际上是从广宁中护卫、广宁左护卫和广宁右护卫演化而来的。⑨

---

① 《明太祖实录》卷212,洪武二十四年九月癸卯。
② 嘉靖十六年《辽东志》卷1《地理志》,第2页下。
③ 《明太祖实录》卷202,洪武二十三年五月庚申。
④ 《明太祖实录》卷212,洪武二十四年九月癸卯。
⑤ 嘉靖十六年《辽东志》卷1《地理志》,第2页下、3页上。为防御兀良哈三卫的劫掠,永乐元年,广宁左屯卫的卫治迁入锦州城。
⑥ 嘉靖十六年《辽东志》卷1《地理志》,第2页下、3页上。
⑦ 《明太祖实录》卷224,洪武二十六年正月丁巳。
⑧ 嘉靖十六年《辽东志》卷1《地理志》,第2页上—3页上。
⑨ 嘉靖十六年《辽东志》卷1《地理志》,第2页上—2页下。

如果上引《明太祖实录》所说的广宁中、左、右3卫是与广宁中、左、右3护卫不同的卫所,那么广宁中、左、右3卫实际上并未建成。无论如何,下面讨论的是建文四年(1402)改为广宁中、左、右3卫的广宁中、左、右3护卫。①

考《明太祖实录》,洪武二十四年(1391)明廷下令建广宁中护卫。②据洪武二十五年(1392)明廷"赐辽王、宁王护卫军士绵布"可知,至迟至洪武二十五年广宁中护卫已经建成。③同时,据《明太祖实录》,广宁左护卫、广宁右护卫建立于洪武二十八年(1395)。④

广宁前屯卫、广宁后屯卫与广宁右屯卫在设立之初即确立了卫治所在地,前屯卫在瑞州,后屯卫在宜州(按:此后迁入义州),⑤右屯卫的卫治在元代时属广宁府闾阳县临海乡。上述3卫在设立之后即为实土卫所。⑥

广宁中护卫、广宁左护卫和广宁右护卫最初并不是实土卫所。洪武二十六年(1393)辽王来到辽东,由于广宁城的辽王宫殿尚未建成,辽王"驻大凌河北",⑦广宁中护卫作为当时辽王唯一的护卫亦驻守大凌河一带。洪武二十八年建成的广宁左、右2护卫最初亦驻守大凌河一带。因为洪武二十八年,明廷在得知武定侯郭英督工严苛并导致筑城军士毙命后,下令停止修建广宁城中的辽王府。直至洪武三十年(1397),明廷才下令继续修建辽王府,在海运舟师与辽东军士的共同协作下,广宁城中的辽王府最终竣工。⑧洪武三十年之后,广宁中、左、右3护卫随辽王迁入广宁城。建文四年,上述3个卫所改为广宁中、左、右3卫,并转变为实

---

① 《明太宗实录》卷14,洪武三十五年十一月乙未。按:洪武三十五年即建文四年。
② 《明太祖实录》卷208,洪武二十四年五月戊戌。
③ 《明太祖实录》卷222,洪武二十五年十一月辛丑。张士尊认为广宁中护卫建于洪武二十六年,不确。参见张士尊:《明初辽东二十五卫建置考释续》,《鞍山师范学院学报》1994年第2期,第34页。
④ 《明太祖实录》卷238,洪武二十八年四月甲申。
⑤ 为防御兀良哈三卫的劫掠,永乐八年,广宁后屯卫的卫治迁至义州城。
⑥ 嘉靖十六年《辽东志》卷1《地理志》,第2页上—3页上。
⑦ 《明太祖实录》卷224,洪武二十六年正月癸亥。
⑧ 《明太祖实录》卷238,洪武二十八年四月辛未;同书卷253,洪武三十年五月己巳。实

土卫所。

与辽北地区相似,明军与纳哈出集团的长期战争与人口掠夺使得元朝在辽西地区设立的州县经济残破、人口锐减。因此,辽西的卫所中有大量来自辽河以东的卫所军士和抽垛新军。

《明太祖实录》载:"置辽东义州卫指挥使司。初大军讨纳哈出,诏指挥同知何浩等统金、复、盖三卫军马往辽河西十三山屯种、守御,至是始置卫及五千户所。"①据此,义州的军士由从都司东部调来的金州、复州、盖州3卫军士组成。

《明太祖实录》云:

(洪武二十四年)置广宁左屯、中屯二卫。先是,舳舻侯朱寿督饷辽东,领新编士卒至牛庄马(按:应为码)头屯守。至是,于辽河西置左屯卫,锦州置中屯卫。命铁岭卫指挥佥事任典、俞机往左屯卫,海州卫指挥佥事陈钟往中屯卫分统士卒戍守。②

前文在讨论抽垛的问题时曾经指出,所谓"编""籍"皆指抽垛。上引"新编士卒"显示,设于洪武二十四年(1391)的广宁左、中2屯卫由抽垛新军组成。参照广宁左、中2屯军士最初的屯守地点是海州附近的牛庄码头,及盖州卫并非由抽垛新军构成,可知这两个卫所的成员大部分来自辽东半岛南部,尤其是没有经过大规模抽垛的盖州。③

综合广宁卫建立在辽西地区大规模推行抽垛政策之前,与同样建在大规模抽垛之前的义州卫全部由都司东部军士构成,可知广宁卫军士主要来自都司东部的卫所。

关于广宁左、右2护卫,《明太祖实录》载,洪武二十八年,"命武定侯郭英会辽东都司分调广宁、义州等卫官军置辽王广宁左、右二护

---

① 《明太祖实录》卷193,洪武二十一年八月戊申。
② 《明太祖实录》卷212,洪武二十四年九月癸卯。
③ 关于盖州卫与辽南地区的抽垛问题,详见后文。

卫";①《明太宗实录》载:"海州、定辽二卫洪武中各调三所官军往设广宁二护卫,今已改为广宁左、右卫。"②可见,广宁左、右2护卫主要由都司东部军士构成(按:其中包括此前调入义州卫、广宁卫的都司东部军士)。广宁中护卫的军士来源没有明确记载,但应与广宁左、右2护卫的情况相似。

辽西地区的大规模抽垛主要集中在洪武二十六年(1393)左右。明廷于洪武二十六年宣布在辽西地区建立8个卫所。参照由内地军士组成的辽东卫所《明太祖实录》通常予以说明的惯例,与《明太祖实录》仅云"置广宁中、左、右、前、后五卫及右屯、后屯、前屯三卫",③可知当时明廷试图通过抽垛政策在辽西地区建立卫所。然而,由于明军与纳哈出集团的长期战争和人口掠夺使这里人口锐减,当地的抽垛新军无法达到组建8个卫所的数量。于是,明廷不得不取消建立广宁前卫和广宁后卫的计划。不仅如此,如前文所述,明代辽东的广宁左、右、中3卫,是建文四年(1402)由广宁左、右、中3护卫演变而来的。④如果《明太祖实录》所谓广宁左、右、中3卫不是广宁左、右、中3护卫,那么这3个卫所实际上也没有建成。

在洪武年间建成的辽西卫所中,只有广宁前屯卫、广宁后屯卫与广宁右屯卫全部由辽西的抽垛新军构成。⑤

辽西地区向卫所体制转化的起点是洪武二十一年(1388),本年义州卫成为该地区第一个实土卫所。鉴于洪武二十八年(1395)建立的广宁左、右2护卫与此前建立的广宁中护卫一样是隶属于辽王府的卫所;同时,宣德五年(1430)建成的宁远卫是在原属广宁前屯卫与广宁中屯卫的辖地上建立的实土卫所,宁远卫官军由来自定辽中卫、定辽前卫和广宁中

---

① 《明太祖实录》卷238,洪武二十八年四月甲申。
② 《明太宗实录》卷22,永乐元年八月戊午。
③ 《明太祖实录》卷224,洪武二十六年正月丁巳。
④ 《明太宗实录》卷14,洪武三十五年十一月乙未。
⑤ 义州卫中所调入广宁右屯卫是洪武二十八年的事,参见前文。与此同时,广宁左、右、前、后、中5个屯卫皆由抽垛新军构成,只是广宁左、中2屯卫的抽垛新军来自都司东部,广宁前、后、右3屯卫的抽垛新军来自辽西地区。

卫等卫所的官军构成，①笔者认为辽西地区转向卫所体制的终点是洪武二十六年（1393）。本年除了辽王府辖有的土地和人口之外，辽西地区成为由7个实土卫所构成的地理单元。这个地区从州县体制到卫所体制的转变过程相对较短，共计5年左右。②

（四）辽南地区

洪武年间，辽南地区的金、复、海、盖4州各有一个同名卫所。金州卫建于洪武八年（1375），盖州卫改建于洪武八年，海州卫建于洪武九年（1376），复州卫建于洪武十四年（1381）。③

洪武十年（1377），明廷颁布了辽东只设卫所、不立州县的决策后，金、海、盖3卫开始向实土卫所转化。洪武十四年，复州卫建成后亦开始向实土卫所转化。《辽东志》载，指挥佥事吴立"守盖州二十余年，治城郭、练甲兵、课农、兴学，勤劳夙夜"。由盖州卫指挥佥事承担"课农"、"兴学"的职责，可知盖州卫已经不是单纯的军事卫所了。然而，由于金、复、海、盖4个州县的长期存在，辽南地区直到洪武二十八年（1395）金州等4个州县分别并入同名卫所后，才最终形成由4个实土卫所构成的地理单元。

辽南地区的大规模抽垛始于洪武八年四月。当时随定辽都卫进入辽东的内地军士逐步分化为定辽左、右2卫，定辽都卫直辖的6个千户所及金州卫的2个所。④与此同时，当时辽东仅有的3个卫所，即定辽左卫、定

---

① 《明宣宗实录》卷62，宣德五年正月己巳；嘉靖十六年《辽东志》卷1《地理志》，第3页上。
② 当然，建文四年，广宁左、右、中3护卫转化为实土卫所的时候，广宁一带的实土卫所辖区会有所调整。
③ 关于金州、复州、海州、盖州四卫的建置时间，参见张士尊：《明初辽东二十五卫建置考释》，第34—37页。张士尊认为盖州卫的建置在洪武九年。然而，据《明太祖实录》，洪武八年十二月，"纳哈出寇辽东"，"都指挥使马云等探知纳哈出将至，命盖州卫指挥吴立、张良佐、房暠等严兵防守"。由此可见，盖州卫在洪武八年已经改建完毕，洪武九年不过是在行政程序上再次加以确认而已。《明太祖实录》卷102，洪武八年十二月未著日期；《明太祖实录》卷110，洪武九年正月辛亥。
④ 《明太祖实录》卷87，洪武七年正月甲戌。

辽右卫和辽东卫,这3个卫所的军士都达到了5 600人左右的标准数量。①综合上述情况可知,洪武八年设立的金州卫共有5 600人左右,分为5个千户所,其中2个千户所由原属定辽都卫的内地军士构成,另3个千户所由抽垛新军构成。

辽南地区的第二次大规模抽垛发生在洪武九年(1376)的海州。本年海州卫成立,现存史料中,没有关于海州卫军士来源的记载。结合前文关于定辽都卫所属内地军士的去向与明廷在辽东推行抽垛政策等情况,海州卫军士应主要由抽垛新军构成。辽南地区的第三次大规模抽垛发生在洪武十四年(1381)的复州。本年,复州卫成立,与海州卫的情形类似,复州卫军士主要由抽垛新军构成。②辽南地区的第四次大规模抽垛发生在洪武二十八年(1395),当时金州等4个州县分别并入同名卫所,在州县并入卫所的过程中,必然伴随着大规模的抽垛行动。③此外,辽南地区还有一次时间不明的抽垛,如前文所述,抽垛新军被调至辽西地区构成了广宁左屯卫和广宁中屯卫。④

最后讨论一下盖州卫的问题。盖州卫军士是由归顺明朝的豪强武装刘益集团构成的。最初刘益集团被改编为辽东卫。洪武八年九月,辽东卫被改称为定辽后卫,不久,改定名称为盖州卫。⑤《明太祖实录》"给辽东卫军士战袄凡五千六百七十五人",⑥显示被改编为卫所军士的辽东豪强武装共计5 675人。盖州卫军士及其家属虽然不是通过抽垛被纳

---

① 当时,定辽左卫的军士是5 600人,定辽右卫的军士是5 794人,辽东卫的军士为5 675人,参见前文。
② 如前文所述,定辽都卫分化为定辽左、右、前3卫和金州卫的2个所,由此可知:海州卫与复州卫由抽垛新军构成。
③ 如前文所述,义州卫的军士由金州、复州、盖州3卫的军士构成,广宁左、右2护卫中的部分军士由海州卫军士构成。在辽南地区的大量卫所军士被调到辽西地区之后,辽南地区的卫所亦有补充军士的需求。而洪武二十八年,金州等4个州县分别并入同名卫所恰好提供了这个机会。
④ 关于广宁左、中2屯卫的问题,参见前文。
⑤ 《明太祖实录》卷101,洪武八年九月癸丑;同书卷110,洪武九年十月辛亥。盖州卫原名辽东卫,其卫治最初在得利赢城。征辽明军进入辽东后,辽东卫主要负责盖州的防守,于是这里成为该卫的卫治。
⑥ 《明太祖实录》卷72,洪武五年二月癸巳。

入卫所体制的,但他们的社会身份同样在元明之际的变迁中由民籍变成了军籍。

辽南地区转向卫所体制的起点是洪武八年(1375),本年明廷在辽东地区展开大规模的抽垛行动;终点是洪武二十八年(1395),本年辽南地区最终变成由4个实土卫所构成的地理单元。辽南地区转向卫所体制的过程相对较长,共计20年。

综上所述,洪武六年(1373),明廷废除辽阳府、辽阳县,拉开了辽东转向卫所体制的序幕。洪武十年(1377),明廷颁布了在辽东全面推行卫所体制的决策。洪武二十八年,辽东地区成为推行卫所体制的实土都司。

第二章　明初的卫所体制与社会整合

在明代辽东从州县体制向卫所体制转变的过程中，来源不同、身份各异的辽东人被卫所体制整合成东北边疆的军事社会。[①]除了为数不多的寄籍民外，辽东人的户籍身份都变成了军籍，他们或是承担军役，从事操练、征伐等军事活动，或是耕种屯田，贴补正军，修筑城堡、边墙等。无论是否直接承担军役，他们的日常生活都与边疆地区的军事活动息息相关。本章考察明初辽东人被整合到卫所体制中的社会过程，并尝试分析卫所体制下的社会结构。

一、明初辽东的人口构成

区域社会是一个与人的观念和活动联系在一起的分析工具。[②]因此，明初辽东的人口构成是理解当地社会整合的基本前提。在展开具体的讨论之前，有必要回顾一下明初辽东人口问题的既有研究。

1959年，何炳棣指出东北地区的人口迁移与其他地区不同，大量移民涌入东北是近代的事情。直至晚清东北地区的人口仍然"十分稀少"，在

[①] 关于自涂尔干、帕森斯以来欧美学者的社会整合理论，参见吴晓林：《社会整合理论的起源与发展：国外研究的考察》，《国外理论动态》2013年第2期，第37—46页。
[②] 陈春声：《从地方史到社会史——关于潮学研究课题与方法的思考》，区域社会史比较研究中青年学者学术讨论会会议论文，山西太原，2004年，第110页。

明代仅有"数量有限"的华夏人口在东北的几个城市中定居。[1]

1997年,曹树基在其极具影响力的明代移民史专著中提出了与何炳棣不同的意见。他以《辽东志》所载嘉靖年间薛廷宠之语作为立论基础,即"国家再造寰区,始以四方之民来实兹土","华人十七,高丽、土著、归附女真、野人十三"。[2]他认为所谓"土著"特指以蒙古人为主的故元将士,主要由纳哈出归降后留在辽东的军士和刘益集团的军士构成,其总数相当于5个卫所的兵力,约为3万人左右。如果算上家属,其人口总数可达10万人。他假定10万蒙古人口占薛廷宠所谓"十三"的三分之二,占明初辽东都司全体人口的百分之二十。他以上述假设为基础推测明初辽东的人口是50万人。[3]此外,他推断洪武时期女真及高丽的人口约为4万人。[4]

曹树基没有明确指出内地移民的人口总数,但他认为"故元军队中的汉人可能不多"。[5]结合他对人口总数及蒙古、女真、高丽人口的估算分析,他认为明初辽东的内地移民约为35万人。

2002年,张士尊在其专著中探讨了明初辽东的人口问题。他以《明世宗实录》的以下记载为立论基础,即"辽东诸卫所,每军以余丁三供之","其来远矣"。[6]他认为明初辽东都司的军士约有15万人,以此推算正军与余丁的总数应为45万人。"如果加上老弱妇孺",明初辽东的人口约为60万人。其中辽阳行省的遗民不会超过10万人,从中原迁来的人口约为30万到40万人。[7]

---

[1] 何炳棣著,葛剑雄译:《明初以降人口及其相关问题(1368—1953)》,北京:生活·读书·新知三联书店,2000年,第186页。
[2] 嘉靖十六年《辽东志》卷1《地理志》,第21页上。
[3] 葛剑雄主编,曹树基著:《中国移民史》第5卷《明时期》,福州:福建人民出版社,1997年,第281—282、278—279页。
[4] 葛剑雄主编,曹树基著:《中国移民史》第5卷《明时期》,第282页。
[5] 同上。
[6] 《明世宗实录》卷173,嘉靖十四年三月己丑。
[7] 张士尊:《明代辽东边疆研究》,第128—129页。按:值得注意的是,张士尊在其专著的第131页写到明初"辽东人口逐渐恢复到50万左右",与其辽东人口为60万的推断不符。笔者认为前后4页纸中的两个不同数据是由笔误造成的,鉴于张士尊在提出明初辽东都司的人口总数为60万人时提供了论证过程,而在他书写50万的人口数据时没有提供论证过程,笔者推测50万应为笔误。同时,张士尊忽略了他估算的辽阳行省遗民10万、新移民上限40万之和与他估算的明初辽东人口总数60万不符。

曹树基与张士尊的贡献在于,通过对明初辽东内地移民的探讨,突破了何炳棣有关近代以前东北不存在大量移民现象的权威观点。然而,从方法论的角度讲,曹树基与张士尊皆是以一个一般性的事实陈述为前提假设,然后在此基础上推算出明初辽东的人口总数和内地移民的数量。因此,他们的结论仍然存在进一步探讨的空间。

(一)明初辽东的人口

《辽东志》与《全辽志》对辽东都司人口数额有较为详尽的记载。《辽东志》云:

> 辽东都司定辽左等二十五卫、二州,户口二十七万五千一百五十五。马队额军五万二千二百八十二名,步队额军三万七千四百九十五名,招集军一万三千六百二十七名,屯田军一万八千六百三名,盐军一千一百七十四名,炒铁军一千五百四十八名。寄籍民七千一百九名。①

《全辽志》载:

> 辽东都司定辽中等二十五卫,安乐、自在二州,招集、永宁监,户九万六千四百四十一,口三十八万一千四百九十六。②

参照《全辽志》的记载可知,《辽东志》所谓"户口二十七万五千一百五十五"应是口数而不是户数。如果只是简单地将《辽东志》所载275 155口,与《全辽志》所载381 496口进行比较,两者之间似乎存在着很大的差异。然而《辽东志》记载辽东各卫的具体数据时,"户口"仅是与"马队额军""步队额军"和"寄籍民"等名目并列的一项。由此可知,《辽东志》的"户口"不包含马队等各类军士与寄籍民的人口数。这也就意味着《辽

---

① 嘉靖十六年《辽东志》卷3《兵食志》,第1页上。
② 嘉靖四十四年《全辽志》卷2《赋役志》,第1页上。

志》所载辽东都司的人口总数,是"户口""马队额军"等军士与寄籍民的总和,即406 993口,与《全辽志》所载381 496口差距不大。

不过,《辽东志》与《全辽志》的人口数据皆包含明中叶以后形成的"招集"一项表明,相关记载含有不同时段的人口数据。因此,有必要对《辽东志》与《全辽志》的记载作进一步的分析。

鉴于《辽东志》的人口数据按照"户口""军士""寄籍民"三个范畴分别开列,下面按照《辽东志》的分类,综合《辽东志》与《全辽志》的相关数据制作洪武年间辽东人口表。

在列出表格之前,需要事先说明以下八点。

第一,《辽东志》没有明确指出不包括军士与寄籍民的27万人口是明中叶的数据还是明初的数据,《全辽志》则详细开列了辽东都司25卫、2州、1监的"额户"与"(额)口"。综合《全辽志·赋役志》将各卫、州等单位的原额户口与寄籍民等项并置,将各卫马军、步军等各类军士记录在《兵政志》中,可知《全辽志·赋役志》的"额户"与"(额)口"也是不包含军士与寄籍民的户口。[1]因此,本表的原额"户口"一项使用《全辽志·赋役志》中的数据。此外,由于安乐、自在两州成立于永乐七年(1409),因此,这两个羁縻州的原额"户口"不予记入。

第二,《辽东志》开列了各卫的"马队额军""步队额军",开列在上述两项军士之后的屯田军、炒铁军、煎盐军虽然没有标明"额军",但应该视作文法上的省略。鉴于《全辽志》记载的各卫军士皆未标注"额军",本表原额军士一项使用《辽东志》的数据。

第三,寄籍民一项使用成书较早的《辽东志》的数据。《全辽志》虽然补充了《辽东志》漏载的自在、安乐两州寄籍民的数据,但基于此前已经说明的理由,本表不补入相关数据。

第四,明代中叶以后形成的招集军不予列入。

第五,关于宁远卫与永宁监的问题将在下文展开讨论。

---

[1] 嘉靖四十四年《全辽志》卷2《赋役志》,第1页下—6页上;同书卷2《兵政志》,第55页下—60页下。

第六，本表辽东都司各卫的次序按照《辽东志》的相关记载排列，最后列入《辽东志》所载辽东都司经历司的寄籍民与《全辽志》所载永宁监的原额"户口"。

第七，《明代辽东档案汇编》保存了大量洪武年间辽东谪戍人口的信息。[①]鉴于这些谪戍人口已被都司官员记录在案，《全辽志》中的原额"户口"理应包含这些谪戍人口，因此不拟重复计算。

第八，有些卫所的相关数据存在一定不合理的现象。例如，广宁左卫的原额军士为3 506人，而军士家属即原额"户口"多达41 051人。再如，广宁前屯卫原额军士4 829人，而原额"户口"仅为2 967人。由于史料限制，笔者尚且无法对上述数据进行合理的解释。同时，由于无法找到相应的数据进行修正，笔者仍按《辽东志》《全辽志》提供的辽东各卫的人口数据进行估算。

表1　洪武年间辽东人口表[②]

辽东都司	原额"户口"	原　额　军　士	寄籍民
定辽左卫	8 115	3 731（1 103+1 591+856+63+118）	126
定辽右卫	8 715	3 341（1 302+1 167+687+53+132）	180
定辽中卫	8 936	2 993（1 440+790+673+51+39）	337
定辽前卫	6 052	2 769（1 235+886+481+70+97）	330
定辽后卫	8 113	3 324（1 497+842+797+71+117）	388
东宁卫	19 352	3 056（2 408+232+306+40+70）	122
广宁卫	5 096	1 240（569+201+400+31+39）	43

① 辽宁省档案馆、辽宁社会科学院历史研究所编：《明代辽东档案汇编》，第1—45页。
② 表中数据，参见嘉靖四十四年《全辽志》卷2《赋役志》，第1下—5页下；嘉靖十六年《辽东志》卷3《兵食志》，第1页上—第5页上。按：其中广宁前屯卫炒铁军27名，"辽海丛书"本漏载，据"续修四库"本《辽东志》补入。嘉靖十六年《辽东志》，"续修四库全书"，上海：上海古籍出版社，1995年，第646册史部，第534页。又按："辽海丛书"本《辽东志》与"续修四库"本《辽东志》基本相同，鉴于"辽海丛书"本字迹清晰，本书主要使用"辽海丛书"本。只有在"辽海丛书"本缺，"续修四库"本有的情况下，本书才征引"续修四库"本《辽东志》。使用"续修四库"本时皆标出版本，使用"辽海丛书"本时除第一次征引外不再标出版本。

续 表

辽东都司	原额"户口"	原额军士	寄籍民
广宁左卫	41 051	3 506(1 161+1 027+1 238+44+36)	174
广宁右卫	3 933	1 981(599+737+543+33+69)	66
广宁中卫	11 800	1 466(719+335+319+33+60)	50
广宁右屯卫	8 126	957(272+126+512+31+16)	37
义州卫	7 230	3 621(2 105+1 021+410+54+31)	747
广宁后屯卫	4 520	1 980(1 455+65+402+31+27)	285
广宁中屯卫	14 602	4 083(1 300+1 500+1 205+24+54)	580
广宁左屯卫	7 412	3 382(1 065+1 492+748+41+36)	490
宁远卫	2 757	6 557(3 580+2 635+225+68+49)	288
广宁前屯卫	2 967	4 856(2 264+1 934+600+31+27)	275
三万卫	7 487	1 276(660+116+395+51+54)	28
辽海卫	8 455	1 418(781+238+307+41+51)	31
铁岭卫	7 304	4 561(3 250+1 042+185+52+32)	56
沈阳中卫	4 964	6 691(3 119+3 089+382+46+55)	78
海州卫	15 828	9 514(3 250+3 870+2 212+44+138)	513
盖州卫	35 340	4 794(121+2 848+1 679+68+78)	519
复州卫	12 472	2 177(309+718+1 019+62+69)	382
金州卫	32 115	4 635(764+1 756+2 022+33+60)	496
辽东都司经历司	0	0	481
永宁监	9 920	0	0
总计	302 662	87 909	7 102

据上表,辽东都司25卫、1监的原额人口为302 662人,这个数据应该是洪武时期不含现役军士与寄籍民的原额人口。其理由如下。

第一,辽东都司的卫所除宁远卫外,皆成立于洪武年间,因此各卫原额人口应是洪武年间的数据。同时,如第一章所述,洪武早期的辽东卫所通常可以达到每卫辖有5 600名军士的标准;洪武后期,部分都司东部的卫所军士被调到辽西地区组建新的卫所之后,辽东各卫所辖军士通常达不到标准配置。结合表中辽东各卫军士的人数可知,表中数据反映的是洪武二十年(1387)以后的情况。

第二,宁远卫虽然成立于宣德五年(1430),但该卫成员由设立于洪武年间的定辽中卫、定辽前卫和广宁中卫等建立于洪武年间的卫所调拨而来,[1]该卫的原额户口是随军调动的军士家属。同时,《辽东志》的编纂者根据辽东卫所的变动情况,对相应的人口数据进行了调整。因此,该卫的原额人口不予析出。同时,《辽东志》曾经多次重修,目前传世的皆为嘉靖十六年(1537)重修本。研究者不宜以重修《辽东志》的编纂者将宁远卫成立后的相关数据变化作了调整为据,否定原额"户口"的数据来源基本为洪武年间的记录。

第三,据《全辽志》,"国初辽东马四十万匹"。[2]数量如此庞大的马群需要大量人力从事相应的饲养工作。至洪武三十年(1397)明廷在辽东都司设立行太仆寺掌管马群的蕃息与管理时,[3]此前从事马匹蕃息的人口应该归行太仆寺管理。永乐四年(1406)苑马寺成立后,行太仆寺仅负责管理马匹,而蕃息马匹的职责由苑马寺承担。[4]此时,上述人口应转归苑马寺管理。苑马寺本有6监、24苑,至明中叶仅剩永宁监及其下属机构清河苑、深河苑。[5]因此,永宁监的原额人口应该是洪武年间蕃息马匹的都司在籍人口。

---

[1] 《明宣宗实录》卷62,宣德五年正月己巳;嘉靖十六年《辽东志》卷1《地理志》,第3页上。按:据《祖氏族谱》,祖大寿的先人祖世荣(按:被称为宁远祖氏的一世祖)为滁州人,他在洪武六年被调到定辽中卫,因功升为小旗;祖世荣之子祖忠在永乐元年成为定辽中卫的百户(《祖氏族谱》卷4)。绵贯哲郎据此指出,在宁远卫建立时,祖氏家族已经是在辽东定居多年的家族。这也就是说,宁远祖氏是在宁远卫设立后,奉命从辽阳迁往宁远的。同时,祖世荣为小旗,祖忠为百户,皆为基层武官,因此祖氏家族的例证具有一定的典型意义。参见绵贯哲郎:《再论祖大寿与"祖家将"》,《吉林师范大学学报》2017年第6期。
[2] 嘉靖四十四年《全辽志》卷2《马政志》,第70页下。
[3] 《明太祖实录》卷249,洪武三十年正月丁卯。
[4] 申时行等修:《明会典》卷150《兵部三十三》,第767页;冯时雍:《苑马寺卿冯时雍马政奏》,载嘉靖十六年:《辽东志》卷7《艺文志》,第6页下。
[5] 嘉靖十六年《辽东志》卷2《建置志》,第16页下。

据上表,《辽东志》所载各卫"马队额军"等数据相加的总和为 87 909 人。这个数据与同书中关于辽东都司各类军士总额的数量存在不小的差异。据《辽东志》所载辽东都司"马队额军"的总数为 52 282 名、"步队额军"的总数为 37 495 名、"屯田军"的总数为 18 603 名、"盐军"的总数为 1 174 名、炒铁军 1 548 名,将上述数字相加的总和为 111 102 人。[①]这也就是说,《辽东志》分别开列的各卫额军相加的总和,比同书开列的都司各类额军总数相加的结果少 23 193 人。

由于史料限制,笔者无法判断上述差异是《辽东志》编纂者在分列各卫额军时有所遗漏,还是在计算总数时出现了错误。因此,只得参考明代其他文献的相关数据予以折中。据《续文献通考》云:"辽东原额马步官军,九万四千六百九十三员名。"[②]《筹辽硕画》载:"辽东额军共九万四千有奇。"[③]上述两部文献关于辽东原额军士的数据皆为 94 000 人左右,这个数据与《辽东志》所载各卫"马队额军"等军士的总和 87 890 人仅多 6 000 人,值得信赖。因此,笔者根据《续文献通考》等文献的记载,将辽东原额军士的总额修正为 94 693 人。

据上表,各卫及辽东都司经历司所辖寄籍民的总数为 7 102 人,与《辽东志》所载寄籍民总数 7 109 相比仅少 7 人,因此该项数据不予修正。

辽东 25 卫的寄籍民是什么时候形成的呢?《四镇三关志》在记述辽东"版籍"时写道:"国初,改州县为卫所,每卫额籍、寄籍并新户。"[④]上述史料显示,寄籍民形成于明朝初年。据撰写于永乐十七年(1419)的定辽前卫前所百户高忠的墓志,其次女"适本郡民"。[⑤]可见,自明初起辽东都

---

① 嘉靖十六年《辽东志》卷 3《兵食志》,第 1 页上。关于屯田军、盐军、炒铁军的数字亦为原额的问题,参见前文。
② 王圻:《续文献通考》卷 4《田赋考》,第 1 册,第 284 页。
③ 江日彩:《题为触目危形已著,及时桑土宜绸,敬陈切要急务,肯乞圣明转念、早图,以备三年之艾,以维万年之历事》,载程开祜辑:《筹辽硕画》卷 14《戊午季冬》,第 242 册,第 488 页。
④ 刘效祖:《四镇三关志》卷 3《军旅考》,第 88 页。
⑤ 高忠墓志仅云百户,据其妻吕氏墓志可知高忠为定辽前卫前所百户。未著撰者:《明昭信校尉百户高忠墓志》,载邹宝库辑注:《辽阳金石录》,第 7 页;邹望:《明昭信校尉百户高忠夫人吕氏圹志》,载邹宝库辑注:《辽阳金石录》,第 7—8 页。

司始终有一小部分人的身份为寄籍民。与此同时,据《辽东志》,明中叶以后"四方无赖之徒,投报寄籍,入自在、安乐二州,都司各卫经历司。一姓报名,数姓影射;一丁在册,数丁安闲"。①据此,明中叶以后形成的寄籍民亦不容忽视。鉴于《辽东志》记载各卫寄籍民人口时未注明原额,有必要在估算明初辽东人口总数时将《辽东志》所载寄籍民的总数7 102折半,即3 551人。

综上所述,辽东都司洪武年间不包括现役军士与寄籍民的原额人口为302 662人,"马队额军"等各类军士为94 693人,寄籍民约为3 551人,共计400 906人。按照取其整数的原则,明初辽东都司的人口总数约为40万人。这个数据与《全辽志》所载辽东人口为381 496人相去不远。此外,如第一章所述,洪武二十四年(1391)山东布政司的人口统计数据5 672 543人包括辽东的人口,而洪武十四年(1381)的相关数据5 196 715人不包括辽东人口。这两次人口统计数据之间的差额为475 828人,这个差额亦为明初辽东人口为40万左右提供了旁证。

(二) 明初辽东的移民

明代中叶的薛廷宠在《辽东志》中写道:

> 辽东,古东北大荒之境,自虞舜入版图(中略)。汉氏以降,沦入东夷。历辽金、胡元,寝成胡俗。国家再造寰区,始以四方之民来实兹土。未几悉更郡县以为军卫,华人十七,高丽、土著、归附女真野人十三(中略)。承平日久,煦日浃深。礼乐文物,彬彬然矣。②

薛廷宠所言,揭示了元明之际辽东的社会文化变迁。下面以上引史料为线索,展开论述。

首先,"寝成胡俗"。自汉朝覆灭至辽金元,辽东地区通常处于北方族

---

① 龚用卿、吴希孟:《翰林院修撰龚用卿、给事中吴希孟使朝鲜回奏疏略》,载嘉靖十六年《辽东志》卷7《艺文志》,第6页上。
② 嘉靖十六年《辽东志》卷1《地理志》,第21页上。

群的统治之下。其间,大量的鲜卑人、乌桓人、高句丽、渤海人、契丹人、女真人和蒙古人在不同历史时期先后迁入这一地区。因此,长期以来,北方族群的社会风俗在辽东地区占有主导地位。

其次,"以四方之民来实兹土"。元明之际的动乱造成辽东地区的人口锐减,明廷采用强制移民政策将内地官军落籍辽东,同时又将归附而来的女真人、蒙古人和高丽人安置在这里。

其三,"华人十七","礼乐文物,彬彬然矣"。明代辽东是一个族群多元的区域社会,辽东人主要由汉人、女真、蒙古、高丽等族群组成。薛廷宠所谓"华人十七"未必是建立在精确数据上的论断,很可能只是一种带有主观色彩的感性描述。尽管如此,"华人十七"仍然揭示了华夏族群在明代辽东都司人口构成中占有较高比例的社会事实。

明初辽东社会从"寖成胡俗"变为"华人十七"的关键,是大量内地移民的迁入。内地移民迁入辽东,并非始于明代,而是一个持续不断的过程。十六国时期,辽东地区成为华夏人口逃避战乱的主要迁居地之一。隋炀帝征高丽失败后,亦有大量华夏战俘留居辽东地区。[1]辽金时期,又有部分华夏人口被掳掠、安置在这里。[2]

元代辽东的内地移民与元廷强制迁徙新附军及其家属的政策有关。所谓新附军即元廷收编的南宋军队,为了消除新附军发动叛乱的潜在危险,元廷将他们分别安插在不同的地方。辽东半岛的"金、复州新附军万户府"就是元廷安插新附军的一个机构。[3]《元史》载:

> 金复州万户府屯田:世祖至元二十一年五月,发新附军一千二百八十一户,于忻都察置立屯田。二十六年,分京师应役新附军一千人,屯田哈思罕关东荒地。三十年,以玉龙帖木儿、塔失海牙两万户

---

[1] 吴松弟:《中国移民史》第3卷《隋唐五代时期》,福州:福建人民出版社,1997年,第230页。
[2] 葛剑雄主编,葛剑雄、吴松弟、曹树基:《中国移民史》第4卷《辽宋金元时期》,福州:福建人民出版社,1997年,第69—71页。
[3] 宋濂等:《元史》卷169《贾昔剌》,北京:中华书局,1976年,第13册,第3971页。

新附军一千三百六十户,并入金复州,立屯耕作,为户三千六百四十一,为田二千五百二十三顷。①

所谓"金、复州万户府"是金、复州新附军万户府的简称,"忻都察""哈思罕"皆在今大连金州地区。上引史料显示,先后迁入辽东半岛的新附军及其家属共有3 641户,若以每户4口计算,约为14 564人。

刻于至正八年(1348)的张成墓志提供了新附军及其后裔在辽东半岛生存、繁衍的线索。张成是靳州人,至元十二年(1275)归顺元廷,十六年(1279)赴京师充当侍卫,十八年(1281)以百户的身份参加征伐日本的战役,二十三年(1286)率"所部军,携妻孥"前往黑龙江下游的"极边"之地屯田、镇守,三十年(1293),"领所统军并为金、复州新附军万户府屯田,镇守海隘"②。其墓志云:

> 七月至金州,君分屯于城之东北,双山、沙河之西,遂为恒业而居焉。三十一年四月六日卒,年六十有九。(中略)君之妻王氏,一子贵未袭而先卒。君之孙二人,尚幼,次赛奴又卒,几乎废矣。大德二年,长重孙袭祖职,敕授进义校尉。(中略)妻刘氏封恭人,继妻王氏。男三人:长保保,室刘氏;次众家,室汤氏;三柳驴,室姚室。孙:狗儿、黑厮、歪头、八速、开往寨、家奴。女四人。(中略)时至正八年戊子,三月朔日,忠翊校尉,管军上百户张重孙等立石。③

据此,至元三十年七月,新附军百户张成一家到达金州。因所分屯地在金州城东北的双山、沙河以西,便定居在那里。第二年,张成去世了。其长子张贵,早卒。大德二年(1298),张成的嫡孙张重孙袭职为上百户。张重孙有子3人,即张保保、张众家、张柳驴;孙6人,即张狗儿、张黑厮、张歪

---

① 宋濂等:《元史》卷100《兵三》,第9册,第2565页。
② 张克敬:《大连金州张成墓志铭》,载王晶辰主编:《辽宁碑志》,沈阳:辽宁人民出版社,2002年,第85—86页。
③ 张克敬:《大连金州张成墓志铭》,载王晶辰主编:《辽宁碑志》,第86页。

头、张八速、张开往寨、张家奴;女4人,不知其名。在辽阳行省爆发"红巾之乱"的11年前,张重孙仍然健在。

由于元代推行的是世军制,因此基层武官张成的个案不但可以揭示新附军武官的状况,而且可以反映新附军军士的情形。首先,红巾军进入辽阳行省时,像张保保、张狗儿这样的,新附军的第四代、第五代后裔正在这里过着他们的日常生活。可见,新附军军士及其家属一直在辽东半岛生息繁衍。其次,张成一家的人口最初共计3人,即张成、张成的妻子王氏、张成之子张贵。而元末,张成的五世后裔共有10人,其中孙男张狗儿等6人、孙女4人。张成的个案显示,经过五代人的传承,新附军人口有3倍左右的增长。

如前文所述,元初辽东新附军人口为14 564,假设张成家族的人口增长率与辽东新附军人口增长率相同,那么,元末辽东新附军后裔约为43 692人。由于每个新附军家族通常只须有一名男丁承担军役,因而大多数新附军后裔不是金、复州新附军万户府的军士。

在元代辽东的内地移民中还有部分自主移民,他们与海上交通和商业贸易有关。唐中叶之后,丝绸之路走向衰落,海上贸易日趋繁荣。不过,由于辽宋和宋金的南北对峙,辽东与江南的海上贸易无法正常进行。元朝统一中国后,阻碍南北海上贸易的政治因素不复存在,辽东与包括江南的内地之间的商业贸易活跃起来。据《危学士全集》,延祐年间,黄道"求官京师,泛辽海为富商"。① 或许正是海上贸易的活跃,使得辽河平原在元代成为富庶的地方。②

活跃的贸易机会与富庶的经济条件,吸引了不少内地人迁入辽东半岛。元代辽东半岛南端的天妃庙,就是从事海上活动的内地移民修建的。③ 这些自主移民的事迹已难以考索,可以确认的是刘益集团的首领刘

---

① 危素:《危学士全集》卷10《黄孝子传》,"四库全书存目丛书",济南:齐鲁书社,1996年,集部第24册,第783页。
② 《明太祖实录》云:"昔辽左之地,在元为富庶。"《明太祖实录》卷145,洪武十五年五月未著日期。
③ 程㷸:《大连旅顺天妃庙碑》,载王晶臣主编:《辽宁碑志》,第224页。

益和张良佐都是自主移民的后裔。刘益的原籍是徐州府砀山县,[①]张良佐的原籍是山东沂州。[②]上述两个地方在宋金对峙时,皆属于金朝版图,[③]由此可知,刘、张二人并非新附军后裔。

由于史料限制,元代由内地迁入辽东的自主移民及其后裔的人数无法估算。不过,自主移民后裔刘益、张良佐领导的豪强集团在元明之际割据金、复、海、盖4州,显示当时包括新附军在内的内地移民后裔在辽东半岛已经成为十分重要的社会力量。[④]

需要说明的是,元代辽河平原的华夏族群像其他地区的非蒙古族群一样,往往使用类似蒙古人或色目人的名字。[⑤]《辽东志》载:

> 高门五节妇。刘氏,光州固始人。夫高希凤,直隶应天人。戍辽东,为乱军所掠,拒而不服。军怒,断其腕。而刘氏被虏行十五里,骂不绝口,卒为所杀。希凤仲弟药师奴妻曰李氏,早寡,因乱携子侄避难于高丽。洪武初,保全子侄来归应天。守夫墓,誓不再适。希凤季弟伯颜卜花为纳哈出所杀,其妻郭氏自缢于马枥。高希凤从子塔失丁为父仇(按:其父的仇人)诬陷而死,妻金氏,姑那氏俱自缢于一室。一门五妇,俱旌表。[⑥]

由高希凤的仲弟、季弟和侄子皆使用蒙古或色目(按:如上引史料中的塔失丁)的名字可知,不能将明初辽东相关史料中许多不明身份的、使用蒙古、色目或其他北方族群名字的历史人物皆视作少数族群。

---

① 《明太祖实录》卷67,洪武四年七月辛亥;同治《徐州府志》卷22《上之中》,"中国地方志丛书",台北:成文出版社,1970年,第671页。
② 解缙:《张盖州耆德记》,载嘉靖十六年《辽东志》卷7《艺文志》,第8页上。
③ 脱脱等:《金史》卷25《地理中》,北京:中华书局,1975年,第2册,第610、614页;李贤等修:《大明一统志》卷18《徐州府》,第276页。
④ 在《明太祖实录》中留下姓名的刘益集团首领及头目共9人,即刘益、董遵、张良佐、房暠、杨贤、张革、焦偶、李茂和崔忽都(《明太祖实录》卷61,洪武四年二月壬午;同书卷66,洪武四年六月壬寅)。除崔忽都不易断定外,其余8人皆为汉人。
⑤ 赛瑞斯指出,当时模仿蒙古人已经成为各地的一种风尚。Henry Serruys, C. I. C. M. 著,朱丽文译:《明初蒙古习俗的遗存》,《食货(复刊)》第5卷第4期,1975年,第180页。
⑥ 嘉靖十六年《辽东志》卷6《人物志》,第42页下。

元代大量内地移民迁入辽东半岛，对当地社会产生了重要的影响。首先，内地移民的迁入改变了当地社会的族群分布格局，汉人成了这里的主体人群。其次，这些内地移民，有的从事海上贸易，有的进行土地开发，促进了当地商业、农业的发展。其三，经营有方的移民后裔凭借经济实力与个人威望逐渐成为在地方社会中处于支配地位的豪强。[1]这在一定程度上也改变了当地的社会结构。中国的传统史书通常只记录重大历史事件，因此若不是"红巾之乱"时刘益集团的崛起，元代辽东半岛的移民群体就会被历史彻底遗忘。

明初的内地移民主要由从内地进入辽东的明朝官军及其家属构成。参照前文所列洪武年间辽东人口表可知，定辽左、右、前3卫的军士人数分别为3 731、3 341人和2 769人，明显少于上述3卫设立之初的标准人数。这主要是由洪武二十年（1387）之后都司东部卫所人员调往辽西地区组建新卫所造成的。因此，在计算洪武年间进入辽东的内地军士时不宜按照上列表格中的数据进行计算。

如前文所述，洪武七年（1374）归并卫所时，辽东都卫分化为定辽左卫、定辽右卫和8个千户所。其中定辽左卫为5 600人，定辽右卫5 000人（按：没有计入794名抽垛军士，相关问题参见前文），8个千户所如果按标准配置计算为8 960人。三组数字相加为19 560人。

下面再换一种方法进行估算。从洪武七年明廷运到辽东的战袄为25 000件推断，[2]当时辽东都卫的军士约为25 000人。除了由刘益集团转化而来的辽东卫军士之外，基本皆为内地军士。因此减去辽东卫5 675人，[3]可知内地军士约为19 325人。这与之前的推算基本相同，因此后面估算明初内地移民时采用之前的数据，即19 560人。

从内地迁入辽东的军士还有最初驻守海运重地牛家庄码头的辽海卫和洪武十九年（1386）设立的沈阳中卫。最初驻守牛家庄的军士人数大致

---

[1] 刘益集团的首领张良佐家族的人口多达80余人，是典型的大家族。解缙：《张盖州耆德记》，嘉靖十六年《辽东志》卷7《艺文志》，第8页上。
[2] 《明太祖实录》卷87，洪武七年正月壬申。
[3] 《明太祖实录》卷72，洪武五年二月癸巳。

在6 000至7 000人之间。不过，洪武五年（1372）他们遭到了毁灭性打击。《明太祖实录》载："纳哈出寇辽东，劫掠牛家庄，烧仓粮十万余石，军士陷没者五千余人。都督佥事仇成失备御，降为永平卫指挥使。"① 据《辽东志》，洪武二十三年（1390）调到开原城北构成辽海卫的军士为1 418人。②

《明太祖实录》载："置沈阳中、左二卫命指挥鲍成领原将河南、山东校卒一万三百二十八人分隶焉。"③ 可见，在洪武十九年（1386），有10 328名内地军士进入沈阳地区。不过，后来沈阳左卫转变成京卫，迁出了辽东地区。据《辽东志》，留守的沈阳中卫共有军士6 691人。④

如果估算先后进入辽东的军士总数，则定辽左、右2卫和8个千户所共计19 560人，辽海卫约为6 500人，沈阳中、左2卫为10 328人，总计36 388人。如果只计算落籍辽东的军士，则定辽左等卫所19 560人、辽海卫1 418人、沈阳中卫军士6 691人，总计27 669人。

由于明代文献统计官军人数时通常只统计军士数据，不计入武官人数。例如，一个百户所为112人，这是不包括掌印百户、管屯百户和局捕百户的人数。同理，上述落籍辽东的内地军士27 669人也是不包括军官的数据。

为了准确估算明初迁入辽东的人口，有必要补入武官人数。由于迁入辽东的内地官军都是按照卫所制度组织起来的，笔者拟采用如下方法进行估算，即算出一个标准卫所的官、军比率，然后再按照这个比率估算迁入辽东的内地武官人数。一个卫所的武官包括1名掌印指挥、1名管屯指挥、1名局捕指挥、5名掌印千户、5名管屯千户、5名局捕千户、50名掌印百户、50名管屯百户、50名局捕百户，总计168名。按照一个标准卫所的军士为5 600人计算，一个卫所的官、军比是33∶1。按照这个比率和落籍辽东的内地军士为27 669人计算，迁入辽东的内地武官约为838人。这也就是说，明初落籍辽东的官军总数约为28 507人。

---

① 《明太祖实录》卷76，洪武五年九月壬申。
② 参见前文所列洪武年间辽东人口表。
③ 《明太祖实录》卷179，洪武十九年八月辛丑。
④ 参见前文所列洪武年间辽东人口表。

每名征辽军士所带家属的平均值不应少于3口。按照落籍辽东的内地官军为28 507人,官军与家属的比例为1∶3计算,明初落籍辽东的随军家属约为85 521人。同时,明初迁入辽东的内地军士及家属的总数为114 028人。

明初迁入辽东的内地移民还包括谪戍人口及民间自发迁入的人口。关于谪戍人口,《明代辽东档案总汇》所载《辽东各卫呈报从直隶、山东等省因罪流充的军丁亡故名册》提供了大量洪武二十五年(1392)谪戍辽东的人口信息。这批谪戍人口,与明廷为了应对李朝取代高丽的变局,试图填实辽东有关。限于篇幅,此处仅举三例。第一,"黄阳县病故四名。(中略)王得良,系本县名门里人。洪武二十五年,为不应事,充本卫中所百户武钦所(按:此下有缺文),(洪)武三十五年三月病故"。第二,"清润县在逃一名,张颜,系本县赛马儿都第二里人。洪武二十五年,为脱事(按:此下有缺文),(充)刘聪小甲(按:此下有缺文)下军。宣德六年七月(按:此下有缺文)"。第三,"宁津县一名。苏俊,系本县安义乡人。洪武二十五年,为力士事,充本卫后所百户张钦所总甲(按:此下有缺文)下军。永乐十六年(1418)六月病故"。①

关于民间自发迁入的内地移民,族谱史料中提供了若干线索。徐长佶在咸丰三年《襄平徐氏续修族谱》中写道:

> 尝闻族中尊长云,吾先世事明建文之朝。自永乐改元,耻食不义之粟,航海渡辽居北海之滨,为辟世之贤。斯言近之矣,虽世远无征,第辽地祖茔积至四十七冢之多,则知由来已久。更以列祖之寿数计之,渡辽之日,适永乐篡位之时。益信是说之不诬矣。②

上引"自永乐改元,耻食不义之粟"恐系虚美之辞,但"第辽地祖茔积至四十七冢之多,则知由来已久",表明辽阳徐氏应是明初迁入辽东的家族。

---

① 辽宁省档案馆、辽宁社会科学院历史研究所编:《明代辽东档案汇编》,第1、3、5页。
② 徐长佶:《续修族谱弁言》,载徐长佶:《襄平徐氏续修族谱》,国家图书馆藏清抄本,第1册,本书无页码。

此外,缪恩在写于道光六年的《辽东派宗支图前题》中写道:"我辽东派始祖讳得一,又作德懿。相传由苏州渡海至辽,辽宗人皆称为跨海祖云。"①民国二十五年所修的《辽东缪氏宗谱》所载《得一公传略》云:"府君始自江阴徙吴,丁元末乱,再渡海迁辽。"②

明初谪戍人口与自发迁入的人口总数没有明确的数据。不过,《明代辽东档案汇编》所载《辽东各卫呈报从直隶、山东等省因罪流充的军丁亡故名册》显示,③明初因谪戍迁入辽东都司的人口不容低估。

女真、蒙古和高丽等北方族群亦是辽东社会的重要组成部分。④明初归附辽东的北方族群主要集中在三万、铁岭、东宁3卫。

首先,三万卫。《明太祖实录》载:"辽东卫镇抚张能言辽东三万卫所部高丽、女直归附者,常假出猎为患。"⑤可见,三万卫既有高丽人,也有女真人。这些归附人口,是从东北边疆其他地区迁入辽东的移民。同时,虽然在上引《实录》的记载中高丽排在女真之前,但结合三万卫最初设于三姓(按:今黑龙江哈尔滨依兰县,当地为女真人居住区),与《三万卫选簿》中女真武官在现存三万卫武官中人数最多,可知在三万卫官军中女真人的数量较多。⑥

其次,东宁卫。《辽东志》载:

> (周鹗)总率诸军往东宁邀击达贼,至胡失里吉,转战而前,斩获千九百余级,生擒渠帅数十,马、牛千三百余。复与指挥徐玉讨东宁安抚司等处,获其头目、人民千九十余口。未几,叶旺招抚春台等处,得人口孳畜甚众。(周鹗)又总率诸军征哨鸭绿江与东宁、黄城等地

---

① 缪润绂等纂修:《辽东缪氏宗谱》卷首,国家图书馆藏民国二十五年铅印本,第3页上。
② 缪润绂等纂修:《辽东缪氏宗谱》卷5《传状》,第1页上。
③ 辽宁省档案馆、辽宁社会科学院历史研究所编:《明代辽东档案汇编》,第1—45页。
④ 关于元代辽阳行省的族群问题,参见丛佩远:《元代辽阳行省境内的契丹、高丽、色目与蒙古》,《史学集刊》1993年第1期。按:至明初,契丹人已基本融入汉人或蒙古人之中,同时色目人的人口数量不多且不易估算,因此本书不拟讨论上述两个族群。
⑤ 《明太祖实录》卷239,洪武二十八年七月丁巳。
⑥ 奇文瑛:《论〈三万卫选簿〉中的军籍女真》,第205—206页。

方,所获人口、马牛无算。继往东宁、纳丹府、嘉州,前后招获安抚使高阔出、副使刘显,并头目、人民四千五百五十,马、牛二百七,及金、银牌,铜印、诰文。

上引史料显示,周鹗、徐玉将东宁安抚司(按:今吉林省辉发河上游)的各族人口1 090人迁徙到辽东;此后叶旺、周鹗等人又将东宁、黄城(按:今吉林集安)、那丹府(按:今吉林辉发河流域)、嘉州(按:今吉林敦化)等地的各族人口4 550强行迁入辽东。

上述被周鹗等辽东将领强行迁入的各族移民共计5 640人。这些新移民构成了后来的东宁卫。《明太祖实录》载:"置东宁卫。初辽东都指挥使司以辽阳高丽、女直来归官民每五丁以一丁编为军,立东宁、南京、海洋、草河、女直五千户所分隶焉。"[①]据此,上述5 640名新移民中高丽人和女真人的数量较多。[②]

其三,铁岭卫。《辽东志》载,洪武二十一年(1388),周鹗"领军铁岭,创立卫、站,至黄城招至江界万户金完奇等二千七百余口"。[③]周鹗从江界(按:在今朝鲜西北部)招抚的这2 700多名归附人口,此后迁入辽东,成了新移民。《明太祖实录》载:"铁岭北东西之地,旧属开元其土著军民女直、鞑靼、高丽人等,辽东统之。"[④]前引《辽东志》的"铁岭"与上引《实录》中的"铁岭"同指一地,即位于朝鲜的摩天岭。上引《实录》显示,周鹗招抚的2 700名新移民中既有女真人、蒙古人,也高丽人。

辽东的其他卫所中也有归附的北方族群人口。如洪武年间率众归顺的铁相伊在定辽中卫任职,与他同时归顺的少数族群部众亦被编入定辽中卫。[⑤]同时,东宁卫中亦有汉人。《明太祖实录》载:"改置东宁卫,立左

---

① 《明太祖实录》卷178,洪武十九年七月癸亥。
② 东宁卫的高丽归附人口,另请参见河内良弘:《明代遼陽の東寧衛について》,《東洋史研究》,第44卷第4号,1986年,第105页。
③ 嘉靖十六年《辽东志》卷5《官师志》,第40页上。
④ 《明太祖实录》卷187,洪武二十年十二月壬申。
⑤ 吴国斌:《明明威将军宋国忠墓志》,载邹宝库辑注:《辽阳金石录》,第55页。

右中前后五所,以汉军属中所,命定辽前卫指挥佥事芮恭领之。"①因此,研究者不能仅依据东宁、三万、铁岭3卫的人口数字,推算明初迁入辽东的北方族群人口。

在明初辽东的移民群体中,除了内地移民和归附的北方族群外,还有一部分是从朝鲜遣返的元代辽阳行省的原住民。在元末的"红巾之乱"中,辽沈地区的居民大批逃往朝鲜半岛。据《高丽史》,至正十九年(1359),"辽沈流民二千三百余户来投,分处西北郡县,官给资粮"。②至明初,在明廷的干预下部分在元末逃到朝鲜半岛避难人口被遣返辽东都司。《明太祖实录》载:"初己亥之岁辽阳、沈阳兵起,民因避乱转徙高丽,久未得还。及高家奴、徐质等往市马,而故元降将咬住等以为言,上乃令高家奴等就索之。至是,高丽因送所市马,遂以辽、沈流民奈朵里不歹等户四十五、口三百五十八来归。"③

最后讨论一下随纳哈出归降的北方族群并未留在辽东的问题。《明太祖实录》载:

> 丙辰,遣使赍诏谕来降达达曰:"孙都督至京言纳哈出与大小官员俱南来,未审入迁民镇否?已敕所司,俟纳哈出至封海西侯,大小官员俱与名分。且闻尔等将人口头匹而来,远涉道途甚为艰辛。朕初命辽阳、海州、盖州、复州、金州、崖头、大宁旧省(按:即辽阳行省)口内之人,各照原所居住。不意文书到迟,总兵官将尔等行程迂远。若已入迁民镇可留彼暂住。若未入口,到瑞州、间山左右,朕见命官运布一十七万匹给赐尔等,且就彼关领。车辆损坏亦就彼修理。古云'不一劳,不永逸;不暂费者,不久宁',尔等虽暂劳,此后永得安乐矣。"④

---

① 《明太祖实录》卷178,洪武十九年七月癸亥。
② 郑麟趾:《高丽史》卷39《恭愍王二》,第1册,第597页。
③ 《明太祖实录》卷181,洪武二十年三月癸酉。
④ 《明太祖实录》卷184,洪武二十年八月丙辰。

上引"未审入迁民镇否",显示明廷的真实意图是将随纳哈出归降的人众迁到辽东之外的迁民镇。所谓"朕初命辽阳、海州、盖州"等地人口,"各照原所居住",是当初为招抚纳哈出等人归降开出的条件。所谓"不意文书到迟",则是力图解释将纳哈出降众迁到山海关之外并非朱元璋出尔反尔,只是一个意外。明廷命令尚未走出山海关仍停留在辽东前屯(按:即瑞州)、义州(按:即闾山左右)等地的纳哈出降众"车辆损坏亦就彼修理",意味着这些尚未迁出辽东的纳哈出降众仍要迁出山海关之外。所谓"不一劳,不永逸","尔等虽暂劳,此后永得安乐",是在鼓动纳哈出降众继续迁徙的官方话语。

综上所述,明初辽东都司的人口在40万人左右。就可以估算的人口而言,元末新附军后裔约为43 692人,明初落籍辽东的内地人口约为114 028人。如果不析出在元明之际丧生的新附军后裔,同时不计入元代之前生活在辽东的汉人后裔、元代至明初自主迁到辽东的内地移民与明初谪戍辽东的内地人口,则明初辽东汉人至少在157 720人以上。如果再加上华化的北方族群,那么薛廷宠"华人十七"的定性描述具有一定的参考价值。① 按照薛廷宠的描述推测,明初辽东的汉人及汉化的北方族群约有28万人,女真、高丽、蒙古等北方族群约有12万人。这样的推测虽然具有不小的臆测成分,但在缺乏相关数据的情况下,仍然具有一定的参考价值。

与此同时,可以估算的明初迁入辽东的移民主要由两个部分组成:一部分是迁入辽东的内地官军及其家属,约为114 028人;另一部分是从东北边疆的其他地区迁入辽东的各族人口(按:即三万、铁岭、东宁3卫人口),约为43 139人。② 这也就是说,明初迁入辽东的各族人口至少在157 167人以上。因此,薛廷宠所谓"国家再造寰区,始以四方之民来实兹土"也接近历史事实。③

---

① 参见前文。
② 参见洪武年间辽东人口表中三万、铁岭、东宁3卫的人口数字,在计算过程中,寄籍民一项进行了折半处理。寄籍民折半的理由,参见前文。
③ 嘉靖十六年《辽东志》卷1《地理志》,第21页上。

二、明初辽东的社会整合

自洪武四年(1371)以来,明廷将豪强武装改编为盖州卫,命征辽明军及其家属就地落籍,通过大规模的抽垛行动在辽东征集新军,并将其帮丁及家属的户籍身份亦变为军籍。于是,来源不同、身份各异的辽东人逐渐形成了卫所体制下的辽东社会。本节考察不同的个体被纳入卫所体制后的不同经历,期望从相对微观的层面揭示辽东社会转向卫所体制过程中的社会整合。

(一)地方豪强

洪武四年二月,刘益率众归顺,明廷将刘益集团改编为辽东卫,任命刘益为指挥同知。不久,刘益被心怀不满的洪保保所杀。

刘益被杀事件是明廷将刘益集团纳入国家权力体系的重要转折点。在此之前,明廷虽然将刘益集团改编为辽东卫,但实际上还无法控制这个豪强势力。刘益被杀后,平定叛乱的张良佐等人奏请将此前明廷派往辽东的断事官吴立留在辽东"镇抚军民"。朱元璋下令:"吴立、张良佐、房暠三人为辽东卫指挥佥事,其余将校从本卫定拟职名具奏闻铨注,军人俾隶籍。"① 至此,明廷派遣的官员吴立成为辽东卫的最高武官之一,辽东卫从指挥以至百户的武官指挥系统得以建立,辽东卫军士亦确立了军籍身份。上述变化意味着刘益集团的性质已不再是豪强势力,而是隶属于国家的卫所官军。与此同时,根据明朝的军户制度,刘益集团的家属亦成为隶属于国家的军籍人口。

由于纳哈出集团的存在,明廷并没有将张良佐等人调离辽东,而是有意识地利用他们巩固明朝在这一地区的统治。在军事方面,洪武四年七月,定辽都卫进入辽东后,辽东卫隶属于都卫。随后,一度改称定辽后卫

---

① 《明太祖实录》卷66,洪武四年六月壬寅。

的原辽东卫驻防盖州。至迟在洪武九年(1376),原辽东卫正式改称盖州卫。①

张良佐等人在行政方面亦发挥了重要作用。解缙所撰《张盖州耆德记》载:

> 盖州,古之盖牟城也。地颇寒苦,而当要冲,渡海往来,必经此,辽东恃此为重镇。良佐治之余四年,抚循其人甚有威惠。太祖闻之,召见慰劳赐赉甚厚,且有诏奖谕。以久官斯土,素善抚循,复归盖州。②

据此,张良佐在当时海上交通的必经之地盖州兼管地方行政,他治理盖州民众"甚有威惠"。此外,洪武十六年(1383),张良佐与同为盖州卫指挥的吴立一起修建了盖州卫卫学。③洪武二十一年(1388),张良佐奉命率领盖州卫军士前往沈阳协助修建沈阳城。④

在明军与纳哈出集团对抗期间,明廷对张良佐等人采取了必要的防范措施。洪武七年(1374),房暠、张良佐先后奉命赴南京觐见朱元璋,⑤即是明廷控制这两位地方豪强的举措。同年,明廷命张良佐之子张时入京为"散骑",此举颇有将张时当作人质的意味。

纳哈出集团归降后,明廷决意削弱张、房二人在地方社会的权力基础。洪武二十五年(1392),明廷将张良佐与房暠分别调往复州卫和东宁卫,⑥

---

① 《明太祖实录》卷110,洪武九年正月辛亥。
② 解缙:《张盖州耆德记》,载嘉靖十六年《辽东志》卷7《艺文志》,第8页上。
③ 嘉靖十六年《辽东志》卷2《建置志》,第21页下。
④ 嘉靖十六年《辽东志》卷5《官师志》,第41页下。修筑沈阳城的时间,参见嘉靖《辽东志》卷2《建置志》,第4页下。
⑤ 《张盖州耆德记》没有记载朱元璋征召张良佐的时间,据《明太祖实录》推断应为洪武七年。解缙:《张盖州耆德记》,嘉靖十六年《辽东志》卷7《艺文志》,第8页上;《明太祖实录》卷93,洪武七年十月癸卯;《明太祖实录》卷87,洪武七年正月己巳。
⑥ 嘉靖十六年《辽东志》卷5《官师志》,第41页下。《官师志》未载二人被分别调往复州卫与东宁卫的具体时间,但据解缙所言,张良佐被调至复州在洪武二十五年,房暠被调往东宁卫的时间应该与此相近。解缙:《张盖州耆德记》,嘉靖十六年《辽东志》卷7《艺文志》,第8页上。

使他们离开由其旧部组成的盖州卫。由于史料限制，房嵩对将其调往东宁卫的态度和反应不得而知，而解缙《张盖州耆德记》则为考察张良佐的应对策略提供了珍贵的线索：

> 二十五年壬申，调复州卫掌卫事，其治如盖州。复出塞征讨，得病始还。以翔入见，太祖悯其老病，不能造朝慰谕，即许代其职，仍掌复州卫。三十一年戊寅，调翔金州。于是，翔亦嗣守十有六年矣。其祖父与家属八十余口遗其老于盖州，尚康强无恙也。①

解缙所谓"（张翔）请余记其乃祖之耆德，将归以为寿"与"余职太史"，②表明此时解缙尚未获罪离开京师。据《明太宗实录》，永乐五年（1407）二月，"黜翰林院学士兼右春坊大学士解缙为广西布政司右参议"。③因此，解缙撰写《张盖州耆德记》至迟不能晚于永乐五年。据上引"翔亦嗣守十有六年矣"，逆推十六年恰为洪武二十五年。由此可知，洪武二十五年明廷将张良佐从盖州调往复州不久，张良佐即以"老病"为辞请求明廷允许其孙张翔代替他出任复州卫指挥。所谓"老病"不过是他想留在盖州的借口，因为直到永乐五年张良佐仍"康强无恙"。

虽然张良佐以提前退职表示自己的不满，但明廷还是达到了预期目的。承袭张良佐官职的张翔只能在复州卫、金州卫任职，而不能在由张良佐旧部构成的盖州卫任职，张氏家族失去了在地方社会的权力基础。不过，明廷对张良佐的功绩还是颇为肯定的，在张良佐辞世之后为他建立了广威将军祠，命"守土官春秋致祭"。④

与刘益集团不同，不肯主动归顺的高家奴集团被明军击溃。高家奴在逃脱后只身来降，明廷任命高家奴为辽东指挥佥事。《明太祖实录》未

---

① 解缙：《张盖州耆德记》，嘉靖十六年《辽东志》卷7《艺文志》，第8页上。
② 同上。
③ 《明太宗实录》卷64，永乐五年二月庚寅。
④ 嘉靖四十四年《全辽志》卷4《典礼志》，"辽海丛书"本，大连：辽海书社，1931—1934年，第45页下。

曾记载高家奴具体是哪个卫所的指挥佥事。①《高丽史》"自定辽卫赍高家奴书还"的记载,②虽仍不能确定高家奴究竟在哪个卫所任职,却提供了高家奴在辽阳地区的某个卫所任职的线索。当时辽阳地区共有3个卫所,即定辽左卫、定辽右卫、定辽前卫,这3个卫所主要由内地军士组成,③高家奴无法像张良佐、房暠那样在当地的军事、行政方面中发挥重要作用。

由于高家奴与高丽王国素有交往,明廷多次令高家奴从事与高丽的交涉活动。当时高丽与北元暗中交好,在明廷授意下,高家奴在洪武九年(1376)以明朝卫所武官的身份致书高丽,试图缓和明丽关系。高家奴在信中强调纳哈出、王保保等人乃"几战败将,何足为论。且夕我大军四面云集,至彼如劲风之扫败叶,临时虽悔何及"。他还特意提及了他与高丽方面的旧交:"我想着前元时分与王普颜帖木儿共同策应,杀沙刘二、破头潘,那其间王京官人每多信从我来。今日、前日何异?"④洪武十九年(1386),明廷派遣高家奴等人"以绮段布匹市马于高丽"。⑤高家奴等人此行还负有索回避难人口的使命。洪武二十年(1387),在高家奴等人的斡旋之下,"高丽因送所市马,遂以辽沈流民奈朵里不歹等户四十五,口三百五十八来归"。⑥

(二)迁入辽东的内地武官

马云、叶旺是洪武四年(1371)征辽明军的最高将领。马云是庐州合肥人,在元朝末年的动乱中"为泰山义兵万户"。至正十六年(1356),归附朱元璋政权。至正二十三年(1363),因随军征讨陈友谅有功晋升为凤阳卫指挥,不久调至雄武卫。⑦叶旺为淮西六安州人,元末起兵"破灭乡

---

① 《明太祖实录》仅云"指挥佥事高家奴",未说明他究竟是哪个卫所的指挥佥事。《明太祖实录》卷179,洪武十九年十二月戊子;同书卷181,洪武二十年三月癸酉。
② 郑麟趾:《高丽史》卷133《辛禑一》,第3册,第686页。
③ 参见第一章。
④ 郑麟趾:《高丽史》卷133《辛禑一》,第3册,第686页。
⑤ 《明太祖实录》卷179,洪武十九年十二月戊子。
⑥ 《明太祖实录》卷181,洪武二十年三月癸酉。
⑦ 嘉靖十六年《辽东志》卷5《官师志》,第39页下。

寇",此后归附朱元璋政权。洪武元年(1368),成为青州卫指挥佥事。①洪武四年,马云、叶旺率军征辽,随后二人因功升为辽东都司都指挥使。明代辽东的著名学者贺钦对马云、叶旺二人镇守辽东的功绩评价颇高:"辽东当祠者,马都督云,叶都督旺。此二人奉高皇帝之命,航海来辽,招抚夷夏,安辑兵民,开创卫所,建立学校,濯变风俗,使蔚然为衣冠礼义。报功报德,何可忘也?"②

马云本人并未在辽东都司定居。③《辽东志》云:"戊午,升中军都督府都督,仍镇守辽东,丁卯以疾卒。"④这似乎表明马云于洪武二十年(1387)卒于辽东。然而,《明太祖实录》的以下两条记载给出了相反的证据:

> 都督佥事马云征大宁寇,平之,还京。赐绮帛各五匹。⑤
>
> 遣使召魏国公徐达,雄武侯周武,永平侯谢成,巩昌侯郭子兴,南雄侯赵庸,永城侯薛显,都督佥事马云、萧成还京。先是,命达等巡抚北边,训练士卒,至是召还。⑥

可见,《明史》"召(马云)还京。后数年卒"的记载准确无误。⑦

然而,马云的后裔却有留居辽东都司者。现征引《全辽志》与《医闾先生集》的相关记载如下:

> 都督胡忠分守是州,睹马公玄孙辈。叹其先世功德,欲为建家庙。⑧

---

① 嘉靖十六年《辽东志》卷5《官师志》,第39页上。关于叶旺在青州卫的官职,上引《辽东志》云"除都指挥使同知,移镇青州";《明太祖实录》云"授青州卫指挥佥事"。鉴于明初卫所的最高官职应为指挥使,《明太祖实录》的记载值得信赖。《明太祖实录》卷189,洪武二十一年三月戊寅。
② 贺钦:《医闾先生集》卷2《言行录》,第57—58页。
③ 叶旺洪武二十一年卒于辽东都司,镇守辽东长达17年之久,其后裔是否有留居辽东者,无考。《明太祖实录》卷189,洪武二十一年三月戊寅。
④ 嘉靖十六年《辽东志》卷5《官师志》,第39页下。
⑤ 《明太祖实录》卷127,洪武十二年十一月庚申。
⑥ 《明太祖实录》卷157,洪武十六年十月戊寅。
⑦ 张廷玉等:《明史》卷134《叶旺、马云传》,第13册,第3900页。
⑧ 贺钦:《医闾先生集》卷2《言行录》,第58页。

《医闾先生集》所谓"是州"即作者贺钦所居之义州。由上述两条史料可知，马云的后裔定居在义州，其世袭的官职为指挥使。

马云的后裔是从何地迁居义州的呢？笔者在现存史料中未能找到直接的线索。可以确定的是，洪武四年（1371）马云之子马某（按：不知其名）随父出征并在辽东的卫所中获得了官职。在马云回京后，马某由于在辽东卫所任职并未随父回京。根据马某随定辽都卫进入辽东判断，他最初在由定辽都卫分化出来的卫所任职。如第一章所述，洪武四年从内地进入辽河平原的明军主要分布在定辽左、右、前3卫及金州卫的2个千户所。笔者认为马某自金州迁往义州的可能性更大，理由有二：第一，因为马某为马云之子，很可能被安排在当时地处后方的金州卫任职。第二，义州卫由金州、复州、盖州3卫析出的官军组成，马某在这次卫所调动中迁居义州。

如所论不误，马某迁居义州的过程如下。洪武二十年（1387）征讨纳哈出时，包括马某在内的金州、复州、盖州3卫官军被调往辽西地区屯种、守御。洪武二十一年（1388），明廷以上述官军为班底组建了义州卫。此时，马某也就成为义州卫的武官，其指挥使的官职很可能就是这个时候获得的。洪武二十二年（1389）八月马某随义州卫迁入义州城。[①] 从此马氏家族就定居在这里了。

《全辽志》中存有关于马云后裔马深的记载：

> 马深，（马）云四世孙，义州卫指挥使。成化间历义州、广宁备御，屡著斩获功。陈备边十六事于当道。弘治乙丑，北虏入寇，兵部尚书刘大夏荐天下可任大将者十人，而（马）深居首。陛见，孝宗赏赐优厚，命协赞显武营。正德改元，告病家居（中略）。（马）深从医闾先生游，知读书，娴韬略。[②]

---

① 嘉靖十六年《辽东志》卷1《地理志》，第2页下。
② 嘉靖四十四年《全辽志》卷4《宦业志》，第18页下。

可见，马云的玄孙马深谋略过人，弘治年间被兵部尚书刘大夏评为十大将才之首，并得到明孝宗的赏识。

据上引史料，可知马深与医闾先生贺钦交往甚密。贺钦生于正统二年（1437），卒于正德五年（1510），而马深在成化年间开始担任义州、广宁等地的备御，在正德年间告病还乡。因此，两人基本上生活在同一历史时期，且年龄相差不大。更重要的是，贺钦也是义州人，他与马深既是同乡，又同为当时辽东的著名人物，贺钦不可能在他的文集中对马深只字不提。不过，由于古人对长辈或同辈可敬之人皆用字而不用名，现存史料中又没有记载马深的字。因此，笔者只能通过梳理史料加以判断。

贺钦在《医闾先生集》中记述了三个马姓人物：

> 简马挥使伯初：中所百户屯军尹端者死于窑河之浒，（贺）钦闻之不忍，欲为深埋之。因思近设养济院，凡孤老之死者，必有棺具，以葬埋。况贤舅伯初大人，为一卫之父母，当有仁政以处之也。钦故不敢自专，谨此奉告以俟可否之命。①

> （成化）戊戌岁，（贺钦）始造表弟马指挥文敬园中看花。有诗云：斋居四十二年身，未见东风桃李春，今日名园一杯酒，不妨聊作赏花人。盖实事也。②

> 与马生翔：（中略）余与令尊旧亲、旧友，平素交好之密，人人知之。令尊虽曰不喜人言，然余言亦未尝不受纳也。今此一事，劝之未从。况翔子又聘（贺）士咨女，只是旧亲友，固不避斧钺以进逆耳之言，况又成今日之亲乎？③

贺钦提到的第一个马姓人物是被他称为贤舅的马伯初，由于马伯初是贺钦的长辈，因此伯初是字而不是名。据"一卫之父母"可知马伯初是义州卫的指挥使。贺钦提到的第二个马姓人物是被称为表弟的马文

---

① 贺钦：《医闾先生集》卷6《简挥使马伯初》，第98页。
② 贺钦：《医闾先生集》卷1《言行录》，第46页。
③ 贺钦：《医闾先生集》卷6《与马生翔》，第99页。

敬，由于与贺钦同辈，文敬也是字而不是名。从贤舅与表弟的称呼分析，马文敬是马伯初之子。成化十四年（1478），贺钦造访马文敬的园子时，马文敬已经成为义州的指挥使。贺钦提到的第三个人物是被他直呼其名的马翔。上引史料显示马翔之子与贺士咨之女结亲，由此可知马翔与贺钦之子贺士咨同辈。综合《辽东志》"马翔为义州卫人"，① 他当时的身份是舍人，与贺钦称"余与令尊旧亲、旧友"推断，马翔是马文敬之子。

如上文所述，贺钦不可能在自己的文集中对马深只字不提，同时，综合马深与马文敬同为义州人，同在成化年间成为义州卫指挥使，皆与贺钦同辈判断，文敬是马深的字，马文敬就是马深。② 如所论不误，义州马氏家族的谱系大体如下：一世马云之子、二世马云之孙、三世马云的曾孙马伯初、四世马云的玄孙马深、五世马云的来孙马翔。

由于明代武官世袭的制度性保障，马氏家族在迁居义州后始终是地方社会权力格局中的支配群体。在前引《医闾先生集》中贺钦称马伯初为"一卫之父母"即是明证。参照前引《医闾先生集》贺钦称马氏家族的花园为"名园"，与贺钦曾请求马家"周其急也"的情况，③ 可知马氏家族积累的财富亦颇为可观。

需要指出的是，或许是因为马云曾受胡惟庸案牵连，④ 明代前期并没有为马云、叶旺在辽东建立祠宇。正德年间，分守锦义的中路参将胡忠在贺钦的建议下为马云、叶旺立祠于马氏家族所在的义州。⑤ 正德十六年

---

① 嘉靖十六年《辽东志》卷5《官师志》，第24页下。
② 此外，马深在正德年间告病，马翔在正德年间任职也为笔者的论断提供了旁证。据《明武宗实录》，正德十二年，都指挥佥士马翔在锦州大镇堡斩获首功。《明武宗实录》卷149，正德十二年五月己卯。
③ 贺钦：《医闾先生集》卷6《简马挥使》，第97页。
④ 查继佐：《罪惟录》传卷8《叶旺、马云》，杭州：浙江古籍出版社，1986年，第1432页。
⑤ 贺钦：《医闾先生集》卷2《言行录》，第58页。关于胡忠当时的职位，参见嘉靖四十四年《全辽志》卷4《宦业志》，第18页下。《医闾先生集》的相关记载中并没有明确的时间线索。《全辽志》，胡忠"分守锦义时，承前帅韩辅经略之后"；考《明武宗实录》，正德三年，明廷"命都督佥事韩辅子(韩)玺代为署都指挥佥事"。由此可知，胡忠分守锦义期间为马云、叶旺建祠之事在正德年间。嘉靖四十四年《全辽志》卷4《宦业志》，第18页下；《明武宗实录》卷38，正德三年五月乙卯。

(1521),"守臣奏请祠额",嘉靖元年(1522),明廷"赐额旌功"。①

下面讨论来自内地的两名基层武官。

首先,百户毕达及其家族。毕达本是山东济宁人,洪武四年(1371)随征辽明军渡海进入辽东。洪武五年(1372)随大军进入辽阳城后,毕达与其弟毕通、其侄毕恭等人定居在辽阳城。洪武八年(1375)定辽前卫建成后,毕达成为定辽前卫的百户。毕达辞世后,毕恭袭职为百户。②此后在巡抚王翱的荐举下,毕恭成为指挥佥事。又因修筑边墙有功,被擢升为辽东都司的掌印都指挥。任职期间,他"抚士卒、革奸弊、广屯田、兴学校、平讼理",其政绩获得了辽东百姓的赞誉。③毕恭还曾参与永乐十一年(1413)初次修成的《辽东志》的刊刻,可惜他在这项工作还没有完成的时候就不幸去世了。④

其次,百户高忠及其家族。高忠亦为由内地迁入辽东的基层武官。他生于至正二十二年(1362),原籍是山东登州府福山县刘公村。在刻于永乐十七年(1419)的高忠墓志中,没有明确记载他是何时来到辽东的。结合高忠此后在定辽前卫前所任职,与定辽前卫由洪武四年渡海的征辽军士组成推断,高忠洪武四年随征辽明军进入辽东。由当时高忠年仅10岁与高忠墓志中没有提及高忠的父亲可知,高忠的父亲应为普通军士,洪武四年高忠随其父迁入辽东,高忠成年后代父承担军役,因功升至百户。⑤

由于在定辽前卫任职,高家定居在辽阳城。高忠共有五子三女,其

---

① 嘉靖四十四年《全辽志》卷4《典礼志》,第45页下。上引《全辽志》记"守臣奏请祠额"之事在嘉靖元年之前,但未记载明确的时间线索。考《明世宗实录》于正德十六年记载"诏为都督佥事马云、叶旺立祠"时提及"义州卫舍余许泽等疏乞立祠致祭",许泽等人应是在"守臣"的授意下"疏乞"的,因此,笔者将此事系于正德十六年。《明世宗实录》卷1,正德十六年四月辛亥。
② 未著撰者:《重修辽阳城西广佑寺宝塔续记》,载邹宝库辑注:《辽阳金石录》,第10页。此文献刻于《明永乐重修辽阳城西广佑寺宝塔记》的碑阴。
③ 嘉靖十六年《辽东志》卷6《人物志》,第40页上。
④ 杜洪涛:《〈辽东志〉探微》,第274—281页。
⑤ 未著撰者:《明昭信校尉百户高忠墓志》,载邹宝库辑注:《辽阳金石录》,第7页。高忠为定辽前卫前所百户,参见邹望:《明昭信校尉百户高忠夫人吕氏圹志》,载邹宝库辑注:《辽阳金石录》,第8页。

女儿的名字已不得而知,其五个儿子为高辅、高贵、高铭、高贤、高广。高辅作为嫡长子在高忠辞世后袭职为百户,后因剿杀倭寇有功晋升为副千户。①

(三)归顺的少数族群首领

在归顺的少数族群中,辽阳佟氏是明代辽东最著名的家族之一。明朝末年,辽阳佟氏的佟卜年因受投靠后金的以佟养性为代表的抚顺佟氏的牵连冤死狱中。然而,辽阳佟氏与抚顺佟氏存在着明显的差异。②下面论述的是洪武时期归顺的辽阳佟氏。《明昭勇将军佟进墓志》云:

> 公始祖达礼赤,洪武初仗义归顺,功升开原指挥佥事,命氏牧民。生敬,革除年,□死靖难,□指挥使。生公高祖昱,功升都指挥同知,任开原右参将,事在宣正间。夫人王氏生瑛,以先金吾例改定辽中卫,授怀远将军,仕终义州城备御。恭人孙氏生棠,赠荣禄大夫,中军都督府都督同知。配赠夫人叶氏生公父恩,嘉靖战殁东边,赠如乃翁。娶太夫人宁氏,生子三人。长登,癸丑武进士,分节握符,历守山西、甘肃、辽东镇。季暹,骠骑将军。公仲,(中略)以智勇擢,从李宁远先后俘斩,升指挥使。(中略)公讳进,字止之。③

参照《明昭勇将军佟进夫人苏氏墓志》,达礼赤(按:即达礼迟)为三万卫(按:卫治在开原)指挥佥事,④与引文"开原指挥佥事"相符。参照三万卫是由大量女真官军组成的卫所与孟森所论"凡佟姓即童姓","建州以

---

① 邹望:《明昭信校尉百户高忠夫人吕氏圹志》,载邹宝库辑注:《辽阳金石录》,第8页。
② 相关问题将另文论述,此处需要说明的是:柯娇燕认为佟卜年与佟卜年之妻皆为抚顺人,然而,佟卜年之妻陈氏的墓志铭曰:"佟与陈皆辽阳□,以岐嶷求耦,圭判璋合。"钱谦益:《诰赠中大夫前赐进士敕封文林郎观澜佟公元配诰赠淑人前封孺人陈氏墓志》,载南京博物馆、雨花台区文管会:《江苏南京市邓府山明佟卜年妻陈氏墓》,《考古》1999年第10期,第60页。Pamela Kyle Crossley, *A Translucent Mirror, History and Identity in Qing Imperial Ideology*, Berkeley: University of California Press, 1999, p. 59.
③ 叶世英:《明昭勇将军佟进墓志》,载邹宝库辑注:《辽阳金石录》,第62页。
④ 李景登:《明昭勇将军佟进夫人苏氏墓志》,载邹宝库辑注:《辽阳金石录》,第70页。

佟为公姓"，①可知佟氏系女真家族。

由《辽东志》裴牙失帖木儿"洪武辛酉，帅众来归，授百户"推断，②因功被授予三万卫指挥佥事的达礼赤最初亦是率众来归。引文"命氏牧民"表明，达礼赤在开原的地方权力格局中占据支配地位。据《明昭勇将军佟进夫人苏氏墓志》，达礼赤之子佟敬"永乐初以军功升指挥使"，③与引文"革除年，□死靖难"不符。考辽东都司官军在靖难之役中属于建文帝阵营，至建文四年（1402）二月进攻燕军失败后辽东官军始归降朱棣。④因此，当以《合葬墓志》为是。佟家的势力在宣德、正统年间得到了进一步的发展，达礼赤之孙佟昱成为都指挥同知、开原参将。透过佟氏家族在明初的发展可知，归顺的少数族群不但同样可以成为维系卫所体制有效运作的群体，而且同样能够在地方社会的权力格局中占有重要地位。此外，引文表明佟家是在达礼赤的曾孙佟瑛这一代迁居辽阳的。至达礼赤六世孙辽东都司总兵官佟登在世时，辽阳佟氏在辽东社会的威望达到了顶峰。⑤

（四）来源不同的军士和余丁

关于不同来源的军士与余丁融入卫所体制的材料十分匮乏，因此本书将被纳入辽东卫所体制的征辽军士及其帮丁，抽垛新军与新编帮丁，被改编为卫所军士及帮丁的地方豪强部众，与归附的少数族群首领的部众及其男性家属放在一起讨论。

落籍辽东的军士及其帮丁是当时明廷在辽东推行、维系卫所体制的重要依靠力量。对于这些军士及其帮丁而言，他们原本就是军籍，隶属于军事性卫所，在辽东的地方行政管理体制变迁中，他们是最容易适应

---

① 孟森：《明元清系通纪》，北京：中华书局，2006年，第112页。
② 嘉靖十六年《辽东志》卷5《官师志》，第41页上。
③ 李景登：《明昭勇将军佟进夫人苏氏墓志》，载邹宝库辑注：《辽阳金石录》，第70页。
④ 吴晗辑：《朝鲜李朝实录中的中国史料》，第168页；《太宗大王实录》卷3，太宗二年三月丁酉。
⑤ 嘉靖四十四年《全辽志》卷3《职官志》，第8页上。佟卜年之父佟养直即佟登之子，参见李景登：《明昭勇将军佟进夫人苏氏墓志》，载邹宝库辑注：《辽阳金石录》，第70页。

卫所体制的群体。至于落籍辽东后如何融入当地社会的问题,也不会对他们构成太大的困扰。一方面,这些内地军士主要聚居在辽阳、沈阳等地,在当地人口构成中占据优势地位。另一方面,当时的卫所武官通常由内地迁来的武官担任。因此,相对于抽垛新军及其帮丁而言,即使是迁入金州、义州、开原等地的内地军士及其帮丁,在当地社会中仍然处于强势地位。

抽垛新军与新编帮丁,被改编为卫所军士及帮丁的地方豪强部众与归附的少数族群首领的部众,皆为辽阳行省的原住民。如前文所述,明初辽东的军士约有94 693人,其中内地军士约为27 669人,因此,经由抽垛或改编成为卫所军士的原住民应为67 024人。如果按照每名军士有3名家属来计算,在明初辽东的体制变革中,共有268 096人被明廷强制变为军籍人口。这268 096被纳入卫所体制的人们不但要分别承担军役和帮军的义务,还不得不缴纳比民田税粮高得多的屯田子粒。

对被改编的地方豪强部众和归附的少数族群部众而言,他们的身份虽然也变成了卫所军士及帮丁,但仍在其原属首领的管辖之下。生活在相互熟悉的群体之中,这使上述人群相对而言比较容易适应卫所体制。

抽垛新军与新编帮丁的情况则颇有不同。辽东虽然有很多由抽垛新军与新编帮丁构成的卫所,但这些卫所的长官通常由内地调来的武官担任。如第一章所述,洪武八年(1375)成立的金州卫的3个千户与洪武九年(1376)成立的定辽后卫由抽垛新军组成。[1]《明太祖实录》记载了明廷派遣内地武官统领上述两个卫所的相关情况:

> (洪武八年)置金州卫指挥使司,隶定辽都卫。命袁州卫指挥同知韦福,赣州卫指挥佥事王胜领兵屯守。[2]

---

[1] 参见第二章的相关论述。
[2] 《明太祖实录》卷99,洪武八年四月乙巳。

> （洪武九年）改定辽后卫为盖州卫，复置定辽后卫于辽阳城北，以定辽左卫指挥佥事张山统兵屯戍。①

据此可知，从定辽都卫分化出来的定辽左卫指挥佥事张山、袁州卫指挥同知韦福与赣州卫指挥佥事王胜都是从内地来到辽东的武官。上引史料在表明抽垛新军构成的卫所通常由内地武官担任卫所长官的同时，也充分显示了明廷对抽垛新军的防范意识。由此可知，抽垛新军与新编帮丁相对而言是较难适应卫所体制的群体。

（五）谪戍

《明代辽东档案汇编》中虽然记载了大量洪武末年谪发到辽东都司之人的姓名、谪戍原因、谪戍后所隶属之卫所等信息，然而相关记载过于简略，无法从中窥见谪戍群体融入卫所体制的经历。②幸运的是，明初谪戍义州的贺氏家族培养出了明代辽东最著名的理学家贺钦，他撰写的《先考妣墓志铭》，透露了明初谪戍辽东之人融入卫所体制的情况：

> 先考贺公讳孟员，浙之宁波定海人。考志德，妣杜氏。（先考）以洪武己未四月三日生。幼失怙，性朴厚，寡言语，勤俭笃实，老而不渝。永乐初，从父志初公戍辽之广宁后屯卫，挟以偕行，遂家于义州城。常客游江淮，以贸易为事，然未尝苟取于人。商贾之俗大抵以奢靡、淫乐相尚，公独俭静自守，不为所移。每出行遇道途、沟涧、泥淖，辄捐资修治，或为杠以便行者。晚岁家居不出，督课卑幼，为蔬圃之业而已。从父之季子曰旻，以武功擢百户。公行居二，故人以二老官人称之。③

---

① 《明太祖实录》卷110，洪武九年十月辛亥。
② 辽宁省档案馆、辽宁社会科学院历史研究所编：《明代辽东档案汇编》，第1—45页。
③ 贺钦：《医闾先生集》卷4《先考妣墓志铭》，第77页。

由此可知，贺家原为浙江宁波府定海县人，永乐年间贺志初及其家属谪戍到卫治在义州城的广宁后屯卫。在定居义州之后，贺志初之子贺旻"以武功擢百户"，贺氏由此成为官籍户族。如前文所述，贺氏家族成功地与在义州威名显赫的马氏家族联姻，这进一步增强了贺氏家族在地方社会权力格局中的地位。

贺孟员是贺钦的父亲，他与其伯父贺志初一起来到义州时，其社会身份为军籍户族下的余丁，当贺旻晋升为百户后，其社会身份变为官籍户族下的舍余。据前引《先考妣墓志铭》，贺孟员生于洪武十二年（1379），至永乐元年（1403）已经25岁。因此，贺孟员"常客游江淮，以贸易为事"，表明永乐、宣德年间辽东的余丁在耕种屯田之外，还可以通过经营辽东与江淮地区的长途贸易来积累财富。

（六）耆旧或耆老

在辽东原住民中有一些没官职却家境富庶、在地方社会中威望甚高的豪强。这些人被称为耆旧或耆老，他们因家中男丁被抽垛为军而被纳入卫所体制之中。耆旧或耆老虽然通常不是卫所体制下的官籍户族，但仍然在地方社会中拥有很强的影响力。刻于永乐六年（1408）的旅顺天妃庙碑载：

> 永乐丙戌春三月，推诚宣力武臣保定侯（按：孟善）以巡边阅庙，睹其事。召其郡之耆旧，谓曰："天妃圣母，海道敕封之灵神也，克庇于人，食民之祭，往昔然矣。今之渡鲸波而历海道者，莫敢不致祭敬于祠下，咸蒙其祐。今欲重新创造，汝辈其效勤焉。"众曰："诺。"于是，捐帑输金，鸠工抡材，兴工于永乐丙戌之二月二十六日，毕工于永乐丁亥之八月十五日。①

这里所谓的"耆旧"指的就是在当地社会拥有一定财力和影响力的豪强。据上引碑文，永乐四年（1406），辽东总兵官孟善在金州卫所辖的旅顺口重

---

① 程㮣：《大连旅顺天妃庙碑》，载王晶臣主编：《辽宁碑志》，第224页。

修天妃庙时,仍然需要借助这些"耆旧"的力量。耐人寻味的是,这些豪强迫于总兵官的压力才出钱赞助重修天妃庙的工程,这主要与明初的海禁政策有关。

耆旧或耆老比较保守,很可能在一定程度上奉行着一些不符合儒家规范的元代遗俗。《医闾先生集》透露了相关信息:

> 先生善化导人,虽耆老、商贾往往从化焉。①
> 先生看《朱子语类》,因命(贺)士咨曰:"可取明白切要者点出,仿《近思录》卷类抄为一书,与学生及乡之读书、诵佛经、耆老辈观之,以祛愚俗之惑,可得进道之门户也。"②

上引"虽耆老、商贾往往从化焉"显示,耆老是最不容易教化的群体之一。因此,试图在辽东社会推行儒家规范的贺钦始终将耆老视作最重要的教化对象,力图"祛愚俗之惑"。

(七) 妇女

在明初从内地迁入辽东的人口中,妇女是重要的组成部分。然而,由于史料的限制,她们的事迹往往不得而知。下面将要讨论的两名女性,虽然本身就是军籍,但她们同样经历了明初辽东地方管理体制的变迁。

吕妙金生于至正二十四年(1364),是山东登州府福山县刘公村人。她与丈夫高忠是同村之人。③但如前文所述,洪武四年(1371),高忠10岁时与父亲高某一道随征辽明军进入辽东,其后成为定辽前卫前所百户,定居在辽阳城。洪武四年时吕妙金年仅8岁,如果双方不是自幼定亲,其父母很可能不会将她远嫁辽东。更为合理的解释,是吕妙金之父亦为征辽军士,她与高忠一样随父迁入辽东。在高忠、吕妙金达到适婚年龄时,二人结成连理。据《吕氏圹志》,吕妙金婚后"勤俭持家,家道充

---

① 贺钦:《医闾先生集》卷1《言行录》,第45页。
② 贺钦:《医闾先生集》卷2《言行录》,第55页。
③ 邹望:《明昭信校尉百户高忠夫人吕氏圹志》,载邹宝库辑注:《辽阳金石录》,第8页。

裕。昭信公（按：即高忠）天性敦厚，多积阴德，宜人（按：即吕妙金）为其内助，兴旺门户"。[1]可见，吕妙金与中国传统社会中的大多数妇女一样，承担着相夫教子的责任。有所不同的是，她的丈夫、儿子先后承担军职，他们很可能在某一次战斗中捐躯沙场。因此，她的心中会时常多一份内地州县体制下的妇女所没有的忧虑。吕妙金的忧虑在明代卫所体制下的辽东社会中具有一定的普遍性，因为这里的每一个户族都有人承担军役。

闵氏。《辽东志》载：

> 闵氏，六安州人。夫刘智才任天宁翼万户。岁己亥，智才疾笃，谓闵曰："吾殆不起，汝年少，慎择所从。"闵泣，以死自誓。智才卒，氏年二十八，无子，抚妾子如己出。洪武四年，以夫属军籍，渡海戍金州。颠危苦节，以礼自防，佣纫以供衣食。守臣上其事，诏旌表其门。[2]

据"己亥岁"可知，闵氏的丈夫刘智才死于至正十九年（1359）。至洪武四年（1371），已经守寡十二年的闵氏，因刘智才是军籍，随定辽都卫来到辽东。定辽都卫的3个千户所被调到金州组成金州卫后，闵氏开始在金州生活。因为她坚持守寡，获得了朝廷的旌表，从而在地方志中留下了自己的事迹。闵氏的个案还表明，卫所军士的女性眷属可以通过替人缝制或缝补衣裳来维持生计。

综上所述，在明初辽东地方管理体制的变迁中，无论是内地移民、东北边疆移民还是原住民，无论是内地落籍官军、归顺明廷的豪强部众还是抽垛新军，无论是武官、舍人还是军士、余丁，无论是华夏族群还是北方族群，也无论是男人还是女人，都在与卫所体制的互动过程中变成了边疆军事社会的成员。需要补充的是，如第一章所述，洪武二十年（1387）之后，包括内地移民在内的都司东部官军被调往辽西组建新卫所。这意味着辽

---

[1] 邹望：《明昭信校尉百户高忠夫人吕氏圹志》，载邹宝库辑注：《辽阳金石录》，第8页。
[2] 嘉靖十六年《辽东志》卷6《人物志》，第43页上。

东的新移民与原住民可以在更为广泛的地域范围内相互渗透,从而促进了明初辽东的社会整合。

三、卫所体制下的社会结构

在卫所体制下的辽东社会中,武官、舍人、军士、余丁是四个最主要的社会身份。其中武官和舍人属于官籍,军士和余丁属于军籍。如果说军籍已经是耳熟能详的概念,那么什么是官籍呢?梁方仲曾经注意到了这个问题,他指出明代的户籍除了军、民、匠、灶之外,尚有"儒籍、商籍、官籍、先贤籍"。① 不过,他但并没有对"官籍"提出具体的解释。

清代乾隆年间曾参与过校勘《四库全书》的周广业,为理解作为历史概念的官籍提供了珍贵的线索。他在《书天启七年顺天乡试序齿录后》中写道:"予从故家余氏借得明天启丁卯顺天乡试序齿录一本","是录与今小异者数端"。"官籍"即周广业所关注的"数端"之一:

> 籍贯有称官籍者。(中略)百一十名曲从直,辽东广宁前屯卫人,官籍。百五十五名张国柱,辽东宁远卫人,官籍。二人曾若祖皆官百户。曲之父拱基为承差,张之父能为典史。②

可见,官籍是武官及其后裔拥有的,不同于军士、余丁的户籍身份。曲从直、张国柱两个辽东人的例证说明,即使当事人的父亲由于并非嫡长子等原因不能承袭祖先留下的官职,只要其曾祖或祖父曾经做过百户以上的武官仍然被视为官籍。

官籍并不是明末才出现的现象。《重修辽阳城西广佑寺宝塔续记》载:"毕通,官人也。祖贯济宁州人,始生于建康。由兄(毕)达以旧勋授百户,

---

① 梁方仲:《梁方仲读史札记》,北京:中华书局,2008年,第102页。
② 周广业:《蓬庐文钞》卷4《书天启七年顺天乡试序齿录后》,"续修四库全书",上海:上海古籍出版社,1995年,第1449册集部,第463页。

洪武四年渡海,终于定辽前卫之任所。荫及侄(毕)恭。"①可见,毕通因其兄为百户而被称为"官人"。永乐年间谪戍义州的贺孟员,因其堂弟贺旻为百户也被称为"二老官人",结合贺孟员之子贺钦为"辽东广宁后屯卫官籍",②可知被称为官人的贺孟员、毕通等卫所武官的亲属皆为官籍。

与官籍对应的军籍有广义、狭义之分。广义的军籍指与民、匠、灶并列的户籍身份,而狭义的军籍指卫所体制下的非官籍人口。官籍与军籍的差异鲜明地体现在记录进士籍贯、出身等信息的进士题名录中。现以《辽东志》所载天顺年间6位考中进士的辽东人为例予以说明。③据《明清历科进士题名碑录》,在这六人之中拥有官籍身份的是义州卫的高冈和金州卫的邵奎,属于军籍身份的是定辽前卫的顾能、东宁卫的周正、定辽右卫的丘霁与定辽后卫的胡深。④

明代辽东人按照不同的户籍身份组成了不同的户族,即官籍户族与军籍户族。《续文献通考》云:

> 夫军户族满十丁者,曰其一兵也,二三或屯田也,其余则以供是兵也。而族满百丁者亦然,胡此供之夥邪?官户族满十丁者,曰品官,有优典也。是不宜强之也,而族满百丁者亦然,胡此优之厚邪?⑤

上引史料含有的对相关制度的批评姑且不论,下面主要探讨与户族有关的问题。军籍户族由一名军士与其户下余丁及女性眷属组成,官籍户族由一名武官与其户下舍人及女性眷属组成。参照嘉靖末年新定辽右卫设

---

① 未著撰者:《重修辽阳城西广佑寺宝塔续记》,载邹宝库辑注:《辽阳金石录》,第10页。按:此文献刻于《明永乐重修辽阳城西广佑寺宝塔记》的碑阴。
② 未著辑者:《明清历科进士题名碑录》,台北:华文书局,1969年,第302页。
③ 嘉靖十六年《辽东志》卷6《人物志》,第2页下。笔者选择以天顺年间考中进士的顾能等6人为例,是因为在正统以前,辽东人没有考中进士的记录,而正统年间考中进士的高润(按:《明清进士题名碑录》作"高闰")、陈鉴皆为军籍。参见未著辑者:《明清历科进士题名碑录》,第221,222页。据上引《辽东志》,天顺年间考中进士的共有7人而不是6人,然而这实际上是误将成化二年考中进士的王辅计入其中的缘故。
④ 未著辑者:《明清历科进士题名碑录》,第297、298、275、269、282、291、300页。
⑤ 王圻:《续文献通考》卷163《兵考》,第17册,第9953页。

立时"以正军为户头,帮丁为余丁,定立版籍",[①]可知军籍户族的户头是军士,由此推断官籍户族的户头是武官。

官籍户族与军籍户族除了户籍身份的差异,社会权利也有所不同。军籍户族没有优免特权,需要充当军役、缴纳屯田子粒、承担各种杂役,官籍户族则在一定限度内的拥有优免特权。[②]

更重要的是,在明初的卫所体制下,辽东武官兼管军政、民政,因此官籍户族对军籍户族的支配不仅体现在军事行动与军事训练上,而且体现在地方行政、赋役征收、法律事务、军丁勾补等方面。[③]同时,卫所武官掌管地方行政事务没有类似内地州县长官的原籍回避制度,通常可以直接管理本卫或本所事务。这使得卫所武官的权力缺乏有效的制约,容易滋生腐败,剥削军籍户族。

由于不同的户籍身份享有不同权利和义务,因此在卫所体制确立之后,明代辽东的社会结构发生了很大的变化。官籍户族凭借优免特权和手中掌握的权力,侵占屯田、私役军士、积累财富,从而替代元明之际的豪强成为辽东社会的支配阶层。军籍户族不但需要充当军役、耕种屯田、承担杂役,还时常会遭到武官与卫官的盘剥,因而往往沦为依附阶层。

总之,明初辽东的社会结构与州县体制下的社会结构截然不同。这种社会结构并不是建立在占有土地多寡的经济差异上,而是建立在国家赋予的户籍身份、制度保障及公权私用的基础之上。

官籍户族与军籍户族的区隔虽然是以王朝制度为基础的,但两者之间并非没有社会流动的通道。在明朝初期,军丁阶层完全可以通过建立军功成为官籍户族。《明武略将军副千户马俊墓志铭》载:

> 公姓马氏,讳俊,字世英,辽阳海州塔儿山寨人。曾祖福八,洪武

[①] 魏学曾:《巡抚都御史魏学曾补议安边疏略》,载刘效祖:《四镇三关志》卷7《制疏考》,第397页。
[②] 据《抚辽奏议》,舍人徐动等10人,为"年终免差",每人每年被辽阳车营游击勒索白银三两。可见,有时部分舍人仍需服役。因此,官籍户族的优免范围仍然存在进一步讨论的空间。顾养谦:《冲庵顾先生抚辽奏议》卷15《甄别练兵官员》,第612页。
[③] 嘉靖四十四年《全辽志》卷5《艺文志上》,第53页上。

初归附从军。祖得代役,从征有功,并枪充小旗。父旺代役,四十年间,披坚持锐从征沙漠,御守疆域,追剿寇虏,或生擒,或斩馘,或摧锋陷阵,或摩垒搴旗,自什伍长,累官五品武略将军之职。天顺癸未引年致仕。①

综合马俊之曾祖马福八为海州塔儿山寨人与"洪武初归附从军"推断,马福八可能是跟随地方豪强武装刘益集团归顺明朝的。马福八之子马得虽然升为小旗,但从户籍身份上讲依然是军籍。真正使辽阳马氏的户籍身份从军籍变为官籍的是马福八之孙马旺。马旺的散阶武略将军为从五品,据此推断其官职应为从五品的副千户。②参照马旺于天顺七年(1463)致仕与所谓"代役四十年间",可知他从永乐末年起开始服军役,逐步从军籍身份的小旗晋升为官籍身份的副千户。

军丁阶层改变命运的另一条道路是参加科举考试。不过,在正统改元之前,辽东生员参加乡试尚未成为定制,因此明朝初期仅有文广一人获得过科举功名。《锦州文栋墓志铭》载:

> 公讳栋,字士贤。(中略)始祖屏,洪武间以总甲领军渡辽,遂籍广宁左屯卫,永乐初从军边升总旗。高伯祖广,中永乐□子乡举,肇开辽镇科第。高祖理并枪。祖贵中成化甲午科山东乡举,登乙未进士。历官资善大夫,兵部左侍郎,右都御史。③

锦州文氏的始迁祖文屏于洪武年间随明军渡海进入辽东,其卫籍为卫治设在锦州的广宁左屯卫。永乐初年,文屏晋升为总旗,但仍然是军籍身份。文屏之子文广于永乐十八年(1420)考中举人。④参照成化八年(1472)进

---

① 未著撰者:《明武略将军副千户马俊墓志》,载邹宝库辑注:《辽阳金石录》,第31页。
② 关于武略将军、副千户为从五品,参见张廷玉等:《明史》卷72《职官一》,第6册,第1751页;同书卷76《职官五》,第6册,第1873页。
③ 张九州:《锦州文栋墓志铭》,载王晶辰主编:《辽宁碑志》,第413页。
④ 嘉靖十六年《辽东志》卷6《人物志》,第4页上。

士高昇之子高文豸于正德六年(1511)考中进士时其户籍身份仍为军籍，[1]可知考取功名不能改变锦州文氏的军籍身份。然而，拥有科举功名的文氏家族毕竟与普通的军籍户族不同。鉴于除文广之外的辽东进士及举人都是正统以后考取功名的，关于辽东的士绅群体将在第四章中展开讨论。在此需要提及的是，锦州文氏自文广以后成为官绅世家，成化十年(1474)，文广之侄文贵考中进士，历官兵部右侍郎、右都御史。[2]弘治十七年(1504)，文贵之子文三省考中举人，先后任深、蔚两州知州。[3]

辽阳马氏与锦州文氏的例证揭示了军丁阶层不但可以通过建立军功成为官籍户族，而且可以通过考取功名成为官绅之家。此外，如下文第六章所述，晚明时期发财致富的军籍户族还可以通过买功等手段成为官籍户族。

四、"我东人"：地方认同的形成

自明初以来，身份不同、来源各异的辽东人在卫所体制下的地方社会中，逐渐形成了以地方认同为纽带的群体认同意识。成化、弘治年间，辽东著名的理学家贺钦用"东人"指代辽东人，云"往年东人，屡欲展辽东省，夺三岔河之北，老虎林"[4]等地。他在给辽东副总兵韩斌撰写的墓志铭中写道："矧我东人，德公靡忘，尸祝我公，厥维久长。"[5]韩斌之孙，曾任辽东总兵的韩玺在临终前听闻"家人求取南杉木于他州"时，说道："吾东人，以松木为棺，从俗可也。"[6]可见以松木为棺是辽东人共享的丧葬习俗，

---

[1] 《明清历科进士题名碑录》，第30、47页。
[2] 《明清历科进士题名碑录》仅言文贵为"广宁左屯卫籍"，未言军籍或官籍。文贵之曾孙文栋弃笔从武，似已获得官籍身份，文栋之子文王臣因功晋升为指挥佥事。《明清历科进士题名碑录》，第360页；张九州：《锦州文栋墓志铭》，载王晶辰主编：《辽宁碑志》，第413页。
[3] 曹镛：《锦州文荆坡墓志铭》，载王晶辰主编：《辽宁碑志》，第397页。
[4] 贺钦：《医闾先生集》卷1《言行录》，第53页。
[5] 贺钦：《医闾先生集》卷4《明故镇国将军辽东副总兵韩公(斌)墓志铭》，第82页。
[6] 嘉靖四十四年《全辽志》卷4《人物志》，第37页下。

韩玺坚持以松木为棺也是地方认同的体现。

由上述例证可知,东人是明代辽东人的自称。谪戍辽东的原监察御史程启充所写的《勘定三城叙》表明,在明代中期的辽东人中东人是比辽人更为常用的自称。《勘定三城叙》写于嘉靖军变平定之后,程启充在描写辽东人对巡按御史曾铣的感激之情时写道:"辽人呼曰:'微公,吾为大同矣。定倾保大,我东人曷报公?'"①据此,程启充称辽东人为辽人,而辽东人自称"我东人"。

所谓"我东人"之"东"即辽东之东,"我东人"的表述显示,至迟至明代中叶,来源不同、身份各异的辽东人,已经形成了比较普遍的群体认同意识。然而,这种以地方认同为纽带的群体认同并不是在明代中叶突然出现的,而是在明初辽东的社会整合中长期酝酿、逐渐形成的。

在辽东地方认同的形塑过程中卫所体制的推行是十分重要的因素。卫所体制不但将落籍辽东的内地官军、地方豪强武装、抽垛新军、新编帮丁与归附的少数族群组合成一个相对稳固的社会群体,而且将这个社会群体与作为地理单元的辽东都司紧密地联系在一起。

辽东人地方认同的形成也与明廷在推行卫所体制的过程中,对归顺的地方豪强与少数族群首领采取了比较公平的政策有关。无论是张良佐、房嵩、高家奴等地方豪强,还是归顺的少数族群首领达礼迟、铁相伊,都可以像从内地迁来的征辽将领那样,成为辽东社会中的官籍户族。②与此同时,来自内地的征辽军士同豪强部众、抽垛新军等辽东原住民一样,只能成为被支配的军籍户族。因此,在某种程度上说,明初辽东社会官籍户族与军籍户族的区分淡化了新移民与原住民、华夏族群与北方族群之间的差异。这无疑是形成地方认同的有利因素。

从明初至明代中叶,辽东人在卫所体制的整合下逐渐形成了独特鲜明的边疆军事社会。与周边的少数族群相比,以华夏族群及汉化的少数族群为主体的辽东人在生活方式、行为规范、文化风俗等方面具有鲜明的

---

① 嘉靖十六年《辽东志》卷2《建置志》,"续修四库全书",第646册史部,第528页。
② 关于张良佐、房嵩、高家奴、达礼迟和铁相伊的情况,前文皆有论述。

华夏之风。关于内地移民与华夏原住民,此处无需赘述,需要讨论的是辽东汉化的北方族群。

正如在元代辽阳行省的不少汉人具有胡化倾向一样,明代辽东的少数族群采取了汉化的策略。这主要表现在以下两个方面:其一,改用汉名。如,洪武年间归附的女真人达礼赤在三万卫任职,其子孙很快改用汉名。其子名佟敬、其孙名佟昱、其重孙名佟瑛。① 又如,永乐十年(1412)归附的女真人□亦能哥在东宁卫任职,其子孙很快开始使用汉名。其子名王武、其孙名王辅,其重孙名王言。② 其二,遵守儒家规范。如,女真人刘志贞。她是三万卫镇抚刘忽鲁秃之女,自幼在其父为她聘请的儒师指导下读诵《孝经》《列女传》。出嫁后,她对公婆十分孝敬。其夫裴贵病危时,她曾暗自"刲股内和糜以奉",但未见成效。裴贵自知不久于人世,劝她改嫁。她闻言不悦,遂以死明志。③

此外,辽东人与周边少数族群的差异还表现在,辽东人是卫所体制下的编户齐民,而周边的北方族群只是与明廷保持羁縻关系的部落民。

与毗邻的北直隶人和隔海相望的山东人相比,辽东人又显现出华夷杂糅的一面。④《全辽志》云:

> 至我朝始徙江淮、齐鲁之民居之。而高丽、女直等夷之土著者不易其处。故今之浸淫于衣冠文物之化者七,而侏离左衽之遗犹二三焉。(中略)士大夫家以礼义廉节自闲,彬彬若邹鲁城郭之民,庶几近之。若穷乡僻壤,每征召饮食,男女辄聚会,无别坐,情窦之恣,荡无防检。往往触禁伤理,而恬不知怪。此所谓侏离左衽之所遗也。⑤

据此可知,至明代中叶辽东人犹有华夷杂糅之风,明初的情况可以想见。

---

① 叶世英:《明昭勇将军佟进墓志》,载邹宝库辑注:《辽阳金石录》,第62页。
② 韩承训:《明辽东游击将军王言墓志》,载邹宝库辑注:《辽阳金石录》,第54—55页。
③ 嘉靖十六年《辽东志》卷6《人物志》,第43页上。
④ 嘉靖年间的辽东巡抚王之诰曾将辽东社会描述为"边鄙欧脱之俗,华夷杂糅之民"。王之诰:《全辽志序》,载嘉靖四十四年《全辽志》,第1页下。
⑤ 嘉靖四十四年《全辽志》卷4《风俗志》,第47页上—47页下。

辽东人与北直隶人、山东人的差异还体现在，前者是卫所体制下的编户齐民，后者是州县体制下的编户齐民。

从明初至明代中叶，辽东人在卫所体制的整合下逐渐形成了独特鲜明的边疆军事社会与尚武刚毅的社会文化。在长期的交往过程中，这些来自四面八方的各族历史行动者通过血缘、婚姻、同乡、上下级、袍泽、同学、朋友、邻里等关系结成彼此交错的社交网络。这些不同的社交网络之间又通过缔结婚姻、崇拜共同的神灵、共享地方性知识与地方社会的历史记忆等方式彼此关联在一起。随着时间的流逝，生活在辽东都司的人们又在与内地社会的汉人，东北羁縻卫所的蒙古人、女真人，鸭绿江以东的朝鲜人交往的过程中，逐渐意识到辽东人与周边人群的差异，从而形成了以共同生活的地域为纽带的社会认同。

第三章　卫所体制的危机与变革

自宣德年间起,周忱在江南进行赋役改革。正统年间,广东地区开始推行均徭法等赋税改革。①大体与此同时,明廷也在设法采取措施应对辽东的卫所体制危机。江南、广东的赋役改革与辽东的卫所体制变革,都是明廷在国家政策转型的情况下应对地方社会变迁的举措。本章考察辽东卫所体制的危机,并从文官体系的介入、营兵制的形成、卫所的去军事化、屯田税率的变化、屯田的官田化、增设卫学和参加乡试成为定制等几个方面探讨辽东卫所体制的变革。

一、卫所体制的危机

明廷在辽东社会的统治秩序建立在卫所体制的基础之上。这里的卫籍人口被编制起来,为国家充当军役、缴纳屯田子粒、帮贴正军的同时,还要承担各种杂役。如果上述各种负担超出了地方社会能够承受的限度,就会激化国家与社会之间的矛盾,从而导致大量在籍人口脱离卫所体制,甚至出现武装叛乱。②

自洪武四年(1371)至宣德十年(1435),辽东官军承受着沉重的征伐、戍守与招抚任务。这些日益繁重的负担使得以军籍人口为主的辽东

---

① 刘志伟:《在国家与社会之间——明清广东地区里甲赋役制度与乡村社会》,第95页。
② 刘志伟教授曾经对州县体制下的类似情况作出过精彩分析。参见刘志伟:《在国家与社会之间——明清广东地区里甲赋役制度与乡村社会》,第72—73页。

社会动荡不安。

自洪武五年(1372)至洪武二十年(1387),辽东官军需要应对的是建立在札剌亦儿部既有基础之上的纳哈出集团。[1]明军与纳哈出集团的战争始于洪武五年。本年,明军主力分别由徐达、冯胜、李文忠率领,分兵三路对北元残余势力发起大规模进攻。与此同时,辽东半岛的明军亦在太仓卫军士的配合下,出兵征讨纳哈出集团的根本重地开元(按:即明代的开原)、金山(按:今吉林公主岭附近)。据《明太祖实录》,洪武六年(1373)正月"赏太仓卫征进开元、金山等处回还军士文绮、白金、食米有差",[2]可知明军应有所斩获。不过,综合此后纳哈出集团可以直接攻打辽阳城与洪武十九年(1386)明廷才在辽北设立卫所可知,当时明军没有实现对辽北地区的实际控制。

自洪武五年至洪武十年(1377),纳哈出多次向明军发起攻击。洪武五年十月,纳哈出率军劫掠明军屯集海运军需物资的重地牛家庄(按:今辽宁海城附近),烧毁仓粮10万余石,杀死明军将士5 000余人。[3]洪武六年,纳哈出集团进攻辽阳,马云、叶旺率军迎击,在击败纳哈出后,奋勇追击,直达浑河。洪武八年(1375),纳哈出率数万大军自辽西地区渡过辽河,越过复州、盖州,直趋金州。在攻城未果后,纳哈出率军撤退。撤至盖州附近时遭到了叶旺所部的伏击,纳哈出大败而归。[4]洪武十年,纳哈出发动的进攻再度以失败告终。[5]

自洪武九年(1376)起,辽东官军开始对纳哈出集团的右翼东宁府地区展开进攻。[6]此后,马云率领辽东官军、徐达率领明军主力先后于洪武十二年(1379)和洪武十四年(1381)讨伐纳哈出集团左翼的大宁、全宁地区。[7]从大宁都司设立于洪武二十年与辽河西部的卫所皆设于纳哈出归

---

[1] 贾敬颜:《五投下的遗民——兼说"塔布囊"一词》,第31页。
[2] 《明太祖实录》卷78,洪武六年正月乙丑。
[3] 《明太祖实录》卷76,洪武五年十月壬申。
[4] 嘉靖十六年《辽东志》卷5《官师志》,第39页上。
[5] 《明太祖实录》卷119,洪武十一年八月未著日期。
[6] 嘉靖十六年《辽东志》卷5《官师志》,第40页上。
[7] 《明太祖实录》卷127,洪武十二年十一月庚申;《明太祖实录》卷137,洪武十四年四月庚午。

降之后分析,明军当时的目的只是为了扫荡敌对势力,争夺当地人口,而没有完成对上述地区的实际控制。

由于连续的军事挫败以及北元杰出将领扩廓帖木儿与著名君主爱猷识理达腊先后于洪武八年(1375)、洪武十年(1377)谢世等因素,纳哈出集团人心涣散。自洪武十一年(1378)起,陆续有将领脱离纳哈出投靠明朝。①

洪武十八年(1385),明廷调集大军准备与纳哈出集团展开决战。②洪武二十年,冯胜率军迫近金山时,纳哈出被迫投降。③

纳哈出归降后,辽东社会的军役负担一度有所减轻,但仍需参加大规模的征伐活动。洪武二十八年(1395),明廷发动了远征海西女真的军事行动。明军在总兵官周兴等人的带领下,先后进入脑温江流域(按:今嫩江)、忽剌温(按:今呼兰河)流域。捕获女真头目3名,男女650余人,马400余匹。④大部分辽东官军参加了这次著名的军事行动。《李朝实录》载:"斩辽东僧觉悟。初悟来言'上国欲加兵于我',乃囚巡军狱鞫之。悟曰:辽东闵千户以各卫军赴征,疑朝鲜人捣虚,使来观变。"⑤

在靖难战争期间,辽东都司属于建文帝阵营,辽东官军屡次出兵进攻燕王的领地。建文元年(1399)九月,江阴侯吴高、都督耿瓛等率领辽东官军围攻燕军将领郭亮镇守的永宁城。⑥建文三年(1401),方孝孺向明廷建议:"燕军久驻大名,暑雨为沴,不战将自困。今调辽东兵攻永平,德州(兵)扰北平。根本受敌,彼必归援,我大军蹑其后。"⑦随后,辽东总兵杨文率军围攻永平城。燕军将领刘江率军往援,以计大败辽东军,"斩首数千

---

① 和田清:《明初の滿洲經略(上)》,載和田清:《東亞史研究(滿洲篇)》,第292—293页。
② 《明太祖实录》卷174,洪武十八年八月庚戌;同书卷175,洪武十八年九月己巳。
③ 嘉靖十六年《辽东志》卷8《杂志》,第7页下。
④ 《明太祖实录》卷239,洪武二十八年六月辛巳。
⑤ 吴晗辑:《朝鲜李朝实录中的中国史料》,第131页;《太祖大王实录》卷7,太祖四年五月庚戌。
⑥ 《明太宗实录》卷4上,(建文)元年九月戊辰。
⑦ 《明太宗实录》卷8,(建文)三年闰三月癸丑。

级,获马六百余匹,生擒王雄等"71人。①

建文四年(1402),辽东总兵杨文再次率军进攻燕军领地。逃到朝鲜的辽东军士朱景等云:"二月二十八日,征燕军马逃散,不知其数,侵略民居,故逃还本土。"逃往朝鲜义州、泥城的辽东人言:"燕军大兴,卫领军杨大人弃城降于燕,故畏而逃来。"②可见,辽东官军直至建文四年二月左右才在战败的情况下归顺朱棣。

永乐年间,辽东社会的军役负担日益沉重。在明成祖先后5次北征沙漠的大规模军事行动中,辽东官兵至少参与了4次。

永乐八年(1410)二月初十日,明成祖率领大军北征。③此前一个月,朝鲜义州通事从辽东得到消息:

> 辽兵一万赴北京,遇达达军于山海卫,与战大败,死伤过半。辽东自正月初二日严兵城守,昼夜不懈。④

可见,明成祖曾调一万名辽东官军赴京参加北征沙漠的行动,辽东官军行进到山海关的时候遭到蒙古军队的截击,伤亡惨重。

《辽东志》记载了三万卫指挥佥事裴牙失帖木儿随明成祖北征沙漠的事迹:

> 八年,从征迤北,率所部精甲为前锋。至静房镇败虏兵。进广武戍,虏逆战,矢如雨。(裴)牙失帖木儿与麾下直当其前,下马列阵,引满齐发,虏不能支。会大兵继至,虏众败溃,俘获无算。升指挥同知。十年,复平定沙漠,诏为前锋。时病已久,力疾请行,卒于师。⑤

---

① 《明太宗实录》卷8,(建文)三年十一月庚戌。
② 吴晗辑:《朝鲜李朝实录中的中国史料》,第168页;《太宗大王实录》卷3,太宗二年三月丁酉。
③ 金幼孜:《北征录》北京:中华书局,1985年,第1页。
④ 吴晗辑:《朝鲜李朝实录中的中国史料》,第242页;《太宗大王实录》卷19,太宗十年正月癸未。
⑤ 嘉靖十六年《辽东志》卷5《官师志》,第41页上。

据此可知，永乐八年（1410），辽东官军虽然在山海关遭到蒙古军队的截击，但仍然参加了北征沙漠的军事行动。同时，从永乐十年（1412）明廷调裴牙失帖木儿赴京准备北征及其后裴牙失帖木儿"卒于师"，表明辽东军队参加了明成祖于永乐十二年（1414）发动的第二次北征。

义州卫指挥佥事陈忠的墓志云：

> 永乐壬寅，扈从太宗皇帝车驾征进迤北。上命与中官统领本司军马，探哨兀良河等处，掳获人畜车辆不下以万计。①

《辽东志》云：

> 杨氏妙真，浙江鄞县人，父原道，戍广宁。年十八，适广宁后屯卫总旗贺昇。内助既贤，事舅姑以孝。昇永乐甲辰随驾北征，东归殁于山海关。氏奔赴扶柩归葬，子祥甫二岁。②

可见，辽东官军参加了永乐二十年（1422）、永乐二十二年（1424）明成祖先后发动的第三次和第五次北征行动。

永乐北征对辽东社会的影响并不仅限于军人。《李朝实录》载："帝欲以二月十五日亲征鞑靼，抄诸路军、诸路城子，男无余丁，老弱妇女亦不得出于城外。"③ 又载："帝还京，将赴征时逃军及从征军士之妻妾奸他夫者，每日亲决，斩首于阙门外，数至百余。"④ 由以上两条史料可知，本不承担军役的余丁亦参加了北征沙漠的行动；应征赴京参加北征的军士半路逃脱的现象时有发生；丈夫长期从征在外，与妻子两地分居，严重扰乱了他们的日常生活。

---

① 张玫：《义州陈忠墓志铭碑》，载王晶辰主编：《辽宁碑志》，第296页。
② 嘉靖十六年《辽东志》卷6《人物志》，第43页下。
③ 吴晗辑：《朝鲜李朝实录中的中国史料》，第243页；《太宗大王实录》卷19，太宗十年二月庚戌。
④ 吴晗辑：《朝鲜李朝实录中的中国史料》，第261页；《太宗大王实录》卷28，太宗十四年九月己丑。

辽东官军在不断奉命参与军事征伐的同时,还肩负着沉重的戍守任务。由于辽东军事防御形势日趋严峻与兀良哈南迁、大宁都司内徙等东北边疆形势的变化密切相关,[①]因此有必要加以讨论。

纳哈出归顺后,明廷试图通过设置羁縻卫所,建立一个沿大兴安岭依次排列的隔离北元与女真、高丽交往的军事防线。洪武二十二年(1389)四月,在全宁地区设置全宁卫。该卫由接受招抚的北元官军组成,指挥使为故元知院捏怯来。[②]同年五月,在洮儿河、绰尔河、归流河流域设置兀良哈三卫,任命东道诸王后裔辽王阿札失里等三人担任指挥。[③]

出乎明廷意料的是,同年八月,全宁卫的失烈门勾结北元将领发动叛乱,全宁卫指挥捏怯来被杀,全宁卫官军溃散。为了应对全宁卫崩溃的突发事件,明廷命兀良哈三卫招抚全宁卫溃散官军,将他们送至大宁都司,并试图使这些溃散官军在大宁都司领取粮食后回到全宁。[④]

明代文献为后人理解洪武末年东北边疆的上述变化提供了线索。郑晓曰:"大宁之北有三卫,盖自洪武始也。"[⑤]明代辽东理学家贺钦云:"大宁诸城,亦一都司也。惟北鄙与虏邻耳。"[⑥]郭造卿在讨论建文初年兀良哈与大宁都司的形势时亦言:"当宁藩既袭(按:指大宁之战),环卫有其故种(按:指兀良哈人)。"[⑦]综合上述史料与全宁卫不曾复立可知,兀良哈人并没有奉行明廷的诏令,反而趁全宁卫崩溃之机进入全宁地区。此后,兀良哈人逐渐萌生了劫掠明朝边境的野心。洪武二十四年(1391),泰宁卫指挥使辽王阿札失里率领部众侵入明朝边境。[⑧]此后,明廷虽然屡次派兵远征兀良哈故地,但既不能实际控制兀良哈故地也不能直接掌控全宁地区。

---

① 关于兀良哈三卫南迁的时间,学界有不同看法。和田清认为在正统十四年之后,达力扎布主张始于宣德年间。和田清:《明代蒙古史论集》,第91、169页;达力扎布:《明代漠南蒙古历史研究》,海拉尔:内蒙古文化出版社,1997年,第12、22页。
② 《明太祖实录》卷196,洪武二十二年四月己亥。
③ 《明太祖实录》卷196,洪武二十二年五月辛卯、癸巳。关于兀良哈三卫最初的地理位置,参见(日)和田清著,潘世宪译:《明代蒙古史论集》,第109、111—113页。
④ 《明太祖实录》卷197,洪武二十二年八月未著日期。
⑤ 郑晓:《今言》卷4,北京:中华书局,1984,第194页。
⑥ 贺钦:《医闾先生集》卷6《义州修建缘边营堡记》,第73页。
⑦ 郭造卿:《卢龙塞略》,台北:台湾学生书局,1987年,第257页。
⑧ 谷应泰:《明史纪事本末》卷10《故元遗兵》,北京:中华书局,1977年,第146页。

洪武二十九年(1396),宁王朱权向明廷报告"骑兵巡塞,见有脱辐遗于道上,意胡兵往来恐有寇边之患"。① 可见,明军撤回后,兀良哈人即重新进入全宁。

建文元年(1399),燕王朱棣为了增强自己的军事实力,将大宁都司迁到保定。②《昌平山水记》云:"大宁初设,未有人民,但立北平行都指挥使司(按:大宁都司曾改称北平行都指挥使司)及大宁、营州、兴州、会州等十六卫。自燕府拨之而南,遂为空城。"③

大宁都司内迁后,早已进入与大宁都司北部毗邻地域的兀良哈人,在大宁都司内迁、燕王集团与建文帝政权忙于内战之际,顺势进入人烟稀少的大宁地区是顺理成章的事。《辽东志》载:"永乐初,大宁沦没。而红螺山始入外境。于是,和州之墟,荆条之阳,胡马驰驱,岁相抄掠。"④ 如前文所述,大宁都司内迁在建文元年,因此《辽东志》所谓"大宁沦没"亦应在建文年间。之所以会有"永乐初"的表述,是因为建文帝的年号被明太宗废除,嘉靖十六年(1537)传世本《辽东志》重修时仍未恢复。上引《辽东志》表明,兀良哈人在建文年间已经驰骋于大宁都司故地,并时常劫掠辽东地区。

靖难之役结束后,明廷开始着手处理北方问题。由于在战略上始终将鞑靼、瓦剌作为主要对手,明廷在默认兀良哈三卫进入大宁的情况下恢复了对兀良哈三卫的羁縻统治。针对兀良哈人多次寇略的情况,明廷采取了以防为主的相应措施。建文四年(1402),在今河北省境内的千户寨、七渡河等地设置烟墩,遇到敌情即放炮示警。同时宣布当地明军向北不要越过今河北平泉县境内的会州。⑤ 永乐元年(1403),将自建文元年起在广宁屯守的广宁左屯卫调至锦州,与卫治原在锦州的广宁中屯卫同处一

---

① 《明太祖实录》卷244,洪武二十九年二月辛亥。
② 清水泰次:《大寧都司の内徙について》,《東洋學報》第8卷第1号,1918年,第135、137页。
③ 顾炎武:《昌平山水记》卷下,"续修四库全书",上海:上海古籍出版社,1995年,第721册史部,第584页。
④ 嘉靖十六年《辽东志》卷1《地理志》,第3页上。
⑤ 《明太宗实录》卷14,洪武三十五年十一月甲申。

城。①永乐八年(1410),将卫治原在宜州的广宁后屯卫调入义州城,与卫治原在义州的义州卫同处一城。②锦州、义州皆是邻近大宁都司故地的辽东重镇,明廷先后调广宁左屯卫、广宁后屯卫增加上述两城的镇戍力量,主要是为了防范兀良哈三卫的侵袭,保证通往中原的唯一陆上通道畅通无阻。

重新接受明廷羁縻统治的兀良哈人并没有停止对明朝边境的劫掠。据朝鲜《李朝实录》,永乐十九年(1421),"三卫达贼摽掠辽东,杀三堡人,都督巫凯等率兵逐之"。③所谓"达"在单独使用时虽然可以泛指蒙古、女真等少数族群,但此时建州女真仅有建州卫和建州左卫,因此这里劫掠辽东的"三卫"指的是兀良哈人。《明代辽东档案汇编》所收永乐二十一年(1423)的档案亦留下了兀良哈人劫掠辽东的记载。档案云:"本年六月以来,屡被贼人入境,肆行杀掠。"④现存档案还详细开列了广宁前屯卫、广宁中屯卫、广宁后屯卫等卫所遭受"达贼"攻击的城堡及死伤人口、被掠财物的具体信息。⑤上述遭受攻击的卫所主要集中在与大宁都司故地相邻的辽西地区,这与兀良哈人当时已经进入大宁都司故地有着紧密的关联。

除了兀良哈三卫之外,侵扰辽东的还包括北元势力。《李朝实录》载,建文四年,"鞑靼兵侵略燕辽之间,中国骚然";永乐八年,"达达军盛行于开元,金山等处,官军御之辄败,其巡哨军于正月初二日攻辽东北门不克,掠城外居民而去";永乐十九年,"鞑靼兵四十万屯于沈阳路,辽东城门昼不开"。⑥由于史料限制,上述史料中的"鞑靼"或"达达"指涉的是鞑靼蒙古、兀良哈蒙古或者两者兼而有之,已无从分辨,但至少可以确定侵扰

---

① 嘉靖十六年《辽东志》卷1《建置志》,第3页上。
② 嘉靖十六年《辽东志》卷1《建置志》,第2页下。
③ 吴晗辑:《朝鲜李朝实录中的中国史料》,第298页;《世宗大王实录》卷14,世宗三年十一月辛巳。
④ 辽宁省档案馆、辽宁社会科学院历史研究所编:《明代辽东档案汇编》,沈阳:辽沈书社,1985年,第848页。
⑤ 辽宁省档案馆、辽宁社会科学院历史研究所编:《明代辽东档案汇编》,第848—855页。
⑥ 吴晗辑:《朝鲜李朝实录中的中国史料》,第168、241、299页;《太宗大王实录》卷3,太宗二年三月己丑;同书卷19,太宗十年正月辛巳;《世宗大王实录》卷14,世宗三年十二月辛丑。

辽东的"鞑靼"中有时包括北元势力。

来自海上的倭寇也加重了辽东官军的戍守负担。《明太祖实录》载，洪武二十七年（1394），"辽东有倭夷寇金州，卒入新市，烧屯营粮饷，杀掠军士而去"。①《李朝实录》载，永乐十三年（1415）"七月初四日，倭贼入旅顺口，尽收天妃娘娘殿宝物，杀伤二万余人，掠一百五十余人，尽焚登州战舰而归"。"倭寇中国数矣，而今也为甚"。②

为了应对兀良哈三卫和海上倭寇带来的军事威胁，辽东官军不得不"备倭防胡，往来瞭守，无时休息"。③

自永乐年间起，前往女真人地区进行招抚，也成了辽东官军的沉重重担。永乐十五年，内官张信率辽东官军在长白山修建白头山寺的事例，显示大量的辽东军士参与其中。《李朝实录》载：

> 内史张信，赍陪圣旨，丙申十一月十四日到辽东，率军马一千五百名，正月十九日离发，三月二十九日到罗延。置木栅，造仓库，输入粮料后，担来军人，随即还送。千户石脱里，率军人五百，农牛一百六十只，亦于罗延等地农作。张信又率兵马一千，四月七日离发，二十八日到南罗耳。斫材木（中略）。自辽东至南罗耳，道路极险，粮料担持军一万八千名，往返甚艰。乃使军人伐木开路，然后出来。一，罗延农事只要牛饲，来年二月间寺社毕造后乃还。一，南罗耳等处伐木则必雷震，必以锯无声而取，故营造稽迟。④

据此，先后赴罗延和南罗耳准备修建白头山寺的辽东官军约为3 000名。因为在南罗尔伐木必须"以锯无声而取"，因此营造迟缓，历时一年左右。

---

① 《明太祖实录》卷235，洪武二十七年十月己巳。
② 吴晗辑：《朝鲜李朝实录中的中国史料》，第264页；《太宗大王实录》卷30，太宗十五年七月戊午。
③ 《明英宗实录》卷147，正统十一年十一月乙丑。关于永乐年间辽东都司军士"备倭防胡"的情况，另请参见嘉靖十六年《辽东志》卷5《官师志》，第39页下。
④ 吴晗辑：《朝鲜李朝实录中的中国史料》，第271—272页；《太宗大王实录》卷33，太宗十七年五月乙卯。

与此同时,负责运送粮食的辽东军士多达18 000名,其所经"道路极险"、"往返甚艰"。

《李朝实录》载:"大明公差小旗张五十六,罗仁保等五人联名状称:'皇帝遣总旗杨失里吉及我等六人,赍敕谕,招安朝鲜近境海边兀里因(中略)等。十一月十三日,到希剌温卫,逢见兀狄哈指挥豆称介(中略),射杀扬失里吉,次欲害及我等。'"①明成祖亦曾抱怨道:"这野人(中略),忘了我的恩,打海青去的指挥,拿了做奴婢使唤。"②可见,赴东北边疆招谕不但是一件艰苦的差事,而且还有生命危险。

奴儿干都司的设立、维系与相应的招抚行动通常亦由辽东官军承担。在永乐九年(1411)至洪熙元年(1425),辽东数百官军在奴儿干都司戍守。③同时,永乐、宣德年间亦失哈主持的历次奴儿干招抚行动,都有1 000—2 000名辽东官军护送。④《明宣宗实录》云:"差往奴儿干官军三千人,人给行粮七石,总二万一千石,宜循例于辽东都司支给。"⑤虽然这次3 000名官军前往奴儿干的计划未能实现,但"例于辽东都司支给"显示,历次参与奴儿干招抚的辽东官军的行粮皆由辽东都司承担。此外,与奴儿干招抚密切相关的松花江造船与运粮工作亦由辽东官军负责。⑥

除了承担沉重的军役之外,应对各方使者也是辽东社会的沉重负担。宣德四年(1429),朝鲜李朝世宗云:

(尹)凤求请之物二百余柜,每荷一柜用八人,荷柜之军自太平馆

---

① 吴晗辑:《朝鲜李朝实录中的中国史料》,第245页;《太宗大王实录》卷19,太宗十年四月壬寅。
② 吴晗辑:《朝鲜李朝实录中的中国史料》,第248页;《世宗大王实录》卷58,世宗十四年十二月丙午。
③ 洪熙元年,奴儿干发生叛乱后,辽东都司官军撤离奴儿干。这个问题,笔者在《"洪熙梗化":奴儿干史事发覆》中有详细论述。此文目前未刊。
④ 《永宁寺记》言:"永乐九年春,特遣内官亦失哈等率官军一千余人,巨船二十五艘,复至其国。"《重建永宁寺记》载:"(宣德)七年,上命太监亦失哈同都指挥康政,率官军二千,巨舡五十再至。"参见钟民岩:《历史的见证——明代奴儿干永宁寺碑记校释》,《历史研究》1974年第1期,第155、157页。
⑤ 《明宣宗实录》卷31,宣德二年九月乙巳。
⑥ 《明宣宗实录》卷60,宣德四年十二月壬辰。

至沙岘,络绎不绝。①

今朝廷奉使于外者,皆宦寺无识之徒,嗜欲无穷,其所经过,侵渔万端。取人之物,不厌于心,则鞭挞不已。故人虽冻馁死亡,暂不矜恤。由是观之,辽东一路,不出数岁,殆尽空虚矣。②

李朝世宗所言"辽东一路,不出数岁,殆尽空虚矣"虽有夸张之嫌,但明朝使臣给辽东社会带来的苦难却是事实。

《李朝实录》载,永乐十五年(1417),"辽东等处人民曰:'朝鲜使臣之行负重,故难堪转输之苦,皇亲之行,车子之多,至于七八。'"③正统元年(1436),礼部尚书胡濙奏曰:"辽东野人、女直进贡珍珠至京,(中略)惟务希求赏赐。移文辽东总兵、镇守并都司官,今后从公办验,毋得一概进送来京,庶省军民沿途转送之劳。"④可见,永乐至宣德年间,朝鲜使臣、东北边疆入贡的少数族群亦使辽东人疲于奔命。

卫所武官的贪腐与屯田的弊端同样是导致卫所体制危机的重要原因。

首先,武官贪腐。《明宣宗实录》载:

(宣德八年)行在兵部右侍郎王骥言:"国家爱养军士,良法美意过于往者。月支食米,冬给布絮,但效劳役,又加赏赐。然而,优养愈厚,逃亡愈多。良由中外都司、卫所官罔体圣心,惟欲肥己。征差则卖富差贫,征办则以一科十。或占纳月钱,或私役买卖,或以科需扣其月粮,或指操备减其布絮。衣食既窘,遂致逃亡。"⑤

---

① 吴晗辑:《朝鲜李朝实录中的中国史料》,第350页;《世宗大王实录》卷45,世宗十一年七月庚申。
② 吴晗辑:《朝鲜李朝实录中的中国史料》,第351页;《世宗大王实录》卷46,世宗十一年十一月戊午。
③ 吴晗辑:《朝鲜李朝实录中的中国史料》,第275页;《太宗大王实录》卷34,太宗十七年七月癸未。
④ 《明英宗实录》卷25,正统元年十二月癸未。
⑤ 《明宣宗实录》卷108,宣德九年正月壬申。

王骥列举的武官贪腐事例是当时都司、卫所普遍存在的现象,辽东都司亦不例外。王骥本人即曾弹劾辽东总兵巫凯"贪淫、暴虐十有五事"。①

其次,屯田的弊端。明军在辽东屯田始于洪武五年(1372),②其生产方式是所谓"营田",即"屯于各卫附近之所,且耕且守者也"。③由于明军与纳哈出集团之间的长期战争,明军最初的屯田规模有限。随着明军在战争中逐渐占据优势地位,投入到屯田生产中的军士亦相应增多,生产方式亦逐步演变为由屯军负责耕种的屯田。洪武二十七年(1394),明廷宣布"辽东定辽等二十一卫军士,自明年俱令屯田自食,以纾海运之劳"。④

王毓铨早已指出,明初军屯自给的程度应该连50%都达不到。⑤黄仁宇更将洪武、永乐时期的军屯自给斥为明末学者虚构的神话。⑥然而,由于辽东武官"虚报子粒",⑦明太祖产生了辽东屯田可以自给的错觉。洪武三十年(1397),明太祖宣布自洪武三十一年(1398)起停止辽东海运:"辽东海运连岁不绝,近闻彼处军饷颇有赢余,今后不须转运,止令本处军人屯田自给。其三十一年海运粮米,可于太仓、镇海、苏州三卫仓收贮。"⑧

屯田制度的最大弊端在于子粒征收标准过高。洪武年间,每份军屯征收15石子粒。⑨建文四年(1402),初登帝位的朱棣进一步提高了屯田

---

① 《明英宗实录》卷17,正统元年五月丁丑。
② 洪武四年七月征辽明军才抵达金州,已经错过播种期。因此,明代辽东的屯田应始终于洪武五年的金州地区。此外,笔者认为营田是军屯的一种,没有必要将其排除在军屯的范围之外,以下史料可以为证。《天下郡国利病书》引《三河县志》云:"国家设立屯田,有边屯有营屯。"顾炎武辑:《天下郡国利病书》第1册《北直隶上》,第171册,第37页。
③ 顾炎武辑:《天下郡国利病书》第1册《北直隶上》,第171册,第37页。
④ 《明太祖实录》233,洪武二十七年五月戊申。
⑤ 王毓铨:《明代的军屯》,第118页。
⑥ 黄仁宇著,阿风等译:《十六世纪明代中国之财政与税收》,北京:生活·读书·新知三联书店,2001年,第75页。
⑦ 《明英宗实录》卷108,正统八年九月戊寅。
⑧ 《明太祖实录》卷255,洪武三十年九月戊子。
⑨ 《明宪宗实录》卷244,成化十九年九月戊申。

子粒征收税则。明廷规定一份军田需要缴纳正粮12石,余粮12石。①如果不计屯军自食的正粮12石,洪武时期的税则相当于每亩征收子粒6升,永乐年间的税则相当于每亩征收子粒2斗4升,②远远高于州县体制下的民田每亩仅征粮3升3合的税则。③

在缴纳高额屯田子粒的同时,军士还要缴纳大量屯草,《明代辽东档案汇编》载:"辽左等卫军余,前去广宁团山等处草场,砍积备边草束。"④《明英宗实录》亦云:"定辽左等二十五卫军士每年采打秋青草。"⑤

不堪重负的辽东人发动了两次武装叛逃。建文四年,《李朝实录》载:

> (朝鲜)义州千户咸英彦入见(中略),且启:"英彦自辽东还言,路见本国人刘仁伯言:'东宁卫千户林八剌失里率三千户而叛,河指挥、姚千户等率一千五百余兵追逐,尽为八剌失里所杀,枭首路歧。又多杀沈阳、开原两卫军马。渡铺州江曰:欲附朝鲜(中略)。'"上曰:"八剌失里等徒众几许?"英彦曰:"意其万余人也。"(中略)纳林八剌失里等。⑥

据此,东宁卫千户林八剌失里在建文四年发动了共有3 000多户、10 000余人参与的武装叛乱。在叛逃过程中,他们杀害了先后前来追捕的数千辽东官军。

与林八剌失里事件相比,永乐年间的杨木答兀事件的规模要小得多,但其影响依然不容忽视。⑦杨木答兀是卫治设在开原的三万卫或辽海卫

---

① 申时行等修:《明会典》18《户部五》,第121页。
② 参见后文。
③ 申时行等修:《明会典》卷17《户部四》,第112页。
④ 辽宁省档案馆、辽宁社会科学院历史研究所编:《明代辽东档案汇编》,第851页。
⑤ 《明英宗实录》卷352,天顺七年五月甲寅。
⑥ 吴晗辑:《朝鲜李朝实录中的中国史料》,第171—172页;《太宗大王实录》卷3,太宗二年四月、丁巳、戊辰。
⑦ 蒋秀松:《杨木答兀事件述评》,《学习与探索》1983年第3期,第134—138页。

的千户,永乐二十一年(1423)左右率众叛逃。①宣德元年(1426),辽东三万卫军士张显追述了杨木答兀叛逃事件:

> 开原城中虏寇杨木答兀等同寄住鞑官谋叛,都指挥王雄等不率兵追捕,纵其剽掠。辽海卫千户孙茂、巡检奴奴等忿怒,躬率敢死军士与虏拒,遂夺东门。茂复力战中矢死,贼引遁。使无茂等奋勇击贼,则开原城为其屠矣。②

据此可知,杨木答兀集团在叛逃之际曾剽掠开原城,并在杀死奋力抗击的辽海卫千户孙茂等人后叛逃。③杨木答兀集团裹挟了不少辽东人,据河内良弘统计,被朝鲜遣返的被裹挟人口为730名。④

更多的辽东人选择了逃亡。朝鲜是辽东人逃亡的重要目的地之一。《李朝实录》载,永乐七年(1409),朝鲜"西北面都巡问使启辽东漫散军处置事宜。启曰:'辽东军人相继而来,处之如何?'议政府以为,如来者数少且犯夜越江,则纳之;如成群,则御之,使不得渡江。"⑤又载,永乐十年(1412),"辽东人李哲、金禾(按:原文作'木',据《李朝实录》改)等,率父母妻子弟侄共十二口到昌城境内,曰:'困于鞑靼之戍,且被土官侵渔。又七月霜降,生理甚难,亡命而来。'"⑥综合上述两条史料可知,辽东人大量

---

① 考朝鲜《李朝实录》,永乐二十一年四月,猛哥帖木儿遣人通报统治朝鲜庆源府官员:"我指挥(按:即猛哥帖木儿)蒙圣旨,许令复还阿木河地面以居","又开阳(按:即开原)恒居女真杨木答兀,因自中之乱,未得安住","欲居于古庆源。"由此可知,杨木答兀叛逃事件发生在永乐二十一年左右。吴晗辑:《朝鲜李朝实录中的中国史料》,第303—304页;《世宗大王实录》卷20,世宗五年四月乙亥。
② 《明宣宗实录》卷13,宣德元年正月癸亥,370页。
③ 与笔者认为杨木答兀在开原城中劫掠之后叛逃不同,蒋秀松认为杨木答兀自外部"率部众进攻开原,攻下开原东门"。蒋秀松:《杨木答兀事件述评》,《学习与探索》1983年第3期,第35页。
④ 河内良弘:《楊木答兀の事件について》,载河内良弘:《明代女真史の研究》,第112页。
⑤ 吴晗辑:《朝鲜李朝实录中的中国史料》,第240页;《太宗大王实录》卷18,太宗九年十一月戊寅。
⑥ 吴晗辑:《朝鲜李朝实录中的中国史料》,第254页;《太宗大王实录》卷24,太宗十二年十月戊辰。

逃往朝鲜,主要是因为军役繁重和卫所武官贪腐。

在明廷的干预下,部分逃往朝鲜的人口被遣返辽东。如建文四年(1402),林八剌失里等人被押回辽东;永乐元年(1403),朝鲜官员将"起解送漫散逃来军民并家小总数开具奏本。散漫官军民总计一万三千六百四十一名,见解男女一万九百二十名,在逃二千二百二十五名,病故四百九十六名"。① 然而,朝鲜方面无意将辽东逃人全部遣返。李朝太宗言:"逃军何必枚(按:原文作'杖',据《李朝实录》改)举而与之乎? 宜以录名者与之。"②

逃往辽东都司之外的东北边疆亦是辽东人逃离卫所体制的重要途径。永乐十五年(1417),宦官张信率领辽东官军赴长白山地区建造白头山寺。张信在安抚女真人的木牌上刻有招谕辽东历年逃亡人口的内容:

> 倘有辽东递年各卫逃军,潜住山林,有能悔过,自行赴官出首者,不问远近年分,与免本罪,给予粮赏,带回着役。的示不虚。③

《明英宗实录》载:

> (正统八年)锦衣卫指挥佥事吴良奏:"臣奉命使海西,见女直野人家多中国人,驱使耕作。询之,有为虏去者,有避差操、罪犯逃窜者。久陷胡地,无不怀乡。为其关防严密,不得出。或畏罪责,不敢还。情深可悯。④

上引《明英宗实录》"久陷胡地",表明吴良出使海西地区时看到的辽东人

---

① 吴晗辑:《朝鲜李朝实录中的中国史料》,第179、183页;《太宗大王实录》卷4,太宗四二年十二月壬申;同书卷5,太宗三年三月己亥。
② 吴晗辑:《朝鲜李朝实录中的中国史料》,第182页;《太宗大王实录》卷5,太宗三年二月丁卯。
③ 吴晗辑:《朝鲜李朝实录中的中国史料》,第270页;《太宗大王实录》33,太宗十七年四月辛未。
④ 《明英宗实录》卷103,正统八年四月己酉。

在很久之前就已经流落到那里了。

部分辽东人由海路或陆路逃往内地。《明英宗实录》载：

> （正统三年）巡按山东监察御史李纯言："（前略）辽东军士往往携家属，潜从登州府运船，越海道逃还原籍。而守把官军受私故纵，乞严加禁约。（中略）各卫所官吏多有受嘱，将见伍精壮军士诡称逃亡、疾废，放免还乡，却发册原籍勾丁代役。乞敕山海关郎中等官审验，如果老疾方许出关，否则究问。"（中略）事下行在兵部覆奏，从之。①

可见，试图逃离卫所体制的辽东人往往携带家属由海路经山东半岛逃往内地。同时，部分军士买通卫所官吏后由山海关逃往内地。

另有部分辽东人逃往辽东半岛附近的海岛。《明宣宗实录》载：

> （宣德九年）辽东总兵官都督佥事巫凯奏，逃军及家属多聚万滩等岛，欲遣都指挥夏通率兵招捕。上从之，仍命凯戒饬官军，毋妄肆诛戮。②

据《全辽志》，万滩岛在复州卫城东面的黄海之中。③上文"多聚万滩等岛"，表明逃到海岛上的军士及其家属的数目不容低估。

除了逃离辽东都司之外，投靠已拥有大量地产的官籍户族及富裕的军籍户族也成为贫弱军丁的选择。④这些贫弱军丁虽然仍然留在辽东境内，却同样脱离了卫所体制。因为他们不再承担国家分派的征戍、屯田与徭役等职责。在此，笔者无意否认卫所武官凭借权势私役军丁的事实，仅试图说明，在当时的历史情境中同样存在军丁主动投靠官籍户族及富裕的军籍户族的情况。

---

① 《明英宗实录》卷47，正统三年十月辛未。
② 《明宣宗实录》卷108，宣德九年正月戊午。
③ 嘉靖四十四年《全辽志》卷1《山川志》，第28页上。
④ 关于卫所武官成为地主的问题，详见后文。

随着大量辽东人脱离卫所体制,明廷掌控的军籍人口大幅减少。《明宣宗实录》载:"(宣德八年),海州卫官军旧有定数,今阅教场全废操练,守门者止二三人,守山海关者仅五六人。又南海口旧置官军一百三十人,今存者惟老疾军五人。"① 正统三年(1438),辽东巡按李纯言:"卫所军士逃亡者多,其至一百户所原设旗军一百十二人者,今止存一人。"②

当为数众多的辽东人纷纷采取逃亡、依附,甚至武装叛逃等方式脱离卫所体制的时候,辽东的卫所体制就面临着崩溃的危机。为了应对包括辽东卫所体制危机在内的政治危机与社会危机,明廷不得不改变了积极进取的边疆政策。自宣德末年起,明廷正式终止了奴儿干招抚及松花江造船、运粮等事务。与此相应,针对卫所体制的弊端,明廷亦不断采取改革措施。辽东都司的卫所体制改革并不是在某一个特定的时间,由某一个特定的人一手操办的,而是经历了一个循序渐进的演化过程。这个历史过程的滥觞可以追溯到洪武末年,但其最为关键的变革则发生在明英宗即位以后。

二、文官体系的介入

在明初辽东的卫所体制中,最高长官是都指挥使,其下属是指挥使、千户、百户等卫所系统的武官;文职官员仅有掌管马政的太仆寺少卿,及官阶仅为从七品、从八品的经历、知事。③ 这些文职官员无法对卫所武官构成制约,因此建立、完善制衡武官的文官体系成为卫所体制变革的重要内容。

卫所体制中的文官体系是正统年间形成的,但其渊源可以追溯到洪武二十九年(1396)。这一年,明廷在山东按察分司济川、胶西二道之外

---

① 《明宣宗实录》卷107,宣德八年十一月庚午。
② 《明英宗实录》卷47,正统三年十月辛未。
③ 关于经历司经历与知事,参见张金奎:《明代卫所经历司制度浅析》,《故宫博物院刊》2007年第2期,第118—119页。

增设辽海东宁道,监察辽东都司所属各卫。①杨武泉指出按察分司即分巡道制度的开端,②因此可以将洪武二十九年辽海东宁道的设置视为辽东分巡道成立的时间。③正统元年(1436),巡抚辽东左佥都御史李浚奏曰:

> 辽东都司所属,地广卫多,事冗讼繁,虽有御史按历不周。乞于山东按察司定委廉干堂上官一员,分按辽海东宁道,庶边务悉举,讼狱无淹。从之。④

由于辽东只有都司并无按察司,因此辽东的监察官通常寄衔山东。与下文将要提到的辽东巡按例称山东巡按监察御史相似,辽东分巡道例称山东按察佥事。同时,上引史料容易引起辽海东宁道设置于正统元年的误解。不过,宣德七年(1432),恳请明廷免除广宁前屯卫、广宁卫军士除"哨守"之外"其余差役"的山东按察佥事李场,⑤就是负责辽海东宁道的官员。宣德年间,明廷在给辽东巡按王琏的敕书中也明确指出王琏要"同辽东都司、山东按察司及镇守总兵官,廉察所辖军职臧否"。⑥这里的"山东按察司"指的也是辽海东宁道。

最初辽东分巡道主管辽东的监察工作,在永乐年间辽东巡按设立后,其监察权转移到辽东巡按手中。不过,上文提到的辽东巡按王琏的事例表明,至宣德年间分巡道仍是协助辽东巡按、辽东都司都指挥使与辽东总兵共同负责监察工作的重要官员。以后,分巡道的监察权逐渐被削夺。

宣德七年李场的奏报显示,分巡道还具有协管屯田与军粮的权力。

---

① 《明太祖实录》卷221,洪武二十五年九月乙酉;同书卷247,洪武二十九年九月甲寅。
② 杨武泉:《明清守、巡道制考辨》,《中国史研究》1992年第1期,第4页。
③ 与笔者不同,张士尊认为辽东分巡道设于正统元年。参见张士尊:《明代辽东都司与山东行省关系论析》,第32页。
④ 《明英宗实录》卷17,正统元年五月戊辰。
⑤ 《明宣宗实录》卷90,宣德七年五月辛未。
⑥ 《明宣宗实录》卷68,宣德五年七月丙寅。

> 山东按察佥事李场奏：广宁前屯卫及新设宁远卫军士缺食，无牛耕种，乞运粮赈济。且乞哨守外免其余差役，优恤之。又乞敕辽东都司，于附近卫所官军之家畜牛多者，暂令借耕，俟官牛至日，还之。时已命行在户部于永平府运粮一万石给宁远、广宁二卫，余皆从所奏。①

此外，正统元年（1436），辽东巡抚李浚奏疏中的"讼狱无淹"，表明分巡道还兼理讼狱。

需要强调的是，分巡道协管屯田、军粮，兼理讼狱，并不是职权的扩张，而是在监察权被侵夺过程中的职能转移。

《辽东志》记述了分巡道管辖范围的变化：

> 辽东疆域，当禹贡冀青之交。（中略）以青齐一海之限，属之山东。岁分藩、臬佐贰各一员巡守其地，董治兵粮，诚万万年保边之计也。始布政分司在广宁，按察分司在辽阳。成化己巳（按：成化无己巳，应为乙巳），守臣以辽阳有巡按御史，广宁有管粮郎中，奏移布政司于辽阳，仍理粮储，按察司于广宁始专刑狱。今之辽海东宁道是也。②

据此可知，最初辽东分巡道的管理范围是整个辽东。正统三年（1438），分守道设立后，③分巡道的管理范围收缩，只负责都司东部的屯田、诉狱等事务。自成化二十一年（1485）起，分巡道与分守道调换辖区，分巡道负责河西地区，分守道负责都司东部。由于广宁设有管粮郎中，调整辖区后分巡道协管屯田、军粮的职能被取消，开始专门负责司法事务。

永乐年间，辽东巡按的设置是文官介入卫所体制的重要环节。洪武

---

① 《明宣宗实录》卷90，宣德七年五月辛未。
② 张鼐：《辽海东宁道题名记》，载嘉靖十六年《辽东志》卷2《建置志》，第9页上。
③ 嘉靖十六年《辽东志》卷5《官师志》，第16页上。

年间，明廷虽然曾经派遣巡按御史出巡，但"既不普遍，也不定时"。永乐元年(1403)，巡按御史制度成为定制。①辽东的巡按御史设立于永乐年间，②其具体年份无考。据笔者管见，现存史料中有关辽东巡按的最早记载如下：

> （永乐十三年）巡按山东监察御史贾节言："辽东定辽等卫山水泛溢，淹没田一千八百七十余顷，请蠲税，从之。③

需要说明的是，明代的辽东都司与山东布政司皆为都察院山东道的监察区，因此辽东巡按与山东巡按的监察范围虽各不相同，其正式官职却皆为"巡按山东监察御史"。④参照《辽东志》可知，上引史料中的贾节为辽东都司的第七任巡按御史。⑤由此可推断，辽东巡按设立于永乐初年。

巡按的职能主要是监察地方官员、审理刑狱。此外，"诸祭祀坛场，省其墙宇祭器。存恤孤老，巡视仓库，查算钱粮，勉励学校，表扬善类，剪除豪蠹"⑥等皆在其职权范围之内。辽东巡按的职责与上述记载大体相同，但在兼管学政方面与州县体制下的巡按御史有所差异。《辽东志》云："各处专敕提学，辽东则巡按兼督学政。"⑦参照辽东生员赴山东乡试成为定制在正统十二年(1447)可知，⑧辽东巡按获得兼管学政的权力是正统年间

---

① 王世华：《略论明代御史巡按制度》，《历史研究》1990年第6期，第70、71页。
② 嘉靖四十四年《全辽志》卷3《职官志》，第2页下。
③ 《明太宗实录》卷171，永乐十三年十二月壬申。此条史料可以证明，明代的屯田子粒存在蠲免的情况。与笔者的观点不同，王毓铨认为，明代的屯田子粒"不论歉收或无收，都得赔纳足额"。王毓铨：《明代的屯田》，第268页。
④ 荷见守义：《明代巡按山東観察御史の基礎の考察》，《人文研纪要》第72号，2011年，第127页。
⑤ 嘉靖十六年《辽东志》卷5《官师志》，第8页下。
⑥ 张廷玉等：《明史》卷73《职官二》，第6册，第1768—1769页。
⑦ 嘉靖十六年《辽东志》卷5《官师志》，第8页上。辽东都司的上述情况与直隶体制相同。辽东生员徐潮曰："辽东学校见属巡按管理，与直隶提学事体相同。"夏言：《南宫奏稿》卷1《改便科举以顺人情疏》，"景印文渊阁四库全书"，台北：台湾商务印书馆，1986年，第429册，第415页。
⑧ 详见后文。

的事。

永乐、宣德年间，辽东巡按作为辽东社会最具影响力的文官对卫所武官形成了一定的制约作用。不过，综合宣德年间明廷要求辽东巡按王琎"同辽东都司、山东按察司及镇守总兵官，廉察所辖军职臧否"，并斥责"琎违命专擅"，[①]可知当时辽东巡按的监察权受到都指挥使、总兵官及分巡道的制约。

《明宣德实录》载：

（宣德五年）黜监察御史王琎为吏。初琎巡按辽东（中略），召人告讦，多所诬枉。又多挟私从驰驿马。事闻，命行在都察院鞫之，论杖一百，运砖赎罪还职。上曰："挟势作威，以枉为直，岂可复任御史！其谪边卫充吏。"[②]

（宣德八年）复行在湖广监察御史王琎官。琎尝奉命往辽东，建置烟墩屯堡，刻酷虐人及纵从人擅骑驿马。事觉，发充军吏。至是，辽东军士有言其能锄奸暴者，遂召复御史。[③]

可见，当时辽东巡按虽然能够凭借监察权及掌管刑狱的权力铲除"奸暴者"，却也有可能因此付出"谪边卫充吏"的沉重代价。

辽东巡抚的设立是辽东都司卫所体制变革的关键环节。明代巡抚制度的滥觞可以追溯到洪武二十四年（1391）明太祖派遣皇太子巡抚陕西，但洪武、永乐时期的巡抚皆为临时性的差遣，未成定制。宣宗登基之后的洪熙元年（1425）八月，长期专抚一地的巡抚制度才得以确立。[④]

英宗即位后的宣德十年（1435）十二月，李浚成为第一任辽东巡抚。[⑤]《明英宗实录》载：

---

① 《明宣宗实录》卷68，宣德五年七月丙寅。
② 同上。
③ 《明宣宗实录》卷106，宣德八年九月丙午。
④ 方志远：《明代的巡抚制度》，《中国史研究》1988年第3期，第87页。
⑤ 《明英宗实录》卷12，宣德十年十二月丁未。

（正统八年）命监察御史李纯巡抚辽东。赐敕曰："（中略）今特命尔代（李）浚（按：前任辽东巡抚），总督屯粮，比较子粒，提调仓场，收支粮草。务在区画得宜，尤在敷宣德意，扶植良善。遇有官吏酷害、私役、占种等事，除军职具奏，其余就行拿问。若内外势要侵欺、盗卖、沮挠者，审实奏闻。①

可见，辽东巡抚的职责是"总督屯粮，比较子粒，提调仓场，收支粮草"，遏制辽东武官"酷害、私役、占种"等弊端。不过，当时的辽东巡抚还没有提督军务的职衔。

正统七年（1442），王翱成为辽东第一位拥有"提督军务"头衔的巡抚。当时由于辽东"边备废弛，胡虏数入"，明廷派遣"都察院右佥都御史王翱，往辽东提督军务"。②据《辽东志》，王翱赴任后，"总兵以下庭谒，翱诘其失机之由，命左右悉曳出斩之。诸将哀请，得生。于是，三军股栗，无不用命"。③

辽东巡抚拥有了"提督军务"的头衔后实际上成为辽东的最高长官。那么，"提督军务"都包括哪些权力呢？正统九年（1444），辽东巡抚王翱的敕书是理解这个问题的重要史料，在此不烦赘引：

一应军务悉听尔便宜处置。事干总兵、镇守官者，仍公同商榷而行。务要正己率属，凡事必求公当，以图万全。庶几贼寇震慑，边境肃清，以副委任。所有合行事宜，开具于后。

一选任将士，务在得人。尔同总官兵于各卫所都指挥、指挥、千百户内，选拔勇敢惯战者，各领精兵听调。有能斩获贼徒者，即论功升赏。如有临阵退缩、失机误事、不遵号令、透漏军机者，斩首号令。

---

① 《明英宗实录》卷108，正统八年九月戊寅。黄彰健云："常命副都御史，广本、抱本常作尝，是也。"笔者据此改"常"为"尝"。黄彰健：《明英宗实录校勘记》，第312页。
② 《明英宗实录》卷98，正统七年十一月乙丑。
③ 嘉靖十六年《辽东志》卷5《官师志》，第36页上。

一抚养将士必求实用,但有畏惧征操、投托势要、隐身不出者,尔即拿问明白。官削其职,发辽东极边立功;军发极边哨瞭。但有逃避,皆处死(中略)。

　　一各卫所官内有才干善抚军士者,令管卫所及屯田事。果无其人,听尔于别卫所调用。其软弱老疾不堪任事者,令其带俸守城,贪暴玩法、废弛军务者,轻则降官,重则枷钉解京处治。

　　一各卫所军士有奸诈强横、胁制官府、教唆词讼、陷害良善者,即便拿问,打一百,全家发辽东极边守墩、哨瞭。但逃,处死(中略)。

　　一各卫所军士及土达官军,须加意优恤,不许纵容头目及跟官之人,剥削虐害。敢有违者,尔即便拿问。①

可见,"提督军务"的实际内涵颇为广泛,不但包括军政事务的决策权,而且包括营兵系统与卫所系统武官的荐举权和处置权。此外,巡抚还可以在必要时,处死违反军纪、国法的武官或军士。

上引史料还提到巡抚在"事干总兵、镇守官者,仍公同商榷而行",可见巡抚实际上成为辽东的最高长官后,总兵官和镇守太监在辽东军政事务中仍然占有比较重要的地位,而掌印都指挥等辽东都司官员已经沦为次要角色。

辽东巡抚获得提督军务的权力是卫所体制变革的标志性事件。至此,辽东的巡抚、巡按、分巡道与分守道形成了制衡武官权力的文官体系。成化十三年(1477),明廷在辽东设置了管理粮储的户部郎中,②文官体系进一步完善,分守道、分巡道等文职官员的职能与辖区也作出了相应的调整。③

---

① 《明英宗实录》卷118,正统九年七月丁卯。
② 据《辽东志》,分守道设置于正统三年。《全辽志》云:"成化丁酉,始专敕户部郎中一员总理之。"嘉靖十六年《辽东志》卷5《官师志》,第16页上。嘉靖四十四年《全辽志》卷5《艺文志》,第16页下。
③ 参见前文。

文官体系形成后,文职官员逐渐将他们的权力向基层社会渗透。正统十二年,辽东巡抚奏曰:

> 辽东都司所属二十五卫见在仓库所贮金帛、货物,不下九百余万,俱是各卫镇抚等官收掌,恣肆侵欺。乞添除山东按察司副使一员,提督出纳。又各卫往来客商众多,虽有岁办课钞,收纳十无二三。又各卫总五城,宜分设税课司五所于各城,以理其税。①

《明英宗实录》载:

> (正统十二年)改辽东都司辽阳税课司隶山东布政司,设广宁等五卫税课司,置大使各一员。设定辽左等二十五卫库,置大使副使各一员。俱隶山东布政司,从巡抚右副都御史李纯奏请也。②

据此可知,辽东都司的5个税课司和25个卫所的仓库本来归各卫镇抚指挥等官员管理。在辽东巡抚李纯的建议下,明廷将原来隶属于辽东都司的上述机构,改"隶山东布政司"。所谓"隶山东布政司"并不是改变上述机构的所有权,而是改变其管理权,即将本来由辽东都司及所属卫所武官管理的上述机构,转交"寄衔"于山东布、按二司的分守道、分巡道监管。③由于25卫仓库与广宁等5座城市的税课司都是与基层社会的日常

---

① 《明英宗实录》卷158,正统十二年九月乙卯。
② 《明英宗实录》卷159,正统十二年十月辛巳。
③ 《明史》云:"两京不设布、按二司,故督学以御史。后置守、巡诸员,无所属,则寄衔于邻近省布、按司官。"辽东都司与南、北两直隶的情况类似,其分守道、分巡道、兵备道、管粮通判、抚民通判皆寄衔于山东布、按二司。关于分守道、分巡道、兵备道,参见张士尊:《明代辽东都司与山东行省关系论析》,第32—34页。关于管粮通判、抚民通判,《四镇三关志》载:"辽阳管粮通判,弘治初年设,山东济南府列衔。""广宁管粮通判,弘治初年设,山东济南府列衔。""嘉靖四十三年,巡抚王之诰请设海盖抚民通判一员,山东济南府列衔。"需要补充的是,张士尊将辽东都司文职官员"寄衔"于山东的现象进一步细分为"寄衔""寄职""寄禄"三种,而本文沿用《明史》的观点皆以"寄衔"视之。张廷玉等:《明史》卷75《职官四》,第6册,第1845页;刘效祖:《四镇三关志》卷8《职官考》,第456页。

生活密切相关的机构,因而随着上述机构的管理权转移到文官手中,文官体系的权力就渗透到了卫所体制下的基层社会。

文职官员还通过答应官将其权力向基层社会渗透,嘉靖年间,分守道张邦土云:

> 专任所官以便催办。查得两院并户部及各守道衙门答应官员,或赍奏文册,或差委公干,皆当用,事不可已。但旧以千百户官充之,亦以其官卑事简,可以借用。殊不知卫中事务,勾补、追征,全赖此辈,盖稔知所管人户众寡、贫富,人不能欺,如州县之里甲然,自不可缺。近年求充答应之官,而以旗、舍代之,或委别所官、旗兼代数印。卫官以上司之故,不敢再求,各官倚上司之势,不肯干济。旗、舍以卑冗之役,人不畏服,兼官以隔别之远,事难就叙。以故逃故之军多不补,差、粮之征多不完,百事废弛,职诸此也。①

据此可知,逃故之军的勾补,差役、屯粮的追征,皆由以巡抚为首的文职官员派遣答应官负责具体操作。巡抚、巡按、户部郎中、分守道和分巡道的答应官员,最初由本卫千户、百户担任,其后改由本卫总旗、小旗、舍人或别卫武官担任。张邦土认为,本卫千户、百户类似州县体制下的里甲,熟悉地方事务,"人不能欺",本卫总旗、小旗、舍人为"卑冗之役,人不畏服",而别卫武官"以隔别之远,事难就叙"。因此,本卫总旗、小旗、舍人及别卫武官充任巡抚等文职官员的答应官后,造成了"逃故之军多不补,差、粮之征多不完,百事废弛"的局面。

张邦土将"百事废弛"皆归因于巡抚等文职官员弃用本卫千户、百户充当答应官略嫌片面。在笔者看来,巡抚等文职官员这样做的目的,是削弱本卫千户、百户等卫所武官在基层社会的权力,从而使文官体系的权力更有效地向基层社会渗透。

---

① 嘉靖四十四年《全辽志》卷5《艺文志上》,第53页上。

三、营兵制的形成与卫所的去军事化

卫所的去军事化是卫所体制改革的重要组成部分。由于营兵制的形成与卫所的去军事化是关联紧密的制度性变化,下面首先讨论辽东营兵制的形成。

马军与步军分别按队编制是营兵制的重要特征之一。因此,辽东的营兵制虽然在正统年间才逐渐取代卫所兵制,但其源头却可以追溯到洪武末年。[1]《明太祖实录》载:

> (洪武二十二年)诏北平都指挥使司以真定、山海、密云、永平、蓟州、遵化诸卫及居庸关千户所,马军各编队伍操练。又于步军内简壮勇堪充马军者,令赴京给马。[2]

据此可知,洪武二十二年(1389),明廷率先在北平都司的真定、山海、密云、永平、蓟州、遵化诸卫以及居庸关千户所进行军事改革,令上述卫所的马军与步军分离,而且马军已经开始采用按队编制的组织形式。

洪武三十年(1397),明廷开始在包括辽东在内的各都司、行都司推广上述的军事改革:

> 自今其令都司、行都司简阅步卒、骑兵,或三万或二万,常兼数万步卒。而骑兵每五百以一将领之,五百分为五队,每队领以一战将。

---

[1] 关于营兵制,吴晗虽然没有明确提出这个概念,但已经探讨了营兵制的形成及其武官指挥系统。罗尔纲和王莉对这个问题进行了更为深入的研究。需要指出的是,前者使用镇戍制来概括明朝镇戍"边塞、沿海及西南少数民族地区"要害之地的军事制度,后者则认为"从其建置情况看,称为营兵制更为妥当,也更能说明其与卫所的区别"。吴晗:《明代的军兵》,载北京市历史学会编:《吴晗史学论著选集》,第2册,第219—220页;罗尔纲:《绿营兵志》,北京:中华书局,1984年,第13页;王莉:《明代营兵制初探》,《北京师范大学学报》1991年第2期,第86页。

[2] 《明太祖实录》卷197,洪武二十二年八月己丑。

而五将咸听一将之令,往来折冲,以摧贼阵。步兵亦如骑兵之法,选将领之。①

据此可知,辽东都司如同其他都司、行都司一样,开始将马军与步军分别编队。每100人组成1队,每500人组成更高一级的作战单位。这与以112人为一个百户所,1 120人为一千户所的卫所兵制颇为不同。②《辽东志》所载"马队额军五万二千二百八十二名,步队额军三万七千四百九十五名",③即是洪武末年马、步分离,按队编制的原额军士。

永乐年间,营兵制得到进一步的发展。明成祖登基之初,辽东都司的防御形势严峻:一方面,靖难期间,大宁都司内迁,辽东都司的北部失去了屏障,时常遭到兀良哈三卫的劫掠;另一方面,自元末起活动于中国、朝鲜沿海的倭寇时常劫掠辽东。为了抵御兀良哈与倭寇的侵扰,朱棣于建文四年(1402)在辽东设立了镇守总兵官,命刘贞任辽东总兵,节制都司所属各卫军马。④同时还设置了最早的营兵系统的中级武职广宁备御都指挥。⑤

镇守总兵官的出现是营兵制形成的重要事件,但营兵制取代卫所兵制并非一蹴而就。《明宣宗实录》载:

(宣德九年)辽东总兵官,都督佥事巫凯奏:"奉敕欲以定辽左等

---

① 《明太祖实录》卷252,洪武三十年四月辛卯。
② 肖立军明确指出了这种新型编制对京师与北边地区营兵制形成的影响。肖立军:《明代省镇营兵制与地方秩序》,第275页。
③ 嘉靖十六年《辽东志》卷3《兵食志》,第1页上。
④ 《明太宗实录》卷11,洪武三十五年八月壬子。松本隆晴认为,明代的总兵官可分为"征讨""镇守""漕运"三种,这三种总兵官在洪武年间即已出现;荷见守义认为洪武时期辽东都司的总兵官皆为"征讨总兵官";张士尊指出,辽东都司的镇守总兵官制度形成于永乐初年。松本隆晴:《明初の總兵官》,载《明代史研究會創立三十五年記念論集》,东京:汲古书店,2003年,第37—58页;荷见守义:《明朝遼東總兵官考》,《人文研纪要》第68号,2010年,第167页;张士尊:《明代辽东都司军政管理体制及其变迁》,第72页。
⑤ 《明太宗实录》卷204,永乐十六年九月甲子。黄彰健:"广宁备,广本抱本备下有御字,是也。"引文据此增"御"字。黄彰健:《明太宗实录校勘记》,第731页。

卫官军见在广宁操备者，皆还原卫屯种，及各官家属人等所种田地皆纳粮如例，命臣等议可否。臣等窃思广宁操备官军不时调用，难以遣归屯种（后略）"。上从凯言。①

按照卫所制度的规定，战事结束后，官军需要返回原属卫所。宣德九年（1434），明廷试图遣返此前调至广宁操备的定辽左卫等卫所官军，这表明辽东兵制尚处于从卫所兵制向营兵制过渡的阶段。在辽东总兵巫凯的坚持下，上述官军仍然留在广宁。这显示至少在宣德年间，征调辽东各卫官军到广宁城操备成为常态，这些官军实际上组成了一支常备军。

广宁操备的各卫所官军之所以迟迟不能返回原属卫所，是因为征戍任务十分频繁。《辽东志》载：

（巫凯）功升辽东都指挥使。后率兵扈驾北征者三，累蒙赏赉。秋冬驻广宁防胡，春夏驻金州备倭。②

考《明太宗实录》，巫凯于永乐元年（1403）"升都指挥使，调辽东都司"，宣德元年（1426）"升都督佥事，佩征虏前将军印，充总兵官镇守边东"。③同时，永乐年间，巫凯还兼任营兵系统的武职广宁备御都指挥。④上引《辽东志》反映了巫凯率领广宁常备军在永乐、宣德年间的征戍情况，即不但多次参与北征沙漠的行动，而且留守辽东期间，秋冬驻守广宁防备蒙古人劫夺、春夏驻守金州防止倭寇肆虐。

镇守总兵官及备御都指挥等官职的设立与由各卫所抽调军士组成的

---

① 《明宣宗实录》卷115，宣德九年十二月乙丑。
② 嘉靖十六年《辽东志》卷5《官师志》，第39页下。
③ 《明太宗实录》卷49，正统三年十二月丁卯。
④ 《明太宗实录》卷204，永乐十六年九月甲子。黄彰健："广宁备，广本抱本备下有御字，是也。"引文据此增"御"字。黄彰健：《明太宗实录校勘记》，第731页。

常备兵的形成,标志着辽东营兵制的雏形在永乐年间已经形成。① 然而,参照广宁的常备军原则上仍需返回原属卫所,辽东都指挥使巫凯、王真、周兴先后兼任广宁备御,② 可知永乐时期的营兵制仍处于卫所兵制向营兵制转化的过渡阶段。

正统年间,营兵制开始在与卫所兵制的共存状态中取得了优势地位。《明英宗实录》载：

> (正统五年)命广宁中屯卫指挥佥事管安守备广宁前屯卫。先是,辽东都司署都指挥佥事毕恭守备。至是,命恭还司,故以安代之。③

守备与前文提到的备御类似,是以镇守总兵官为首的营兵系统的官职。④ 正统五年(1440),明廷命此前守备广宁前屯卫的辽东都司都指挥毕恭返回都司衙门,表明辽东都司的都指挥使已被排除在辽西地区的营兵系统之外了。

不过,此时都司东部推行的仍然是卫所兵制。《明英宗实录》载,正统六年(1441),"命辽东都司都指挥佥事王祥掌司事,兼督操都司在城军马"。⑤

---

① 肖立军指出：营兵制形成的前提"就是要设立总兵等镇戍将领,然后从卫所抽调军队,组建营兵,并按部司队伍编制组织起来"。肖立军:《明代省镇营兵制与地方秩序》,第273—274页。永乐年间,辽东都司不止在广宁设有备御都指挥。张士尊指出,辽东镇守总兵官设立以后,承担镇戍职责的卫所高级武官开始"脱离卫所,自成系统",其中被派往战略要地的都指挥一级的官员"称为备御某某地方"。他对《明太宗实录》中的相关史料进行了统计,指出自洪武三十五年至永乐二十二年,明廷共任命五十四人担任都指挥使,他们的使命"均在于各城堡的防御"。张士尊:《明代辽东都司军政管理体制及其变迁》,第72—73页。
② 关于巫凯,参见前文。参照《明永乐重修辽阳城西广佑寺宝塔记》可知,《明太宗实录》提到广宁备御都指挥王真、周兴的官职皆为辽东都司都指挥使。《明太宗实录》卷49,正统三年十二月丁卯。未著撰者:《明永乐重修辽阳城西广佑寺宝塔记》,载邹宝库辑注:《辽阳金石录》,第10页。
③ 《明英宗实录》卷64,正统五年二月庚寅。
④ 《四镇三关志》载:"分守锦义参将。国初设守备一员,成化初改参将,分守锦、义二城堡地方。""分守宁远参将,国初设守备一员,嘉靖二十六年改为参将分守宁远城堡地方。"可见,守备与参将是一脉相承的营兵系统的官职。刘效祖:《四镇三关志》卷8《职官考》,第489页。
⑤ 《明英宗实录》卷85,正统六年十一月己酉。

《明英宗实录》载:

（天顺三年）命辽东右参将都督佥事刘端,春夏暂往辽东都司提调操备,秋冬仍回广宁听调。①

《全辽志》载:

驻扎辽阳副总兵。天顺壬午始设参将分守,成化初年改分守辽阳副总兵。统领在城定辽左、右、中、前、后、东宁并海、盖、沈阳共九卫,瑷阳等城堡四十四处。②

据此可见,至迟在成化初年,辽东都司的军权被彻底剥夺,辽东的卫所兵制就此寿终正寝。③

与营兵制的确立相辅相成的是卫所的去军事化。营兵制确立之后,辽东官军与原属卫所分离,卫所本身不再具有军事性质,逐渐演变成去军事化的行政机构。与此相应,辽东武官自此分化为负责军事任务的镇戍武官与承担行政职务的卫所武官。此后,镇戍武官离开卫籍所在的卫所前往镇戍区任职,其原属卫所的事务不在其职权范围之内。正统年间的《明镇国将军都指挥同知李贵墓志》云：

祖（李）福（中略）升怀庆卫指挥同知。福故,公厥父讳良,袭其荫而绳其武也。永乐中,注调定辽左卫管事。正统庚申岁,良老,公袭父爵而仍官于辽。（中略）辽之镇守、总戎、都宪以开原为东藩重地,三面环夷,必得良将以弹压之,非武勇兼人不足以胜其任。简公守御开原、抚顺等城。④

---

① 《明英宗实录》卷300,天顺三年二月甲寅。
② 嘉靖四十四年《全辽志》卷3《职官志》,第13页上。
③ 关于营兵制在明代中后期的进一步发展,参见肖立军:《明代省镇营兵制与地方秩序》,第279—288页。
④ 未著撰者:《明镇国将军都指挥同知李贵墓志》,载邹宝库辑注:《辽阳金石录》,第16页。

据此可见，李贵的卫籍是定辽左卫，其当时的官衔为定辽左卫指挥使，官职为守御开原、抚顺等城。任职期间，李贵离开卫治设在辽阳的定辽左卫以及住在辽阳的家人，前往开原、抚顺等地方常驻。其间，身在异地承担军事任务的李贵与定辽左卫的行政事务没有任何关系。此外，参照李贵葬于辽阳与李贵家族的姻亲皆为辽阳城的官籍户族，①可知李贵家族并未迁离辽阳，李贵在镇戍武官的任期结束后仍然回到了他卫籍所在的定辽右卫。

正统八年（1443）的《明镇国将军都指挥同知文广墓志》载：

> 永乐十七年五月内，袭考（文）安职得指挥使，任定辽前卫。在官莅事日久，绰有能声。正统七年五月，奉钦升为辽东都指挥佥事，备御宁远卫。②

据此，文广的卫籍是定辽前卫，他承袭该卫指挥使后，长期在卫所管理地方行政事务，且表现出一定的才干。正统七年（1442），他晋升为都指挥佥士后被调离卫所系统，离开定辽前卫卫治所在地辽阳，前往宁远担任营兵系统的官职备御。担任宁远备御期间，他与原属卫所的地方行政事务没有任何关系。参照文广阵亡后归葬辽阳，与其"女弟禧贵适定辽中卫千户董源"，③可知文广家族始终在辽阳居住。

此外，正德年间曾参加平定刘六、刘七之变的东宁卫指挥刘晖之父刘政，曾"以父荫受副千户职，橄操开原"。④刘政在开原担任镇戍武官期间，也与卫治设于辽阳的东宁卫的地方行政事务没有任何关系。同时，据刘晖之母的墓志铭在辽阳出土可知，东宁卫的刘氏家族也没有迁出辽阳城。⑤

---

① 未著撰者：《明镇国将军都指挥同知李贵墓志》，载邹宝库辑注：《辽阳金石录》，第16页。
② 未著撰者：《明镇国将军都指挥同知文广墓志》，载邹宝库辑注：《辽阳金石录》，第21页。
③ 同上。
④ 《(太恭)人刘(母花)氏(墓志)》，碑在辽阳博物馆。
⑤ 同上。

上述三个例证表明，镇戍武官的家族往往仍然留居本卫，但镇戍武官前往镇戍区任职期间，通常离开卫籍所在地，无权亦无法管理原属卫所事务。

与此同时，留在卫所系统任职的武官不再负责军事事务，变成了非常规地方行政区划的行政官员。腺补衮为宁远卫指挥使，其刻于嘉靖四十五年（1566）的墓志云：

> 嘉靖丁巳，袭授父职，司捕。载，视卫篆，练达以廉干称。戊午，辽东饥，郡人饿殍相食。公尝奉檄鞫查侵冒储备米八万石，悉举正其罪，以所侵盗米得助赈济。未几，朝廷敕御史京运，赈贷辽东米四十万斛，能设法输挽，无流滞。瘗埋饿死，诸暴露者为哀丘掩之。数断疑狱：释刘岳之罪，服张让之辜，正栾、程背盟之婚，革军伴脂韦之旧。凡数十大事。①

腺补衮最初袭职时为局捕指挥（按：又称镇抚指挥），负责治安。②后"视卫篆"，即担任掌印指挥。腺补衮的事例显示，审理刑狱、"鞫查侵冒储备米"、在饥荒期间赈济饥民、佥发差役运输救灾物资皆是辽东卫所掌印指挥的职责。

赵琳为广宁中屯卫指挥佥事，其刻于嘉靖十一年（1532）的墓志云：

> 两主屯田，三主造作、马政，事事修举。时军器料价例有羡余，邻卫同事者议欲匿之，公不可，悉输于官。当辽城，获监守人役盗米出仓，咸哀告曰："先获罪，故窃此易银以赎罪。兹难逭矣。"公命复米旧所，各杖而释之。（中略）官余三十年，笃于守正，未当（按：应作尝）侥幸干求，分外委任。而所识（按：应作职）皆钱谷事，一介不苟取，故终无负深之虞。③

---

① 齐宗道：《兴城腺补衮墓志铭》，载王晶辰主编：《辽宁碑志》，第158页。
② 局捕指挥或镇抚指挥在卫所体制改革之前还曾负责卫所的财政事务，参见前文。
③ 文贵：《锦州赵琳墓志铭》，载王晶辰主编：《辽宁碑志》，第384页。

赵琳曾经两度担任管屯指挥，其所职"皆钱谷事"与"获监守人役盗米出仓"的事例，显示他的职权范围包括管理屯务、催征子粒、管理卫仓。此外，他还三次主持军器制造和马政事务。

杨五典为东宁卫指挥，其撰于万历三十八年（1610）的墓志云：

> 由屯政而催科有法，任卫篆而百度俱新。①

据此可知，杨五典在担任管屯指挥的时候催征屯田子粒颇有办法，在担任掌印指挥的时候各种管理措施令人耳目一新。

值得注意的是，辽东各卫变成去军事化的行政机构之后，逐渐出现了武官离开本卫赴他卫管理行政事务的现象。宋国忠为定辽中卫指挥，其撰于嘉靖三十七年（1558）的墓志云：

> 迁为（定辽）左卫捕盗官，继推（定辽）后卫掌印事。民瘼事烦，（定辽）前卫为最，佥议非公不可。励精事务，无日不公座，侍御嘉其勤政之实，推之以表扬于诸卫，使不职者劝焉。又以复州濒海，海州为辽孔道，俱称难治。命公先后视篆，抑强遏恶，而吏畏民怀，论政者咸以为首□。②

据此可知，宋国忠的卫籍是定辽中卫，③袭职后调定辽左卫任捕盗官，随后成为定辽后卫的掌印指挥，因能力突出被调到"民瘼事烦"定辽前卫出任掌印指挥。此后，又被调往"俱称难治"的复州卫和海州卫担任掌印指挥。此外，前文征引的广宁中屯卫赵琳墓志"当辽城"显示，④他也曾被调到位于辽阳的某个卫所担任行政职务。

由于镇戍军士不再归卫所管理，明代辽东人往往将留在卫所的余丁

---

① 未著撰者：《明骠骑将军杨五典墓志》，载邹宝库辑注：《辽阳金石录》，第76页。
② 吴国宾：《明明威将军宋国忠墓志》，载邹宝库辑注：《辽阳金石录》，第55页。
③ 同上。
④ 文贵：《锦州赵琳墓志铭》，载王晶辰主编：《辽宁碑志》，第384页。

称为民。如撰于成化十年(1474)的定辽中卫指挥李贽的墓志云其"临民以庄,处事公正"。① 又如撰于成化十一年(1475)的东宁卫指挥田玉的墓志云:"公承职掌卫政,三十多年抚养,民庶咸化。"② 与此同时,掌印指挥往往被称作父母官。如辽东都司的理学名儒贺钦称义州卫指挥使马伯初为"一卫之父母"。③

上述情况表明,在营兵制取代卫所兵制后,兼管军政、行政的辽东卫所变成了去军事化的地方行政机构。

四、屯田的官田化

辽东的屯田官田化是卫所体制改革的重要内容。为了更好地说明这一问题,需要从屯田子粒征收则例的变化谈起。洪武年间,每份屯田征收粮15石。朱棣登基后,明廷于建文四年(1402)规定每份军屯土地征收正粮12石、余粮12石。④ 然而,屯田军士根本无法承担如此沉重的负担。永乐二十年(1422),明廷鉴于各都司卫所的屯田军士"其间多有艰难,办纳子粒不敷",下令"除自用十二石外,余粮免其一半,止纳六石"。永乐二十年减免余粮的规定应是临时性举措,因此明廷于洪熙元年(1425)再度宣布"每军减征余粮六石,共正粮一十八石"。宣德十年(1435),明廷规定"正粮子粒一十二石给军士用,不必盘粮,止征余粮六石"。洪熙元年与宣德十年的规定亦是临时措施,因此明廷于正统二年(1437)重申:"正粮免上仓,止征余粮六石。"《明会典》在记述了正统二年的相关规定后写道:"科则至是始定。"⑤

明代屯田子粒征收规则演变的两个关键问题,是免征余粮六石和"正

---

① 未著撰者:《明昭勇将军李贽墓志》,载邹宝库辑注:《辽阳金石录》,第34页。
② 未著撰者:《明镇国将军辽东都指挥佥事田玉墓志》,载邹宝库辑注:《辽阳金石录》,第35页。
③ 贺钦:《医闾先生集》卷6《简挥使马伯初》,第98页。
④ 参见前文。
⑤ 申时行等修:《明会典》卷18《户部五》,第121页。

粮免上仓"。王毓铨、李龙潜从比较积极的方面看待屯粮征收的相关变化。前者虽然认为正统二年以后实际征收的子粒高于六石，但仍然指出正统二年的科则与建文四年的科则相比所征子粒减少了一半。①后者认为"正粮免上仓"实际上避免了屯田军士自食的12石正粮被卫所监收人员盘剥。②

与上述观点相反，日本学者清水泰次沿袭孙承泽在《春明梦余录》中表述的传统观点，从比较消极的方面看待明代屯粮征收科则的变化。③《春明梦余录》云：

> 屯法之坏，一坏于余粮之免半。洪熙行宽大之政，命免余粮六石，是捐其半也。是时，大臣违道干誉，不能为经远之计。夫举天下之军藉食于屯，一旦失其半，何以足军国之需。再坏于正粮之免盘。宣德十年始下此令，正统二年率土行之。不知正粮纳官，以时给之，可以免贫军之花费，可以平四时之市价，可以操予夺之大柄。今免其交盘，则正粮为应得之物，屯产亦遂为固有之私。典卖迭出，顽钝丛生，不可收拾，端在于此。④

可见，孙承泽将免征余粮六石和"正粮免上仓"视为屯田崩溃的主要原因。

笔者在既有研究的基础上，试图将屯粮征收则例的变化置入地方社会历史情境中予以考察。按照明初的屯田制度，每名军士可以获得50亩军屯土地并向国家缴纳子粒。武官虽然没有军屯份地也无需缴纳子粒，但按照明初的法令，武官可以"垦荒田为业"。⑤王毓铨指出，明初的法令

---

① 王毓铨：《明代的军屯》，第134—135页。
② 李龙潜：《明代军屯制度的组织形式》，《历史教学》1962年第12期，第15页。
③ 清水泰次著，方纪生译：《明代军屯之崩坏》，载包遵彭主编：《明史论丛》之八《明代经济》，台北：台湾学生书局，1968年，第58页。
④ 孙承泽：《春明梦余录》卷36《户部二》之屯田，《景印文渊阁四库全书》，台北：台湾商务印书馆，1986年，第868册，第512页。
⑤ 未著撰者：《洞庭集纪》之《大明初略》，"玄览堂丛书续集"，第3册，本书无页码。

使镇守武臣得以开垦荒地,建立庄田。①

永乐二年(1404),明廷下令"舍人、余丁愿耕者,听"。②上述命令对辽东社会的军丁阶层而言几乎毫无意义。因为在永乐年间征戍、招抚等军役频繁的情况下,许多军丁阶层连既有的屯田负担都难以承受,只得纷纷逃离卫所体制的管束。不仅如此,即使少数军丁户族确实还有多余的劳动力,也不会自愿耕种军屯土地从而背上正粮12石、余粮12石的重负。然而,对于辽东都司的官籍户族而言,永乐二年的规定意义重大。因为在辽东社会中剩余劳动力最多的无疑是官籍户族,如归顺的地方豪强张良佐有"家属八十余口",③辽东都指挥王祥的家族亦"子侄森然罗列,族居八十余口",④他们完全可以凭借手中的权势和充足的人力,打着响应国家号召的幌子占有土质肥沃的军屯土地。

辽东都司的官籍户族在占有了屯田土地之后,往往并不缴纳子粒。《明英宗实录》载:

> 命监察御史李纯巡抚辽东,赐敕曰:"辽东极边,地方广阔,军马众多,粮草俱凭屯种供给。近年都司卫所官往往占种膏腴,私役军士,虚报子粒。军士饥寒切身,因而逃避。亦有管军官、旗,倚恃势强,欺虐良善,无所控诉。常(按:应为尝)命副都御史李浚往彼巡抚、整理。"⑤

如前文所述,明廷任命李浚担任辽东巡抚在宣德十年(1435),因此引文中的"近年"指涉的是永乐末年至宣德时期的情况。引文"都司卫所官往往

---

① 王毓铨:《明黔国公沐氏庄田考》,载王毓铨:《王毓铨论集》,北京:中华书局,2005年,第356—357页。
② 《明太宗实录》卷28,永乐二年二月癸巳。
③ 解缙:《张盖州耆德记》,载嘉靖十六年《辽东志》卷7《艺文志》,第8页上。
④ 徐铭:《明武略将军定辽后卫左千户王宣墓志》,载邹宝库辑注:《辽阳金石录》,第23页。墓主为王祥之孙,生于"洪武庚辰",即洪武三十三年或建文二年,卒于景泰二年。墓志所载"族居八十余口"虽是景泰二年的记载,但至少同时可以反映永乐至宣德时期王氏家族人丁兴旺的情况。
⑤ 《明英宗实录》卷108,正统八年九月戊寅。

占种膏腴,私役军士,虚报子粒",表明辽东都司的官籍户族占据大片膏腴土地,私役军士为其耕种。然而,这些官籍户族并不缴纳子粒,而是采取了虚报子粒的方式蒙混过关。上引《明英宗实录》中的"粮草俱凭屯种供给",显示辽东都司征收的子粒并不上交国家,而是留在本地供给军士的月粮。当官籍户族侵占屯田,虚报子粒的情况出现时,军士无法领到维持其基本生存的月粮,只能选择逃亡或依附势力强大的官籍户族。

辽东的例证表明,免征余粮六石的真实原因是屯军逃亡、官籍户族侵占屯田、卫所官员实际上已经无法足额征收余粮12石。"正粮免上仓"是因为按规定必须上仓盘查的12石正粮早已有名无实。因此,正统二年(1437)"止征余粮六石""正粮十二石免上仓"的规定是国家对社会现实的因应,不能倒果为因地认为是屯田子粒征收则例的改革导致了屯田制度的崩溃。

与此同时,正统年间成为定制的、只征余粮六石的税则虽然比永乐年间不切实际的税则有所降低,但仍然高于洪武年间的税则。黄宗羲在计算永乐年间的屯田子粒征收税则时,将正粮12石排除在外,只计算余粮12石,得出当时每亩屯田应纳子粒2斗4升的结果。[1]笔者借鉴黄宗羲的方法,扣除余粮12石之后计算洪武年间15石的税则,结果为每份屯田缴纳子粒3石,每亩屯田缴纳子粒6升。与笔者不同,王毓铨在讨论洪武年间辽东都司的屯田税则时,没有将军士自食的正粮12石排除在外。因此,他认为洪武时期屯田税则为每亩6斗。[2]如果笔者的计算更接近事实,那么正统年间成为定制的屯田征收税则,实际上是洪武时期的两倍。

在前引《明英宗实录》中,明廷虽然设立了辽东巡抚,宣称要通过"比较子粒,提调仓场,收支粮草"等手段整顿积弊,但实际上对于已经发展为大地主的辽东官籍户族采取了容忍的态度,《明英宗实录》载:

> 开原备御都指挥使裴俊奏:参将都指挥同知胡源,役占军余二百

---

[1] 参见黄宗羲:《明夷待访录》,杭州:浙江古籍出版社,1985年,第25页。
[2] 王毓铨:《明代的军屯》,第132页。

余,侵盗官刍,取部属女子,纳军士粮豆之赂。下巡按山东监察御史芮钊覆之而实。上命钊责源罪状,特宥之。且命究其役占军余以代巡哨军士之贫苦者,所侵刍、所纳赂,悉征焉。①

辽东都指挥胡源役占军余200多人,可见其庄田之规模不容小觑。明廷在查知实情后,仅命辽东巡按责其罪状,令其归还侵吞的官粮及所收贿赂,令其所役占的军余承担巡哨任务,并没有追问其所侵占的土地。

亦失哈的事例亦可为证。正统十四年(1449),辽东巡按刘孜奏报辽东镇守太监亦失哈"在边久,收养义男、家人,隐占军余佃户动以百计"。然而,明廷"置亦失哈不问"。②

正统二年(1437)改定屯粮征收则例之后,辽东的屯田走上了官田化的道路。明廷事实上放弃了对屯田的军事化管理,也不再直接干预屯田的生产情况,卫籍人口与国家之间的人身依附关系有所松弛。与此相应,辽东官员将并未逃亡的屯军全部改为操军补充军伍。此后,辽东的所谓"屯军",实际上是只存在于簿册中的"无名屯军",或者用以指代顶种屯田的军余。③于是,明廷与屯田耕种者的关系演化为与官田类似的官方地主与佃户的关系。正如王毓铨所说,改定则例后"屯军所交纳的子粒,和其他官田佃种人所交纳的官租,无论在形式上或性质上都一样了"。④

自嘉靖年间起,明代的屯田制度又发生了重大变革,即屯田的民田化。⑤不过,辽东的个案显示,万历年间明廷仍然坚持耕种屯田就必须缴纳子粒的原则。当时,海州卫军余姜兴周等63人顶种绝军刘均祥等人的屯田75份,随后设法按科田缴纳税粮。然而,辽东巡抚顾养谦查明事实后,指出"承种田地既查系屯田,即系额饷,所告虚豁,遽难拟减",责令姜兴周等赔补所欠屯粮,其所种屯田"仍照原册征纳"。⑥

---

① 《明英宗实录》卷118,正统九年七月己未。
② 《明英宗实录》卷186,正统十四年十二月壬子。
③ 相关问题,参见第四章第三节。
④ 王毓铨:《明代的军屯》,第134页。
⑤ 王毓铨:《明代的军屯》,第356—369页。
⑥ 顾养谦:《冲庵顾先生抚辽奏议》卷4《奉谕查勘清丈田地复命》,第440页。

五、增设卫学与赴山东乡试

增设卫学使更多的辽东人获得了接受教育的权利,赴山东乡试成为定制使辽东人获得了参加科举考试的权利。这两项改革措施对辽东社会而言,具有十分重要的意义。下面依次展开论述。

洪武二年(1369),明廷以"大振华风,以行治教","令天下郡县并建学校"。①然而,与州县体制相比,卫所体制下的学校建设相对滞后。

辽东都司最早的学校是洪武十五年(1382)辽东都指挥使潘敬、叶旺下令建成的都司儒学。②然而,直至洪武十七年(1384),明廷才正式宣布成立辽东的都司儒学。同时,设置一名教授、四名训导,"立孔子庙,给祭器、乐器以供祀事"。③同在洪武十七年,明廷还宣布在当时辽东的四个州县——金州、复州、海州、盖州设立州儒学,各设学正、训导一员,亦建孔子庙,颁给祭器、乐器。④洪武二十八年(1395),金州、复州、海州、盖州并入同名卫所后,州儒学改称卫儒学。

洪武十九年(1386)以后,明廷陆续在都司北部和辽西地区设置了大量卫所,但并没有建立相应的卫学。洪武二十六年(1393),开原军士马名广以开原、沈阳、广宁、义州"皆名郡,学基尚存,遗碑犹在"为由,奏请在上述四个卫城开设儒学。⑤洪熙元年(1425),广宁中屯卫军士冯述又以"学校风化之原,所以明人伦,厚风俗"为辞,奏请在开原、沈阳、广宁、义州建立卫学。⑥但是马、冯二人的请求都没有获得明廷的批准。自洪武十七年至宣德十年(1435),辽东只增设了两所卫学,即洪武三十一年(1398)

---

① 《明太祖实录》卷46,洪武二年十月辛卯。
② 嘉靖十六年《辽东志》卷2《建置志》,第17页上。
③ 《明太祖实录》卷167,洪武十七年闰十月辛酉。
④ 同上。
⑤ 《明太祖实录》卷225,洪武二十六年二月乙未。
⑥ 《明宣宗实录》卷2,洪熙元年六月辛亥。

设置的三万卫学和宣德五年(1430)设置的宁远卫学。①

正统年间,辽东巡抚开始在辽东没有卫学的实土卫所增设卫学。正统元年(1436)、正统二年(1437),辽东巡抚李浚下令在锦州城建立广宁中、左屯卫学,在沈阳城设立沈阳中卫学。正统六年(1441),辽东巡抚王翱下令在广宁城建立广宁卫学。②正统四年(1439),铁岭城设立了铁岭卫学。正统年间,义州城设立了义州卫学。③由于史料限制,上述铁岭卫学与义州卫学不知奉何人之命所建,设置义州卫学的年份也无法确定。

正统年间,辽东官员在辽西、辽北建立的6所卫学改变了辽东学校主要集中在都司东南部的不平衡状态,④使当地人获得了进入学校接受教育的机会。

明代的科举始于洪武三年(1370)八月,⑤但辽东人参加科举成为定制却是正统年间的事。这主要与明太祖当初在辽东建立学校的宗旨有关。《明太祖实录》载:

> 上谓礼部臣曰:"近命辽东立学校,或言边境不必建学。夫圣人之教犹天也,天有风雨霜露,无所不施,圣人之教亦无往不行。昔箕子居朝鲜施八条之约,故男遵礼义女尚贞信。管宁居辽东讲诗书、陈俎豆、饰威仪,明礼让,而民化其德。曾谓边境之民不可以教乎! 夫越与鲁相去甚远,使越人而居鲁久则必鲁矣,鲁人而居越久则必越矣。非人性有鲁越之异,风俗所移然也。况武臣子弟久居边境,鲜闻礼教,恐渐移其性。今使之诵诗书、习礼义,非但可以造就其才,他日

---

① 嘉靖十六年《辽东志》卷2《建置志》,第20页下、21页下。
② 嘉靖十六年《辽东志》卷2《建置志》,第20页下、21页下、19页下。
③ 嘉靖四十四年《全辽志》卷1《图考》,第18页上;嘉靖十六年《辽东志》卷2《建置志》,第20页上。
④ 需要补充的是,明代中叶辽西又增设了两所卫学。其中广宁前屯卫学始建于成化十七年,广宁右屯卫学始建于嘉靖十三年。嘉靖十六年《辽东志》卷2《建置志》,第20页上、21页下。
⑤ 《孝陵诏敕》之《开科取士诏》,载吴相湘主编:《中国史学丛书》第34种《明朝开国文献》,第1862页。

亦可资用。"①

可见，明太祖在辽东设立学校的主要目的在于教化边民、规训武官子弟，并没有考虑卫所军生参加科举的问题。

正统十二年（1447），辽东生员赴山东参加乡试成为定制。《辽东志》载：

> 先是，辽人未入乡举。（张）升（按：又作昇）谒抚臣，试命题论胡虏檄，升援笔立成，辞气滂沛，抚臣大惊。举正统丁卯科乡荐，辽之科第自升始。②

嘉靖十年（1531），时任礼部尚书的夏言在《改便科举以顺人情疏》中写道：

> 辽东先年学校之名虽设，而科举之途未开。至正统丁卯，地方抚臣始选都司等学军生张昇、金统律二人起送应试。彼时辽东、山东原有海道之便，却将昇等咨送山东。既而中式，以后科举遂以昇等为例。③

参照《全辽志》，可知上引第一段史料中的"抚臣"为辽东巡抚王翱。④综合上述两条史料可知，辽东生员赴山东参加乡试成为定制在正统十二年。

需要说明的是以下两点：

首先，在正统十二年之前，辽东都司已有两人考取了科举功名，即永乐十八年（1420）考中举人的文广，正统十年（1445）考中进士的高润。⑤

---

① 《明太祖实录》卷168，洪武十七年十一月庚午。
② 嘉靖十六年《辽东志》卷6《人物志》，第41页上。
③ 夏言：《南宫奏稿》卷1《改便科举以顺人情疏》，第415页。
④ 嘉靖四十四年《全辽志》卷4《人物志》，第26页下—27页上。
⑤ 嘉靖十六年《辽东志》卷6《人物志》，第4页上、2页下。

《辽东志》在明言"辽之科第自升始"的同时,又记载了张昇(按:又作张升)参加科举考试之前即已获取科举功名的文广、高润,似乎暗示文、高二人是特例或通过其他途径参与科举考试的。尤其值得注意的是文广参加科举考试时,他所在的锦州尚未开设卫学。[①]

其次,弘治十八年(1505),因海船年久失修,山东、辽东间的官营海运陷入停顿,再加上明朝的海禁政策,辽东生员无法再搭乘官船前往山东参加科举。与从海路前往山东相比,从陆路前往山东费时、费力。最终,在辽东生员徐潮等人的抗争下,明廷决定自嘉靖十三年(1534)起(即"甲午科")辽东生员改在顺天府参加乡试。[②]

参加乡试成为定制,对辽东社会而言,具有十分重要的意义。这项改革措施不但使辽东人正式获得了参加科举考试的权利,而且是辽东士绅群体得以形成的必要前提。

[①] 关于文广与卫治设在锦州的广宁中、左二屯卫的卫学,参见前文。
[②] 嘉靖十六年《辽东志》卷6《人物志》,第3页下。

第四章　体制改革后的辽东社会

明代辽东的历史行动者通过大量逃亡、依附官籍户族,甚至武装反叛等方式,迫使明廷对辽东的卫所体制进行改革。然而,卫所体制在经过一定程度的改革之后,又反过来在一个新的历史时期内重新规范、制约历史行动者。本章从官籍户族、士绅群体和军籍户族三个角度展开讨论,试图以此揭示卫所体制改革后辽东社会的变化。

一、韩、崔两家的崛起与武官权势的再生产

卫所体制改革之后,地方武官的考选制度发生了很大的变化。正统元年(1436),明廷宣布:"议准各处卫所官员,听巡按御史、按察司,照依文职事例,一体考察。"① 正统七年(1442),辽东巡抚获得了提督军务的权力。正统九年(1444)明廷给王翱的敕书显示,辽东巡抚拥有对除总兵官之外的辽东武官升降、赏罚的权力。②

卫所体制改革后,韩、崔两家一跃成为铁岭李氏(按:即李成梁的家

---

① 申时行等修:《明会典》卷210《都察院二》,第1051页。
② 《明英宗实录》卷118,正统九年七月丁卯。

族)崛起之前明代辽东历史上最为著名的两大官籍户族。①《辽东志·人物志》中"家世"一项载：

> 韩斌，辽阳人，事见宦迹；韩辅，斌之子，升都督，镇守辽东；韩辙，斌之子，任建昌府知府；韩玺，辅之子升都督，镇守辽东；(玺之)弟(韩)玮，举人；韩承恩，玺之子，建昌营游击；(承恩之)弟(韩)承庆，试举官；(承恩之弟)承训，监生。崔胜，辽阳人，事见宦迹；崔鉴，胜之子，开京(按：应为开原)参将；崔哲，鉴之子，见进士；崔贤，鉴之子，辽阳副总兵；崔世武，贤世子，由武举升都指挥同知，掌辽东都司事。②

与《辽东志·人物志》中"家世"一项所载高昇、高文豸、佟珍、佟应龙、鲁义、鲁纶、王春、王道中四对父子先后考中进士不同，③韩、崔两家被列入"家世"的原因是几代人连续担任辽东高级武职。

明代的武官世袭制度是有限制的世袭制度，一般情况下，武官可以世袭的最高官衔是指挥使。与此同时，营兵制形成之后，镇戍武官的官衔与官职分离，总兵官、副总兵、参将、备御等官职皆不能世袭。正如辽东巡抚李承勋所说："世其官、世其禄，不世其任。"④那么，明代中期崛起的韩、崔两家是如何成为威名显赫的官籍户族的呢？

与明初因统兵平定辽东或率众归附而显赫一时的义州马氏、盖州张氏等官籍户族不同，明代中叶崛起的韩、崔两家展现了辽东基层武官在国家制度规定的社会层际流动体系中逐步攀升的历程。

韩氏家族本为山后兴州人，洪武年间，韩斌之祖韩福占籍密云卫。韩

---

① 由于李成梁与祖大寿在晚明历史上的突出地位，明代辽东武官家族的研究往往集中于晚明，忽略了辽东武官家族在整个明代历史中的历时性变化。因此，既没有对被《辽东志》列入"家世"的韩氏、崔氏两大家族给予应有的重视，也没有指出明代中叶崛起的韩、崔两家与在晚明崛起的李、祖两家的差异。姜守鹏：《明末辽东势族》，第203—209页；叶高树：《明清之际辽东的军事家族——李、毛、祖三家的比较》，第121—194页。
② 嘉靖十六年《辽东志》卷6《人物志》，第26页下。
③ 同上。
④ 李承勋：《镇守辽东征虏前将军题名记》，载嘉靖四十四年《全辽志》卷5《艺文志》，第15页上。

斌之父韩春因追随朱棣参加靖难之役而晋升为东胜右卫指挥使,其后被调往辽东管理宁远卫,韩氏家族自此迁入辽东。韩斌袭职、担任本卫的掌印指挥时年仅16岁,却表现得成熟、干练。景泰五年(1454),韩斌在小团山战役中"摧斩一巨酋"。天顺元年(1457),晋升为辽东都司都指挥佥事、宁远备御。成化初,韩斌奉敕以左参将分守延绥,屡有斩获,巡抚都御使为之刻石褒功。成化三年(1467),由于建州女真多次侵袭辽东,明廷发动了著名的成化东征。韩斌奉命改充游击将军随军征讨,他"领右哨,出清河,斩首二百余级,俘男妇一百七十余口"。成化四年(1468),韩斌晋升为镇守辽阳副总兵。成化十五年(1479),明廷派抚宁侯朱勇再次东征建州,韩斌与总兵官缑谦为右路,"斩首五十级,俘男妇二百八十口"。[①] 韩斌统兵30余年,战功显赫,"大小百战,俘斩三千五百有奇"。[②] 贺钦曰:"公(按:指韩斌)自为将三十年,名著四方,功收东徼。开拓边防,慴服夷虏,为一代名将。其未及侯封者,命也。"[③]

除了战功之外,韩斌还修筑边堡,巩固东部边防。韩斌在担任辽阳副总兵期间,针对建州频繁寇边的形势,制定了筑堡守边的策略。[④] 自抚顺关抵鸭绿江,选择险要之地创建了东州、马根单、清河、碱场、暖阳5堡,随后又建立了凤凰、镇东、镇夷等3堡,诸堡镇戍之地广袤千余里。韩斌下令在诸堡镇戍之地建立烽堠,填实兵马,开垦荒地,推广屯田。[⑤]

韩斌建立的都司东部的边防体系产生了深远的历史影响。贺钦曰:"迄今,虏不敢深入,居民乐业,公(按:指韩斌)之功也。"[⑥] 万历末年,明廷与努尔哈赤发生边界纠纷时,所谓"韩斌旧边"一度成为双方划界的重要依据。[⑦]

韩斌的成功为其家族带来了荣耀,其祖、其父皆获赠镇国将军,其祖

---

① 贺钦:《镇国将军辽东副总兵韩公(斌)墓志铭》,载贺钦:《医闾先生集》,第79—81页。
② 刘效祖:《四镇三关志》卷9《才贤考》,第508页。
③ 贺钦:《镇国将军辽东副总兵韩公(斌)墓志铭》,载贺钦:《医闾先生集》,第81页。
④ 韩斌:《韩斌辽东防守规画》,载嘉靖十六年《辽东志》卷7《艺文志》,第4页下。
⑤ 贺钦:《镇国将军辽东副总兵韩公(斌)墓志铭》,载贺钦:《医闾先生集》,第80页。
⑥ 同上。
⑦ 熊廷弼:《按辽疏稿》卷2《勘覆地界疏》,"续修四库全书",上海:上海古籍出版社,1995年,史部第491册,第458页。

妣、妣及元配皆获夫人之封。①需要补充的是,韩斌的卫籍由宁远卫改为定辽中卫后,韩氏家族遂从宁远迁入辽阳。②

崔氏家族是辽东的原住民,即所谓"世居沈阳"。③洪武十一年(1378),崔氏家族的先祖崔孝先率众归附,被授予昭信校尉。崔孝先之孙崔源袭职后曾追随明太宗北征蒙古,屡有斩获,晋升为武略将军。宣德元年(1426),崔源跟随太监亦失哈赴奴儿干等地招谕,进阶指挥佥事。正统九年(1444)、正统十二年(1447)崔源两次征讨兀良哈有功,晋升为指挥使。景泰元年(1450),"总戎诸大臣以辽阳为边城都会,匪得公明勇敢之才,以襄成藩屏之重不可。乃交章以公(按:指崔源)荐升佥都指挥。时女真野人寇边。公将兵三千","乃大克捷。斩获生口无算"。然而,就在此后不久,崔源猝然离世。④

令崔氏家族的声望更上一层楼的是崔源之子崔胜。他15岁开始练习武艺,16岁入郡庠读书,25岁袭职后被调往定辽右卫担任掌印指挥。成化二年(1466),经都察院左都御史李秉荐举,他晋升为都指挥佥事,守备锦州、义州。成化三年(1467)十月,他和韩斌一道参与了著名的成化东征,"树敌忾奇功"。成化五年(1469),以花儿营之捷升都指挥同知。成化十五年(1479),他又与韩斌一起参加了第二次成化东征。他率领左路军,直捣敌营,斩首218级,荣升协守辽东参将。由于他战功显赫,其祖宗、考妣亦获封赠之荣。⑤

在韩斌与崔胜获得显赫的权势之后,他们的子孙亦纷纷获得了位高权重的高级武职。按照明代的武官世袭制度,嫡长子具有优先权。⑥因此

---

① 贺钦:《镇国将军辽东副总兵韩公(斌)墓志铭》,载贺钦:《医闾先生集》,第80页。
② 《辽东志》云:"韩斌,定辽中卫人。"据《辽阳金石录》,韩斌墓志出土于辽阳市文圣区庆阳化工厂区韩家坟高峰山,而韩斌重孙韩承庆夫人张氏的墓志出土于辽阳市太子河区、东京陵乡韩家坟。嘉靖十六年《辽东志》卷5《官帅志》,第21页上;邹宝库辑注:《辽阳金石录》,第38、60页。
③ 梁储:《崔鉴墓志铭》,载路世辉、富品莹编著:《鞍山碑志》,沈阳:沈阳出版社,2008年,第173页。
④ 辛浩:《崔源墓志铭》,载路世辉、富品莹编著:《鞍山碑志》,第167页。
⑤ 佟珍:《崔胜墓志铭》,载路世辉、富品莹编著:《鞍山碑志》,第170—171页。
⑥ 关于卫所武官的袭职规则,参见《明太祖实录》卷71,洪武五年正月戊辰;于志嘉:《明代军户世袭制度》,台北:台湾学生书局,1987年,第144—145页;梁志胜:《明代卫所武官世袭制度研究》,第104—143页。

嫡长子被称为冢子或嗣子。虽然在明代的武官世袭制度中，可以世袭的武职一般不能超过指挥使，但这种有限世袭制，仍然为韩、崔两家的冢子在武官仕途中的发展奠定了良好的基础。

韩辅是韩斌的冢子，他少年时曾从学于辽东都司的理学名儒贺钦。弘治二年（1489），改调定辽中卫并出任海盖备御。弘治十三年（1500）升右参将，分守锦义。当时兀良哈先后三次大举入犯，韩辅皆以计败之。兀良哈又曾侵入唐帽山，韩辅率军驰援，"张左右翼，（以）饵引入。四面伏发，斩获无算"。韩辅继承了其父韩斌筑堡防御的战略思想，他于弘治十六年（1503）主持"修筑清河等十一堡，建屯堡百十座。耕守应援，远近相附"。① 弘治十七年（1504），韩辅成为第一个本地出生的辽东总兵。② 此后他"筑边垣，起自广宁至开原，长亘千里，以功赐蟒服"。③

韩辅还十分注重缓和与周边少数族群的关系。当时因兀良哈内侵，广宁马市一度罢市。韩辅为缓和族群关系，奏请开放马市。在侦知满蛮是兀良哈诸部最具影响力的酋长后，他派遣通事招抚满蛮前来互市。不久，满蛮率众赴市，韩辅"宣谕、犒赏，结以恩信"。"朵颜酋胯当，福余酋那该，闻风入市，不复扰边"。明廷为此特赐玺书褒奖韩辅。④ 正德二年（1507），韩辅的职衔晋升为中军都督府都督佥事。⑤

韩玺是韩辅的冢子，正德三年（1508）袭职。韩玺按"例应授指挥使"，但"以武举升署一级"，⑥ "加授署都指挥佥事，荐充游击将军"。⑦ 同年，韩玺抚定义州等地的军变。⑧ 正德四年（1509），韩玺晋升为副总兵分守辽阳。⑨ 时值"虏犯海州，（韩玺）追斩其众，虏遂远遁"。⑩ 正德五年

---

① 刘效祖：《四镇三关志》卷9《才贤考》，第508页。
② 《明孝宗实录》卷214，弘治十七年七月甲午。
③ 刘效祖：《四镇三关志》卷9《才贤考》，第508页。
④ 同上。
⑤ 《明武宗实录》卷31，正德二年十月辛卯。
⑥ 《明武宗实录》卷38，正德三年五月乙卯。
⑦ 同上。
⑧ 嘉靖四十四年《全辽志》卷4《人物志》，第27页下。
⑨ 《明武宗实录》卷52，正德四年七月己未。
⑩ 嘉靖四十四年《全辽志》卷4《人物志》，第37页下。

(1510),韩玺晋升为"署都督佥事,挂印充总兵官镇守辽东地方"。①韩玺担任辽东总兵之职长达10年之久,他"简贤能,逐庸弱,申令僚属,选阅兵马。宽猛时行,威惠并用"。②

韩承恩是韩玺的冢子,以武举加一级,袭职为都指挥佥事。③随后,他担任过都司管屯指挥、广宁备御、密云振武营游击将军、蓟镇东房协守副总兵。④韩承恩担任广宁备御期间曾参与平定嘉靖军变。⑤

崔鉴是崔胜的冢子,袭职后成为定辽右卫指挥使。弘治六年(1493),受辽东总兵委任掌管辽阳城的"前锋人马"。弘治十年(1497),晋升为辽东都指挥佥事,奉敕守备宁远、前屯两卫。因功升右参将,协守广宁。不久,被调往开原。分守开原期间,他在修建边堡、加强防备的同时,还注意保持与周边少数族群的友好关系。⑥

崔贤是崔鉴的冢子,弘治十七年(1504)左右因考中武举,袭职后成为都指挥佥事。随后,在辽东巡抚的推荐下,被任命为辽东都司掌印都指挥。任职期间"除繁科,扫宿弊,兴举政教,划刈奸回,一时人心感戴。道路歌谣,目为东阃(按:指辽东掌印都指挥)后先之冠"。正德四年(1509),义锦军变发生后,他被任命为义锦州参将。崔贤赴职后两地营兵"部伍遂严,边防警缉",他奉命捕获了曾参与军变的叛党。正德六年(1511),备御杨琮在追袭兀良哈部众时中了对方的诱敌之际,身陷重围。崔贤从义州率众出边200余里救援,经过鏖战,救出杨琮等人,凯旋而归。正德七年(1512),晋升为辽东副总兵。⑦

崔世武是崔贤的冢子。正德十一年(1516)袭职,因考中武举加升署都指挥同知,在本卫带俸闲住。此后,先后出任沈阳备御、锦州备御、开原备御、中固备御、辽阳中军等职。嘉靖五年(1526),晋升为辽东都司掌印

---

① 《明武宗实录》卷63,正德五年五月壬戌。
② 嘉靖四十四年《全辽志》卷4《人物志》,第4册,第37页下。
③ 嘉靖十六年《辽东志》卷5《官师志》,第23页上。
④ 刘效祖:《四镇三关志》卷8《职官考》,第491、496、460、458页。
⑤ 《明世宗实录》卷177,嘉靖十四年七月甲申。
⑥ 梁储:《崔鉴墓志铭》,载路世辉、富品莹编著:《鞍山碑志》,第173页。
⑦ 李炫:《崔贤墓志铭》,载路世辉、富品莹编著:《鞍山碑志》,第176页。

都指挥。①

在韩、崔两家的子孙中并非冢子而仍然在武官仕途中崭露头角的亦大有人在。韩玺次子韩承庆,以武举"授总旗,升试百户",②先后担任瑷阳守备、海州备御、密云振武营游击将军、古北口参将、山西总兵、延绥总兵、大同总兵、辽阳副总兵等官职。③韩承庆担任瑷阳守备期间,"防御多方,建夷慑服,数岁不敢犯"。④

崔胜的次子崔锴,以军功从舍人、小旗逐步晋升为都指挥使。⑤

军功是武选的重要依据。正如明宣宗所说,祖宗之法"军职以功为秩次"。⑥然而,由上文对韩、崔两家主要人物的考述可知,除了韩斌、崔胜在成化年间两次东征建州的战争中军功卓著外,其他人并没有十分显赫的战绩。那么,韩斌的后人为何可以获得两代总兵、一代副总兵的高官?崔胜的后人为何可以先后出任参将、辽东副总兵、辽东掌印都指挥等职务?这主要与韩、崔两家采取士大夫化的家族策略有关。

韩家的士大夫化策略自韩斌始。韩斌"尝游郡庠,通《语》《孟》大义,尤好诸家兵书"。他十分注重树立自己的儒将形象,因此他"雅重儒生,每政暇必延致,诵说史传"。⑦他还先后于成化五年(1469)、成化七年(1471)重修了都司儒学和海州卫学。⑧

韩斌更为重要的行动是重修《辽东志》。⑨陈宽《辽东志后序》云:

成化丁未秋,余奉命出按是方,适分守辽阳副总戎韩公斌欲图完书(按:指《辽东志》),特命所司,礼延文儒,博采史传,立义类,定凡

---

① 王琚珮:《崔世武墓志铭》,载路世辉、富品莹编著:《鞍山碑志》,第380页。
② 嘉靖十六年《辽东志》卷6《人物志》,第23页下。
③ 《明世宗实录》卷336,嘉靖二十七年五月丙子;同书卷402,嘉靖三十二年九月乙丑;同书卷422,嘉靖三十四年五月癸丑;同书卷539,嘉靖四十三年十月丙子。
④ 嘉靖四十四年《全辽志》卷3《职官志》,第23页下。
⑤ 刘澄:《崔公锴墓志铭》,载路世辉、富品莹编著:《鞍山碑志》,第169页。
⑥ 《明宣宗实录》卷2,洪熙元年六月丁巳。
⑦ 贺钦:《医闾先生集》卷4《镇国将军辽东副总兵韩公(斌)墓志铭》,第81页。
⑧ 嘉靖十六年《辽东志》卷2《建置志》,第17页上、21页下。
⑨ 董越:《辽东志序》,载嘉靖十六年《辽东志》卷2《建置志》,第3页上。

例,因其旧而增其新,正其讹而补其阙。凡有关于治道者,悉皆收录。俾一方山川、形胜、人物、名宦、古今事迹,不出户可知。若公者可谓知所先务,有裨于风化大矣。越明年戊申秋,书成,公复捐俸鸠工,刻梓以传。既征内翰董先生尚矩文于前,后属余叙其后。①

上引"韩公斌欲图完书""若公者可谓知先务""公复捐俸鸠工,刻梓以传",表明重修、刊行《辽东志》的工作主要由韩斌主持。万斯同明察秋毫,在其所撰《明史·艺文志》并未提及陈宽,仅言:"毕恭《辽东志》九卷,(中略)正统八年修。弘治中,副总兵广阳韩斌重修。"②

与嘉靖年间巡抚任洛聘请流寓辽东的客籍文士重修《辽东志》不同,韩斌更看重本土的知识精英。董越《辽东志序》云:

(初修《辽东志》)未成刻版也。第当时成此,非出一手,损益不能无望于后人。分守辽阳副总戎广阳韩公斌,久有志未果。会监察御史新河陈公宽奉命出按兹土,议既克协,乃命属草于辽产致政大尹邵君奎,校详于吏属自在州守陈君垲,准今《一统志》凡例重加概括编次。③

可见,韩斌与巡按陈宽协商后,决定让辽东士绅邵奎主持具体的纂修工作。邵奎是辽东著名的士绅。朝鲜《李朝实录》云:"今辽东有邵奎者,进士出身,曾为真定知县。弃官闲居,才德甚高,辽东大人等皆尊敬之。"④

韩斌为了实现士大夫化的家族策略,将辽东的著名学者作为其社交网络中的重要组成部分。受韩斌之请纂修《辽东志》的邵奎亦是辽阳

---

① 陈宽:《辽东志后序》,载嘉靖十六年《辽东志》,第1页上。
② 万斯同:《明史》卷134《艺文二》,第326册,第361页。《千顷堂书目》在录入正统年间所修毕恭所修《辽东志》的同时,还列举了弘治年间韩斌所修的《辽东志》。黄虞稷:《千顷堂书目》卷6,"丛书集成续编",台北:新文丰出版社,1989年,第4册,第209页。
③ 董越:《辽东志序》,载嘉靖十六年《辽东志》卷2《建置志》,第3页上。
④ 吴晗辑:《朝鲜李朝实录中的中国史料》,第717页;《成宗大王实录》卷219,成宗十九年八月乙卯。

人,①同住辽阳且委任邵奎负责具体纂修工作的韩斌与他素有往来。同时,韩斌命其子韩辅拜辽东著名理学家贺钦为师,由此韩家与贺钦长期保持社交关系。在贺钦的《医闾先生集》中保存了若干他与韩家交往的蛛丝马迹。其中有两封贺钦写给韩辅的信,信中提及韩辅之子韩玺曾亲赴义州告知贺钦辽东都指挥使有意荐举贺钦。②此外,贺钦为韩斌撰写了墓志铭。③

韩斌采取士大夫化家族策略的最重要的措施是培养子弟读书,并使其中的佼佼者考取科举功名。他"居家教子弟有法,学文武事者靡敢怠,且无娇贵气"。韩斌共育七子,其中正室所出者四人,即韩辅、韩轼、韩辙、韩轩,侧室所出者三人,即韩轼、韩轮、韩辂。除韩轼一人"习兵策"外,其他六人都曾接受过儒家文化的教育。其中韩辅师从辽东的理学名儒贺钦,贺钦赞其"兼资文武"。韩轮、韩辂入郡庠学习,弘治年间成为贡生,入国子监读书。韩轼、韩轩"学未成而殁"。④表现最突出的是韩辙,他在成化二十二年(1486)考中举人后出任建昌知府。⑤

韩斌之孙共六人,即韩玺、韩玠、韩璗、韩玖、韩玮、韩瑶。其中韩玠、韩璗、韩玖、韩瑶四人无考。韩玺参加了弘治十七年(1504)明廷举行的首次武举考试,以"答策可观"获得武举人的荣誉,孝宗以"武举事重,将才须从此出","特引见"包括韩玺在内的中选武举,"赐宴",命"光禄寺仍送羊酒"。⑥韩玮则按当时惯例,于嘉靖十年(1531)赴山东参加乡试。韩玮及辽东诸生于六月即已起程,然"闻六月入关时,值天雨连绵,平地皆水,冒暑冲泥,至七月方才到省。中间触犯暑湿,大半感疾。多不终场"。韩

---

① 关于邵奎应韩斌之请纂修《辽东志》的问题参见前文;关于邵奎为辽阳人,参见嘉靖十六年《辽东志》卷6《人物志》,第2页下。
② 贺钦:《医闾先生集》卷5《寄韩良弼公子》,第93页;同书卷6《简韩良弼公子》,第94页。
③ 贺钦:《医闾先生集》卷4《镇国将军辽东副总兵韩公(斌)墓志铭》,第79—82页。
④ 贺钦:《医闾先生集》卷4《镇国将军辽东副总兵韩公(斌)墓志铭》,第81—82页。关于韩轮、韩辂成为贡生的时间,参见嘉靖十六年《辽东志》卷6《人物志》,第11页下。
⑤ 嘉靖十六年《辽东志》卷6《人物志》,第5页上。
⑥ 《明孝宗实录》卷217,弘治十七年十月壬午。

玮克服种种不利因素,成为此次乡试中唯一中举的辽东生员。①

韩斌之重孙共三人,即韩承恩、韩承庆、韩承训。其中韩承恩与其弟韩承庆分别于正德十五年(1520)、正德十二年(1517)考中武举人,韩承训则于嘉靖年间被选为贡生入国子监读书。②

由于韩斌的子孙韩辙、韩玮先后获得了举人的功名,韩氏家族实现了士大夫化的目标。

崔家的士大夫化策略始于崔胜,他16岁时曾"入郡庠读儒者书"。③崔胜亦注重培养子孙读书,鼓励优秀者考取科举功名。崔胜庶孙崔哲"少嗜学,勤敏笃行,以辽阳都司学弟子员,中山东乡试前行。己未,登进士第"。崔哲初任泽州知州,后"以监察御史,督理长芦鹾司"。④崔胜之嫡孙崔贤"幼警敏,同庶兄绣衣(崔)哲,字晦夫,共游郡庠","书史涉猎,遂通大义。诗篇歌赋,真草大书,妙出天成。武与文俱,名儒老将,咸赏叹其才艺出众"。⑤弘治十八年(1505),崔贤与韩玺一道成为明代辽东历史上第一批武举人。⑥崔胜的重孙崔世武,曾于正德五年(1510)赴山东布政司参加乡试,但铩羽而归。⑦因"文战不利",转向武科,"中正德九年武举上等"。⑧

由于崔胜之孙崔哲考取了进士功名,崔家亦实现了士大夫的目标。

在巡抚、巡按已经获得除总兵官之外的地方武官考选权的历史情境中,士大夫化的韩、崔两家成员虽然偶尔也会遭到弹劾,但通常而言更容

---

① 夏言:《南宫奏议》卷1《改便科举以顺人情疏》,第414页。
② 嘉靖十六年《辽东志》卷6《人物志》,第21页上。
③ 佟珍:《崔胜墓志铭》,载路世辉、富品莹编著:《鞍山碑志》,第170页。
④ 刘龙:《崔哲墓志铭》,载路世辉、富品莹编著:《鞍山碑志》,第175页。《辽东志》误将崔哲考中进士的时间弘治己未写作"乙未"。嘉靖十六年《辽东志》卷6《人物志》,第3页下。
⑤ 李炫:《崔贤墓志铭》,载路世辉、富品莹编著:《鞍山碑志》,第176页。
⑥ 嘉靖十六年《辽东志》卷6《人物志》,第23页上。按:张祥明虽然沿袭王世贞的说法,将明代初设武举的时间定在弘治十四年,但他所提供的最早实例却正是上引《辽东志》弘治十八年韩玺、崔胜等人考中武举的记载。张祥明:《明代武举新论》,《齐鲁学刊》2011年第3期,第48—49页。
⑦ 孙磐:《崔哲妻白氏墓志铭》,载路世辉、富品莹编著:《鞍山碑志》,第172页。
⑧ 王琚珮:《崔世武墓志铭》,载路世辉、富品莹编著:《鞍山碑志》,第179页。

易获得文职官员的青睐。①天顺八年(1464),辽东巡抚藤昭、辽东巡按常振及时任刑部主事的辽东人丘霁"交章"荐举韩斌"抱大将奇才"。成化元年(1465),明廷任命韩斌为署都指挥佥事,"奉敕充左参将守延绥西路"。成化十年(1474),"廷臣会举天下堪任大将者三人",韩斌"居其一"。②成化二年(1466),辽东巡抚李秉保举崔胜晋升为署都指挥佥事,"守备锦、义地方"。③正德年间,"巡抚重臣"保荐崔贤担任辽东掌印都指挥。④嘉靖年间,曾任辽东巡按的曾铣保举韩承庆出任延绥总兵。⑤

崔世武的墓志则提供了更多巡抚、巡按荐举武官的细节:

> (正德)十一年,替任加升署都指挥同知,食禄本卫。张御史考语:"年富才优,终当大用,以礼奖犒。"十二年,会委沈阳备御,王御史奏举:"发身武举,气节不类于人;出自将门,才识亦拔乎众。"(中略)十四年,会委锦州备御。高御史奏举:"将略本乎家传,足以继武;持守德(按:似应作得)乎天性,兼之以文。"巡抚张御史奏举:"发□武举,而备操向上;小试边城,而纪律可观。"十五年,虏犯锦边,督领部署四次斩贼首数多。葛御史核勘:"运谋摧锋,身先士卒,所获倍于所部。"调开原备御,改中固备御。杨御史奏举:"心每事乎崇文,才不悉于会武。"兵科鲁给事中奏举:"才气绰然,敢当至难之任。"(中略)嘉靖元年,委任辽阳中军。郑御史奏举:"聪明之性,清雅之才,文墨既娴,武略亦究。"二年,郭御史奏举:"才识疏明,事务练达,勘任都司掌印。"三年,会委抚顺备御。本年抚、按会举:"发身武举,才识优长,勘任都司军政。"四年二月,兵部题准军政咨书,给凭任事。三月,抚按会奏:"性资警敏,才气发扬,勘任掌印。"五年三月,刘御史奏举:"负

---

① 如辽东巡按王崇之即曾弹劾韩斌"失机误事"。王崇之:《陈言边务事》,载黄训:《皇明名臣经济录》卷40《兵部》,第444册,第210页。
② 贺钦:《医闾先生集》卷4《镇国将军辽东副总兵韩公(斌)墓志铭》,第80页。
③ 佟珍:《崔胜墓志铭》,载路世辉、富品莹编著:《鞍山碑志》,第171页。
④ 李炫:《崔贤墓志铭》,载路世辉、富品莹编著:《鞍山碑志》,第176页。墓志未载巡抚之名,参照《明督抚年表》可知,应为马中锡、邓璋或刘瓛。吴廷燮撰,魏连科点校:《明督抚年表》,北京:中华书局,1982年,第57页。
⑤ 《明世宗实录》卷336,嘉靖二十七年五月丙子。

才通敏，莅事公勤。如遇将领本司员缺，才堪推铨。"本年四月内，刘御史奏举："性资警敏，干练公勤，堪掌印信。"兵部提准给凭，铨选本司掌印。①

可见，崔世武的每一步升迁都与巡抚、巡按等文职官员的荐举有关。

综上所述，韩、崔两大家族的崛起固然与韩斌、崔胜在著名的两次成化东征中战功显赫有关，但士大夫化的家族策略是韩、崔两家获得并保持显赫地位的重要原因。

二、士绅群体的形成及其社会角色

明代辽东共有进士72人，②至嘉靖四十三年（1564）共有举人157人。③在上述229人中，除永乐十八年（1420）考中举人的文广和正统十年（1445）考中进士的高闻以外，都是正统十二年（1447）赴山东参加乡试成为定制之后考取科举功名的。④

辽东人能够获得科举功名与谪戍到辽东的士人有着密不可分的关系。至迟在宣德年间，辽东官员已经开始任命精通儒学的谪戍士人担任都司儒学教官。《李朝实录》载：

（宣德九年）佥知司译院事李边、吏曹正郎金何，回自辽东，引见于思政殿。初，边、何之往辽东也，进儒林，谒权印千户许福及邹望、刘进，愿质《小学直解》言语，仍出示之（中略）。及其回也，望、进并以诗赠之（中略）。望前为长沙王教官，进官至知府，皆贬辽东。诸大

---

① 王琚珮：《崔世武墓志铭》，载路世辉、富品莹编著：《鞍山碑志》，第179页。
② 关于辽东进士的研究，参见郭培贵、于秀丽：《明代辽东进士的历史贡献》，《社会科学辑刊》2011年第1期，第166—169页。
③ 嘉靖四十四年《全辽志》卷3《选举志》，第35页下—39页下。由于史料的残缺，嘉靖四十三年以后辽东举人的数量无考。
④ 嘉靖十六年《辽东志》卷6《人物志》，第2页下—7页上。

人以两人多闻,定为儒林训导。①

据此可知,谪戍士人邹望、刘进被辽东官员任命为都司儒学的训导。

谪戍到辽东的士人辛浩为辽东士绅群体的形成作出了重要的贡献。《本朝分省人物考》载:

> 辛浩,字养正,江夏人,正统戊戌进士,任监察御史。弹劾不避权势,谪戍辽阳。俗不尚文学,浩至,选将校子弟教之,皆有成,卒为名士。天顺中复其官。②

据此可知,辛浩在谪戍辽东之前曾任监察御史。参照辛浩谪戍地为辽阳,他教授的学生皆为"郡庠生",③与前文提到的谪戍辽阳的士人邹望、刘进皆为都司儒学训导可知,辛浩在都司儒学任教。在辛浩的调教下,丘霁、周正、胡深、顾能、邵奎于天顺年间相继成为进士。④下文讨论的贺钦在举业上亦是辛浩的再传弟子。

赴山东乡试成为定制之后,辽东的士绅群体逐渐形成。那么,他们在辽东社会的权力格局中处于什么样的地位,他们又是如何参与到地方社会的公共事务的呢?由于现存史料的限制,本文选择有文集传世的"理学名臣"贺钦为例予以说明。⑤

贺钦,字克恭,广宁后屯卫卫籍(按:卫治在义州)。⑥如前文所述,正统年间义州始有卫学。至景泰初年,贺钦进入义州卫学之时,当地读书之

---

① 吴晗辑:《朝鲜李朝实录中的中国史料》,第378页;《世宗大王实录》卷64,世宗十六年四月己酉。
② 过庭训:《本朝分省人物考》卷76《辛浩》,续修四库全书,上海:上海古籍出版社,1995年,第535册,第251页。
③ 嘉靖十六年《辽东志》卷6《人物志》,第47页上。
④ 同上。
⑤ 关于贺钦为理学名臣,参见熊廷弼:《按辽疏稿》卷4《查录理学名臣疏》,第580—581页。
⑥ 贺钦:《医闾先生集》卷8《辞职陈言疏》,第117页。关于义州贺氏家族的情况,参见第一章的相关论述。

人极少,卫学生员通常是在卫所武官强迫下才入学读书的。因此,当地人往往将进入卫学读书视为重役。当各千户所比较各所人丁出役情况时,各所官员则云:"吾所有读官学者若干人矣。"贺钦在这样的学习环境中,"挺然崛起,勤于学业"。他18岁时听闻辽阳新科举人丘霁精通《诗》学,遂远赴辽阳从学,一年后学成而归。景泰七年(1456),贺钦20岁时考中山东乡试第二名,是义州第一个获取科举功名的人。[①]成化二年(1466)贺钦考中进士,成化三年(1467)被吏部铨选为户科给事中。[②]当时,陈献章正在国子监讲学,贺钦被其"为己端默"的学术宗旨所折服,遂拜陈献章为师。[③]成化四年(1468),贺钦因灾异上疏,大意谓"应天以实不以文",未能得到皇帝的回应,遂萌去意。[④]不久,贺钦以"患风湿等病"为由奏请还乡养病。同年十二月回到义州。[⑤]

贺钦自成化四年十二月返回故里,至正德五年(1510)十二月辞世,从未离开过辽东,[⑥]在这42年中,他的社会身份是士绅。下面讨论归乡之后成为士绅的贺钦。

贺钦归乡后的经济条件欠佳。贺钦在给辽东巡抚陈某(按:陈钺或陈瑶)的信中虽然强调:"区区之心惟愿阁下大行斯道,常如今日。使东辽一方民安物阜,则不才病子受赐多矣。"不过,他仍然坦承:"钦之不才卧病于家,得免寒馁已为优幸";且"贫者士之常,乞不以是挂念"。[⑦]他在写给罗伦的信中写道:"钦舍田者数人,岁入不足用时,或假诸人。亲故间,类不纳息,用是,度日不至劳心力也。"[⑧]如果说给陈巡抚的信中体现了贺钦安贫乐道的士大夫胸怀,给罗伦的信也显得从容不迫,那么他在母亲去世

[①] 贺钦:《医闾先生集》卷1《言行录》,第46页。关于贺钦考取举人的时间,参见嘉靖十六年《辽东志》卷6《人物志》,第4页上。
[②] 贺钦:《医闾先生集》卷8《辞职陈言疏》,第117页。
[③] 黄宗羲:《明儒学案》卷6《白沙学案下》,杭州:浙江古籍出版社,1985年,第105页。
[④] 蔡天祐:《钓台祠碑记》,载嘉靖十六年《辽东志》卷2《建置志》,第34页下。
[⑤] 贺钦:《医闾先生集》卷8《辞职陈言疏》,第117页。
[⑥] 据《皇明大政纪》,贺钦卒于正德五年十二月。雷礼、范守己、谭希思:《皇明大政纪》卷19,"续修四库全书",上海:上海古籍出版社,1995年,第354册,第341页。
[⑦] 贺钦:《医闾先生集》卷5《简陈都宪》,第92页。
[⑧] 贺钦:《医闾先生集》卷5《简罗一峰先生》,第91页。

后写给义州马指挥使(按:原文有姓无名。笔者通观贺钦文集及相关史料推断,应为马深)的信则显得十分窘迫:"某也(按:贺钦自称),丧母、贫甚,足下必吊之矣。有赙丧之礼,宜早行之,以周其急也。"①

贺钦虽然居家养病40余年,但其社交网络甚广。《医闾先生集》载:

> 先生性喜宾客,恭谨乐易,好咨访,老而不懈。用是屏居四十余年,而于天下人物、风土、民情,虏患类能知之。②
>
> 先生谢疾家居四十年,吊丧、问疾外不轻出。一切贵官相访者,止是致敬以延待之,未尝往拜也。间有不乐者,先生闻之曰:"某何敢慢人,养病官法当如此耳。"③
>
> 先生所友皆当时第一流人。如陈白沙、罗一峯、林蒙庵、周翠渠辈。④

据此可知,贺钦乐于交际。他虽然不主动拜访高官、权贵,但仍然与部分辽东官员展开交往。同时,他还与陈献章、罗伦等明代著名的理学家保持通信。⑤

贺钦在与辽东高官交往的过程中,往往以儒家的伦理道德与行为规范对他们施加积极的影响。如,辽东巡按陈宽拜访贺钦时,以学生自居,并向他请教:"生行事可否不能自知,且无可问处,幸有以教我。"贺钦称赞陈宽"虚心下问人之所难,舜之大智亦不过好问、好察。大人此意正某之所当法也"。在陈宽反复请求贺钦直言不讳之后,他才"以往年之过刻者告之"。⑥再如,他的学生韩辅成为总兵后,他写信劝告韩辅:"位高者易

---

① 贺钦:《医闾先生集》卷6《简马挥使》,第97页。
② 贺钦:《医闾先生集》卷1《言行录》,第47页。
③ 贺钦:《医闾先生集》卷1《言行录》,第45页。
④ 贺钦:《医闾先生集》卷1《言行录》,第47页。
⑤ 《医闾先生集》收录了贺钦与陈献章的往来信件及贺钦写给罗伦的信件。给陈献章的信,参见贺钦:《医闾先生集》卷5《存稿》,第84—88页;给罗伦的信,参见同书同卷,第90—91页。
⑥ 贺钦:《医闾先生集》卷1《言行录》,第50页。

骄,骄则贤人日疏而忠言不闻,忠君报国事业由是而隳矣。子其慎之。"①
又如,贺钦规劝义锦参将李英:"字画小艺不必萦心,惟读古圣贤书可以养德性、发神智。施于处事、接物,无所差谬,忠君报国事业日益光明俊伟,可与古贤齐驱。公何不务此,乃琐琐于彼耶!"在贺钦的建议下,李英开始学习《大学衍义》,"德业大进"。②

贺钦还介入了辽东都司的军政事务。如,成化十六年(1480)辽东大饥,贺钦预判第二年仍有饥荒,便向管粮郎中提出建议:"闻永平仓有米,若预奏朝廷运来赈济,庶人民不至死亡而边方可守。"管粮郎中接受了贺钦的建议,获得赈灾米八万石。第二年,辽东再次遇到饥荒,全靠这些赈灾粮才得以渡过难关。③再如,贺钦得知开原盗贼燕狗子勾结兀良哈三卫"岁为边患",便告知义锦参将李英:"擒狗子,庶边患可少。"见李英犹豫不决,贺钦又说:"文公白鹿洞规不有处事之要乎!正其谊,不谋其利。明其道,不计其功。是已断而行之,乃不为徒诵说也。"于是李英下定决心,于成化十六年计斩燕狗子,"是后累岁无边警"。④又如,辽东籍武官时有边墙包砖的议论,总兵白钦询问贺钦的意见。贺钦说:"嘻,是欲为秦皇之长城者矣。审如是,边人死亡无日矣。我国初立边,始而埋木为栅,已而掘坎为壕,又其后也为小小土墙,边人不甚劳也。今规模高厚,民已告劳矣,苟欲烧砖包砌,非秦之长城而何?(中略)纵使处之有法,不劳而成,只欲地方继续修理亦已难矣。(中略)幸勿再议。"白钦接受了贺钦的意见,"悚然而止"。⑤

贺钦还在平定正德四年(1509)的义州军变中发挥了重要作用。当时刘瑾遣官清丈各地屯田,户部侍郎韩福受命前往辽东。韩福与刘瑾是同

---

① 贺钦:《医闾先生集》卷1《言行录》,第51页。
② 贺钦:《医闾先生集》卷2《言行录》,第53页。按:关于李英,参见嘉靖四十四年《全辽志》卷3《职官志》,第4页上、7页下;刘效祖《四镇三关志》卷9《才贤考》,第508页;嘉靖十六年《辽东志》卷6《人物志》,第39页下。
③ 贺钦:《医闾先生集》卷1《言行录》,第49页。
④ 同上。
⑤ 贺钦:《医闾先生集》卷1《言行录》,第52—53页。按:所谓"都阃"即都指挥使,考《辽东志》可知此人为白钦。嘉靖十六年《辽东志》卷5《官师志》,第23页下。

乡,此前在湖广赈济时"敛银钜万馈瑾,致所在盗起累年不靖"。①韩福清丈辽东屯田时过于苛刻,令"屯卒弗堪"。当韩福派遣随行官员刘玉等人到锦州、义州清丈时,军余高真、郭成等人发动了锦、义军变,②他们"焚毁廨舍,殴逐委官。守臣不能禁"。③

在得知军变群体有"毋入东街,惊贺老爷"的约束后,在乡人的恳请下,73岁的贺钦与弟子10余人前往劝谕。参与军变者跪在贺钦面前说:"此事恐不能保全,乞示生路。"贺钦说:"汝辈既知悔,即不杀人犹可解。"军变群体开始约束自己的行为,随后他们又来到贺钦家所在的东街,纷纷跪倒,请求贺钦指明生路。贺钦说:"尔等烧屋,劫财皆可抵偿,惟杀人不可赦。明后日,镇城当有体勘人来,尔辈须拜跪求生耳。慎无杀人。"不久,三堂所在的广宁城(按:即所谓镇城)果然派人来到义州。在风闻大军将来剿杀之后,军变群体"呼躁相聚"。有人提议:"贺老爷不曾说谎,我辈再往问之。"众人见到贺钦后,贺钦说:"城中被尔等扰乱至此,镇城焉得不发兵!兵虽至,尔等第不杀人,当有原宥。"数日之后,竟如贺钦所言,"城中不伤一人"。④

考《全辽志》:

> 正德戊辰,义州军乱,总、镇欲以兵平之,(韩)玺持议不可。遂以身任其事,单骑入抚,众皆为玺危,玺独无难色,卒能已乱。⑤

据此可知,总兵官毛伦、镇守太监岑章确有派遣军队剿平叛乱的意图,时任游击将军的本地武官韩玺坚决主抚。⑥综合韩玺之父韩辅曾师从贺钦,贺钦告诫军变参与者"镇城当有体勘人来,尔辈须拜跪求生耳。慎无杀

---

① 《明武宗实录》卷66,正德五年八月戊申。
② 《明武宗实录》卷53,正德四年八月辛酉。
③ 同上。
④ 贺钦:《医闾先生集》卷1《言行录》,第47—48页。
⑤ 嘉靖四十四年《全辽志》卷4《人物志》,第27页下。
⑥ 关于韩玺当时的官职为游击将军,参见嘉靖四十四年《全辽志》卷4《人物志》,第27页下。

人",与数日后韩玺"单骑入城","卒能已乱",①可知在平定义州军变的过程中贺钦与韩玺之间有所沟通。

贺钦介入军政事务的努力亦有无疾而终的时候。弘治初年,贺钦在向明廷进谏罢黜干政宦官之后,致书即将离任的辽东镇守太监韦朗,劝其奏请朝廷遵循宦官不得干政之祖制。②然而,贺钦的努力并没有达成预期的效果。

贺钦还试图推广儒学的礼仪规范,改良社会风俗。他本着修身、齐家、治国、平天下的理念,率先在自己家中实践儒家礼仪。他指出:"有一世之俗,有一方之俗,有一州一邑之俗,有一乡之俗,有一家之俗。为士者欲移易之,固当自一家始。"③他在"教子孙严而有道"的同时,还以同样的标准要求自己的门徒。④即使颇难教化的耆老、商贾,贺钦也本着有教无类的精神循循善诱。例如史六丈,平生在南方从事商业贸易,老年才回到家乡义州,由于仰慕贺钦的德行,"遂来求学"。贺钦以前辈之礼相待,在为史六丈讲解《小学》《四书》《通鉴纲目》和《春秋经》左氏诸家传的同时,他还向史六丈传授朱熹的《朱子家礼》。"数年之间,寒暑不置,史遂有所得,巍然为乡之达尊。"⑤

贺钦推广的儒家礼仪主要包括以下四个方面:

首先,祭礼。贺钦向门徒传授朱熹制定的祭祖礼仪。他在每个季节的第二个月,考察门生"背诵文公时祭礼文"。他还让门徒事先上报祭祖日期,记入簿册,并要求他们提前"演其仪度"。只有在祭祖之日,举行朱熹规定的祭祖仪式,才可以在簿册上"注销"记录。如果有人对相关礼仪不够熟悉,则派"礼生相之"。⑥

贺钦对刘七丈阐释了祭祖的意义:"今诚能依文公四时祭礼一一行之,祭毕而馂。莫使异姓之亲相杂,序伦理,笃恩义。子孙之中有善之异

---

① 韩辅师从贺钦,参见本章第一节;所引文字,参见上文。
② 贺钦:《医闾先生集》卷6《与韦中贵书》,第102—104页。
③ 贺钦:《医闾先生集》卷2《言行录》,第57页。
④ 贺钦:《医闾先生集》卷1《言行录》,第48页。
⑤ 贺钦:《医闾先生集》卷1《言行录》,第45页。
⑥ 贺钦:《医闾先生集》卷1《言行录》,第52页。

于众者,奖之以为劝;有过者,责之以为戒。今能如此行之,不一二年间,皆化而和睦矣。"①

其次,祠堂。贺钦率先在家中实践朱熹制定的祠堂规制。不过,义州贺氏本为小宗,因此他最初按照朱熹的宗法理论建立祠堂时,未敢"祭及四代"。在得知"继高祖之小宗贫弱无室庐"后,才"制高祖以下神主,祀之"。②贺钦阐释了祠堂在维系家族繁衍方面的重要意义:"祠堂所在之宅,宗子世守之,不得分析。所以然者,非故为厚此薄彼也,将以尊祖考,妥神灵,重根本而繁枝叶也。苟(不)达此义,如世俗所为,一言忿怒,骨肉乖离,割户分门,断裂破碎,朝为大家而夕若有罪抄劄者,使祖宗神灵无顿身之处。根本既伤,枝叶凋落,必然之理矣。纵其间有能卓立起家者,西荣东瘁,岂祖宗兼爱子孙之心哉?为吾子孙者,当世守此礼,庶根本既盛而枝叶自繁。违者,以不孝论。"③贺钦建立祠堂的行动对辽东社会产生了一定影响。与贺钦过往甚密的锦、义参将李英"方分守下车日,即建祠堂,谨时祭"。④

其三,丧葬礼仪。贺钦在家乡推广朱熹制定的丧葬礼仪并取得了一定的效果,不少义州人开始"行文公丧葬正礼"。每当乡人举办儒家丧礼时,深受贺钦影响的史六丈便"为之护丧。排异端,守礼法,老而益笃"。⑤

其四,日常交往的礼仪规范。"子孙男女但解言语",贺钦"即教以揖拜问安之礼";"知出入",他"即教以出告反面之礼"。⑥他还强调:"严内外之分。男女有别,人之大礼,载诸小学,最为详明。人家往往牵于习俗,视为末务,致帷幕不修,悔之已晚。"⑦

贺钦在推行儒家正统礼仪的同时,还积极排斥异端。《辽东志》载:

---

① 贺钦:《医闾先生集》卷3《言行录》,第64页。
② 贺钦:《医闾先生集》卷1《言行录》,第48页。
③ 贺钦:《医闾先生集》卷1《言行录》,第51页。
④ 贺钦:《医闾先生集》卷4《参戎李公墓志铭》,第83页。
⑤ 贺钦:《医闾先生集》卷1《言行录》,第45页。
⑥ 贺钦:《医闾先生集》卷1《言行录》,第48页。
⑦ 贺钦:《医闾先生集》卷1《言行录》,第51页。

> 乡人故事重佛老及诸不经之神。先生既化之,乃制祀外神文,俾祀而悉焚之。上下翕然从之,无梗焉者。于是,趋门墙者日益众矣。①

《医间先生集》载:

> 俗传打旱孤桩者,谓天旱是墓中新死人作怪所致,掘墓碎之则雨。愚民无知,往往妄作。成化间,先生尝告之当道禁其事。后数年,王备御始至,适天旱,村民来告,欲踵故俗,王草率许之。先生闻之急作一简,论其妄诞,且干国典,王遂悔而急止之。已而,天自雨,讹言亦息。后有南人彭姓者,专以是惑众,两城乡民信者颇多。先生言之,王参戎杖其人,火其书。②

贺钦排除异端的行动得到了辽东官员的呼应。除了上述史料提到的王参将外,曾在贺钦建议下为马云、叶旺修建祠宇的参将胡忠,亦在锦、义地区展开"毁淫祠"的行动。③

与其师陈献章在广东基层社会树立了儒家规范的正统地位相比,④贺钦在辽东社会推行儒家规范的成效相对有限。嘉靖年间,吏部给事中薛廷宠云:

> 国家文教浸淫,海内人材称为全盛,而辽乃风气愿儚,儒效阔疏,未足以昭瑰奇之钟也。扶与清淑之气,秘滞蓄结,必有所徯。吁,士生兹土,与尸风化者,盍图所以当其盛云。⑤

可见,至嘉靖年间,辽东社会仍"风气愿儚,儒效阔疏"。

---

① 蔡天祐:《钓台祠碑记》,载嘉靖十六年《辽东志》卷2《建置志》,第34页下。
② 贺钦:《医间先生集》卷1《言行录》,第52页。
③ 嘉靖十六年《辽东志》卷6《人物志》,第39页下。
④ 科大卫、刘志伟:《宗族与地方社会的国家认同——明清华南地区宗族发展的意识形态基础》,《历史研究》2000年第3期,第5—6页。
⑤ 嘉靖十六年《辽东志》卷1《地理志》,第20页下—21页上。

贺钦是明代辽东最著名的士绅,对辽东社会产生了重要影响。正德十年(1515)左右,义州人为他建立了钓台祠,岁时祭祀。嘉靖年间,辽东巡抚李承勋奏曰:贺钦"宜从祀"。辽东巡抚王之诰奏曰:(贺钦)"宜建祠,令有司春秋礼祭。衣巾其子孙,赠官阶、赐谥号"。万历年间,辽东巡按熊廷弼奏曰:"彼(按:指贺钦)居乡教化又彰彰乎其如此。身没百年,而辽之人,事之如一时,称之如一口。非盛德久而不忘者,(能)如是乎?"①

贺钦是正统以后开始形成的辽东士绅群体的典范人物,通过考察他推行儒家规范、参与地方事务的情况与他的经济情况,可以揭示出辽东士绅群体的一个重要侧面。通过贺钦的个案可以得到以下三点认识:首先,辽东士绅可以凭借个人的学识获得辽东官员的尊重,有时甚至可以通过施加影响来参与地方军政事务。不过,这种影响不宜被过分夸大,因为即使对贺钦颇为敬重的辽东官员有时也会将他的说教当作迂阔之言。贺钦在给他的学生、辽东总兵韩辅的信中写道:"向尝赋小诗,劝贤昆仲,更有二首寄令亲家克明公子,用劝厥子。各不蒙一语之答,想是迂阔之矣。"②其次,辽东士绅在一定程度上,在一定范围内能够将儒家的正统礼仪和行为规范推行到基层社会之中。其三,综合辽东的大土地所有者主要是势要武官,及贺钦较为清贫的经济情况,可知辽东士绅在卫所体制下不容易发展成大地主,也不可能享有州县体制下士绅的优越地位。

需要补充的是,晚明时期辽东士绅的地位有所提升。

首先,生员的社会角色日益重要。无论是反对矿监税使还是抵抗后金的斗争都留下了他们的身影。如,矿监税使高淮肆虐辽东的时候,刘三才等二三百名生员因"地方无主,人情大变",相约"齐至委官公所,再三说讲相激"。③再如,天启元年(1621),都司治所辽阳被后金军攻克后,盖州生员李遇春等人聚集矿徒2 000余人守城。后金派遣6名使者前来诱

---

① 李承勋、王之诰和熊廷弼的奏请,皆请参见熊廷弼:《按辽疏稿》卷4《查录理学名臣疏》,第580页。
② 贺钦:《医闾先生集》卷5《寄韩良弼公子》,第93页。
③ 何尔健:《按辽御珰疏稿》,郑州:中州书画社,1982年,第20页。

降,李遇春杀死其中5人,另1人侥幸逃脱。① 又如,崇祯十三年(1640),辽东候选县丞张伟抱呈称:"卑生居松(山)三载,遭奴四犯,惟于昨春二月内狠攻四十余日。其中倡义鼓励,效死保全者,生、民之力居其大半。"②

其次,辽绅的社会影响力也有所加强。如,萨尔浒大战后,辽绅洪敷教率领全城生员请愿,恳请熊廷弼将主要兵力集中在辽阳;③ 同时,熊廷弼也借助洪敷教的社会影响力鼓动辽人。④ 再如,辽绅刘国缙被称为"辽人领袖",他在萨尔浒大战后招募辽兵15 000余人。⑤ 又如,天启年间,辽绅刘永茂协助董应举在北直的丰润、孟家庄、魏隆、杨许等处购买土地,作为安插辽民的屯田;⑥ 他还奉命代管流落北直的辽东生员的"案册"。⑦

三、军籍户族的变化

明代中叶的卫所体制改革对缓解辽东的社会矛盾起到了一定的积极作用。例如,以巡抚为首的文官体系的介入,在一定程度上抑制了武官贪腐、肆意盘剥军籍户族的现象;营兵制的形成与明朝边疆政策的转变,使辽东地区的军役负担有所减轻;增设卫学提供了更多的受教育的机会,而赴山东乡试成为定制,更为军籍户族提供了改变命运的机会。

---

① 《明熹宗实录》卷11,天启元年六月壬辰。
② 《明清史料》乙编,上海:商务印书馆,1936年,第266页上。
③ 熊廷弼撰,李红权点校:《熊廷弼集》卷7《收集兵力固辽疏》,北京:学苑出版社,2010年,第354页。
④ 熊廷弼:《熊襄愍公全集》卷6《与周毓阳中丞》,北京大学图书馆藏胡氏退补斋本,第52页下。
⑤ 周永春:《题为新兵脱逃有故,四卫转输无人,谨酌议处之法,以资转运事》,载程开祜辑:《筹辽硕画》卷40,第243册,第534页;熊廷弼撰,李红权点校:《熊廷弼集》卷18《与黄梓山本兵》,第875页。
⑥ 董应举:《崇相集》卷2《屯田善后疏》,"四库禁毁丛书",北京:北京出版社,2000年,第102册,第93页。
⑦ 《明熹宗实录》卷37,天启三年八月辛酉。

韩斌之子韩辂为都司儒学生尧东岩撰写的墓志云：

>（尧东岩）居尝自念曰："余家系籍军伍，久处疲敝卫所，而差役冗繁，非高大其门第不可。而欲高门第，非文、武二途无以自振也。"①

尧东岩的墓志刻于嘉靖四十年（1561），上引史料显示，明代中期的军籍户族已经将科举考试视为一种与军功并列的、光大门楣的重要途径。

不过，明廷推进卫所体制改革的目的，是为了维系卫所体制的有效运作。因此，辽东官员在推行改革时主要考虑的是如何重新分配辽东社会承担的军役和徭役，而不是改善辽东军籍户族的生活。因此，卫所体制改革后，军籍户族的负担仍然比较沉重。

由于大批军丁脱离卫所体制的问题并没有随着宣德年间的清军制度改革而获得解决，②自正统年间起，大量本不承担军役的余丁被明廷以招募、抽垛两种手段纳入营兵系统。宣德十年（1435）八月，辽东总兵巫凯就提出"虏寇犯边，将欲歼灭，必广召募"③的主张。明廷接受了巫凯的建议，并自正统元年（1436）起在辽东推行招募政策。以下两条史料可以为证。成化三年（1467），武靖伯赵辅奏曰：

>大同、宣府、延绥、甘肃、宁夏等处卫所官、军户丁，多有精壮舍、余。其人生长边方，惯习战斗，熟知地理，谙晓虏情。乞敕镇守总兵都御史等官照辽东事例召募拣选，厚给口粮及军器马匹，与同官军操练。遇有警急，调度杀贼，有功之日，一体升赏。④

成化九年（1473），辽东总兵官欧信奏曰：

---

① 韩辂：《明尧东岩墓志》，载邹宝库辑注：《辽阳金石录》，第56页。
② 于志嘉指出，清军制度改革之后的清军体系虽然严密，但实际上并没有达到预期目的。于志嘉：《明代军户世袭制度》，第52、90—92页。
③ 《明英宗实录》卷8，宣德十年八月己酉。
④ 《明宪宗实录》卷43，成化三年六月癸丑。

近以虏寇边,奉命招募勇锐,久无应者。乞照正统间例定与升赏,以激劝募者。①

上引"照辽东事例召募拣选""正统年间例",表明辽东是最早实行募兵制的地区,而辽东的募兵制始于正统年间。②同时,上引"精壮舍、余",显示明廷的招募对象既包括军籍户族也包括官籍户族。不过,就接受招募的数量而言,官籍户族无法与军籍户族相比。

成化十二年(1476),《明宪宗实录》透露了更多关于辽东应募军士的信息:

(马)文升又奏:"辽东都司带管应募兵二千七百有奇,广宁操守应募兵一千八百有奇,俱金、复、海、盖等卫余丁。今既廪食在官,而募者亦升受职役,然不辖以卫所,不籍其姓名,他日逃故,无从勾补。乞令山东管粮参政、佥事稽二处募兵本贯,量遣所带余丁,众多者还助旧军。仍籍应募兵并所留余丁分编卫所,隶辽东者以五百人编入抚顺,隶广宁者以一千人增设一所,余则各照原募地方编入定辽、东宁、广宁诸卫乏军所分。有故,一概勾补,庶军有定伍,人无私役。"(中略)从之。③

据此可知,4 500名原本不承担军役的余丁被招募到辽阳、广宁两地的征成军营中承担军役。这些余丁成为应募军士后其军役并非及身而止,而是与卫所军士一样世代为军。如有身故或逃亡者,"一概勾补"。与此同时,应募军士在脱离"旧军"时还带走了"旧军"户下的若干帮丁作为自己的随营帮丁。这实际上意味着原属一个军籍户族的成员分裂成两个或

---

① 《明宪宗实录》卷120,成化九年九月辛丑。
② 因为招募在正统年间已成定例,因此笔者认为明代的募兵制始于正统年间。与笔者的观点不同,李渡认为明代的募兵制形成于嘉靖以后。李渡:《明代募兵制简论》,《文史哲》1986年第2期,第63页。
③ 《明宪宗实录》卷160,成化十二年十二月己丑。

两个以上军籍户族。

在辽东募兵制的推行过程中,招首应运而生。《明武宗实录》载:

> 兵部言:"辽东镇、巡官招募军士,乞量升为首者职。缘招募事例止言,有功日升赏,无为首职之议。今镇、巡官既误引旧例,彼缘招而费广,宜量加恩赏以劝之。凡募过二百名以上者,赏纻丝表里四;其百名以上者,半之;百名以下者,又半。内白衣者,俾之冠带,故有冠带者其赏有加焉。若为首者愿统所募,协同操守,遇警从征有功,则如例升赏,以酬其劳。"从之。①

杨一清为比照辽东事例招募土兵时,曾在奏疏中提及与上引史料大体相同的文字,参照该段文字中"辽东镇、巡等官奏要将招首唐生一等乞要比例升职",②可知上引史料中的"为首者"即辽东招首唐生一等人。辽东总兵、辽东巡抚等官奏请晋升唐生一等官职的事例,彰显了招首在招募新军过程中的重要作用。明廷虽然坚持招首只有建立军功才能升职,但下令按招募新军数量的多寡给予招首不同程度的赏赐。同时规定,如果招首是没有官职或科举功名的素人,可给予"冠带荣身"的待遇,如果已经获得过"冠带荣身"的待遇,则多加赏赐作为报酬。

招首对于其招募的军士负有连带责任。嘉靖年间,兵部郎中的唐顺之奏曰:"访得召募之法莫善于辽东。先立招首,或招军一二百,三五百。量其多寡,轻重其赏,或逃亡,则于招首名下责补。"③与此同时,结合前引《明武宗实录》"协同操守,遇警从征"可知,部分辽东招首自统所募军士参与战守事宜。

招首的出现是卫所体制改革后十分值得注意的社会现象。由于史料

---

① 《明武宗实录》卷13,正德元年五月壬辰。黄章健云:"抱本幕作募,是也。"引文据改。黄彰健:《明武宗实录校勘记》,第58页。
② 杨一清著,唐景绅、谢玉杰点校:《杨一清集》卷7《为处置招募土兵事》,北京:中华书局,2001年,第233页。
③ 唐顺之:《兵部侍郎唐顺之经略蓟镇条陈疏略》,载刘效祖:《四镇三关志》卷7《制疏考》,第287页。

限制,笔者既无法查清唐生一等人的户籍身份,更无法对辽东招首进行量化分析。不过,结合辽东社会在成化年间已经出现"豪富军余""富实不屯种者"推断,①至少有部分招首来自军籍户族。这意味着部分军籍户族可以通过军功、科举之外的合法途径提高社会地位。

辽东的余丁除了应募成为镇戍营兵之外,还有不少人被"募为土兵"。②何谓土兵?《明英宗实录》载:

> (天顺元年)户部尚书沈固奏:"沿边民丁多者宜选三丁朋当土兵一名,卫所带管,二丁供给(中略)。上然其言,命兵部臣曰:朕念辽东至甘肃一带边境人民,每被虏寇侵扰,不得安业。虽常调腹里官军更番操备,然不熟边情,用之无益。今思近边人民,禀气强劲,膂力过人,边鄙利害,戎虏情伪,素所谙晓。不分军、民、舍、余人等,有愿与朝廷效力者,许其自报,收附近边卫寄管,令作土兵名色。赏银一两,给与鞍马器械。秋冬操练支与口粮,春夏务农住支。本户有税粮者免征五石,仍除二丁供给,免其杂泛差徭。该管头目,务加优恤,如有事故,不许勾补。军还为军,民还为民,粮差照旧。后有长成壮丁,照例告报,有功者一体升赏。尔兵部其即出榜沿边各处晓谕。③

据此可知,土兵是天顺元年(1457)明廷在北边军事防御区推行的一种特殊的兵制。土兵与应募军士不同:第一,应募军士常年操练,全年领取口粮;土兵春夏务农,秋冬操练,操练时可领取口粮,务农时无口粮可领。第二,应募军士通常是世代为军,身故或逃亡后例行勾补;土兵的军役及身而止,如果土兵身故或逃亡,"不许勾补"。征召土军的办法是,在北边军事防御区丁口较多的人户中选取三名壮丁,一名充当土兵,其他两名充当帮丁。充当土兵者,赐予白银一两,并提供鞍马器械;充当土兵的户族,有税粮者,免征本户税粮五石,"仍除二丁供给,

---

① 《明宪宗实录》卷172,成化十三年十一月丁卯。
② 《明英宗实录》卷290,天顺二年四月丁卯。
③ 《明英宗实录》卷281,天顺元年八月丁未。

免其杂泛差徭"。

天顺二年(1458),开原、铁岭、汛河、海州、广宁等地的900多名军余被募为土兵。①嘉靖十三年(1534),又有部分辽东军余被募为土兵。②

不愿应募的余丁亦无法逃脱被迫承担军役的命运。自正统年间起,明廷通过抽垛政策将余丁纳入营兵系统。弘治十四年(1501),辽东巡按车梁奏请"照正统间百户毕恭所奏事例,令巡抚等官勾选各镇操军,并(自)在、安乐二州达官等户内余丁各三丁选一,更拨一丁贴助"。③可见,正统年间,辽东官员曾经将辽东镇戍军及自在、安乐二州达官等户下余丁按照"三丁选一,更拨一丁贴助"的方式抽垛为军。自正统年间以来,明廷曾多次在辽东推行抽垛政策。正统十二年(1447),辽东总兵曹义奏请"于各卫余丁、屯军内精拣二千人,于广宁操备,给与马匹",获得明廷的批准。④《明孝宗实录》载:"辽东自弘治二年(1489)以来增设堡、站、墩、台既多,召集新军,拣选舍、余,俵领马匹亦复不少。"《明武宗实录》显示,正德三年(1508)以前被抽垛为军的余丁及其帮丁共有7 290余名。⑤

在部分余丁被迫承担军役的同时,又有部分余丁被迫承担起本来由屯军肩负的屯田重担。《明宪宗实录》载:

> (成化十九年)总理粮储户部郎中毛泰奏:"宣德以后屯田之法虽日寖废,军士犹余四万五千四百,而粮亦视旧不减三分之一。(中略)成化十二年,都御史陈钺(中略)减除无名屯军六万余名,以五年计之共减粮三十万石。故今所存正军惟一万六千七百余名,而岁征粮止一十六万七千九百石。"⑥

---

① 《明英宗实录》卷290,天顺二年四月丁卯。黄彰健云:"抱本百作石,是也。"引文据此改正。黄彰健:《明英宗实录校勘记》,第1059页。
② 《明世宗实录》卷164,嘉靖十三年六月乙卯。
③ 《明孝宗实录》卷177,弘治十四年闰七月壬辰。
④ 《明英宗实录》卷150,正统十二年二月癸卯。
⑤ 《明武宗实录》卷44,正德三年十一月乙未。
⑥ 《明宪宗实录》卷244,成化十九年九月戊申。

参照成化十二年(1476)辽东巡抚陈钺"减无名屯军六万余名"可知,户部郎中毛泰所谓宣德以后仍有"四万五千四百"名屯军,不过是将在册数字当作实存之数而已。

参照熊廷弼"自先年改屯军为操军,耕作之徒率归舍、余,屯军尽废",①可知当时的所谓"屯军"多为顶种余丁及舍人。上引《明宪宗实录》显示,至成化十九年(1483)辽东"屯军"仅剩16 700余名。然而,这些所谓"屯军"主要是正统九年(1444)被迫承担屯田之役的余丁。《明英宗实录》载:

> (正统九年)巡抚辽东监察御史李纯奏:"辽东各卫队伍并带管驿递铺、盐铁场旗军下余丁,除老疾幼小不成丁外,其少壮者五万四千八十六名。中间有六七丁,八九丁者,耕种自食,多不纳粮。乞行辽东都司从实勘数,每军除与一丁帮助,其余每三丁摘拨一丁,与田五十亩屯种,年终照例比较子粒,于该仓交纳备用。"事下户部,请敕提督辽东军务都察院左副都御史王翱,如纯所拟而行。从之。②

据此可知,正统九年辽东的"少壮余丁"共有54 086名,辽东巡抚李纯下令除每军留一名帮丁之外,其他余丁每"三丁摘拨一丁,与田五十亩屯种"。这些被迫承担屯田重役的余丁实际上就是毛泰所谓的"屯军"。

军籍户族更为沉重的负担是赔补"无名屯粮"。《明武宗实录》载:

> (正德三年)巡按山东监察御史周熊奏:"据永乐十七年辽东定辽左等二十五卫原额屯田,共二万一千一百七十一顷五十亩,该粮六十三万五千一百四十五石。至是,田止一万二千七十三顷,该粮二十四万一千四百六十石。"③

---

① 熊廷弼:《按辽疏稿》卷3《议屯田修边疏》,第523页。
② 《明英宗实录》卷112,正统九年正月戊辰。
③ 《明武宗实录》卷39,正德三年六月己卯。

据此可知,永乐时期辽东都司的屯田原额为21 171顷50亩,相当于42 343份军屯。如果按照永乐年间正粮12石、余粮12石的税则计算,应征屯粮1 016 232石。与上引"该粮六十三万五千一百四十五石"不符。如果按照洪武年间每份屯田征收15石子粒的税则计算,应征税粮恰好为635 145石。这也就是说,所谓"永乐十七年(1419)辽东定辽左等二十五卫原额屯田"与屯粮,实际上是周熊查到的永乐十七年的相关材料所载洪武年间的数据。

正德三年(1508),辽东都司的屯田只剩12 073顷,相当于24 146份屯田,按照正统二年(1437)以后屯田子粒的征收税则,应征屯粮144 876石。然而,明廷实际征收的税粮却是"二十四万一千四百六十石"。明廷是依据什么标准制定出上述应征屯粮总额的呢？如果按照"永乐十七年"的"原额屯田"21 171顷50亩,与正统二年以后每份军屯征收余粮六石的征收税则计算,应征屯粮254 058石,这个数额与明廷实际征收的241 460石的差额仅有10 000石左右。① 由此可知,明廷在正统二年以后实际上一直是按照明初的原额屯田来征收税粮。

明廷在辽东的屯田总额仅为12 073顷的情况下,却按照明初的原额21 171顷50亩与实际上高于洪武时期的税则征收屯粮,这就使得辽东都司的军籍户族不得不承受赔纳"无名屯粮"的重担。《明宪宗实录》载:

> (成化十三年)诏稽核辽东屯田。时巡抚都御史陈钺奏:"洪武、永乐中,军士二分守城,八分屯田,人亡粮除。景泰以后,乃以余丁补数抵纳,遂为例。今辽东极边百需俱出军余,又以遗下屯粮负累抵纳,实为无名。②

为了解除军籍户族的沉重负担,陈钺建议:"臣近于各处设计措置,以抵此数,请悉为除豁。"

---

① 正文中提到的10 000石左右的屯粮差额,很可能是在豁免、追征的反复过程中造成的。相关问题,详见后文。
② 《明宪宗实录》卷172,成化十三年十一月丁卯。

然而,明廷不肯接受陈钺的提议。《明宪宗实录》载:

> 户部议:"辽东屯粮,景泰时仅一十八万,至是加二万有余。此必田以丁授,税以田增。其间屯军纵有逃窜,而其田故在,况措置之粮亦非久计。请移文巡按御史并本部郎中,督同布、按二司管粮官,会都司,丈量广宁等二十一卫见种成熟田亩。仍稽每卫下屯军余,各种田亩若干,岁纳子粒若干;顶补纳粮无田余丁,老幼若干;卫所官员、豪富军余占种,及富实不屯种者若干。以其余田分拨无田军余,每名各种一分,输纳子粒。若所征之数,视旧有余,然后以无名者具奏,分豁。"制可。①

可见,辽东都司景泰年间实际征收到仓的屯粮为18万石,至成化十三年(1477)增至20万石。户部官员认为这是屯田总额增加的结果,即所谓"税以田增"。因此,户部官员建议清查屯田而不是豁免"无名屯粮"。

需要指出的是,洪武年间的屯田子粒征收税则虽然是每份军屯征粮15石,但其中包含屯军自食的正粮12石,实际征收的税粮仅为每份军屯3石。按照明初的原额屯田21 171顷50亩计算,洪武年间实际上征税的税粮总额为127 029石。因此,无论是景泰年间实际征收到仓的18万石还是成化年间实际征收到仓的20万石,都迫使辽东的军籍户族不得不承受远远超出洪武年间的税粮负担。

为了减轻由赔纳"无名屯粮"造成的重负,开明的辽东官员往往采取奏请减免与变通处置两种办法应对。成化十六年(1480),辽东巡抚王宗彝奏请减免辽东都司"逃亡事故及遇例释放官军所遗无名屯粮五万余石",获得了明廷的批准。②然而,成化十九年(1483),总理辽东粮食储备的户部郎中毛泰,弹劾辽东都司管屯都指挥刘震"擅减广宁等二十五卫自成化十六年至十九年屯粮十一万余石,亏损边储"。他还指出辽东都司掌

---

① 《明宪宗实录》卷172,成化十三年十一月丁卯。
② 《明宪宗实录》卷200,成化十六年二月戊寅。

印都指挥"朋比误事,皆合逮治"。①《明宪宗实录》载:

> 户部奏:"先是,都御史陈钺、王宗彝以原额田地因贼寇、水患,不足原数,乞除豁无名屯粮五万余石。今(刘)震之所减又非是数,宜移文巡按御史逮问,并停其俸,令追征所减粮。仍行山东督粮官同本部员外郎、主事,以钺、宗彝奏免屯田并震擅免屯田责原屯军领种,自明年征收为始。如不足,则覆勘空闲户口并私充佃户补之。"②

明廷批准了户部的建议,③追缴刘震擅自豁免的屯田子粒。不仅如此,受刘震事件牵连,此前陈钺、王宗彝奏免"无名屯粮"的努力至此亦前功尽弃。

《明武宗实录》载:

> 给操练舍、余共二千三百一十四顷,该粮三万七千二十四石。又地亩田园之类共一万一千四百一十三顷,该粮五万九千五百四十石,皆先年创法征之,以补屯粮者。④

可见,辽东官员还以"地亩田园"等变通措施来补足由赔纳"无名屯粮"造成的财政缺口。需要指出的是以下两点:第一,这些变通措施只是在一定程度上减轻了赔纳"无名屯粮"的重负;第二,这些变通措施很可能导致了一个军籍户族拥有的土地既包括屯田又包括"地亩田园"的复杂情况。

除了缴纳屯田子粒、赔补无名屯粮之外,军籍户族还背负着形形色色的徭役负担。⑤《全辽志》载:

---

① 《明宪宗实录》卷243,成化十九年八月己丑。
② 同上。
③ 同上。
④ 《明武宗实录》卷39,正德三年六月己卯。
⑤ 关于辽东的徭役,参见时仁达:《明代辽东徭役述略》,《黑龙江社会科学》2012年第3期,第147—149页。

辽东都司定辽中等二十五卫,安乐、自在二州,招集,永宁监均徭银,岁三等审编,增损不一。先年约计一万八千二百三十二两,今一万三千五百三十一两九钱六分。修边夫三万八百八十六名,修仓夫七百五十名。局造一千九百四十五名,窑造一千二百七十二名,纳粮五千四百八十四名,跟官三千七百九十八名,斗级四百一十七名,狱卒三百二十八名,鼓手二百九十三名,水手一百一十二名,司兵五百三十六名。①

上述史料显示辽东都司的军籍户族需要承担修边夫、修仓夫、局造、窑造、纳粮、跟官、斗级、狱卒、鼓手、水手、司兵等徭役负担。

在众多徭役负担中,修边夫是最为沉重的徭役之一。下面以修边夫为例说明军籍户族服役的艰辛。曾经做过都察院右都御使的锦州人文贵在他为广宁中屯卫指挥佥事赵琳撰写的墓志中写道:

弘治壬戌,秋雨雪,寒甚,河水流凘。修边丁夫回,僵仆于岸,颇危。公命属吏以马渡之,甚者灌以热汤,咸得无恙。②

文贵所记弘治十五年(1502)秋季的事例表明,若不是赵琳相救,这些服役后归来的修边夫将冻死在河岸上。《全辽志》载:

正德改元,(马深)告病家居。镇、巡委深督修开原边工,经营有心计,优恤役夫,多免于死亡。③

可见,修边夫时常会在修筑边防工程期间丧失生命。只有在马深这样"优恤役夫"的武官主持下,修边夫才能"多免于死亡"。

由于军籍户族之间的丁口、财力不同,逐渐产生了贫富差距。宣德八

---

① 嘉靖四十四年《全辽志》卷2《赋役志》,第14页下—15页上。
② 文贵:《锦州赵琳墓志铭》,王晶辰主编:《辽宁碑志》,第383—384页。
③ 嘉靖四十四年《全辽志》卷4《宦业志》,第18页下。

年(1433),兵部右侍郎柴车指出"辽东各卫屯田军士贫富、壮弱不均",并建议明廷将辽东都司的屯军分为三等,"有丁力牛具者为一等,有丁无牛、有牛无丁者为二等,贫难力单者为三等"。[①]较为宽裕的军籍户族户内往往有六七丁或八九丁,这些余丁"耕种自食,多不纳粮"。[②]

对于丁多、家富的军籍户族而言,卫所体制改革后的一系列重负尚能承受,对于丁少、家贫的军籍户族来说,他们的生活苦不堪言。弘治元年(1488),兵部尚书余子俊奏曰:"辽东各卫军册无存,以致逃亡日多,奸弊百出,请于南京后湖稽考洪武、永乐间原册,依式各誊一本,发各卫收掌,照册查理。"[③]可见,在卫所体制改革后无法生存的军籍户族又走上了逃亡的道路,其中部分军士、余丁依附于享有优免特权的官籍户族。而"军册无存"自然是官籍户族为了从中牟利、暗自毁弃的结果。

[①] 《明宣宗实录》卷104,宣德八年八月庚戌。
[②] 《明英宗实录》卷112,正统九年正月戊辰。
[③] 《明孝宗实录》卷21,弘治元年十二月丁巳。

第五章　晚明的商业贸易与社会变迁

在全球史的发展脉络中,16世纪是一个非常重要的时段。在这个世纪中,葡萄牙人、西班牙人沿着新航路征服美洲,闯入东亚。在他们与各地商人的互动过程中,连结全球的海上贸易网络逐步形成。①西方势力的到来动摇了以明代中国为中心的封贡体制,东亚、东南亚的政治经济秩序呈现出多元竞争的局面。②国际贸易的繁荣,大量白银的输入与西方火器的传播,促使中国在社会、经济、政治、军事和文化方面发生了深刻的变革。③

晚明辽东的商业是否也产生了相应的变化呢?部分学者给出了否定的答案。吴承明认为从内地转运到辽东的货物数量有限,宋应星所谓"滇

---

① 在美国学者卜正民看来,此时"世界经济的中心还不在欧洲",西欧诸国是在"中国这个月亮牵引"下,"努力在世界经济中为他们自己构建一块"能够与中国相通的"地盘"。卜正民著,方骏等、王秀丽、罗天佑译:《纵乐的困惑——明代的商业与文化》,北京:生活·读书·新知三联书店,2004年,引言第14—15页。
② 岸本美绪:《東アジア・東南アジア伝統社会の形成》,载岸本美绪:《世界歴史13——東アジア・東南アジア伝統社会の形成(16—18世紀)》,东京:岩波书店,1998年,第3—73页;尤请参考第18—31页。
③ 许大龄:《十六、十七世纪初期中国封建社会内部资本主义的萌芽》,《北京大学学报》1956年第3期;傅衣凌:《明清社会经济变迁论》,北京:中华书局,2007年;万明主编:《晚明社会变迁:问题与研究》,北京:商务印书馆,2005年;张显清:《明代后期社会转型研究》,北京:中国社会科学出版社,2008年;艾尔曼:《金钱万能:明清间中国帝国晚期的商业、经典与品位》,《中国史研究》2009年第4期;Evelyn S. Rawski, Economic and Social Foundations of Late Imperial Culture, In David Johnson, Andrew J. Nathan, and Evelyn S. Rawski ed., Popular Culture in Late Imperial China, Berkeley: University of California Press, 1987, pp.3–33.

南车马纵贯辽阳,岭徽宦商横游蓟北"不过是夸张之辞。①施坚雅以东北的商业贸易在19世纪90年代以前"几乎没有得到什么发展"为由,将东北地区排除在经济分区理论的分析范围之外。②张显清、万明在研究晚明社会变迁或明代后期社会转型时,亦忽视了辽东的商业贸易与社会变迁。③

鉴于以辽东为纽带的长途贸易网络,是理解辽东卫所体制走向终结的重要前提,本章结合16世纪的初始全球化与社会变迁的历史背景,将辽东、内地之间的长途贸易,辽东地区的互市贸易与中朝贸易置入整体史的框架内予以考察。

与此同时,商贸繁荣等因素引发了大规模的人口流动,大量卫籍人口脱离了原属卫所和原属户族。本章还将通过考察辽东脱籍人口对东部边地的开发,④以及纵横中国北方海域的辽东势力来揭示晚明辽东的社会变迁。

一、以辽东为纽带的长途贸易

在进入16世纪之前,中盐政策的推行是辽东经济史上的一件大事。永乐十九年(1421),明廷因辽东粮食储备不足,批准辽东总兵朱荣的建

---

① 吴承明:《论明代国内市场与商人资本》,载吴承明:《中国的现代化:市场与社会》,北京:生活・读书・新知三联书店,2001年,第120页;宋应星:《天工开物》卷序,"续修四库全书",上海:上海古籍出版社,1995年,第1115册子部,第23页。寺田隆信正确地强调了北边经济贸易区的重要性,但他仅将北边经济贸易区视作北边军事消费区的观点却存在进一步修正的余地。因为军事消费只是北边商业贸易区的一个组成部分,不足以概括整个北边经济贸易区的性质。参见寺田隆信:《山西商人研究》,太原:山西人民出版社,1986年,第120页。
② 施坚雅:《十九世纪中国的地区城市化》,载施坚雅主编,叶光庭等译:《中华帝国晚期的城市》,北京:中华书局,2000年,第244页。
③ 万明主编:《晚明社会变迁:问题与研究》;张显清:《明代后期社会转型研究》。
④ 张士尊相对简略地探讨了辽东人涌入东部边地的过程,并以一个自然段的篇幅讨论了明廷对海岛上的辽东脱籍人口的处置。笔者认为,不但辽东脱籍人口涌入东部边地和海上诸岛的过程仍有进一步探讨的余地,而且脱籍人口进入东部边地、海上诸岛与16世纪商业贸易的关联,上述脱籍人口的商业活动,辽东官员采用落籍、抽垛、安插等手段试图将脱籍人口重新纳入卫所体制等问题尤其值得深入探究。张士尊:《明代辽东东部山区海岛开发考略》,《辽宁大学学报》2002年第4期,第58—61页。

议,在该地区推行中盐政策。[①]盐商的到来,使明代辽东地区的商业得到了一定的发展。成化年间,甚至出现了从广州远赴辽东进行贸易的商人。[②]然而,弘治五年(1492)叶淇变法后,盐商一度不必前往边疆纳米,只要向户部纳银即可获得盐引。[③]

16世纪的中国社会发生了深刻的变化,大量海外白银的流入加速了白银货币化的进展,商业贸易的空前繁荣导致奢靡之风盛行。正是在这样的历史情境中,辽东、内地间的长途贸易日益活跃。下面笔者拟通过辽东布花折银的线索展开分析。

明初,粮饷、布匹、棉花等军用物资皆由海运送往辽东。永乐年间,明廷终止了军粮的运送,但自山东登州运往辽东的布匹与棉花则予以保留。[④]弘治十八年(1505),因海船年久失修,山东、辽东间的官营海运陷入停顿。正德初年,山东登州府官员奏请将每年由登州运往辽东的布匹、棉花改为折银征收。官营海运的时代走向终结。[⑤]

《全辽志》云:"辽余谷粟而乏丝枲。"[⑥]《全边略纪》云:"辽东地无花布。"[⑦]可见,明代辽东素以缺乏丝、麻、布匹、棉花著称,16世纪初,布花折银征折银政策得以在辽东顺利推行,不但说明当时辽东与纺织业发达的江南地区存在长途贸易,而且表明这类长途贸易已经能够解决数十万辽东人的穿衣问题。

朝鲜使者金终男的诗句也为晚明辽东商业贸易的繁荣留下了旁证。

[①] 《明太宗实录》卷241,永乐十九年九月乙丑。
[②] 贺钦:《医闾先生集》卷5《简石斋七》,第88页。
[③] 嘉靖中期虽然恢复了明初的开中制度,但前往边疆中盐的商人数量已今非昔比。庞尚鹏奏曰:"自弘治五年户部尚书叶淇以边粮二斗五升支盐一引,费少而利多,遂改令纳银,发边籴买。初年甚以为利。其后边粮腾贵,积储空虚,寻复开中本色。而飞挽艰难,商人利薄,大非往时矣。"陈子龙等选辑:《明经世文编》卷357《清理盐法疏》,第5册,第3848页。
[④] 嘉靖四十四年《全辽志》卷1《山川志》,第37页上—37页下。
[⑤] 嘉靖四十四年《全辽志》卷1《山川志》,第37页下;陈天资:《海道奏》,载嘉靖四十四年《全辽志》卷5《艺文志上》,第51页下。
[⑥] 陈天资:《海道奏》,载嘉靖四十四年《全辽志》卷5《艺文志上》,第52页上。
[⑦] 方孔炤:《全边略纪》卷10,"续修四库全书",上海:上海古籍出版社,1995年,第738册史部,第537页。

万历三十八年(1610)七月初三日,当金终男走到锦州城与宁远城之间的塔山所时,他在诗中写道:"缘底萧萧鬓已霜,一年强半客他乡。山连漠北黄云暗,地尽天南碧海长。设险深沟重树栅,逢人非戍便行商。牧童何处吹芦管,知是牛羊下夕阳。"① 其中"逢人非戍便行商"显示,金终男在辽西地区看到人群大体可以分为两类,即戍守边疆的军士与从事长途贸易的行商。金终男所述大量行商奔走于辽西地区的场景,反映了辽东贸易的繁荣。

辽东、内地间大规模的长途贸易引起了山海关、辽东两地官员的注意。嘉靖四年(1525),驻山海关太监李能奏请在辽东与内地陆路交通的必经之路山海关建立钞关,分抽商税。② 不久,驻广宁城的辽东镇守太监又在距离山海关不到8里的八里铺建立分抽厂。嘉靖九年(1530)左右,辽东巡抚在前屯卫城临时抽取商税。③ 嘉靖二十六年(1547),辽东巡抚、辽东巡按又以"广宁前屯地当商贾往来之冲"为由,奏请设立税课司,征收商税,"以充给军买马、抚夷、修边诸费"。④ 自山海关至前屯(按:广宁前屯卫城)不过70里左右的路程,却先后设立三所征税机构,这从一个侧面揭示了辽东与内地间长途贸易的繁荣程度。

临清钞关设在运河商路上的重要城镇临清,是明代最为重要的钞关之一。⑤ 临清钞关的税收情况同样说明了辽东、江南间长途贸易繁荣。《度支奏议》载:

> 以临清关言之,原额税银八万三千余两,以辽(阳)、沈(阳)、开(原)、铁(岭)数镇,素称饶沃,边商挟重贩而往,源源不绝,皆经此关。自辽左一失,商贩裹足。(中略)凡属东北榷关,皆苦辽商之断,而临清

---

① 金终男:《朝天录》,收入《燕行录》第2册,第493—494页。
② 雷礼、范守己、谭希思:《皇明大政纪》卷21,第354册,第456页。
③ 嘉靖《山海关志》卷2《关隘》,此书无页码。明廷虽然接受了邹阅的建议,一度废除了山海关的商税,然而此后又再度恢复。《会典》载:"隆庆五年,(中略)题准宁前,如遇夷到边讨赏、传报,得动支山海关税银。量加提赏,以羁其心。"申时行等修:《明会典》卷129《兵部十二》,第667页。
④ 《明世宗实录》卷323,嘉靖二十六年五月戊午。
⑤ 参见毛佩琦:《明代临清钩沉》,《北京大学学报》1988年第5期,第84—95页。

其一也。①

明代商税折银征收始于弘治六年(1493),至嘉靖八年(1529)才成为定制,②临清钞关原额税银的设定理应是嘉靖年间的事。据上引史料,临清钞关的原额税银之所以定为83 000两左右,是因为"边商挟重贩"前往辽东,"源源不绝"。天启元年(1621),辽东都司东部失陷后,"凡属东北榷关,皆苦辽商之断",说明晚明辽东、内地间长途贸易的兴盛是临清等钞关能够完成高额税收的主要原因。

辽东、内地间长途贸易的繁荣离不开各地商人的运作。辽东商人是推动这一贸易网络欣欣向荣的重要力量。明朝初年,即有辽东商人从事辽东、内地间的长途贸易。如永乐年间谪戍辽东义州的贺孟员"常客游江淮,以贸易为事"。③进入16世纪后,更多的辽东商人开始经营长途贸易。嘉靖四十四年(1565)修成的《全辽志》在描述辽东风俗时写道:"鬻贩之夫操其赢余,走吴、越、临、济间,可窥十五之利。"④可见,辽东商人或远赴江南,或直奔长途贸易的中转站临清、济宁等地从事商业贸易,已经成为较为普遍的现象。值得注意的是,积累了一定财富且熟悉海路的辽东商人,有时还在救灾事务中发挥重大的作用。万历四十三年(1615)左右,登州大饥,登州知府以辽米"朝发夕至,无淮米迂阻之艰"为由奏请招徕辽商。辽东商人佟国用、沙禄、匡廷佐等人运粮二十余万石抵达登州。⑤

内地商人亦是推动辽东、内地间长途贸易繁荣的重要力量。成化年间,已经出现了远赴辽东的广州商人。⑥进入16世纪之后,各地商人纷纷

---

① 毕自严:《度支奏议》贵州司卷2《覆查核科臣题报关税缺额疏》,"续修四库全书",上海:上海古籍出版社,1995年,第490册,第195—196页。
② 李龙潜:《明代钞关制度述评——明代商税研究之一》,《明史研究》1994年第4辑,第32页;另请参见余清良:《明代钞关制度研究中的四个问题》,《学术月刊》2009年第11期,第126—128页。
③ 贺钦:《医闾先生集》卷4《先考妣墓志铭》,第77页。
④ 嘉靖四十四年《全辽志》卷4《风俗志》,第47页下。
⑤ 陶朗先:《登辽原非异域议》,载顺治《登州府志》卷19《艺文志上》,北京大学图书馆藏清刻本,第15页下—16页下。
⑥ 贺钦:《医闾先生集》卷5《简石斋七》,第88页。

前往辽东从事贸易活动。在这些商人中自然少不了大名鼎鼎的山西商人。《葛端肃公家训》云:"辽东商人,山西居多,且汾州更过半,居辽娶妻生子,率年久不归。"[1]参与辽东、江南间长途贸易的山西商人常年无暇回归故乡,无法按规定在原籍更换商引,在途经山海关等钞关时只得伪造"假引"蒙混过关。稽查人员习以为常,收取3两税银了事一度成为惯例。《集玉山房稿》云:"山西商游辽东者,多取假引过关。旧但令每引纳银三两。"[2]

同负盛名的徽州商人亦参与了辽东的商业贸易。在明代流传甚广的辽阳海神传说中,男主角程宰即为正德年间前往辽东经商的徽州人。其中一个版本在描述主人公遇到辽阳海神之前写道:

> 程宰士贤者,徽人也。正德初元,与兄某挟重赀,商于辽阳数年。所向失利,展转耗尽。徽俗,商者率数岁一归,其妻孥宗党全视所获多少以为贤不肖而爱憎焉。程兄弟既皆落莫、羞惭惨沮。乡井无望,遂受佣他商,为之掌计以糊口。[3]

借鉴陈寅恪运用通性、特性两种不同视角考察文本的真实与虚构的分析方法,可以得出如下推断:[4]辽阳海神的传说虽为通性之虚构,但徽州商人前往辽东经商的描述则为特性之真实。

傅衣凌在研究徽州商人时曾以《东江始末》所载徽州商人朱某的事例为证,指出徽州商人参与了明末辽东势力主导的海上贸易。[5]此外,晚

---

[1] 葛守礼:《葛端肃公家训》卷上,国家图书馆藏清嘉庆七年刻本,第16页下。
[2] 葛昕:《集玉山房稿》卷5《先祖考太子少保都察院左都御史舆川葛公行述》,"景印文渊阁四库全书",台北:台湾商务印书馆,1986年,第1296册,第438页。
[3] 陆楫等辑:《古今说海》说渊部16《辽阳海神传》,成都:巴蜀出版社,1988年,第272页。
[4] 陈寅恪:《隋唐制度渊源略论稿》,北京:生活·读书·新知三联书店,2001年,第44页;陈寅恪:《唐代政治史述论稿》,北京:生活·读书·新知三联书店,2001年,第273页;陈寅恪:《元白诗笺证稿》,北京:生活·读书·新知三联书店,2001年,第365页。
[5] 柏起宗:《东江始末》,"丛书集成新编",台北:新文丰出版社,1985年,第119册,第702页。傅衣凌:《明清时代商人及商业资本》,北京:中华书局,2007年,第60—61页。

明士人汪汝淳的记载亦可为证。汪汝淳是徽州府歙县人，他在《毛大将军海上情形》中写道："往二三乡人从海上归者，略述彼中情形。"①

辽商、晋商与徽商并不能垄断辽东与内地间的长途贸易。万历四十五年（1617），努尔哈赤率军攻陷抚顺城时，俘获了"山东、山西、涿州、杭州、易州、河东、河西等处商贾十六人"。②此条史料描述的虽然是17世纪初的情况，但也在一定程度上反映了16世纪前往辽东经商的内地人的地域多样性。

各地商人输入辽东的主要商品是布匹和丝绸。据《嘉定县志》，嘉定布的销售范围"近自杭、歙、清、济，远至蓟、辽、山、陕"；③松江人叶梦得云："棉花布，吾邑所产"，远销"京边诸路"。④明代辽东号称"京师左臂"，所谓"京边诸路"理应包括辽东地区。与此同时，朝鲜《李朝实录》载，正德四年（1509），朝鲜使者携带银进入辽东后，大量购买"真丝、䌽段等物"。⑤明代辽东是纺织手工业欠发达地区，朝鲜使者在辽东购买的真丝、䌽段主要是通过长途贸易被贩卖到这里的商品。

从辽东地区贩卖到内地的主要商品是人参，辽东巡按何尔健云：辽东"有何珍奇可取！不过区区貂物，参斤焉耳"。⑥可见，貂皮和人参是可以从辽东获取的重要特色产品。明代辽东档案中存有一些人参、貂皮贸易量的记载。不过，当时辽东武官"把持夷市，压买商贾"，⑦大量人参、貂皮贸易不可能都记录在马市抽分清册上。同时，传世辽东档案只是当时档案的一部分，且往往残缺不全。因此，在抽样不足的情况下，根据档案材料

---

① 汪汝淳：《毛大将军海上情形》，北京大学图书馆抄本，本书无页码。关于汪汝淳的籍贯，参见胡金平：《晚明"汪汝淳"考》，《基督教文化学刊》2010年第1期，第237—238页。
② 《满洲实录》卷4，天命二年四月壬寅。《天工开物》序所谓"滇南车马纵贯辽阳"，意在说明当时全国商贸体系的覆盖之广，不宜以此断定有云南商人前往辽东贸易。宋应星：《天工开物》卷序，第23页。
③ 万历《嘉定县志》卷6《田赋考》，台北：台湾学生书局，1986年，第476页。
④ 叶梦得：《阅世编》卷7《食货五》，北京：中华书局，2007年，第179页。
⑤ 吴晗辑：《朝鲜李朝实录中的中国史料》，第840页；《中宗大王实录》卷9，中宗四年八月戊子。
⑥ 何尔健：《按辽御珰疏稿》，郑州：中州书画社，1982年，第42页。
⑦ 陈子龙等选辑：《明经世文编》卷428《安边二十四议·安辽议》，第6册，第4676页。

进行量化研究并非明智之举。

值得注意的是以下两点：首先，万历十二年（1584），开原马市的抽分与抚赏用银物清册上貂皮与人参的单次最高交易量分别为1 803张和695斤。①这为后人理解明代辽东貂皮、人参贸易的繁荣提供了一些线索。其次，明朝末年，钱谦益在《次韵答徐大于王谢饷参之作》云"自从失清河，人参价腾贵"，又云"伫看复旧辽，貂参满内地"。②可见，在努尔哈赤起兵反明之前，大量来自东北边疆与朝鲜半岛的人参、貂皮经由辽东销往内地。③

白银也是经由辽东流入内地的重要"商品"。朝鲜半岛北部的端川、江界盛产白银。与此同时，在朝鲜与日本的双边贸易中，又有大量"倭银流布，充牣市廛"。④不过，"朝鲜民间止用粟帛，不用银钱"，⑤因而大量白银经由辽东地区流入中国。正德四年（1509），朝鲜《李朝实录》云："闻近来赴京人不赍麻布等物品，皆赍银而去。（中略）臣为咸镜道从事官，闻之于人，产银非独端川而已，于江界等官亦多产焉。赴京之人，非但自京赍去，亦多贸于中路。及到辽东（中略），恣意贸易。"⑥嘉靖二十年（1541），《李朝实录》又云："近来似闻辽东等处富商大贾，输运南京物货以换朝鲜花银。"⑦大部分从朝鲜流入辽东的白银并没有留在当地，而是通过辽东、内地间的长途贸易流入了内地。

---

① 辽宁省档案馆、辽宁社会科学院历史研究所编：《明代辽东档案汇编》，第826、827页。
② 钱谦益著，钱曾笺注：《牧斋初学集》卷3《次韵答徐大于王谢饷参之作》，上海：上海古籍出版社，1985年，第105页。
③ 清朝前期虽然参禁甚严，但仍有辽东商人前往苏州贩卖人参。王一元：《辽左见闻录》，不分卷，国家图书馆藏清抄本，第31页下。
④ 吴晗辑：《朝鲜李朝实录中的中国史料》，第1285页；《中宗大王实录》卷93，三十五年七月甲寅。
⑤ 宋应昌：《经略复国要编》卷7《报石司马书（初二日）》，"四库禁毁书丛刊"，北京：北京出版社，2000年，史部第38册，第140页。宋应昌曾奉命赴朝鲜抗击日军，故其说可信。同样重要的是，朝鲜《李朝实录》亦云："本国自来不用钱货，以绵布杂物，供其行备。"吴晗辑：《朝鲜李朝实录中的中国史料》，第2877页；《光海君日记》卷9，光海君二年二月庚申。
⑥ 吴晗辑：《朝鲜李朝实录中的中国史料》，第840页；《中宗大王实录》卷9，中宗四年八月戊子。
⑦ 吴晗辑：《朝鲜李朝实录中的中国史料》，第1295页；《中宗大王实录》卷95，中宗三十六年五月庚子。

从获取商品的地域判断,纺织业发达的江南地区与能够买到大量人参、貂皮的辽东地区是南北长途贸易的两个核心区域。因此,无论是辽商、晋商、徽商还是其他地域的商人,只要拥有充足的资本就会直接经营辽东、江南之间的长途贸易。经营这种长途贸易的主要商路是大运河及山东、辽东之间的海路。长途贸易商携带布匹、丝绸等商品从江南出发,沿大运河北上,到达山东临清、济宁等地后,他们可以有两个选择:其一,继续北行,到达通州后东行经山海关进入辽东;其二,离开运河,前往登州,然后由登州过海至辽东。

相对而言,选择经登州至辽东的商人为数较多。因为山东登莱与辽东金州的海路十分便利,通常只需一天的时间。汪道昆曾对山东、辽东间的海陆交通做过比较:"自辽东而赴山东航海不旦夕可至,陆路相距三千里往返非三月不能。"① 更重要的是,经山海关进入辽东,会在山海关、八里铺至前屯卫这不到70里的地方先后三次缴纳商税,嘉靖二十五年(1546)之后还可能遭到察哈尔等诸部的劫掠,而从海路进入辽东不但相对安全,而且商人遭到的盘剥较少。

明廷的海禁政策并不能阻挡海上商路的畅通。嘉靖三十七年(1558),蓟辽总督王忬曰:"近虽隔绝海道,然金州、登莱南北两岸,渔、贩往来动以千艘,官吏不能尽诘。"② 成书于明朝末年的《五边典则》云:"辽商利海道之便,私载货物往来山东。"③《海运新考》也描述了北方海域的商业贸易:

> 唐头寨系山东人、辽东人、永平人、天津人,二三四五月间贩运布匹、米豆、曲块、鱼虾并临清货物往来不绝。④

---

① 汪道昆:《太函集》卷89《辽东善后事宜疏》,第1348册,第98页。
② 《明世宗实录》卷460,嘉靖三十七年六月己卯,第7774页。
③ 徐日久:《五边典则》卷4,"四库禁毁书丛刊",北京:北京出版社,2000年,史部第25册,第592页。
④ 梁梦龙:《海运新考》卷中《奖励官役》,"四库全书存目丛书",济南,齐鲁社,1996年,史部第274册,第369页。

唐头寨位于"山东沿海地方",归青州卫管辖,临清则是大运河航道上的重要商业市镇。①上引史料显示,各地商人在北方海域从事贸易活动,"往来不绝"。需要指出的是,由于山东半岛东端的成山(今威海市荣成县)一带海路凶险,选择自江南走海路经登州至辽东的商人数量有限。

以辽东为纽带的长途贸易网络还包括朝鲜半岛和东北边疆的其他地区。这主要是因为人参的主要产地在建州女真活动的长白山地区、朝鲜半岛及辽东都司新定辽右卫所辖的东部边地,高档黑貂皮的产地则在黑龙江流域。②同时,朝鲜半岛还有中国商人需要的大量本地白银和流入朝鲜的日本白银。这就意味着16世纪辽东的中朝贸易,辽东与女真、蒙古的互市贸易并不是单纯的地缘贸易。

在16世纪以辽东为纽带的长途贸易网络兴起之前,明廷从未在中朝边境上设立过互市场所。③与此同时,高丽及其后的李朝皆禁止朝鲜商人与辽东通商。洪武二十四年(1391),《高丽史》载:

> 以军资少尹安鲁生为西北面察访别监,禁互市上国者。初商贾之徒将牛马、金银、苎麻布潜往辽沈买卖者甚众。国家虽禁之,未有著令。边吏又不严禁,往来兴贩,络绎于道。鲁生往,斩其魁十余人,余皆杖配水军。仍没其货,且杖其州郡官吏之不能禁遏者。于是,纪纲大行,边境肃然,无复有犯禁者。④

---

① 梁梦龙:《海运新考》卷下《经理海防》,第378页;毛佩琦:《明代临清钩沉》,《北京大学学报》1988年第5期,第90—95页。
② 成化二年都御史李秉奏曰:"貂纯黑,马肥大者始令入贡,否则拒之。且貂产于黑龙江迤北,非建州、毛怜所有。"《明宪宗实录》卷35,成化二年十月甲寅。相关研究,参见河内良弘:《貂皮贸易的展开》,载河内良弘:《明代女真史の研究》,第637—650页。永乐、宣德年间,明廷主导的内地与奴儿干地区的朝贡贸易可以视作明代内地与黑龙江流域长途贸易的滥觞。关于永乐、宣德年间内地与黑龙江流域的朝贡贸易,参见杨旸:《明代东北亚丝绸之路与"虾夷锦"文化现象》,《社会科学战线》1993年第1期,第118—124、142页。
③ 关于中江互市,详见后文。
④ 郑麟趾:《高丽史》卷46《恭让王二》,第1册,第686页。

由此可见,元代包括辽东在内的辽河平原等地与朝鲜半岛的商业联系原本十分紧密,明朝创立后仍有大批高丽商人前往辽东进行商业贸易,高丽王国对此屡禁不止;至洪武二十四年(1391)高丽王国加大打击力度,才取得了预期的效果。

洪武二十五年(1392),李朝取代高丽政权后继续奉行禁止中朝民间贸易的经济政策。李朝派遣监察在中朝边境的义州等地"禁人越疆贸易"。① 对于前往朝鲜从事走私贸易的辽东人,朝鲜王国采取了强制遣返的政策。据《李朝实录》,永乐三年(1405),"解送辽东人曹成等十一名。(曹)成等到江界将绵布卖买,自称曹指挥亲男,无文凭,故以典农副正元闵生解送之"。② 于是,朝鲜使臣成了辽东地区中朝贸易的重要中介。《李朝实录》载,永乐四年,"入朝使臣从行人等不顾大体,潜挟金银,且多赍苎麻布。又京中商贾潜至鸭绿江,说诱护送军,冒名代行,至辽东买卖,贻笑中国"。③ 又载,永乐十五年(1417),"命辽东出使人私赍去物数,一依赴京使臣行次通事押物例"。④

正统四年(1439),辽东都司发布的禁约榜文反映了朝鲜使臣与辽东人交易的实际情况:

> 照得洪武、永乐年间,朝鲜国差人赴京进贡方物等项经由本司。(中略)迩年以来,在于城外盖造房屋一所,(中略)专令朝鲜国使臣停歇,关支粮草及宴待支应,行之年久。体知得有等富户、势要之人,因见使客人等到来,图利肥己,担背绫罗、段布等物,到彼易换参布、貂鼠等件。不肯两便交易,却乃鼠窃狗盗,乃将不堪物货,多添价值,尽意收买,致使本分之人不得易换。又有能通话语无知之徒,心生奸

---

① 吴晗辑:《朝鲜李朝实录中的中国史料》,第112页;《太祖大王实录》卷2,太祖元年十二月庚午。
② 吴晗辑:《朝鲜李朝实录中的中国史料》,第215页;《太宗大王实录》卷10,太宗五年十一月壬子。
③ 吴晗辑:《朝鲜李朝实录中的中国史料》,第216—217页;《太宗大王实录》卷11,太宗六年正月己未。
④ 吴晗辑:《朝鲜李朝实录中的中国史料》,第273页;《太宗大王实录》卷33,太宗十七年五月癸酉。

计,巧言啜哄来人,指以入城关支粮草为由,将带来货物,驮背进城。引领到家,置办酒食,假为朋友、兄弟称呼。将本家应有不分违禁货物,尽数易换,得其惯便。若不禁约,深为未便。①

可见,辽东商人(按:也包括身在辽东的外地商人)除了前往辽阳城外的朝鲜使团停歇的地方之外,还设法将朝鲜使臣带入辽阳城内进行贸易。在双方的交易中,辽东商人购入的是朝鲜使臣提供的貂皮、人参和高丽布,朝鲜使臣购入的是辽东人提供的绫罗、绸缎和布匹。

进入16世纪以后,辽东地区的中朝贸易日趋繁荣。《李朝实录》载:

(正德四年)闻近来赴京人(中略)到辽东,则真丝、绽段等物,恣意贸易,至为猥滥。②

(嘉靖十九年)近来奢侈日甚,利源日开。至于婚事,非异土之物拟不成礼。卿士大夫争相奢华,厮隶下贱,亦用唐物。加以倭银流布,充牣市廛,赴京之人,公然驮载。一人所赍,不下三千两。至以公贸布物,付之商贾,换持银两。商贾之人坐待后行次,以其布物还纳于官。放恣无忌,至于此极。而国禁解弛,无所防制。③

从中国购入的大量绸缎、生丝等商品使得朝鲜社会"奢侈日甚",而这种社会风气进一步刺激了朝鲜社会对中国商品的需求。综合上引"一人所赍,不下三千两",与"到辽东","恣意贸易,至为猥滥",可知辽东是朝鲜使臣及朝鲜商人购买中国商品与朝鲜、日本白银流入中国的重要区域。

除了以朝鲜使臣为媒介的中朝贸易外,鸭绿江边的走私贸易亦十分

---

① 吴晗辑:《朝鲜李朝实录中的中国史料》,第410—411页;《世宗大王实录》卷86,世宗二十一年九月辛亥。
② 吴晗辑:《朝鲜李朝实录中的中国史料》,第840页;《中宗大王实录》卷9,中宗四年八月戊子。
③ 吴晗辑:《朝鲜李朝实录中的中国史料》,第1285页;《中宗大王实录》卷93,中宗三十五年七月甲寅。

兴盛。朝鲜《李朝实录》载:

> (嘉靖二十年)近来似闻辽东等处富商大贾,输运南京物货以换朝鲜花银,以此物价之多,无异北京。①
> (嘉靖三十年)平安道观察使金明胤启曰:"今者义州越边唐人等多来居住,故富商、大贾赍持银两,昼夜交通买卖。"②

据此可知,当时辽东地区的中朝走私贸易非常活跃。

万历二十二年(1594),中江马市的设立使辽东地区的中朝走私贸易获得了公开化、合法化的地位。③中江是鸭绿江上的一个岛屿,归辽东长奠堡管辖,距朝鲜义州4里左右。④中江马市的开设与日本对朝鲜的侵略有关。万历二十年(1592),日军侵入朝鲜,壬辰战争爆发。同年,明军奉命进入朝鲜抗击日军。万历二十一年(1593)十二月,饱受战乱之苦的朝鲜李朝提出了互市的请求:"自经兵祸,农桑并废,一应官军粮饷及本国经费,十分匮乏。平安一道,霜雹为灾,禾谷不登,各处饥民,赈救无策。而辽东地方米豆甚贱,合无于中江去处姑开场务,通行买卖。"⑤万历二十二年三月,明廷决定在辽东所辖的中江地方开设马市。⑥

中江马市的开设使辽东地区的中朝贸易由此更加繁荣。朝鲜《李朝

---

① 吴晗辑:《朝鲜李朝实录中的中国史料》,第1295页;《中宗大王实录》卷95,中宗三十六年五月庚子。
② 吴晗辑:《朝鲜李朝实录中的中国史料》,第1413页;《明宗大王实录》卷12,明宗六年八月丁丑。
③ 对于明清时期中江的中朝贸易,既有研究侧重对清代及后金时期的考察。陶勉:《清韩中江贸易述略》,《中国边疆史地研究》1997年第1期,第46—54页;费驰:《清代中朝边境互市贸易的演变探析(1636—1894)》,《东北师大学报》2006年第3期,第76—80页。
④ 陶勉认为中江即今兰子岛。陶勉:《清韩中江贸易述略》,第46页。
⑤ 吴晗辑:《朝鲜李朝实录中的中国史料》,第2922页;《光海君日记》卷39,光海君九年四月辛丑。
⑥ 吴晗辑:《朝鲜李朝实录中的中国史料》,第2923页;《光海君日记》卷39,光海君九年四月辛丑。按:万历四十一年,明廷在朝鲜政府的请求下关闭了中江马市。吴晗辑:《朝鲜李朝实录中的中国史料》,第2924页;《光海君日记》卷39,光海君九年四月辛丑。

实录》载:

> (万历三十四年)平安道观察使朴东亮状启:"(中略)疆界不严,往来混淆者,皆由中江之收税也。一年所收之税别无大段添补之用,而京外行商辐辏义州,虽非开市之日,互相往返,络绎不绝。"①

按明廷规定,中江互市"一月九市"。②然而,上引"虽非开市之日,互相往返,络绎不绝",揭示了中江贸易的繁荣程度。

《按辽疏稿》还揭示了中江贸易与16世纪兴起的辽东长途贸易网络的关联及贸易细节。万历三十六年(1608),巡按熊廷弼前往镇江视察。中江商民数百人及朝鲜义州府尹韩得远等纷纷向他控诉,山东海防副总兵吴有孚与辽东镇江游击吴宗道手下"漏报皇税、逼勒各行、强裁货物","侵虐万端"。随后,熊廷弼派人查获价值1 000余两白银的货物,3只登莱虎船及为吴有孚押送货物的马英等人。经过讯问,马英等供称:"资本出于吴有孚,而(其叔)吴宗道则其窝顿地主也";"两年陆续到镇江、抚顺、金、复及海外诸岛"的海船约有三四十只,"俱(吴)有孚家人梁贵、郑三等(中略)往来兴贩";"明以其半撒放中江及朝鲜商人取值,而暗以其半同吴宗道所收丽人为家丁者,变丽服、乘辽船,潜往铁山、别东、大张各岛,换买貂、参等物。"③

中江马市贸易的商品除了中国的生丝、绸缎与朝鲜的白银之外,重要的商品还有朝鲜的貂皮、人参和马匹。关于貂皮,上引《接辽疏稿》已有所涉及,下面重点讨论人参和马匹。朝鲜《李朝实录》载:

> 至于中江开市之事,日后难处之患,有不可胜言者,姑以目今弊端言之。我国牟利之徒潜自越江,与唐人约换把参,折价以银,仍成

---

① 吴晗辑:《朝鲜李朝实录中的中国史料》,第2825—2826页;《宣祖大王实录》201卷,宣祖三十九年七月癸未。
② 熊廷弼:《按辽疏稿》卷2《论辽左危急疏》,第482页。
③ 熊廷弼:《按辽疏稿》卷1《重海防疏》,第437—438页。

契券,先受其价。至还把参之日,唐人不分精粗,只就元数中过半受之,只余些少而不受。此后我国人虽择给品好之参,托以不好终不受之,迟以岁月,改成其契券,常存其半,而只取其息。虽竭力偿之,而其本常存,图出委官票帖,督征极惨。①

中国商人在人参贸易中事先支付参价,然后凭借商业契约收购朝鲜人手中的人参。值得注意的是,先期支付的货款有借贷的性质,中国商人故意使贩卖人参的朝鲜人无法完成契约,以便将剩余的预付款改成新的收购人参的契约,并收取利息。《按辽疏稿》载:

近因营堡专靠夷马俵给,土产者无所售,尽与朝鲜贸易。每月中江九市,每市二三十匹,岁过朝鲜者约二三千匹,未尝无马也。②

据此可知,在中江马市贸易中朝鲜商人每年购入的辽东土产马多达两三千匹。此外,违禁的火药亦往往由辽东输入朝鲜。③

辽东本地商人与身在辽东的内地商人,并不满足于在中江马市与朝鲜商人展开双边贸易,他们还深入朝鲜境内从事走私贸易。朝鲜《李朝实录》载:

(万历三十年)自大军出来后,上下疆域不严,唐人越来,行走自如。而边臣不为呵禁,恬不为怪,此则罪在我国边臣矣。前日逃兵及潜商等京中来接者一一捉拿解送事,非不严教,而有司视之惟庸,闻商贾、逃兵至今犹有存者云,事甚可骇。④

---

① 吴晗辑:《朝鲜李朝实录中的中国史料》,第2858页;《光海君日记》卷7,光海君四年九月辛卯。
② 熊廷弼:《按辽疏稿》卷2《论辽左危急疏》,第482页。
③ 吴晗辑:《朝鲜李朝实录中的中国史料》,第2825页;《宣祖大王实录》201,宣祖三十九年七月癸未。
④ 吴晗辑:《朝鲜李朝实录中的中国史料》,第2691页;《宣祖大王实录》卷150,宣祖三十五年五月丁丑。

可见,自万历二十年(1592)明军援朝以来,许多中国商人前往朝鲜半岛进行商业贸易。

万历二十九年(1601),朝鲜使臣答明朝兵部尚书之言透露了中国商人在朝鲜的活动范围之广:

> 天朝买马之人,驮去杂物,自义州至釜山等地,无处不到,无物不贩。①

据此可知,中国商人的足迹已经抵达朝鲜半岛南端的釜山。

朝鲜釜山与日本对马岛一水相望,是朝鲜商人与日本对马商人展开互市贸易的地方。日本侵朝战争结束后,朝鲜与日本恢复了贸易往来。万历四十一年(1613),朝鲜国王向明朝奏报:

> 惟是对马介于两国之间,地皆石山,田土少收,从前来款边市,以资生理。及其开釁闭关,路绝贩卖,则狡狯之徒,图修旧好,被掳人口,节续刷还,至于献禀制府,恳请通市。盖犬豕之性,迫于噬人,其与夷狄相较,而贻边上生灵之患,亦非达权制变之谋。已经具奏天朝,钦奉成算,许令于釜山港口照旧再设关市。每岁本岛所遣商船无过二十只。自万历三十七年始定讲约,赍持土物,买卖事毕,旋即发回。②

可见,日本侵朝战争结束不久,朝鲜李朝就在釜山恢复了与日本的互市贸易。参照浙江总兵杨宗业、游击将军沈有容所奏"日本(中略)今又借居朝鲜釜山,开市往来,全罗四道,半杂倭奴",③可知朝鲜国王所谓每年对马岛商人"所遣商船无过二十只",万历三十七年(1609)之后日本商人"买

---

① 吴晗辑:《朝鲜李朝实录中的中国史料》,第2670页;《宣祖大王实录》卷134,宣祖三十四年二月丙子。
② 吴晗辑:《朝鲜李朝实录中的中国史料》,第2896页;《光海君日记》卷23,光海君五年五月乙丑。
③ 吴晗辑:《朝鲜李朝实录中的中国史料》,第2895页;《光海君日记》卷23,光海君五年五月乙丑。

卖事毕,旋即发回",不可尽信。无论如何,上述事实显示,中国商人前往朝鲜釜山是为了与日本商人展开直接贸易。以当时的贸易常态推断,双方交换的商品是中国的生丝、绸缎与日本的白银。①

在16世纪以前,辽东与女真人、蒙古人的马市仅有4所,贸易期亦有所限制。进入16世纪以后,辽东与周边族群的互市场所大幅增加。下面依次考察新增的海西女真、建州女真、兀良哈蒙古与察哈尔蒙古专用的贸易场所。

嘉靖四十五年(1566),明廷为了笼络海西女真的著名首领王台,在开原东果园增设了一所道路近便的马市。②于是,海西女真专用的开原马市被分割为两所,即由广顺关入市的东果园马市与由镇北关入市的马市堡马市。前者是海西女真哈达部专用的贸易场所,后者是海西女真叶赫部专用的贸易场所。③

万历四年(1576),明廷增设了清河、暖阳、宽奠3所建州女真专用的互市场所。④需要辨析的是以下两个问题。

首先,宽奠互市。江岛寿雄认为这座互市最初设在永奠堡,此后因为永奠堡的贸易并不活跃,宽奠堡成为主要贸易场所。⑤然而,万历四十年(1612)礼部主事高继元言:"(中略)今辽东有开原、永奠之市。"⑥可见,永奠堡互市并未像江岛寿雄所说因不繁荣而被废弃。《东夷考略》云:

> 万历元年,兵部侍郎汪道昆阅边,总兵李成梁请展筑宽奠等六堡。其地北界王杲,东邻兀堂,计在必争。会杲就戮,兀堂亦讫无异

---

① 笔者的结论证明费驰描绘的在17世纪末至18世纪初形成的中、朝、日三国之间东亚商路实际上早在16世纪末至17世纪初已经初露端倪。参见费驰:《17世纪末18世纪初的东亚商路及其影响》,《中国边疆史地研究》2011年第4期,第95—101页。
② 江嶋寿雄以嘉靖四十年修成的《全辽志》未载开原女真马市一分为二为据,指出顾祖禹所谓"嘉靖中"实际上应该是嘉靖四十五年。江嶋寿雄:《明末遼東の互市場》,载江嶋寿雄:《明代清初女直史の研究》,第365—368页。
③ 《明神宗实录》卷46,万历四年正月丁未。
④ 江嶋寿雄:《明末遼東の互市場》,载江嶋寿雄:《明代清初女直史の研究》,第385页。
⑤ 江嶋寿雄:《明末遼東の互市場補遺》,载江嶋寿雄:《明代清初女直史の研究》,第399页。
⑥ 《明神宗实录》卷495,万历四十年五月壬寅。

志。方修筑十岔口、宽奠堡,巡抚都御史张学颜按视,兀堂等数十酋环跪称:"修堡塞道,不得围猎内地,愿质子,所在易盐布。"都御史于工竣疏请,听市宽奠永奠(中略)。自是,开原而南,抚顺、清河、瑗阳、宽奠并有市。①

综合《明神宗实录》"准永奠堡北互市"与《东华录》"抚顺、清河、宽奠、瑗阳四关口"可知,②上引"抚顺、清河、瑗阳、宽奠并有市"与"宽奠永奠"并不矛盾。这也就是说,《东夷考略》的记载显示,与女真进行贸易的互市共有4所,"宽奠永奠"既无衍文、也不是两所互市。参照开原马市的两所马市分别设在马市堡和东果园、广宁马市设在镇静堡可知,③宽奠互市虽以宽奠为名而其实际位置在永奠堡。《东夷考略》"请听市宽奠永奠",应理解为允许建州女真在宽奠参将所辖的永奠堡参与互市。《明神宗实录》是就宽奠互市的实际位置而言,《东华录》则是就宽奠互市之通称而言。

其次,3所新增互市的商品。江岛寿雄认为这3所互市交易的主要是日用消费品。④张学颜奏请开设宽奠互市时也说"惟米、布、猪、盐,无马匹、违禁物"。⑤然而,《东华录》云"岁以我国珍异于抚顺、清河、宽奠、瑗阳四关口与明互市",⑥表明建州女真参与宽奠等3所互市交易的主要是高档消费品。张学颜等人奏请开市时仅提及米、布、猪、盐等日常用品,是因为这样的书写策略更容易达成开设互市的目的。

明廷还在辽西增设了5所与察哈尔蒙古和兀良哈蒙古贸易的木市。

---

① 茅瑞征:《东夷考略》,"续修四库全书",上海:上海古籍出版社,1995年,史部第436册,第60页。
② 《明神宗实录》卷48,万历四年三月庚子;蒋良骐撰,林树惠、傅贵九点校:《东华录》卷1,北京:中华书局,1980年,第4页。
③ 明代开原马市与广宁马市的位置曾发生过多次变动,上文描述的是明朝中后期相关马市的位置。关于开原马市的位置参见前文注释。关于广宁马市的位置,参见顾养谦:《冲庵顾先生抚辽奏议》卷6《全镇图说》,第464页。
④ 江嶋寿雄:《明末遼東の互市場補遺》,载江嶋寿雄:《明代清初女直史の研究》,第401页。
⑤ 《明神宗实录》卷48,万历四年三月庚子。
⑥ 蒋良骐撰,林树惠、傅贵九点校:《东华录》卷1,第4页。

据《三朝辽事实录》，这5所木市的互市地点分别在广宁镇夷堡、义州大康堡、锦州大福堡、宁远兴水县堡、中后所高台堡。① 其中义州大康堡木市设于万历二十三年（1595），宁远兴水县堡木市与中后所高台堡木市设于万历二十三年至万历二十九年（1601）之间。② 锦州大福堡木市与广宁镇夷堡木市设于万历二十九年之后。③ 同时，据江嶋寿雄考证，广宁镇夷堡木市的前身是万历四十三年（1615）设置在都司东部的长安堡木市，天启二年（1622）明廷将这所木市移至镇夷堡。④

5所木市交易的主要商品是木材。《明神宗实录》载：

> 命开复朵颜各夷马、木二市，并复宁前木市。（中略）万历二十三年，小歹青欲在义州大康堡开木市，听各夷取木顺河运进买卖。⑤

由"取木顺河运进买卖"与这5所木市皆在大凌河、小凌河等水系附近可知，木市经营的不是普通的木材，而是需要通过水路运送的大型木材。结合后文讨论的纵横北方海域的辽东势力与沿鸭绿江运行的造船木材贸易可知，⑥ 辽西木市交易的部分木材也用作造船材料。与此同时，如同马市贸易不限于马匹一样，5所木市交易的商品也不限于木材。⑦ 李化龙在奏请义州大康堡木市的相关事宜时指出，该市"亦当有木场、马圈"。⑧《三朝辽事实录》在记述了5所木市的地理位置之后亦云"市之马、牛、木植皆

---

① 王在晋：《三朝辽事实录》卷7，"续修四库全书"，上海：上海古籍出版社，1995年，史部第437册，第194页。
② 《明神宗实录》所载"并复宁前木市"指的就是宁远兴水县堡和广宁前屯卫中后所高台堡垒。《明神宗实录》卷366，万历二十九年十二月辛未。
③ 万历二十九年重开义州、宁远和前屯木市的时候，没有提及锦州、广宁的两所木市。《明神宗实录》卷366，万历二十九年十二月辛未。
④ 江嶋寿雄：《明末遼東の互市場補遺》，载江嶋寿雄：《明代清初女直史の研究》，第398页。关于长安堡木市的设立时间，参见张鼐：《宝日堂初集》卷25《辽夷略叙言》，"四库禁毁书丛刊"，北京：北京出版社，2000年，集部第76册，第669页。
⑤ 《明神宗实录》卷366，万历二十九年十二月辛未。
⑥ 参见本章第二节和第三节。
⑦ 江嶋寿雄认为辽东的五所木市没有马匹贸易。江嶋寿雄：《明末遼東の互市場補遺》，载江嶋寿雄：《明代清初女直史の研究》，第402—403页。
⑧ 李化龙：《抚辽疏稿》卷3《题为點虏求市事》，第117页。

有税"。①

由以上论述可知,进入16世纪之后,如果计入已在前文有所讨论的中江马市,明廷陆续在辽东增设了10所互市(按:包括马市、木市与狭义的互市)。这些互市的增设虽然与察哈尔蒙古东迁、宽奠等六堡的拓展等东北边疆形势的变动有关,但更重要的原因是辽东长途贸易网络的兴盛。

进入16世纪之后,内地人对人参、貂皮的需求激增,女真人、蒙古人对内地布匹的需求也相应增长。正如《罗石山房文钞》所云:"中国之商利薓(按:薓应为参的异体字夋)、貂,(东夷)之人利缯絮,华(夷)各得其欲。"②同时,广宁马市及大康堡等5所木市除了马匹、木材以外,还有大量的马尾被贩卖到内地。因为明代中期以后穿着以马尾制成的服饰已经成为一种风尚,甚至士大夫亦有不顾非议,"身服马尾衬裙,为市井浮华之饰"③者。

贸易的繁荣导致辽东各类互市传统的贸易期限被打破。万历四年(1576),辽东巡按刘台奏曰:

> 广宁设一关一市以待朵颜、泰宁等夷,开原设三关三市以待福余、西北等夷,开原迤东至抚顺设一关市待建州等夷。事属羁縻,势成藩屏。数十年来,积套成弊。先年进循其期,今则纠同各部,传箭频至。④

成化十四年(1478),明廷规定广宁马市每月开市两次,贸易期分别为初一日至初五日,十六日至二十日。开原马市每月开市一次,贸易期为初一至

---

① 王在晋:《三朝辽事实录》卷7,第194页。
② 左懋第:《罗石山房文钞》卷1《辞阙效言疏》,"四库未收书辑刊",北京:北京出版社,2000年,第6辑,第26册,第553—554页。
③ 沈德符:《万历野获编》卷19卷《汤、刘二御史再谴》,北京:中华书局,1959年,第490页。另请参见赵世瑜:《时代交替视野下的明代"北虏"问题》,《清华大学学报》2012年第1期,第73页。
④ 《明神宗实录》卷46,万历四年正月丁未。

初五。①上引《明神宗实录》"先年进循其期",显示从前辽东周边的少数民族群按照明廷规定的贸易期限,前往其专属互市进行贸易;"今则纠同各部,传箭频至",表明至迟在万历初年辽东各处互市的贸易日趋频繁,远远超过了明廷的相关限制。

《明代辽东档案汇编》提供了更为具体的证据。限于篇幅,这里仅举两例为证。嘉靖二十九年(1550),开原马市抽分与抚赏用银清册所记的贸易日有初一、初二、初七、初八、初九、十三、十四、十六、十九、二十六、二十七、二十八、二十九。②万历六年(1578),抚顺马市抽分与抚赏用银清册所记本年六月的交易日期有初三、初六、初九、十二、十五、十八、二十一、二十二、二十四、二十五、二十六、二十七。③由于现存辽东档案中有关马市的史料多为残档(按:以上两份档案亦不例外),上述数据并不是实际交易日期的完整记录。然而,即便如此,辽东档案的相关记载,仍然反映了进入16世纪以后辽东互市贸易完全打破了明廷的限制,几乎达到了无日不市的程度。

以往的辽东马市研究者通常将辽东的互市贸易,理解为辽东人与周边少数族群的地缘贸易,因此他们虽然注意到进入16世纪以后辽东互市贸易的迅猛发展,但往往将其视为民间贸易超越官方贸易的证据。④然而,明廷从辽东马市大量购入马匹的时代主要是力图肃清沙漠的永乐时期,宣德末年明廷改行以防御为主的军事政策后对马匹的需求有所削减,辽东马市演变为明廷羁縻周边少数族群的政治工具。这也就是说,自正统年间起,民间贸易的重要性已经超越了官方的马匹贸

---

① 《辽东志》载:"开原,每月初一日至初五日,一次。广宁每月初一日至初五日一次,十六日至二十日,一次。"《明神宗实录》载:"初,辽东马市令海西并朵颜等三卫夷人买卖,开原每月一次,广宁每月二次。此成化十四年事也。"嘉靖十六年《辽东志》卷《兵食志》,第30页上;《明神宗实录》卷366,万历二十九年十二月辛未。
② 辽宁省档案馆、辽宁社会科学院历史研究所编:《明代辽东档案汇编》,第716—727页。
③ 辽宁省档案馆、辽宁社会科学院历史研究所编:《明代辽东档案汇编》,第810—813页。
④ 林延清:《论明代辽东马市从官市到民市的转变》,第50—57页;江嶋寿雄:《明末遼東の互市場補遺》,载江嶋寿雄:《明代清初女直史の研究》,第399—404页。

易。16世纪辽东的各类互市贸易,实际上是辽东、内地间长途贸易网络的延伸。正是内地人对人参、貂皮以及白银的需求推动了辽东长途贸易网络的繁荣。

总之,16世纪辽东与内地间的长途贸易十分活跃,这类贸易的持续产生了深远的历史影响。与此相应,辽东社会也发生了相应的变化。

二、东部边地的开发

在探讨脱籍人口对东部边地的开发之前,有必要回顾一下16世纪之前明代东部边地的历史脉络。洪武年间,明廷与朝鲜半岛上的高丽及其后继政权朝鲜确定了以鸭绿江作为两国边界的协定。由于当时辽东的主要威胁来自北方草原上的北元政权,辽东各卫的卫治皆设在千山山脉以西。当时归东宁卫管辖的东部边地不但没有设置军事城堡,当地的人口也相对稀少。① 上述情况一直持续到明代中叶。弘治元年(1488),时任圣节使的朝鲜官员蔡寿向李朝成宗上奏:

> 臣观东八站之地大于我国平安道,土地沃饶万万于平安道。在前空旷无人居者,以与女真相接,无大关防,每每寇窃抢杀。故中国人畏而不居,我国人亦畏而不潜投。②

上引"东八站之地"在东部边地的范围之内。引文显示由于缺乏军事城堡的保护,东部边地虽然"土地沃饶",但辽东人因畏惧女真人的劫掠而不敢居住,朝鲜人也不敢越过中朝边界潜入这个地区。

辽东官员开始经营东部边地,与建州女真逐渐强大并时常劫掠辽

---

① 李辅:《补议经略东方未尽事宜以安边境疏》,载嘉靖四十四年《全辽志》卷5《艺文志上》,第50页上。
② 吴晗辑:《朝鲜李朝实录中的中国史料》,第716页;《成宗大王实录》卷219,成宗十九年八月乙卯。

人口及财产有关。《全边略纪》云:"建州等卫女直都督李满住、董山等自正统十四年(1449)以来,乘间窃掠边境,辽东为之困敝。"① 成化三年(1467)、成化十五年(1479),明廷两次发兵东征,在明军及朝鲜军队的攻击下,建州女真损失惨重。② 然而,建州女真并没有就此一蹶不振,他们仍然是东北边疆的重要势力。

为了强化对建州女真的防范措施,辽东副总兵韩斌开始在都司东部修筑边墙并在东部边地修建军事城堡。③ 成化五年(1469),朝鲜官员向李朝奏报辽东修筑东部边墙的情况:

> (臣)见长墙之界,川溪则以木石交构作沟,墙高六尺,广四尺。平地则以木交置,广百余尺。南距十余里高峰筑烟台,用木交积,高八尺,四面各十三尺。台上造板屋,高五尺。烟台相距或二十余里,或十五余里。自长墙东距昌城府云豆伊烟台百余里,南距仇宁口子六十余里。④

成化六年(1470),圣节使通事崔有光回到朝鲜后,向李朝奏报了他途经辽东时所见都司东部新建军事城堡及驻守军士的情况:

> 自辽东至我国境筑长墙,设五堡,分定军人。又设指挥及都提调以守长墙。其堡五:一曰东州堡,距辽东二日程,守护正军七百,余丁七百;二曰马根单堡,距东州二日程,军数与东州同;三曰清河堡,距马根单一日程,其军数亦同;四曰硷场堡,其军数亦同;五曰瑷阳堡,

---

① 方孔炤:《全边略纪》卷10《辽东略》,第534页。现代学者的研究,参见吴晗辑:《〈朝鲜李朝实录〉中之李满住》,载北京市历史学会:《吴晗史学论著选集》,第1册,第517—541页。
② 河内良弘:《成化三年の役》《成化十五年の役前後》,载河内良弘:《明代女眞史の研究》,第478—538页;刁书仁:《明成化初年对建州三卫用兵考述》,《中国边疆史地研究》2008年第4期,第24—32页。
③ 参见前文。
④ 吴晗辑:《朝鲜李朝实录中的中国史料》,第599—600页;《睿宗大王实录》卷7,睿宗元年八月甲子。

与我国昌城相对，距碱场一日程，守护正军一千，余丁一千。长墙自东州至碱场，或以石或以土筑之。自碱场至叆阳，今年幡蕫以筑。①

在都司东部新建的东州、马根单、清河、碱场、叆阳五座城堡中，只有叆阳堡位于东部边地。②据上引文字可知：叆阳堡驻守军士为1 000名，随营帮丁亦为1 000名。

成化十七年（1481），为了继续强化对建州女真的防范措施及保护朝鲜贡使的安全，辽东巡抚王宗彝奏请进一步完善东部边地的军事防御体系：

> 凤凰山前后实虏寇出没要途，距辽阳三百余里，其间土地广漠，旧无烽堠。请自山之东北至叆阳间筑墩台一十三座，自通远堡东南至沿江间筑墩台二十二座。距山之西北一十五里，旧有古城遗址，于此筑立一堡名为凤凰城，屯驻军马一千。距城西六十里曰斜烈站，筑立一堡名镇宁堡。距站之西北六十里曰新通远堡，（新通远堡）之南筑立一堡名宁夷堡。各屯驻军马五百，以为凤凰城声援。如此则自辽阳直抵朝鲜，烽堠联络，首尾相应，一以拒虏贼东南之窃掠，一以便朝鲜使臣之往来。③

王宗彝的提议获得了批准，但将原拟的堡名镇宁、宁夷改称镇东、镇夷。④于是，东部边地修筑了凤凰城、镇东、镇夷3座城堡和35座墩台。考《明孝宗实录》，凤凰城等3堡至弘治二年（1489）始建造完毕，实际派往凤凰城

---

① 吴晗辑：《朝鲜李朝实录中的中国史料》，第603页；《成宗大王实录》卷2，成宗元年正月壬辰。
② 与此相应，在嘉靖四十三年划定东部边地最高戍守武官险山参将与辽阳副总兵的戍守区域时，叆阳堡划归险山参将管辖，碱场堡被划入辽阳副总兵辖区。据此推断，碱场以西的清河、马根单、东州三堡亦是辽阳副总兵的辖区。杨博：《本兵疏议》卷14《覆巡抚辽东都御史王之诰议设险山参将疏》，"续修四库全书"，上海：上海古籍出版社，1995年，史部第477册，第446页。
③ 《明宪宗实录》卷216，成化十七年六月癸酉。
④ 同上。

的驻守军士为600名,镇东、镇夷2堡各300名。① 参照叆阳堡的事例,可知凤凰城等3堡的军士应有数量相同的随营帮丁,3堡的军士与余丁总计2 400名。

戍守东部边地的军士、帮丁及其家属实际上也是东部边地的新移民。这些新移民来自何处?戍守东部边地后,他们与原属卫所的关系是否发生了变动呢?朝鲜《李朝实录》载:

> 臣赴京时,辽东人络绎而来,云城凤山之东。及其回还,人言已毕城,以一千人戍之。且今年内以金州、盖州、东宁等卫四千户移居之。②

《明孝宗实录》载:

> 辽东镇巡等官奏:"凤凰城及镇东、镇夷二堡已如原拟筑完,其余三十二墩台次第修筑。瞭望操守之人止可就招集军士内摘发,不宜抽补屯军。凤凰城该拨军六百名,镇东、镇夷各三百名,俱属定辽右卫带管。仍令都指挥一人提督,其马匹就夷人贡马内给俵,不必赴京关领。"下兵部覆奏,从之。③

据此,戍守凤凰城等3堡的军士来自金州、盖州、东宁3卫招集的军士。同时,上引《明孝宗实录》"俱属定辽右卫带管",显示凤凰城3堡的军士及帮丁在缺军勾补、钱粮征收、徭役佥发、诉讼受理等方面改由定辽右卫带管。同处东部边地的叆阳堡军士及帮丁的相关情况应与凤凰城等3堡类似。

在东部边地的军事防御体系建构的过程中,部分脱籍人口也开始进入东部边地。《明孝宗实录》载:

---

① 《明孝宗实录》卷30,弘治二年九月壬申。
② 吴晗辑:《朝鲜李朝实录中的中国史料》,第716—717页;《成宗大王实录》卷219,成宗十九年八月乙卯。
③ 《明孝宗实录》卷30,弘治二年九月壬申。

>（弘治十二年）辽东守臣请以先后招集军丁编入缺军卫所,及东山一带土人并流寓人等户内丁多者分为二等,上等守城,次等屯种。①

引文中的"东山"即千山山脉以东的东部边地,"流寓人等户"显示弘治年间已经有流民进入这一地区。

进入16世纪以后,大量的脱籍人口涌入东部边地,其聚居区逐渐发展到鸭绿江沿岸。正德十一年(1516)五月,汤站堡居住的一位未留下姓名的人,在朝鲜使节向他询问辽东人在鸭绿江边居住的缘由时答道:

>前者法禁严密,贼路近处,顿无居人。今则朝廷失政,边将不禁,金州卫军士、余丁,自前数年始来于此,造家垦田。土地沃饶,连岁丰稔,来居者渐多。若有官禁,当即撤还内地。②

所谓"朝廷失政,边将不禁",表明金州卫的军士、余丁并不是官方派到东部边地的移民,而是为了躲避原属卫所差役逃到此处的脱籍人口。

嘉靖年间,更多的脱籍人口涌入东部边地。嘉靖七年(1528)朝鲜《李朝实录》载:"义州江边,唐人联络布居云。"③可见,位于东部边地东端,鸭绿江西岸沿江一带的辽东人口已经十分稠密。嘉靖末年,辽东巡抚王之诰、魏学曾,辽东巡按李辅亦先后指出:

>惟此东南一隅幅员千里,深山广谷,逋逃渊薮。居民散处,孳畜繁盛,素称乐土。而全镇命脉实于此中寄之。④

---

① 《明孝宗实录》卷152,弘治十二年七月丁丑。
② 吴晗辑:《朝鲜李朝实录中的中国史料》,第878页;《中宗大王实录》卷25,中宗十一年五月丁酉。
③ 吴晗辑:《朝鲜李朝实录中的中国史料》,第1140页;《中宗大王实录》卷62,中宗二十三年八月乙巳。
④ 王之诰:《题为议处东南极边要害,添设兵将,控扼虏冲预防外患以永安重镇疏》,载嘉靖四十四年《全辽志》卷5《艺文志上》,第40页下。上引《全辽志》仅云"前人",未云"王之诰",参照《四镇三关志》可知,此疏为王之诰所作。王之诰:《巡抚王之诰议处极边要害,添设兵将,控扼虏冲,以永安重镇疏略》,载刘效祖:《四镇三关志》卷7《制疏考》,第392页。

> 东南一带,僻近海隅,地旷山深,多有四方亡命之徒藏聚其中,委属旷悍难制。①
>
> 照得东南一带,(中略)原虽分派东宁卫管辖,但地方旷荡,山谷绵连,各卫避差人丁,军徒重犯,尽皆逃躲此处。②

上引"东南一隅""东南一带"皆指东部边地;"逋逃渊薮""多有四方亡命之徒藏聚其中""各卫避差人丁,军徒重犯,尽皆逃躲此处",显示嘉靖年间东部边地成了脱籍人口聚集的地区。

这些脱籍人口之所以涌入东部边地,主要是被这里的商业机会所吸引。如前文所述,进入16世纪后辽东的商业贸易十分繁荣,经辽东输入内地的主要商品是来自女真的人参、貂皮和来自朝鲜的人参、白银。东部边地北连建州女真,东临朝鲜半岛的地缘优势,使该地成为辽东商业贸易最为发达的地区。朝鲜《李朝实录》载:

> (嘉靖五年)义州鸭绿江,越边唐人来居者甚众。冬月合冰,则与(朝鲜)义州居民交通买卖。③
>
> (万历二十八年)仍念江边一带,自义州至于理山,隔江相望之地,唐人等筑室、垦田。八九月黄参采取之节,则乘其月黑人断之时,互骑小船,潜相买卖于隐密之处,弊不可防。④

上引史料中的"唐人",皆指居住在鸭绿江西岸明朝境内的辽东人。这些东部边地的辽东人与朝鲜人之间的走私贸易颇为频繁;"黄参采取之节",显示人参是辽东人购入的大宗商品。

---

① 魏学曾:《巡抚都御史魏学曾补议安边疏略》,载刘效祖:《四镇三关志》卷7《制疏考》,第397页。
② 李辅:《补议经略东方未尽事宜以安边境疏》,载嘉靖四十四年《全辽志》卷5《艺文志上》,第50页上。
③ 吴晗辑:《朝鲜李朝实录中的中国史料》,第1085—1086页;《中宗大王实录》卷56,中宗二十一年正月壬辰。
④ 吴晗辑:《朝鲜李朝实录中的中国史料》,第2667—2668页;《宣祖大王实录》卷131,宣祖三十三年十一月丙辰。

在涌入东部边地的人群中虽然不乏"商客人等",①但绝大多数脱籍人口不具备从事长途贸易的财力。因此,部分脱籍人口通常事先囤积从朝鲜人、女真人和挖参的辽东人手中收购的人参等商品,然后转卖给从事长途贸易的商人,即所谓的"掇短包"。②与此同时,从事长途贸易的商人只能在交易额达到一定数量之后,才能在扣除运输费、从行人员的开销、税关的常规税收与分外勒索之外获得利润。如果东部边地没有人从事小规模商业活动,长途贸易商不可能在短时间内完成大量交易。

更多的脱籍人口除了后文提到的农业开发之外,只能受雇或依附于各地客商或较为富裕的脱籍人口,从事包括挖参、运输在内的与商业贸易相关的活动。

木材贸易、特别是制造海船专用的木材贸易是东部边地最为红火的生意之一。如后文所述,进入16世纪后,辽东人控制了辽东、山东之间的海上商路,当时往来北方海域的辽船数量众多。③辽东海船素以装载量大著称,山东巡抚李长庚指出,辽船"所载可千石,数百石者,且坚牢有用"。④制造这样的大型海船势必需要大量长厚且坚固的板材。

在明代制造一艘海船需要多少木材呢?据《明会典》,制造一艘"一千料海船"需要杉木320根、杂木149根、株木20根、榆木舵杆2根、栗木2根;制造一艘"四百料钻风海船"需要杉木28根、桅心木2根、杂木67根、株木20根、铁力木舵杆2根、松木2根。⑤

众多辽东海船的出现,意味着当时辽东存在着一个繁荣的木材市场。

---

① 杨博:《本兵疏议》卷14《覆巡抚辽东都御史王之诰议设险山参将疏》,第447页。
② 《辽左见闻录》所载清初的"掇短包"为笔者的观点提供了旁证:"辽左呼人参为棒槌、或呼为根子,或但呼之曰货。沈阳、开铁之人,至九十月间,刨参者皆归,往往零星买之,而转鬻于参商。其利颇厚,谓之掇短包。"王一元:《辽左见闻录》,不分卷,第53页上。
③ 相关问题,详见下文。
④ 李长庚:《题为仰承明旨酌议海运事宜,恳乞圣明俯赐采择,以安内地、以重军需事》,载程开祜辑:《筹辽硕画》卷6《戊午仲夏二》,第242册,第239页。
⑤ 申时行等修:《明会典》卷200《工部二十》,第1001页。按:所谓"料"指船载人、载货的容量,据苏明扬研究,1料大约相当于2.5—3.48石。苏明扬:《宋元明清时期船"料"的解释》,《海交史研究》2002年第1期,第18页。

除了前文提到的辽西木市之外,东部边地是进行木材贸易的主要区域。《全辽志》载:

> 辽境内,山以医巫闾为灵秀之最,而千山次之。最东则为东山,层峦叠嶂,盘亘七八百里,材木、铁冶、羽毛、皮革之利,不可胜穷。①
>
> 余按部所至,时时召父老。(父老)为余言,土宜稼穑,泽宜鱼鲜,山之东南者宜木材,鸡、豚、牛、羊、狗、马之利,富豪以十百数,编户亦自给焉。②

"东山""山之东南"皆指东部边地。上引史料显示这里的木材资源较为丰富。

与东部边地毗邻的长白山地区亦是制造海船专用木材的重要产地。《明世宗实录》载:

> (嘉靖二十六年)兵部覆辽东抚、按官于敖、张铎勘上:"(中略)金州、诸岛造舟皆取木边外,请于江沿台堡设巡检司以革贩木之弊。"报可。③

综合上引"取木边外"与于敖、张铎建议在靠近鸭绿江的重要城堡江沿台设立巡检司,可知部分民间私造海船专用的木材来自盛产高大树木的长白山。④

海船专用木材的销售地主要在金州卫和海上诸岛。上引《明世宗实录》"金州、诸岛造舟",揭示了造船专用木材的销售地。所谓"金州"并非特指金州城,而是泛指金州卫所辖之地。所谓"诸岛"并非特指金州卫

---

① 嘉靖四十四年《全辽志》卷1《山川志》,第25页下。
② 嘉靖四十四年《全辽志》卷4《方物志》,第48页上。
③ 《明世宗实录》卷323,嘉靖二十六年五月戊午。
④ 赵辅云:"建州一卫女直,东方之黠虏也。深处高山,林木障天。"赵辅:《平夷赋并序》,载嘉靖四十四年《全辽志》卷5《艺文志上》,第24页上。

所辖岛屿,而是泛指辽东附近海域的海上诸岛。辽东巡抚赵楫云:"惟黄骨岛东接朝鲜,实辽左之咽喉;旅顺口南对登州,为天津之门户。海口冲要,莫此为甚。"①据此可知,晚明辽东最重要的两个港口是旅顺口和黄骨岛(按:在今庄河市黑岛镇)。按造船中心多在港口附近的常理推断,辽东民间制造海船、修补海船的基地就黄骨岛和旅顺口附近。

综合制造海船专用木材的原产地主要在建州女真活动的长白山地区与东部边地,于敖、张铎建议在鸭绿江附近的江沿台设置巡检司,与此类木材的销售地在黄骨岛、旅顺口及沿海诸岛,可知制造海船专用木材的贸易路线如下:长白山及东部边地的木材运往鸭绿江,接着由水路顺流而下,出海后沿辽东半岛行进,至黄骨岛附近开始销售部分木材。离开黄骨岛后继续沿着辽东半岛向旅顺口方向前进,在经过石城岛、长山岛、广鹿岛等辽东半岛东侧的重要岛屿时顺便进行一些木材贸易。最后,抵达旅顺口附近继续贩卖剩下的木材。②

由制造海船专用木材的原产地及其贸易路线推断,许多东部边地的脱籍人口以商人、伐木工、运输工等不同身份参与了这项贸易。从建州女真活动的长白山地区获取专用木材是一件风险很高的事:一方面从辽东军事警戒线之外购入木材属于走私贸易,另一方面如果自行伐木可能会与当地女真人发生冲突。然而,为了赚取高额利润,东部边地的辽东人纷纷铤而走险。木材走私贸易的兴盛引起了辽东巡抚于敖、辽东巡按张铎关注,他们试图建立江沿台巡检司禁革弊端,但收效甚微。③

较为丰富的自然资源亦是吸引脱籍人口涌入东部边地重要因素,主要如下。

首先,矿产。《明世宗实录》载:

---

① 《明神宗实录》卷379,万历三十年十二月辛卯。
② 张应强关于清水江流域木材贸易的研究令笔者深受启发。张应强:《木材之流动:清代清水江下游地区的市场、权力与社会》,北京:生活·读书·新知三联书店,2006年。
③ 嘉靖后期至万历初期是辽东人控制北方海域的极盛时期,而造船专用木材的充足是上述局面得以形成的重要因素。由此可知,设立江沿台巡检司的举措收效甚微。

> （嘉靖十年）辽东东南多金银穴，口内流民诱亡命盗矿，甚者肆出卤掠。及其事觉，谪戍皆编发三万、辽海、铁岭三卫，道里不远，易于窜归，人放轻犯。当发之口西，别省卫分以杜其归路。①

嘉靖末年辽东巡按李辅奏曰：

> 东南一带，（中略）地方旷荡，山谷绵连，各卫避差人丁，军徒重犯，尽皆逃躲此处。且地产银矿，凶恶成群，民性强梁，劫夺成习。②

上引《明世宗实录》"口西"指山海关以西的非辽东地区，"口内"指辽东地区。综合上述两条史料，可知前往东部边地开采银矿的主要是逃避差役的辽东脱籍人口。这些在东部边地从事矿产开发的群体被称为"东山矿徒"或"东山矿兵"，这个群体至明末已发展为数万之众。③

万历二十四年（1596）的明代辽东档提供了辽东矿徒在青台峪采矿煎银的细节。这些矿徒使用包括"铁钴""铁锤""内杆""短棍"在内的工具，"朝暮在彼盗掘"。他们在开采矿银的同时，还采集矿砂以便煎成白银。通常一斤矿砂，可以煎银六分。④

其次，人参。《明宪宗实录》载：

> 免征辽东药材二年。辽东都司岁贡人参三百斤，五味子一百五十斤，连年贡未至。巡抚都御史陈钺奏："药材产于凤凰山、暖阳等处，距辽阳四五百里。密迩虏巢，时被侵掠，不得采取。乞暂停免，俟

---

① 《明世宗实录》卷133，嘉靖十年十二月辛丑。
② 李辅：《补议经略东方未尽事宜以安边境疏》，嘉靖四十四年《全辽志》卷5《艺文志上》，第50页上。
③ 茅元仪曰"东山之矿徒数万"，姚宗文云"东山矿兵尚二三万计"。茅元仪：《石民四十集》卷3《海岛情形疏》，第1386册集部，第106页；姚宗文：《题为东阁已竣敬陈辽左事宜以祈圣裁事》，载程开祜辑：《筹辽硕画》卷43《庚申仲夏》，第243册，第618页。
④ 辽宁省档案馆、辽宁社会科学院历史研究所编：《明代辽东档案汇编》，第661页。

事宁之日采办如例。"从之。①

辽阳东山土人,专以采取人参、榛、松,猎野兽为生。②

可见,辽东人参的主要产地在东部边地的凤凰山、叆阳等处,成化年间生活在东部边地的人群除了围猎以外,主要靠采集人参、榛、松等土产为生。

16世纪涌入东部边地的脱籍人口亦从事采挖人参的活动。万历末年,监察御史陈王庭奏曰:"清河、叆阳、宽奠沿山居民,性多犷悍,不受约束。日以挖参、盗矿为业。"③这些挖参者通常数十人组织在一起,每年三月携带粟米、高粱米、炒面、牛肉干等食物入山挖参。在挖参的过程中,群体中威信最高的人被推举为头领,称为山头。至九、十月份下山时,运气好的人可以挖得2—3斗人参,运气差的不过数两而已。④

土地资源同样是吸引脱籍人口涌入东部边地的重要因素。部分脱籍人口进入这一地区后,开垦荒地,养殖家禽、家畜,捕捞鱼虾。由于现存史料的限制,下面选择鸭绿江出海口处的薪岛为个案予以说明。嘉靖七年(1528),《李朝实录》载:

(薪)岛西边,唐人四十八家来居。臣令带行通事申恂招致其中头头人,问其来居年月,则唐人有名崔林者乃言曰:"我等本以东宁卫人,居住于汤站西百里许临江地方。孙子汤站管队官崔堂余丁,时年六十余岁而无役(中略)。今年三月,我及同里住族亲十五家一时移来。其余三十余家,则或四五月,或七八月移来。其中结幕七八家,则以煮盐、捉鱼之事,往来留住焉。"唐人崔楷等四十余人,则东宁卫人也。郑康、康睦、刘汉遇等则自言金州人,去五月移来于此。王愿、

---

① 《明宪宗实录》卷178,成化十四年五月丙寅。
② 《明宪宗实录》卷175,成化十四年二月庚子。
③ 陈王庭:《题为恭陈军前紧要事宜,伏乞圣明速赐处分,以裨战守,以图全胜事》,载程开祜辑:《筹辽硕画》卷16《己未仲春》,第242册,第521页。
④ 《辽左见闻录》虽然讲的是清前期辽东挖参人的情况,但与晚明同一地区的情况应该相去不远。王一元:《辽左见闻录》,不分卷,第51页上—53页下。

高庐、李文举等自言盖州人,八月移来(中略)。(今)崔林等四十八家人口,则或以刘麻事出归本土,以现在之数着点,则男、女、壮、老、弱并九十五名,牛、羊、驴、豕、鸡、犬甚多。今年为始,往往开垦,种以杂谷。两处结箭,大成村落,势渐来居。①

据此可知,崔林、崔楷等原为东宁卫人,郑康、康睦、刘汉遇等原为金州卫人,王愿、高庐、李文举等原为盖州卫人。他们先后来到汤站附近的临江居住。嘉靖七年(1528),崔林等48家人口来到薪岛并形成村落。②他们耕种杂谷,豢养牛、羊、驴、猪、鸡、狗。此外,崔林的个案显示部分脱籍人口涌入东部边地与他们的亲属在当地承担军役有关。③

薪岛的个案还揭示了屯头的存在。在东部边地的开发过程中,屯头是一个比较常见的社会角色,在东部边地汤站堡西百里左右的临江地方,在当时属于明朝的威化、黔同等岛上耕种的辽东人皆有"屯头"或"屯头人"。④那么,屯头在东部边地的开发中扮演着什么样的角色呢?朝鲜《李朝实录》载:

(嘉靖八年)薪岛来居唐人崔霖,(中略)今又唱诱同类,数多来居,户数日繁,田亩岁增。托以辽东大人之令,鱼盐(按:原文作

---

① 吴晗辑:《朝鲜李朝实录中的中国史料》,第1144—1146页;《中宗大王实录》卷62,中宗二十三年八月癸亥。
② 由于当时屯头崔林等人不在岛上,朝鲜《李朝实录》所载薪岛的人口是一个不完整的统计数据,但仍然具有一定的参考价值,即"壮男四十八、(壮)女二十七,老男八、(老)女四,弱男十四、(弱)女十九"。吴晗辑:《朝鲜李朝实录中的中国史料》,第1151页;《中宗大王实录》卷63,中宗二十三年九月戊子。
③ 崔林自云年过六十,无差役,由此可知他并不是随营帮丁。
④ 如朝鲜《李朝实录》所载"临江屯头袁斌"和"夹江屯头人胡玺",所谓"夹江"即鸭绿江上的威化、黔同等岛。吴晗辑:《朝鲜李朝实录中的中国史料》,第1138、1294页;《中宗大王实录》卷62,中宗二十三年七月己亥;同书卷94,中宗三十五年十二月甲戌。关于明代威化岛、黔同岛属于中国领土,详见后文。关于临江的地理位置,《李朝实录》载:"我等本以东宁卫人,居住于汤站西百里许临江地方。"吴晗辑:《朝鲜李朝实录中的中国史料》,第1144页;《中宗大王实录》卷62,中宗二十三年八月癸亥。

"虾",据《李朝实录》改)备纳称云,断无归计。①

嘉靖年间,辽东巡按胡文举奏曰:

> 辽东汤站堡东地名九连城及夹江等处,(中略)先年边民私垦、盗耕,随禁随弛。嘉靖年来奸民周伟等将前田强占,又越开马耳山等岛,共田一百九十余顷。(中略)至嘉靖十六等年,周伟等(中略)群奸集计,占种。陆续盗卖,并指称打点,诓收过住户陈通、徐钊等八十余名,得银一千二百余两。累岁朦告承种、起科,弊害多端。②

上引《李朝实录》中的崔霖即薪岛的屯头崔林,上引胡文举奏疏中的周伟亦为夹江等地的屯头。周伟等"盗卖"所占土地的行为,表明屯头及与其关系紧密的人对所占土地形成了实际上的占有权,他们可以将所占土地卖给随后前来耕种的群体。崔林"鱼盐备纳",周伟等收取住户银两"打点","累岁朦告承种、起科",显示屯头负责结交辽东势要以保护住户的既得利益。

东部边地的开发在脱籍人口的推动下发展迅速,至嘉靖末年已被辽东巡抚王之诰视为"全镇命脉实于此中寄之"的重要地区。③需要指出的是,东部边地的发展同样离不开本地精英的庇护。兹以夹江开垦的个案为例予以说明。朝鲜《李朝实录》载:

> (嘉靖十五年)我国使臣行过汤站,(中略)迎逢军入去时,自古无告谒之例。今者韩承庆托此为辞,至杖我人,又擅札我义州,多以傲语,致辱至甚。非独前古所未闻,亦大乖于天朝优待之义。承庆之所

---

① 吴晗辑:《朝鲜李朝实录中的中国史料》,第1175页;《中宗大王实录》卷65,中宗二十四年七月甲辰。
② 胡文举:《巡按御史胡文举东南疆场议》,载刘效祖:《四镇三关志》卷7《制疏考》,第420页。
③ 王之诰:《题为议处东南极边要害,添设兵将,控扼虏冲预防外患以永安重镇疏》,载嘉靖四十四年《全辽志》卷5《艺文志上》,第40页下。

以为此者,乃以辽东豪右,骄倨素著,且与夹江冒种人交通凤厚。其未为汤站时,私见李应星于辽东,深忿禁耕,多发狠辞。今逞凤恨,无故起端,以为冒耕者之地。他日之患,有未可测。①

所谓夹江即鸭绿江上的威化、黔同等岛,上述岛屿在明代属于中国领土。朝鲜《李朝实录》明言黔同岛"乃上国地方",威化岛在朝鲜"疆域之外"。②辽东巡按胡文举亦言:"夹江中国界限,中国之民居而耕之,法当也。"③由于朝鲜李朝屡次以"脱有小国无知之人,交通上国人民,虑有生患"等理由,请求辽东官员禁止辽东人在夹江开垦,嘉靖前期担任辽东巡按的杨行中、常时平、曾铣等人先后下令禁耕,但屡禁不止。④上引《李朝实录》显示,韩承庆"与夹江冒种人交通凤厚",对朝鲜李朝屡次请求禁止辽东人在夹江开垦十分不满。他出任东部边地的镇戍武官后,借故杖打途经汤站的朝鲜使臣,书写札付威胁朝鲜义州地方官,力图庇护在夹江开垦的辽东人。上述事件发生后,朝鲜李朝曾派遣译官李和宗前往汤站堡劝说韩承庆禁耕。但韩承庆斩钉截铁地说:"我在本堡,谁敢越我志。我有法度,不须再言。"⑤

需要补充的是,在大量余丁涌向东部边地的同时,还有部分余丁从辽东半岛南部迁入辽阳、铁岭等地。韩承训的《捕蝗谣》序云:

辽无蝗,嘉靖辛酉蝗始西来。人惊见之,恐遗种将不可禁。往岁

---

① 吴晗辑:《朝鲜李朝实录中的中国史料》,第1243页;《中宗大王实录》卷81,中宗三十一年二月庚寅。
② 吴晗辑:《朝鲜李朝实录中的中国史料》,第1212、1219页。《中宗大王实录》卷76,中宗二十八年十一月癸丑;同书卷77,中宗二十九年三月壬申。
③ 吴晗辑:《朝鲜李朝实录中的中国史料》,第1293页;《中宗大王实录》卷94,中宗三十五年十二月甲戌。
④ 同上。按:万历十五年时,仍有辽东人前往威化岛等地耕种。由此可知,虽然自嘉靖年间即禁止在夹江耕种,但仍有人前往耕种。吴晗辑:《朝鲜李朝实录中的中国史料》,第1521页;《宣祖大王实录》卷21,宣祖二十年正月庚寅。
⑤ 吴晗辑:《朝鲜李朝实录中的中国史料》,第1244—1245页;《中宗大王实录》卷81,中宗三十一年四月乙酉。

金复民流至此,遂有海蚂螂,到今为农害,今蝗必有招致之者。①

可见,金州卫、复州卫等脱籍人口亦有向辽阳迁移的。《明代辽东档案汇编》则提供了嘉靖年间复州卫炒铁军曾国忠及其亲属脱离原属卫籍迁往铁岭城的个案。②

三、纵横北方海域的辽东势力

与16世纪大量脱籍人口涌入东部边地相互辉映的,是大批脱籍人口涌入了辽东、山东之间的北方海域。

辽东与山东的海上交通十分便利,从辽东金州旅顺口到山东登州新河水关相距550里水程,其间羊圈、黄城、钦岛、鼍矶岛、井岛、沙门等岛"相接如驿递"。在顺风且风力适中的情况下,辰时从旅顺口出发,当晚即可抵达至登州。③

在16世纪之前,明代辽东与山东的海上交通主要由官船维系。明初粮饷、布匹、棉花等军用物资皆由海运送往辽东。永乐年间,明廷终止了军粮的运送,但自山东登州运往辽东的布匹与棉花则予以保留。④明初登州卫原额海船多达一百只,⑤明朝中后期颇具传奇色彩的人物郭造卿敏锐地指出:

辽东虽为口外,实与山东为一省。可严禁其往来,阻绝其生理乎!故因运花布而造船百只,借此以通贸易,使之公私两便耳。夫君行令,臣行意。违禁下海者罪,令也;附官船往返者,意也。识能达

---

① 韩承训:《捕蝗谣》,载嘉靖四十四年《全辽志》卷6《艺文志下》,第28页下。
② 辽宁省档案馆、辽宁社会科学院历史研究所编:《明代辽东档案汇编》,第657—658页。
③ 嘉靖四十四年《全辽志》卷1《山川志》,第38页上—38页下。
④ 嘉靖四十四年《全辽志》卷1《山川志》,第37页上—37页下。
⑤ 沈启:《南船纪》卷2,"续修四库全书",上海:上海古籍出版社,1995年,第878册史部,第95页。

此,乃为知务。不然,花布几何而用船百只!①

正如郭造卿所说,明初虽严厉推行海禁政策,但实际上辽东人与山东人可以"附官船往返"以"通贸易","公私两便"。正统十二年(1447)辽东巡抚以"海道之便",奏请辽东生员参加在山东乡试为郭造卿的观点提供了旁证。②

在明初官营海运的全盛时代,辽东民间的海船没有多少存在的空间。正统十三年(1448),明廷将登州卫的额设海船减少为18只,弘治十六年(1503)又削减为14只。③在此期间,辽东民间海船的数量应该有所发展。弘治十八年(1505),因海船年久失修,山东、辽东间的官营海运暂时停止。正德初年,山东登州府官员奏请应解送辽东的布匹、棉花改解折色,从此因循为例,官营海运的时代走向终结。④

然而,辽东、山东间的海上交通并未从此断绝。汪道昆指出,辽东"自江沿台以迄山海,计海岸千里而遥,而居民以海为生,安能一切废舟以绝口食!有舟即可通近岛,近岛即可转山东"。⑤因此,前往山东收取贴户军装、粮差的辽东军士仍然凭借民船从海路往返。为了避免辽东军士借机脱离卫所体制,有人在万历元年(1573)左右建议辽东军士"取贴军装、粮差必由陆路"。汪道昆坚决反对。他认为:"自辽东而赴山东,航海不旦夕可至,陆路相距三千里,往返非三月不能。彼以一夫一户所得不满锱铢,计其行资得不偿失。"⑥

自16世纪起,辽东、山东间的海上交通走进了民营海运的时代。民营海运的兴起与当时日益繁荣的内地与辽东间的长途贸易密切相关。如前

---

① 郭造卿:《辽镇通海议》,载顾炎武辑:《天下郡国利病书》第34册《九边四夷》,第172册,第777页。
② 夏言:《南宫奏稿》卷1《改便科举以顺人情疏》,第415页。
③ 沈启:《南船纪》卷2,第95—96页。
④ 嘉靖四十四年《全辽志》卷1《山川志》,第37页下;陈天资:《海道奏》,载嘉靖四十四年《全辽志》卷5《艺文志上》,第51页下。
⑤ 汪道昆:《太函集》卷89《辽东善后事宜疏》,第1348册,第98页。
⑥ 同上。据《明神宗实录》"覆道昆辽东善后事""辽人窜伏山东海岛",可知汪道昆的奏疏是万历元年所上。《明神宗实录》卷16,万历元年八月丁巳。

文所述,辽东属于手工业欠发达地区,当地麻、丝等原材料匮乏,也缺少布匹、丝绸等纺织品。山东应解布匹、棉花改解折色后,辽东人与辽东周边的北方族群对纺织品的需求完全依赖商品市场供应。明代纺织品的主要产地在江南地区,从事长途贸易的商人将纺织品从江南运到辽东最为便利的商路,通常先是从大运河运到山东,然后再由山东登州经海路至辽东或自山东经山海关由陆路进入辽东。由于海路远比陆路便利,许多从事长途贸易的商人不顾海禁,选择经海路进入辽东。正如魏时亮所说:"海运虽禁,而辽海之私贩、私逃者未始不通。"①

嘉靖年间,当"倭寇"横行中国南方海域的时候,②辽东人成了中国北方海域的霸主。《明世宗实录》载:

> （嘉靖四十五年）兵部覆巡按御史韩居恩奏:"山东登莱三面滨海,自蓬莱抵胶州二千余里,海岛纷错。国初建立营、卫、所、寨以防海备倭,虑至远也。然倭夷其来有时,防之犹易。顷因辽左上告饥,当事者重恤民困,暂许通、许籴贩,以济一时之急。而豪猾因籍为奸,往往驾巨艘入岛屿,采木、贸易,且利其土饶,遂推□乃妻孥以居。因招集亡命盘据诸岛,时出劫掠,土人莫可谁何。此其患,视倭尤甚。"③

可见,当时辽东脱籍人口的势力除了辽东沿海诸岛之外,还占据了山东沿海诸岛,他们驾驶大型海船出没海上从事贸易活动,劫掠沿岸山东百姓的财物。山东巡按韩居恩认为,辽东人对山东沿海造成的危害比倭寇有过之而无不及。

上引《明世宗实录》"顷因辽左上告饥",表明韩居恩认为嘉靖三十七年(1558)因辽东饥荒暂时解除山东、辽东之间的海禁,是辽东脱籍人口占

---

① 陈子龙等选辑:《明经世文编》卷370《为重镇危苦已极恳乞申饬修养疏》,第5册,第4000页。
② 既有学术成果显示不能将嘉靖年间的倭寇简单地等同于日本海盗。参见樊树志:《"倭寇"新论——以"嘉靖大倭寇"为中心》,《复旦学报》2000年第1期,第37—46页。
③ 《明世宗实录》卷563,嘉靖四十五年十月癸酉。黄彰健云:"海岛给错,三本给作纷,是也。"引文据改。黄彰健:《明世宗实录校勘记》,第2807页。

据山东沿海岛屿的重要原因。然而,嘉靖十六年(1537),龚用卿、吴希孟建议恢复官营海运时写道:

> 况今辽东金、复、海、盖四卫山氓亦各有船,往来登辽贸易度活。①

嘉靖三十七年(1558),侍郎王忬《宽海禁救辽生命疏》云:

> 臣待罪行间,反复筹虑,惟有暂通海运一节,乃目前救急之策。即今登莱海防虽经严禁,其渔船窃贩往来不绝,官司亦难尽革,莫若酌量利害缓急,暂宽前禁。②

可见,嘉靖十六年之前,辽东金州、复州、海州、盖州4卫已有不少拥有海船的人"往来登辽贸易度活"。嘉靖三十七年暂开海禁之前,山东、辽东之间已是"渔船窃贩往来不绝"。参照《弇州山人四部稿》"登莱旧无海舟,其通者皆山岛及辽左之桀黠人也",③可知当时纵横北方海域的多为占据海岛的辽东人与仍在辽东半岛居住的辽东人。

辽东人为什么能够控制山东、辽东之间的海上商路,横行中国北方海域呢?首先,辽东拥有制造海船专用木材市场,辽东人可以制造大量越洋海船,④而山东缺乏制造大型海船的木材。《弇州山人四部稿》载:

> 登莱旧无海舟,(中略)今欲海运则须造舟,山无大材足采,操舵驾帆,浮泗占风之卒,皆欲取办于闽、浙。⑤

---

① 龚用卿、吴希孟:《翰林院修撰龚用卿、户科给事中吴希孟会陈边务疏》,载嘉靖十六年《辽东志》卷7《艺文志》,第6页上。
② 王忬:《总督侍郎王忬乞宽海禁救辽生命疏略》,载刘效祖:《四镇三关志》卷7《制疏考》,第392页。
③ 王世贞:《弇州山人四部稿》卷124《上丁中丞论海运事》,北京大学图书馆藏明万历刻本,第18页上。
④ 参见前文。
⑤ 王世贞:《弇州山人四部稿》卷124《上丁中丞论海运事》,第18页上。

山东巡抚李长庚云：

> 备查（万历）二十五年征倭旧案，俱用淮船、辽船及本地塘头渔船，随至沙门岛，本地船板薄者，多有伤坏，止拣修板厚者运之。①

可见，由于登莱附近"山无大材"，欲造大型海船不得不远赴浙江、福建等地购买专用的长、大木材，因此山东的海船多为在近海活动的塘头渔船。在万历二十五年（1597）为援朝明军运送粮饷的事例中，山东的塘头渔船行至距登州新河水关仅20里的沙门岛即"多有伤坏"，②仅部分板材较厚的塘头渔船可以继续跟随淮船、辽船运送军粮。需要指出的是，淮船奉命自南方运米是壬辰战争时期的特殊事例，不能以此作为否定辽船在常态的山东、辽东海上交通中的主导地位。

其次，山东海防体制的废弛。隆庆五年（1571），山东巡抚梁梦龙奏曰：

> 查得山东沿海地方自青州卫唐头寨起，迤东历成山卫转折而南，至安东卫与南直隶接界。中间有备倭都司，三营、十卫、五守御所、十七备御所。原设城池据险当要，联络不绝，但今坍塌数多。（中略）自济南府利津县丝网口起，迤西历沾化县至海丰县与北直隶接界。中间有三巡检司，公署倾残，尽成瓦砾。均应修理。③

又云：

> 查得利津县丰国镇，沾化县久山镇，海丰县大沽河海口，各设巡检一员。原编弓兵多者百名，少者七八十名，常川驻守，地方有赖。

---

① 李长庚：《题为仰尊明旨酌议海运事宜恳乞圣明俯赐采择以安内地以重军需事》，载程开祐辑：《筹辽硕画》卷6《戊午仲夏二》，第242册，第239页。
② 嘉靖四十四年《全辽志》卷1《山川志》，第38页下。
③ 梁梦龙：《海运新考》卷下《经理海防》，第378页。

近年屡经裁革,止存一二十名。巡检反畏盗贼,远住县城地方,渐以多事。①

可见,明代中后期山东海防城堡"坍塌数多",海防"公署倾残,尽成瓦砾",海防官员"反畏盗贼,远住县城地方"。

在辽东势力逐步控制中国北部海域的过程中,大批辽东脱籍人口来到辽东、山东附近的海岛上居住。万历元年(1573),兵部侍郎汪道昆奏曰:

> 臣闻自昔辽东年饥役重,军民窜伏山东海岛,渔海以居。率皆避重就轻,往而不返。先年在彼(按:指山东)既非土著,或不相容;在此(按:指辽东)则官司有系属,户族有催科,犹或可及。山东近议收为寄籍,已奉钦依。始而计口三千,自后又复千人往矣。辽东边民困甚,赋役偏重于海隅,乃今逃者既得依归,无复顾忌。自是则官司不相统摄,户族莫敢谁何。故辽人之视彼犹福堂,视此犹图圄也。②

据此可知,万历元年左右,在山东附近海岛寄籍的辽东人多达4 000人。上引汪道昆所奏辽东"赋役偏重于海隅",显示逃往海岛的辽东脱籍人口大多数来自辽东半岛南部的金州、复州、海州、盖州4卫。

综合《明世宗实录》所载辽东"豪猾因籍为奸,往往驾巨艘入岛屿,采木、贸易,且利其土饶",龚用卿、吴希孟奏疏"况今辽东金、复、海、盖四卫山氓亦各有船,往来登辽贸易度活",王忬奏疏"今登莱海防虽经严禁,其渔船窃贩往来不绝",③可知辽东脱籍人口虽然耕种海岛上的农田,但主要

---

① 梁梦龙:《海运新考》卷下《经理海防》,第379—380页。
② 汪道昆:《太函集》卷89《辽东善后事宜疏》,"续修四库全书",上海:上海古籍出版社,1995年,第1348册集部,第99页。关于《辽东善后事宜疏》写于万历元年,参见前文注释。
③ 《明世宗实录》卷563,嘉靖四十五年十月癸酉;龚用卿、吴希孟:《翰林院修撰龚用卿、户科给事中吴希孟会陈边务疏》,载嘉靖十六年《辽东志》卷7《艺文志》,第6页上;王忬:《总督侍郎王忬乞宽海禁救辽生命疏略》,载刘效祖:《四镇三关志》卷7《制疏考》,第392页。

依靠"窃贩往来""贸易度活"来维持生计。所谓"贸易度活""窃贩往来",不仅包括以经营海上贸易为生,而且包括为长途贸易商运送货物。

另有一些辽东脱籍人口占据了辽东半岛东侧的海上诸岛。嘉靖七年(1528),漂流到朝鲜境内的东宁卫脱籍人口崔堂回答朝鲜官员询问时说道:

> 我辈海洋岛二十日留连时,所见往来兴贩者尽是上国人,无他国人。岛之周回四十余里,有大川,无水田,只有旱田,皆硗瘠。无弓矢冶铸之事,虽农器皆贸用于辽东地面。居民四十余家,张宽为首,称船主,凡有事皆取断。[①]

上引史料中的"海洋岛"在石城岛附近。[②]据朝鲜官员勘察,"所谓海洋岛,似是今日之所谓海浪岛。而地方不广,只有四五人户,四面皆是石壁","而傍有石城岛稍为广阔,人家多在,地图内海洋岛属石城岛云"。[③]上引史料显示,"海洋岛"有40余家辽东脱籍人口居住,他们虽然亦从事农耕,但更主要的谋生手段是"往来兴贩"。因此,他们的首领并不像东部边地从事农业开发的脱籍人口的首领那样称屯头,而是称为船主。海洋岛的船主张宽权力很大,岛中事务皆由他裁断。

---

① 吴晗辑:《朝鲜李朝实录中的中国史料》,第1138页;《中宗大王实录》卷62,中宗二十三年七月己亥。崔唐自称"东宁卫城内居住",然而崔唐被解送辽东途经汤站时,其族兄崔清来见崔唐,怒曰:"汝等离亲戚故乡,投居江边,以渔猎为事,厥终云何?"在崔唐被解送到辽阳时,辽东都司掌印指挥使向道:"汝等何处人?"崔唐答道:"我是临江居人。"据此可知,崔唐是东宁卫脱籍人口在东部边地汤站堡一百里左右的临江地方居住。吴晗辑:《朝鲜李朝实录中的中国史料》,第1145页;《中宗大王实录》卷63,中宗二十三年十月乙巳。
② 吴晗辑:《朝鲜李朝实录中的中国史料》,第2831页;《中宗大王实录》卷62,中宗二十三年七月己亥。
③ 吴晗辑:《朝鲜李朝实录中的中国史料》,第2841页;《宣祖大王实录》卷211,宣祖四十年五月甲子。

第六章　体制变异与明清易代

晚明时期辽东的卫所体制已经不再适应社会经济的发展。与此同时，随着察哈尔的东迁，辽东的边疆形势也发生了很大的变化。辽东官员采取了就地落籍、招募军事家丁等权宜措施，试图在卫所体制的框架内维持国家对辽东社会的控制。然而，这些权宜措施导致了军事利益集团的形成，而军事利益集团又促成了辽东社会的秩序危机。本章在考察卫所体制变异与辽东社会危机的同时，也试图从区域社会的角度思考明清易代问题。

一、体制危机中的权宜之计

进入16世纪以后，辽东的卫所体制再度面临严重的挑战。导致卫所体制危机的因素是多元的。在自然环境方面，嘉靖后期的辽东灾害不断。嘉靖三十七年（1558），辽东发生大规模水灾，在由此引起的饥荒中出现了人吃人的现象，同年的疫情又导致了大规模的人口死亡。嘉靖三十八年（1559）秋，连续的大雨与突然出现的大量黑鼠，使长成的庄稼被破坏殆尽。嘉靖三十九年（1560），再度爆发大规模饥荒。嘉靖四十年（1561），爆发蝗灾，庄稼受损。[1]

---

[1] 嘉靖四十四年《全辽志》卷4《祥异志》，第54页上—55页上。上引《全辽志》仅云嘉靖三十七年大饥，据《世经堂集》"自三十七年大水之后"可知，这一年辽东发生了大规模的水灾。徐阶：《世经堂集》卷2《答辽东宣大边事论》，"四库全书存目丛书"，济南：齐鲁书社，1997年，史部第79册，第379页。

在边疆形势方面,察哈尔东迁及喀尔喀的迁徙是导致卫所体制危机的外部因素。察哈尔东迁始于嘉靖二十五年(1546)。当时,以俺答汗为首的土默特蒙古部强势崛起,察哈尔部迫于形势向东迁徙。① 嘉靖二十六年(1547),察哈尔部首领,即达延汗的重孙打来孙将王庭迁至辽东附近。② 嘉靖二十九年(1550),察哈尔部兼并了原属兀良哈的大部分土地,并收服了大量兀良哈蒙古。③ 与此同时,喀尔喀蒙古在其首领虎喇哈赤的率领下,亦迁到辽东近边住牧并逐步占据了福余卫的属地。福余卫部众逃亡松花江流域,不敢复入开原庆云堡参与马市贸易。④

10万察哈尔蒙古及部分喀尔喀蒙古部众先后迁到辽东近边住牧,令辽东社会承受着前所未有的军事压力。⑤ 自嘉靖二十五年入寇义州起,蒙古诸部连年劫掠辽东地区。据《全辽志》,自嘉靖二十五年至四十二年(1563),察哈尔等部共寇略辽东15次。劫掠的具体地点不但包括辽西的义州、广宁、宁远、前屯,而且包括都司东部的辽阳、盖州、金州。笔者不拟将上述战役一一列举,仅以下面三个年份的情况为例予以说明。嘉靖二十七年(1548)七月,察哈尔等部寇广宁。十月,寇义州。十二月,寇辽阳。在广宁的战役中,辽东参将阎振战死,在辽阳的战役中辽阳代理副总兵王言虽然将蒙古诸部"破阵驱出",颇有斩获,但辽阳居民及其财物被"杀戮、抢掠者无算"。嘉靖三十五年(1556),察哈尔等部寇广宁,辽东总兵殷尚质、游击将军阎懋官战死。嘉靖四十年(1561)十月,察哈尔等部寇

---

① 《全边略记》载:"兵部上方略曰:'东房故住宣之北,大漠之地。至嘉靖中,房酋打来孙与俺答盗马仇杀,遂挈所部东徙。"《全辽志》云:"(嘉靖)二十五年秋七月,北房自清河入寇义州。北房通辽,自此始。"由此可知,察哈尔迁到辽东近边居住应是嘉靖二十五年的事。方孔炤:《全边略记》卷1《蓟门略》,第738册,第227页;嘉靖四十四年《全辽志》卷4《祥异志》,第54页上。
② 据《殊域周咨录》,嘉靖二十六年,"今小王子庭直辽东"。严从简著,余思黎点校:《殊域周咨录》卷21《鞑靼》,北京:中华书局,1993年,第698页。
③ 《明世宗实录》云:"自嘉靖二十九年以后迤北把都儿、打来孙二房收东夷而居其地,遂巢辽、蓟之间。"《明世宗实录》卷464,嘉靖三十七年九月辛丑。
④ 冯瑗:《开原图说》卷下,第8页上—8页下。据《明世宗实录》,虎喇哈赤嘉靖三十七年时即已开始在辽东近边活动。《明世宗实录》卷421,嘉靖三十四年四月丙子。
⑤ 和田清指出,10万察哈尔部众东迁的意义极其重大,不但"在蒙古内部引起了重大变化,并使辽东大为疲蔽,不久便形成了清朝兴起的基础"。和田清:《明代蒙古史论集》,第425页。

盖州,攻克熊岳城,随后进军金州,"大肆杀掠"。①

察哈尔等蒙古诸部对辽东的劫掠不但造成了大量生命、财产损失,而且导致了辽东军士的贫困化。顾养谦在分析辽东军饷问题时,以察哈尔东迁为界,将辽东军饷的情况分为前后不同的两个时期。具体地说,在嘉靖二十五年察哈尔东迁以前,辽东军士的月粮为米一石,折银二钱五分。由于当时辽东的常态米价大体维持在米一石值银二钱五分的水平,再加上帮丁的补贴,所以辽东军士尚可维持自己的生活。然而,自嘉靖二十五年之后,常年的战争导致辽东的米价大幅提高,每石米涨至八钱左右,②二钱五分的饷银只能买米三斗。在帮丁大量逃亡的情况下,辽东军士的微薄饷银无法维持其基本生存,更谈不上赡养父母、抚养妻儿。于是,辽东军士纷纷走上了逃亡的道路。③

顾养谦的上述分析还提示了军饷微薄也是导致军士逃亡的重要原因。他在《议处辽镇兵饷》的奏疏中,描述了军饷微薄的辽东军士的艰辛:"臣初出关时,见带甲护行之士,皆取潢污之水,和麦面而啜之,以充饥渴。而马则不废刍豆,为之堕泪。及抵镇城询之,全辽之士皆然,以为固常,而泪不胜其堕矣。"④

辽东军士军饷微薄,是一个长期未能得到解决的问题。万历十四年

---

① 嘉靖四十四年《全辽志》卷4《祥异志》,第54页上—55页上。
② 顾养谦:《冲庵顾先生抚辽奏议》卷5《议处辽镇兵饷》,第453—454页。全汉昇对北边地区的米价进行过深入的探究,他认为辽东的米价在正统五年以前为一钱左右一石,成化十四年增至四两一石,嘉靖三十七年和三十八年涨至七两至八两一石,天启元年更高达十二两一石。他以上述米价为依据描绘了一幅北边地区米价不断飙升的图景(全汉昇:《明代北边米粮价格的波动》,载全汉昇:《中国经济史研究》,北京:中华书局,2011年,第2册,第165—166页)。然而,全汉昇选取的米价多为灾荒或战乱时期的价格,这也就是说他对北边地区米价的描绘,有时是以非常态米价为基础的。与全汉昇对辽东米价的认识有所不同,笔者认为辽东巡抚顾养谦对辽东米价的描述值得信赖。如上引顾养谦奏疏所云,辽东的常态米价在嘉靖二十五年之前大体维持在二钱五分左右,嘉靖二十五年之后,大体在八钱左右。值得注意的是,根据熊廷弼的相关记载,即使在萨尔浒大战之后辽阳的米价亦仅为一两六七钱(按:原文为"辽阳米斗值一钱六七分"),远低于全汉昇描绘的自成化十四年以来每石四两一路飙升至七八两,再暴涨至十二两的米价。熊廷弼撰,李红权点校:《熊廷弼集》卷17《答周毓阳中丞》,第862页。
③ 顾养谦:《冲庵顾先生抚辽奏议》卷5《议处辽镇兵饷》,第454页。
④ 顾养谦:《冲庵顾先生抚辽奏议》卷5《议处辽镇兵饷》,第455页。

(1586)左右,部分辽东军士的饷银增至四钱,① 但仍然很难维持辽东军士的基本生存。为了说明辽东军饷之薄,顾养谦将增至四钱的辽东军士饷银与各地军士饷银进行了比较:

> 查得南直隶、浙江、闽广之间,自兵兴以来,月饷皆以九钱。夫彼皆米谷布缕鱼盐所从出之乡,犹必饷以九钱而始足。蓟镇南兵则以远戍而厚招之,月饷以一两五钱,不一两五钱亦不足。其招募步兵,密云、滦阳、汉庄凡三营九千人者,月饷皆一两。军饷上半年折色,七钱,下半年四钱五分。马料折色或八钱、或四钱。宣大军饷沿边八钱,腹里亦七钱。其马料折支亦至八钱、七钱。五月、六月,仍有贴料银三钱。缘先年宣大虏患频仍,军士苦战,故养之为独厚。今辽左虏患甚于先年之宣大,乃月饷止及其半,而饲马不及两镇四分之一。是辽兵之苦,视诸镇独甚,而其饷银视诸镇为独薄也。②

顾养谦通过与各地军士的对比,说明"辽兵之苦,视诸镇独甚。而其饷银视诸镇为独薄也"。此外,他还将辽东军饷与蓟镇军饷对比以说明辽东军饷之薄:"臣先为蓟州道副使,颇知其详,即蓟州一道所辖中协一区,饷盖至六十三万矣。辽饷不过四十六万,以全辽之饷,不能比蓟之一区,其为薄可知矣。"③

导致卫所体制危机的主要原因还包括社会经济的变动与国家控制的衰弱。关于长途贸易网络兴盛与大量脱籍人口带来的影响,在第五章中已有所论述,下面重点探讨国家控制的衰弱。

卫所体制改革之后,辽东百姓对国家的人身依附关系已经有所减弱,至正德年间,明廷对辽东社会的控制更加松弛。正德十一年(1516),一位未留下姓名的汤站堡居民,在被问及脱籍人口涌入东部边地的原因时说道:"今则朝廷失政,边将不禁,金州卫军士、余丁,自前数年始来于此,造

---

① 部分军士的饷银仍为二钱五分,详见后文。
② 顾养谦:《冲庵顾先生抚辽奏议》卷5《议处辽镇兵饷》,第455—456页。
③ 同上。

家垦田。"①

更突出的例证是正德军变与嘉靖军变。正德四年(1509)的锦、义军变与清查屯田有着直接的关联。当时刘瑾遣官清丈各地屯田,户部侍郎韩福受命前往辽东都司。当韩福派遣随行官员刘玉等人到锦州、义州清丈时,军余高真、郭成等人发动了锦、义军变。高真等人"焚毁廨舍,殴逐委官"的行动主要是针对刘玉等前来清丈屯田的官员,所谓"委官"即指刘玉等人。②

由于清丈屯田不但影响拥有部分科田的军籍户族的利益,而且影响侵占屯田的官籍户族的利益,在这次军变中,官籍户族与军籍户族形成了某种默契或"共谋"。在具体的军变过程中,分守锦州、义州的镇戍武官从未采取镇压行动。《明武宗实录》所谓"守臣不能禁",不过是误信了分守参将回鹏等人不愿禁止的推诿之辞。③

明廷在军变之后作出了让步,下令"别选军士素所信服将领从公丈量"。据《明武宗实录》的以下记载可知,所谓"素所信服将领"是以著名的韩氏家族为首的辽东本地武官:"升辽东总兵官署都督佥事等官韩玺等二十人各一级,以佥都御史魏讷奏其有丈量地土之劳也。"④由辽东都司当地的既得利益者清丈屯田,其结果不过是"虚应故事"而已。⑤与此同时,明廷下令"自愿耕佃者俱仍从其旧,报出粮料,即平价与之"。⑥虽然在军变平息之后,明廷将高真等22人处斩,将其家属发配南海卫充军,但锦、义军变真正的胜利者是侵占大量屯田的辽东官籍户族,因为他们达到了阻止清丈屯田的目的。⑦

---

① 吴晗辑:《朝鲜李朝实录中的中国史料》,第878页;《中宗大王实录》卷25,中宗十一年五月丁酉。
② 《明武宗实录》卷53,正德四年八月辛酉。
③ 同上。
④ 《明武宗实录》卷65,正德五年七月甲戌。
⑤ 这里借用的是明孝宗的说法:"近来清理屯田,多虚应故事者。"《明孝宗实录》卷221,弘治十八年二月己巳。
⑥ 《明武宗实录》卷53,正德四年八月辛酉。
⑦ 与笔者的观点不同,周远廉、谢肇华认为正德四年的辽东军变是"屯军反封建斗争白热化的表现",丛佩远的观点与周、谢二人相近。周远廉、谢肇华:《明代辽东军屯制初探——明代辽东档案研究之二》,《辽宁大学学报》1980年第6期,第57页;丛佩远:《明代辽东军户的反抗斗争》,《史学集刊》1985年第3期;第5—28页。

嘉靖十四年(1535)的辽东军变主要是反对辽东巡抚吕经的群体事件,军变的爆发主要有以下三个原因:首先,吕经收夺马军原本不必缴纳租税的养马田,试图"召佃纳租"。其次,下令每名军士只能保留一名帮丁,其他两名"编入徭册征银,解广宁库"。①其三,清丈屯田。吏部侍郎霍韬云:"奸人惧发露屯田奸弊也,故片词不及屯田勘丈,只云马军业田亦随屯田纳粮,则事所由起,决为清丈屯田可知也。"②需要指出的是,前两个原因主要影响军籍户族的切身利益,第三个原因则可能危及官籍户族的既得利益。

吕经"清劲有名",③其推行均徭改革的本意无可厚非。然而,清查屯田触动了多数辽东人的利益,均徭改革在推行过程中又产生了严重的弊端。④因此,吕经的改革最终诱发了军变。三月二十九日,部分辽阳军士来到位于都司衙门西侧的都察院(按:是广宁都察院的行台)大喊"亏枉"。时在都察院的中哨千总刘尚德斥责道:"你这该死的,还不出去!"此时,吕经下令"绑打"一个不知名的抗诉军士。众军一时群情激愤,群

---

① 《明世宗实录》卷173,嘉靖十四年三月己丑。
② 陈子龙等选辑:《明经世文编》卷188《与冯瀛书计处辽变》,第3册,第1942页。对明代屯田研究作出过重要贡献的王毓铨亦认为霍韬的分析颇为中肯。王毓铨:《明代的军屯》,第303页。需要指出的是,霍韬对辽东屯田问题的复杂性缺乏足够的认识,他的论断中也包含着一些误解。如前文所述明初辽东屯粮总额与明中叶相关数据之间的巨大差额主要是税粮征收则例的变化导致的,屯田子粒的赔纳是由于明廷在辽东屯田实际面积比明初虚拟的屯田总额减少过半的情况下仍然按照明初的屯田总额征收子粒造成的。因此,辽东武官虽然存在侵占屯田的现象,但霍韬所谓"三十五万之粮、之田,皆入势家、奸人之橐"则是由明初屯田神话催生的想象之辞。同样重要的是,辽东官员采取余丁顶种屯田与设立"地亩田园"名目降低征收税则等措施尽量完成征收屯粮的任务,上述举措造成了辽东都司的军籍户族既拥有屯田又拥有部分"地亩田园"的复杂状况。这也就是说,清丈屯田不但对官籍户族不利,而且也会损害到军籍户族的权益,即本来税则较低的"地亩田园"将会按照税额较高的屯田征税。霍韬将嘉靖十四年的军变视为"奸人"蛊惑所致的看法,亦是对辽东屯田的实际情况缺乏了解而产生的偏见。
③ 朱国桢:《皇明史概》之《皇明大政纪》卷30,台北:文海出版社,1988年,第24页上。
④ 王廷相云:"嘉靖十三年十二月内,蒙巡抚辽东地方都御史案,仰辽东左等卫指挥等官李越等分定审辽左二十五卫所,并招集,安乐、自在二州官军下舍、余徭役。先尽力差,其派纳银两追送建宁库收用。审毕,就将各卫掌印指挥,千、百户住俸追纳。有在官李钺并未到武勋、经历陆宗、郝人英、杨春等得增丁献谄,各不合刑逼官旗并官军户(按:即官籍户族与军籍户族)下舍、余,妄报老幼人丁,概派纳银造册。"王廷相:《为激变地方事》,载万表:《皇明经济文录》卷33《辽东》,第19册,第402—403页。

殴执行吕经命令的皂隶。随后又痛打刘尚德,毁坏都察院门扇。吕经见状慌忙翻墙逃往苑马寺衙门后房躲避。众军士对吕经清田、均徭等举措怨恨已久,遂将都察院中堆放的徭役册放火烧毁。①

军变爆发后,明廷再度采取了姑息的态度,下令"官田仍令照旧管业,不许变乱以生事端"。②

在辽阳军变平息之后不久,广宁城风云再起。吕经在得到调回别用的命令后返回广宁城。素与吕经亲近的都指挥袁璘拟"扣诸军月草价,为饰装具",此举成为广宁军变的催化剂。嘉靖十四年(1535)四月,军士于蛮儿、张孝儿等人手持棍棒闯入镇东堂(按:巡抚、总兵官、镇守太监的公署),众人在抓住吕经后骂道:"非尔汰我余丁、征徭银耶?非尔夺我牧马田耶?而复能虐使我筑墙、种树,终岁勤苦,不遑耕织耶!"愤怒的军士边骂边"残毁"吕经的头发、皮肤。他们在将吕经投入卫所监狱之后,派人据守广宁城的五座城门,又将镇东堂中的"公牒"与吕经的私人物品放火烧毁,蔓延的大火将镇东堂与广宁儒学东庑烧为灰烬。③

嘉靖十四年七月,当参与辽阳军变的赵劓儿、参与广宁军变的于蛮儿等人得知明廷派遣工部侍郎林廷㭿赴辽东查勘军变后,担心他们会像正德四年(1509)锦、义军变的参与者高真、郭成等人那样被处决,于是赵劓儿赶到广宁与于蛮儿等人散播谣言,"胁众为乱"。辽东巡按曾铣早已洞察先机,派遣将官按计划擒拿首恶。副总兵李鉴,④哨官(按:即"哨司")韩承庆负责辽阳城,⑤广宁备御韩承恩负责广宁城,代管抚顺备御胡承恩负责亦曾发生军变的抚顺城。于是,赵劓儿等8人、于蛮儿等13人及王经等7人同日被捕。

---

① 王廷相:《为激变地方事》,载万表:《皇明经济文录》卷33《辽东》,第19册,第403页。
② 《明世宗实录》卷173,嘉靖十四年三月己丑。
③ 《明世宗实录》卷174,嘉靖十四年四月丙午。
④ 《明世宗实录》卷177,嘉靖十四年七月甲申。
⑤ 韩承庆夫人张氏的墓志云:"嘉靖己未(按:应为乙未)曾巡按擒首难之士,时征西公(按:即韩承庆)以哨司官朝夕预计,夫人揣知其故,潜砺小刃缝衣袖间。及期,征西公嘱以后事,夫人指刃处曰:'我蓄此正为今日,公但一心从王,何以家为念耶?'事定,叔氏千一君(按:即韩承训)来慰征西公,取衣出刃如新发,诸□相与传玩者惨然。"王洙:《明征西前将军韩承庆夫人张氏墓志》,载邹宝库辑注:《辽阳金石录》,第60页。

明廷在接到曾铣的奏疏后，传旨"首恶既擒，不必查勘"，命林廷㭿回京，依照抚驭无方导致所部军人叛乱的律条将巡抚吕经充军戍边。①

与正德军变相似，嘉靖军变亦是在官籍户族与军籍户族的"共谋"之下达成了阻止清丈屯田的目的。在广宁军变中，军士烧毁了镇东堂中的公文与吕经的私人物品。韩邦奇所撰吕经墓表云：

> 公之抚辽阳也，清屯田，裁冗役，严号令，禁奸宄，按豪雄，料丁力，将筑边墉以遏虏寇。一二凶魁罪惧将（按："罪俱将"，《西园闻见录》作"惧罪将及"），必当大法，惑众、倡乱而公危矣。②

参照引文可知，被烧毁的公文与吕经的私人物品中包含吕经掌握的势要武官侵占屯田等信息。正是因为辽阳军变、广宁军变与官籍户族、军籍户族的现实利益密切相关，所以在这两次军变中，辽东官军都没有及时出兵镇压。与此相反，当辽东人达到了阻止清查屯田，罢免吕经，烧毁相关公文、册籍等文字记录后，试图免于究问的赵剧儿、于蛮儿等人不但不能发动有效的叛乱，而且被轻而易举地抓获。可见，如果不是官籍户族与军籍户族之间存在某种默契，辽阳军变与广宁军变是不可能成功的。

正德军变与嘉靖军变不但是国家权威衰弱的体现，而且进一步削弱了明廷对辽东社会的控制。

在连年的自然灾害、边疆形势变化、社会经济发展、国家控制力衰落、军饷微薄等因素的综合作用下，辽东卫所体制的危机日益深重。嘉靖末年，辽东巡抚王之诰在奏疏中写道：

> 辽自顷岁异常变灾之后，人民死徙殆尽。有北虏幸灾，乘虚侵掠，遗子残黎死于兵燹者，又不知其数。以故，所在城堡处处空虚。

---

① 《明世宗实录》卷177，嘉靖十四年七月甲申。
② 韩邦奇：《嘉议大夫都察院右副都御史九川吕公经墓表》，载焦竑：《献征录》卷62《都察院九》，第2642页。按：《西园闻见录·吕经传》引用了韩邦奇所作吕经墓志铭，参见张萱：《西园闻见录》，"续修四库全书"，第1170册子部，第297页。

每一大城之中旧有数千百家者,今寥落百十家而已。一大堡之中旧有百五六十家者,今荒凉七八舍而已。村落丘墟,蒿莱满目,萧条之状不忍殚述。又有城堡而无人民,即有金汤之固,谁与为守也!有营伍而鲜士卒,即有韩、白之将谁与为战也!①

据此可知,除了大量死于灾害、战乱的人口之外,为数众多的辽东人脱离了卫所体制,国家能够控制的军籍人口大量减少,从而导致了"有城堡而无人民""有营伍而鲜士卒"的困境。王之诰的表述虽有所夸张,但也与实际情况相差不远。②

针对辽东面临的困境,王之诰推行抽垛政策,充实行伍。他将目光对准了隐占余丁的官籍户族、丁口众多的军籍户族和寄籍民,他下令"将各官下舍丁,各军下应差余丁,与寄籍人户尽数搜括,编补军伍"。所谓"编补"即抽垛,也就是强制本来不承担军役的舍丁、余丁承担军役。这些从不同群体中抽垛为军的人及其帮丁脱离了原属户族,成为独立承担军役的户籍单位。

王之诰的上述举措无疑会受到势力强大的官籍户族的抵制,因此辽东官军经过王之诰的整顿之后,仍然达不到原额的三分之一。③他又推行募兵政策,试图招募五百名军士。然而,事过两年,所招军士仍不足百人。他还建议兵部责成各布政司的清军官员从辽东逃故军士的原籍户族中勾补新军,也未见成效。

对于自正德年间起涌入东部边地的大量脱籍人口,王之诰试图将他们重新纳入卫所体制。他认识到作为"逋逃渊薮"的东部边地,已经发展成"素称乐土""全镇命脉实于此中寄之"的重要区域。因此他并不打算强制迁回此地的脱籍人口以迫使他们回归原属卫所,而是采取了就地落

---

① 王之诰:《填实辽东军伍奏》,载嘉靖四十四年《全辽志》卷5《艺文志上》,第40页上。
② 如前文所述,大量脱籍人口在正德年间涌入东部边地。需要补充的是,正德十六年,辽东开原的军士大量逃亡,仍在军伍者仅剩"十之一二"。《明世宗实录》卷8,正德十六年癸丑。
③ 王之诰:《填实辽东军伍奏》,载嘉靖四十四年《全辽志》卷5《艺文志上》,第40页上。

籍的权宜之计。他于嘉靖四十三年(1564)奏请在东部边地设立险山参将,将原属辽阳副总兵戍守的险山、叆阳等东部边地的13座城堡转由险山参将负责,从而使东部边地成为一个相对独立的镇戍区。①

他还通过在东部边地的脱籍人口中招募军士的手段,将他们重新纳入卫所体制。王之诰奏曰:

> 分投委官于东南山军民杂处之处,揭榜晓谕:凡各处流移避差,远引客商,已经立有产业不得还乡,及凡军民人等犯该徒、杖以下罪名可以原免者,俱准开豁许其应募,就近编入军伍。又每军拨给帮丁四名,由是人心乐从。一月之间,已得一千五百余名,中间自备鞍马,情愿报效者不下一二百名,其余三四百名陆续可完。推原其故,盖山中之民频年遭虏,激愤已深,愿出死力共灭此虏久矣,故一闻募兵之令而响应如是。不然,是岂可以刑趋、势迫者耶?②

与此前提及的王之诰在辽东其他地区招募两年不足百人的情况相比,东部边地的应募者十分踊跃。如后文所述,王之诰计划招募3 000人,一月之间即有1 500人应募。这主要是以下三个原因造成的:首先,应募军士及其家族可以获得在东部边地的合法居住权。其次,辽东军士的帮丁通常在2名至3名之间,明代辽东档案提供了相关材料。如"广宁旧军二十名,帮丁四十名";"开原垛军二十四名,帮丁四十八名";"归服堡军杨仓,帮丁三名"。③与上述情况相比,王之诰给予东部边地募军每人4名帮丁的优惠政策,具有很高的吸引力。其三,东部边地脱籍人口连年遭受建州女真的劫掠,他们试图通过应募为军的方式保护家族的生命、财产安全。

嘉靖末年,东部边地被重新纳入卫所体制的脱籍男丁共有15 000人,

---

① 《明会典》载:"嘉靖四十三年设险山参将,分守镇东等一十三处。"申时行等修:《明会典》卷126《兵部九》,第650页;杨博:《本兵疏议》卷14《覆巡抚辽东都御史王之诰议设险山参将疏》,第446—447页。

② 王之诰:《题为议处东南极边要害,添设兵将,控扼虏冲预防外患以永安重镇疏》,载嘉靖四十四年《全辽志》卷5《艺文志上》,第41页下。

③ 《明代辽东档案汇编》,第92页。

即应募军士3 000人、帮丁共12 000人。①

这些被重新纳入卫所体制的脱籍人口,不但获准脱离了原来的户族,而且脱离了原属卫所。杨博《覆巡抚辽东都御史王之诰议设险山参将疏》云:

> 新军寄籍。欲要将应募军人,各随附近卫所经历司寄籍,并免一切杂役,杜绝原户板扰,处置俱已得宜。合无依其所拟,将一应新军不拘流移、商客人等,各照占定田产就近开报。如系南卫地方者,就于南卫经历司,系辽阳六卫者,就于六卫经历司。各将正、帮军丁明造一册,送部查考。不许该管官司及原籍户丁,扳扯差役。违者,听巡抚衙门径自究处。②

可见,重新入籍的逋逃人口虽然暂时在原属卫所寄籍,但不许原属卫所及原属户族摊派差役,否则巡抚衙门将追究其责任。

为了更有效地对东部边地新入籍的人口进行管理,辽东巡按李辅奏请建立新定辽右卫并获得了明廷的批准。③李辅写道:

> 近者添设险山军士,多系无藉(籍)浮浪之民,若不令其着定卫所,将来逃移作何勾补。(中略)看得凤凰城堡山川环抱,土脉融合,人民繁庶,物产殷厚,合无将此改立卫治。凡附近屯堡居民,除盐铁、驿递恩军外,其余逃差等人见在此地耕种,不论官、舍、军、余,及险山新募军士,帮丁等人口尽行收入此卫。
>
> 及查得辽阳一城额设卫,似为过多,而定辽左、右二卫人丁稀少,各称半卫,似属虚名。合无将右卫两所官员、军马、田粮等项并入左卫,而以右卫改建于凤凰城堡。添设左右中三所,各该印信应仍者仍

---

① 魏学曾:《巡抚都御史魏学曾补议安边疏略》,载刘效祖:《四镇三关志》卷7《制疏考》,第397页。
② 杨博:《本兵疏议》卷14《覆巡抚辽东都御史王之诰议设险山参将疏》,第447页。
③ 《明世宗实录》卷553,嘉靖四十四年十二月癸酉。

旧，应改者改铸，应添者添铸。该卫官员就于左等六卫中，查审愿去者分拨。即见有功升指挥，千、百户等官在彼地居住者，一并收入。其城池见今已有，不必改建。官衙就近各山取木，盖造颇易，不烦费处。原设凤凰仓改为定辽右（卫）仓，多余本仓印信缴还。该部所属儒（学）、（仓）库等官相应添设。

又查得黄骨岛虽旧属金州卫统管，而去卫七百余里，地方人民，止知有一守堡官而已。往往贪黩之夫，生取民利，剥害百端。远方众庶求直于卫治之庭且不可得矣，而况能诉于上司乎？合无将此堡割属右卫并管，庶为便益。①

据此可知，卫治迁到凤凰城的定辽右卫，实际上是在东部边地建立的一个全新的卫所。②新定辽右卫的辖区包括东部边地以及原属金州卫的黄骨岛堡，其所辖人口为被重新纳入卫所体制的脱籍人口。旧定辽右卫原有的卫所官员、卫籍人口及相应的军马、钱粮，皆并入定辽左卫。新定辽右卫的官员由定辽左等六卫（按：包括原定辽右卫）中愿意前往凤凰城任职的官员，与东部边地的"有功升指挥，千、百户等官"担任。参照辽东巡抚魏学曾的奏疏可知，新定辽右卫儒学的教授、训导和新定辽右卫的仓官，是由辽东巡按在都司儒学400余名文、武生员中选拔，并经吏部铨选后产生的。③

李辅的奏疏还显示，辽东官员试图将东部边地屯堡附近的居民，"除盐铁、驿递恩军外，其余逃差等人见在此地耕种，不论官、舍、军、余。及险山新募军士、帮丁等人口，尽行收入此卫"。最终，未曾应募的东部边地的

---

① 李辅：《补议经略东方未尽事宜以安边境疏》，载嘉靖四十四年《全辽志》卷5《艺文志上》，第50页上—50页下。
② 李智裕曾探讨过定辽右卫迁治凤凰城的问题。他虽然没有意识到卫治设在凤凰城的新定辽右卫实际上是一个沿用旧名称的新卫所，但他准确地指出卫治迁往凤凰城的原因之一是为了管理涌入东部山区的大量流民。李智裕：《明代定辽右卫迁治凤凰城探析》，《鞍山师范学院学报》2011年第1期，第38—40页。
③ 魏学曾：《巡抚都御史魏学曾补议安边疏略》，载刘效祖：《四镇三关志》卷7《制疏考》，第397—398页。

脱籍人口也被编入了新定辽右卫的3个千户所。①

辽东巡抚魏学曾指出了建立新定辽右卫的目的：

> 前任都御史王之诰议题，准于险山添设参将一员，就于东南山居逃移人户，选兵三千，给以帮丁，分驻防守，已为得策。但凤凰城等处，距险山一百三十余里，犹为旷远。而险山新集之兵，若不收入卫所，将来勾补诚难。今改设右卫，则建置联络，控驭严密。②

据此可知，王之诰在凤凰城等地招募的军士被派往险山等堡戍守，险山距凤凰城130余里，戍守军士易生逃归之心。如果不将东部边地人口编入卫所，险山等堡军士逃亡后将无从勾补。这也就是说，东部边地的镇戍营兵出现缺员时便于"勾补"，是建立新定辽右卫的重要原因之一。

魏学曾又讨论了新定辽右卫的军籍户族：

> 查得险山参将营新募军士三千名，每军帮丁四名，通共正军及帮丁一万五千名。合照该营左、右、中三哨，编为定辽右卫左、右、中三所。以正军为户头，帮丁为余丁，定立版籍。立三千户、三十百户领之。③

据此可知，辽东官员按照应募新军的营兵编制，将这3 000名军士及其帮丁分别编入定辽右卫的左、右、中3个千户所；设立3个千户、30个百户管理这些重新被纳入卫所体制的人口。同时，在应募军士家族的户籍方面，辽东官员采取以应募军士为户头、以其帮丁为余丁的方式，分别将他们编为定辽右卫承办差役的军籍户族。

就地落籍的军籍户族对应的未必是一个家庭单位，有时对应的只是一个承担军役的单位。例如，原属卫籍为复州卫、迁到铁岭后被垜集为军

---

① 魏学曾：《巡抚都御史魏学曾补议安边疏略》，载刘效祖：《四镇三关志》卷7《制疏考》，第397页。
② 同上。
③ 同上。

的曾世奎,他户下的4名帮丁皆为异姓,即宋保有、苏天庶、常得时和王友仓。① 再如江沿台军士李舍儿户下的3名帮丁为同姓的李争儿、李丑儿和异姓的宋孙儿;望海埚军士李复州户下的3名帮丁为同姓的李长儿和异姓的宋泊儿、宋强狗。②

魏学曾的奏疏还论述了新定辽右卫的徭役问题:

> 看得右卫旧管人丁既并入左卫,而右卫岁办银、力差徭,无从处办。今查该卫每年打造、局匠、黑白窑工、仓库、斗役、儒学并卫官、经历合用牢舍、门皂等项,约用人三百名。表袱、祭祀、军器、炮火、迎春、乡饮、历日、文册、纸张,并经历、学官柴薪,马夫、斋夫等项,约用银三百两。合无将人役于险山参将所管各城堡及黄骨岛等处,除驿递、盐铁、恩军外,但在地方住居无差之人逐一清查,分编三所,轮年差办。银两于该营军人帮丁一万二千数内,每名岁代银三分,征收在库,陆续支取以充前项之用。如有余剩,作正支销。③

可见,定辽右卫的力差由未曾应募为军而被编入定辽右卫的无差人口承担,银差由应募新军的12 000名帮丁承担。

新定辽右卫的税粮负担相对较轻。其纳税土地仅44顷46亩,税粮仅143石3斗4升,④平均每亩应征税粮仅为3升左右。可见,新定辽右卫的征税土地皆为科田。新定辽右卫尚有许多免税土地,如嘉靖四十四年(1565),明廷曾令700名险山堡军士在大佃子屯种,"永不起科"。⑤

此外,据前引李辅的奏疏,将黄骨岛从金州卫划入新定辽右卫的一个重要理由是,黄骨岛据金州卫700余里,守堡官盘剥堡民,"远方众庶求直

---

① 《明代辽东档案汇编》,第658页。
② 《明代辽东档案汇编》,第224页。
③ 魏学曾:《巡抚都御史魏学曾补议安边疏略》,载刘效祖:《四镇三关志》卷7《制疏考》,第397页。
④ 刘效祖:《四镇三关志》卷4《粮饷考》,第130页。
⑤ 《明世宗实录》卷553,嘉靖四十四年十二月癸酉。

于卫治之庭且不可得矣"。①由此可知,新定辽右卫负责处理包括黄骨岛在内的东部边地人口的司法事务。

万历年间,新定辽右卫又发生了一些变化。张学颜奏曰:

> 除孤山堡原属辽阳卫不议外,查得旧险山等堡原属定辽右卫,今创修宽佃五堡系边外地方,不在腹里。若割属别卫,不惟路远,不相维系,且军士应差不便。合无仍属定辽右卫,凡一应审户编差、捉捕逃军、催征屯粮等项,俱听卫官查照、遵行。②

据此可知,万历初年,东部边地的镇戍区推进到都司东部边墙之外的宽佃子等地。在新建的六座城堡之中,孤山堡军士隶属于卫治设在辽阳城的卫所,宽奠等五堡的军士则暂无归属。在张学颜的建议下,明廷将新拓展的宽奠五堡之地划归新定辽右卫管辖。万历四年(1576),该卫卫治从凤凰城迁至宽奠堡,其卫仓、卫学亦随之迁到宽奠堡。③

对于活跃在北方海域的辽东脱籍人口,辽东官员亦积极招抚。《明神宗实录》载:

> (万历二年)兵部覆蓟辽督抚刘应节等题:"招抚山东登莱各岛向来潜住为害辽人四千四百余,安插已定,各岛荡平。前后效劳文武官员合行甄录。"④

据此可知,万历二年(1574),盘踞山东登莱各岛的4 400多名脱籍人口

---

① 李辅:《补议经略东方未尽事宜以安边境疏》,载嘉靖四十四年《全辽志》卷5《艺文志上》,第50页上—50页下。
② 张学颜:《巡抚兵部右侍郎张学颜条陈辽东善后事宜疏略》,载刘效祖:《四镇三关志》卷7《制疏考》,第408页。《四镇三关志》将此奏疏的上奏时间系于万历二年,然而如前文所述宽奠等堡的建成时间为万历三年,张学颜的奏疏不但在"条陈善后",而且在奏疏中有"堡成之日,河东军民争告占地,纳粮。臣已出示,禁势豪不许霸占"等语,因此张学颜奏疏的上奏时间应为万历三年底或万历四年初。
③ 申时行等修:《明会典》卷129《兵部十二》,第667页。
④ 《明神宗实录》卷28,嘉靖四十五年十月癸酉。

(按：主要是曾寄籍于山东的辽东人)被辽东官员招回。参照辽东巡抚顾养谦的追述"悉招降其众,散之金、复间,使复其业"可知,[①] 这些被重新纳入卫所体制的脱籍人口被安置在辽东半岛南部的金州、复州两卫。

辽东官员通过抽垛、招募、就地落籍与建立新定辽右卫等手段,将部分脱籍人口重新纳入卫所体制。不过,辽东行伍空虚,缺乏承担赋役的人口等棘手问题并未圆满解决。东部边地与海上诸岛中仍然有大量脱籍人口存在,其中活跃在东部边地的"东山矿徒"多达数万人;盘踞海岛的脱籍人口仍出没于海上,四处劫掠。[②] 辽东沿海的船主也继续参与海上走私贸易。《明神宗实录》载:"金州地方广阔,愚民山野十勾九抗,奸商违禁私自下海,贩卖私货,夹带逃军。而武官不遵明禁,贪肆无忌,莫敢谁何。"[③]

就地落籍、设立新定辽右卫等体制危机下的权宜之计也存在一些弊端:其一,建立卫所体制的目的,是将一定数量的军籍人口固定在军事要地,让他们承担军役从而维护社会秩序与国家安全。然而,就地落籍等于承认了脱离原属卫所、迁徙到其他地区的合法性。这无疑会导致军役繁重地区的卫籍人口脱离原属卫所,逃到军役较轻的地方。其二,在东部边地落籍的新户族享受的诸多优惠政策,也会在某种程度上刺激辽东其他地区的卫籍人口脱离原属卫所及原属户族。其三,由于脱籍人口在原属卫所的义务并未得到豁免,因此就地落籍政策是以牺牲原属卫所及原属户族利益为代价的,这势必激化原属卫所及原属户族与在迁入地重新落籍的脱籍人口之间的矛盾。鉴于前两个问题比较容易理解,下面仅就第三个问展开讨论。

明代辽东档案中留存的曾国忠与孙继祖父子的冲突,可以揭示就地落籍的脱籍人口与原属卫所的矛盾。曾国忠原为复州卫左所百户孙继祖手下的铁军,每年纳铁200斤给复州卫作为打造盔甲的材料。嘉靖年间,

---

① 顾养谦:《冲庵顾先生抚辽奏议》卷6《全镇图说》,第465页。
② 茅元仪:《石民四十集》卷3《海岛情形疏》,"续修四库全书",上海:上海古籍出版社,1995年,第1386册集部,第106页;吴晗辑:《朝鲜李朝实录中的中国史料》,第2831页;《宣祖大王修正实录》卷113,宣祖四十年三月丁丑。
③ 《明神宗实录》卷379,万历三十年十二月辛卯。

曾国忠与曾世奎等人为了逃避差役从复州逃往铁岭。曾国忠逃走后,百户孙继祖不得不每年赔补本应由曾国忠缴纳的200斤铁。隆庆元年(1567),孙世荣发现了曾国忠的去向,前往铁岭向曾国忠追索代为纳铁的赔偿。曾国忠将一匹双方议价为五两银子的马匹交给孙世荣作为抵偿。

万历七年(1579),定辽左卫的掌印指挥郭维藩奉命抽垛铁岭城军时,将曾国忠、曾世奎抽垛为军。综合曾国忠被定辽左卫指挥抽垛为军与此后的曾国忠案由定辽左卫审理,可知曾国忠在定辽左卫重新入籍。他与曾麻子、曾冬子、曾国卿、曾国学组成新的军籍户族。

按照情理,在定辽左卫重新落籍,在铁岭城承担军役的曾国忠不应该再承担复州卫铁军的义务了。然而,曾国忠在复州卫的纳铁义务并未得到豁免,万历七年至万历十年(1582)本应由曾国忠缴纳的800斤铁,仍需他的原属百户孙继祖承担,孙继祖不得不又赔补了700斤铁。为了追索代曾国忠赔付的铁价,孙继祖之子孙世荣等来到曾国忠家中,将他捆住并施加酷刑,迫使他出卖房屋及牛马等物。曾国忠也在事后状告了孙世荣,但告词中含有一些虚假成分。

至万历十九年(1591),曾国忠在原属卫所的赋役仍未豁免。复州卫掌印指挥王正名,派遣已经袭职为百户的孙世荣捉拿曾国忠,并让曾国忠补交万历十一年(1583)至万历十九年应纳铁1 800斤及万历十年(1582)拖欠的铁100斤,共计1 900斤。曾国忠已在定辽左卫重新入籍,并在铁岭城承担军役,自然不肯缴纳原属卫所的赋役。最终双方只能通过法律途径解决问题。出人意料的是,万历二十年(1592),辽东巡按、分守道、定辽左卫官员共同判定,曾国忠回复州卫继续充当铁军,并须赔补1 900斤铁。令人玩味的是,与曾国忠同时在定辽左卫重新入籍、在铁岭城充当军役的曾世奎并不需要重回复州卫,而是继续在铁岭充当军役。[①]

曾国忠案的判罚结果是否公平姑置不论,这里想要强调的是,曾国忠案充分体现了在迁入地落籍的脱籍人口与原属卫所的矛盾冲突。这种冲突的根源在于辽东官员推行就地落籍政策的同时,没有豁免就地落籍的

---

① 《明代辽东档案汇编》,第657—661页。

脱籍人口在原属卫所的赋役。

原属户族与就地落籍的脱籍人口也存在矛盾,这是情理之中的事情。因为在脱籍人口离开原属户族时,本应由他们承担的赋役就落在原属户族其他成员的身上。汪道昆在反对北方海域的辽东脱籍人口寄籍山东时曾经提及原属户族的无奈:"官司不相统摄,户族莫敢谁何。故辽人之视彼犹福堂,视此犹囹圄也。"[①]可见,逃避差役的脱籍人口如登福堂,而在自身差役繁重的情况下还要替脱籍人口承担差役的原属户族成员苦不堪言。当脱籍人口在迁入地落籍成为新户族之后,原属户族不但仍需分担本应由脱籍人口承担的赋役,而且已经失去向就地落籍的原户族成员追索赔偿的合法依据。

总之,就地落籍等权宜之计虽然可以延续已经不合时宜的卫所体制,却为日后辽东社会的分崩离析埋下了祸根。同时,如后文所述,晚明辽东军事体制方面的变化与就地落籍等政策具有相似的历史影响。

需要补充的是,晚明辽东的文官体系在既有的制度框架内有所完善。

首先,经过嘉靖至隆庆年间一系列的建置与调整,辽东全境被划分成六个地理单元,分别是开原兵备道监管的辽北地区,分守道监管的辽沈地区,辽东苑马寺卿监管的金、复、盖3卫,辽东行太仆寺卿监管的海州卫,分巡道监管的广宁、义州、锦州等地,宁前兵备道监管的宁远卫和前屯卫。上述兵备道、分守道等6名官员虽然会涉及一定的行政事务,但他们与上述6个地区的卫所掌印指挥之间并不存在直接的上下级关系。这也就是说,上述6个地理单元的划分与其说是"军管"向"文管"的转变,[②]不如说是为了完善文官体系而规划的6个监察区。

其次,增设通判。据辽东巡抚李化龙所说,辽东共有4名通判,即辽阳通判、管马通判、广宁管粮通判和岫岩抚民通判。据《四镇三关志》,辽阳

[①] 汪道昆:《太函集》卷89《辽东善后事宜疏》,"续修四库全书",上海:上海古籍出版社,1995年,第1348册集部,第99页。关于《辽东善后事宜疏》写于万历元年,参见前文注释。

[②] 关于六个地理单元的形成与演变及辽东向"文管行政区"转变,参见陈晓珊:《明代辽东中层行政管理区划的形成——以辽东苑马寺卿兼职兵备为线索》,《中国历史地理论丛》2011年第2期,第21—31页。

管粮通判和广宁管粮通判是弘治初年设置的,而海盖抚民通判设于嘉靖四十三年(1564)。[①]据《大明会典》,嘉靖四十二年(1563),明廷在岫岩堡设置通判一名。[②]结合上述史料推断,海盖通判即管马通判。

与就地落籍、军事体制的变化等政策相比,6个监察区的出现和增设抚民通判的历史影响相对较小。

二、军事利益集团

如前文所述,自嘉靖二十五年(1546)察哈尔东迁以来,蒙古诸部频繁劫掠辽东。嘉靖末年,辽东巡抚王之诰等人的应对措施虽然取得了一定成绩,但并没有真正扭转辽东的边防形势。隆庆四年(1570),辽东总兵王治道、参将郎得功率军追击进犯锦州的察哈尔部众。至流水堡时,王治道、郎得功等人遇伏战死,[③]辽东官军的士气再遭重挫。雪上加霜的是,当时辽东"荒旱相仍,饿莩枕籍","外患内忧势如厝火"。[④]为了改变辽东频遭劫掠的局面,辽东总兵李成梁与辽东巡抚张学颜对辽东的军事体制进行了一番调整。这些调整并不是国家授权的体制改革,而是在辽东军士大量逃亡、卫所体制下的营兵系统已经无法承担镇戍职能的情况下施行的权宜措施。

晚明辽东军事体制的变化主要与军事家丁有关。《万历野获编》载:

> 今西北将帅所蓄家丁,其廪饩、衣、械过额兵十倍。每当大敌,用以陷阵。其善战者多以首功自奋,间至登坛。亦有以降虏效顺者,尤

---

① 《四镇三关志》载:"辽阳管粮通判,弘治初年设,山东济南府列衔。""广宁管粮通判,弘治初年设,山东济南府列衔。""嘉靖四十三年,巡抚王之诰请设海盖抚民通判一员,山东济南府列衔。"刘效祖:《四镇三关志》卷8《职官考》,"四库禁毁书丛刊",北京:北京出版社,2000年,史部第10册,第456页。
② 《大明会典》卷22《户九》。
③ 刘效祖:《四镇三关志》卷9《才贤考》,第519页。
④ 张学颜:《巡抚都御使张学颜辽镇议》,载刘效祖:《四镇三关志》卷7《制疏考》,第424页。

称骁健。近辽左李宁远专仗此树勋。①

与李成梁家族有所交往的徐渭写道：

> 宁远公以文学起诸生，结发与匈奴大小百余战，身几死者亦不下十余。儿郎、族属若丁壮，以儿子长养。扼虎穿杨幕中称百金士，若是者数百人，死匈奴手者又复居半。视卒如婴儿，视货财如土。公私所宜入，未尝取一钱归匣中。而吮疽、婚、死，待公粟米而后食者，遍厮养、槽枥间。用是，卒破强虏。②

上述引文中的"李宁远""宁远公"皆指李成梁。徐渭说李成梁"未尝取一钱归匣中"实属溢美之词，此处不拟多论。③上引《万历野获编》显示，李成梁建立功勋的核心军事力量是英勇善战的家丁，为与后文讨论的营丁有所区别，本书将武官私人豢养的家丁称为内丁。内丁的待遇超过普通镇戍军士10倍。在这些内丁中尤为剽悍的，是在引文中被称为"降虏"的夷丁，即归顺的蒙古人或女真人。上引徐渭所言表明，李成梁豢养的内丁多达数百人，而这些家丁的各种开支皆由李成梁负责。

隆万年间，辽东内丁的数量究竟有多少呢？辽东巡抚李化龙云："至万历十八年阅视之后，每将领止留三十名（家丁），其余通行裁革，共裁革去一千四十余名，止余六百余名。"④表面看来，隆庆年间的内丁数量以万历十八年（1590）为界分为前后两期，前期辽东内丁的数量大致在2 000人，后期这个数量下降到600人左右。然而，万历末年，熊廷弼在给高监军的信中写道："一将官以百十内丁战，何如以一二千营兵战！一大帅以

---

① 沈德符：《万历野获编》补遗卷3《家丁》，第871页。
② 徐渭：《徐文长逸稿》卷14《赠宁远公序》，台北：伟文图书出版社，1977年，第564—565页。
③ 相关问题，参见和田正广：《中國官僚制の腐敗構造に関する事例研究—明清交替期の軍閥李成梁—》，北九州：九州国际大学社会文化研究所，1995年，第208—299页。
④ 李化龙：《抚辽疏稿》卷1《摘陈辽左紧要事宜疏》，"四库禁毁书丛刊"，北京：北京出版社，2000年，史部第69册，第37页。

一二千内丁战,何如以一二万营兵战!"①可见,万历后期辽东武官豢养内丁的实际情况是,普通武将拥有内丁百余名,总兵官拥有内丁千余名。

由于内丁的数量相对有限,李成梁和张学颜在既有制度的框架内采取了募集营丁的权宜措施。万历十三年(1585)担任辽东巡抚的顾养谦云:

> 凡曰家丁者,劲卒之称也。主将欲得其死力而亲厚之,如其家之人者也。曰头目者,率众而勇敢登先者也。正兵营及各营家丁头目,共七千一百四十八名(中略)。家丁原非额军,而以饷招之来者也。饷薄而不足以招之,不得不佥报而簿籍之。其在河东者,以道远故与为期。期二年,满,听其攀报而更番之(中略)。(其弊)至于今极矣。而其怨独归于镇臣,不知先年以地方多事,抚、镇二臣不得已会议行之。②

顾养谦提到的"镇臣"指辽东总兵李成梁,"抚"指隆庆五年(1571)出任辽东巡抚的张学颜。综合嘉靖四十四年(1565)修成的《全辽志·兵政志》中没有任何关于营丁或"各营家丁"的记载,③与上引顾养谦所言"不知先年以地方多事,抚、镇二臣不得已会议行之",可知营丁制是隆庆年间由李成梁与张学颜创设的。上引史料表明,被编入广宁正兵等营的7 148名营丁并非来自原有镇戍军士,而是从辽东各地招募的。其中来自都司东部的营丁服役期为两年,服役期满后必须"攀报"他人方可"更番";而来自辽西地区的营丁终身服役,不得攀报。上述差异,主要与辽西地区人丁稀少有关。④

参照顾养谦辽东"正兵营与各营家丁旧食双粮五钱者七千余人",⑤可知营丁的待遇是普通军士的两倍。那么,营丁"双粮"待遇的财政开支是如何筹措的呢?辽东巡抚李化龙曰:

---

① 熊廷弼撰,李红权点校:《熊廷弼集》卷21《与监军道高参政》,第1048页。
② 顾养谦:《冲庵顾先生抚辽奏议》卷5《议处辽镇兵饷》,第454页。
③ 嘉靖四十四年《全辽志》卷2《兵政志》,第55页下—70页下。
④ 《明代辽东档案汇编》,第115页。
⑤ 顾养谦:《冲庵顾先生抚辽奏议》卷5《议处辽镇兵饷》,第454页。

> 每遇征战,家丁当先,弱兵随之。虽不无利钝,然尚有征战之时。其家丁有支双粮者,皆顶食逃故军粮,实未分外糜费。①

据此可知,李成梁、张学颜用来维系营丁制的财政来源,主要是逃亡军士的原额粮饷。②

包括选锋、军家丁在内的调操军亦是李成梁、张学颜在体制危机的情况下采取的权宜之计。辽东巡抚顾养谦云:

> 自锦、义及河以东调入大营合操者,谓之选锋军。粮赏各于其卫如例支主兵饷,而以远调,故人马月支行粮、料草银九钱,并月饷亦一两三钱。征调虽适千里,无行粮。此所谓客兵也。而广宁四卫军亦有选充家丁者,谓之军家丁。以其为主兵也,粮赏各如例从其卫,而马料草亦从河西马例,不得多。

万历十九年(1591)赴辽东视察的给事中侯先春曰:

> (调操)非法也,只由往岁广宁多事,兵马单弱,故为是一切苟且之计,不谓遂袭以为常也。(中略)近者,抚臣议撤辽阳等处调操兵一千四百有奇,以充原伍,诚为有见。但臣查各路调操之兵,尚存四千有奇。盖曰选锋、曰家丁、曰壮士,名虽不同而总之为调操也。法曰:兵无选锋曰北。谓各营皆不可无选锋耳,非选各营之兵归之一营也。今选各营兵调于广宁,是各营皆无选锋也。

据此可知,李成梁抽调锦州、义州与都司东部各营的骁勇军士5 400名

---

① 李化龙:《抚辽疏稿》卷1《摘陈辽左紧要事宜疏》,第37页。
② 至明末以逃故军士的原额粮饷招募家丁成为惯例。户部尚书毕自严:"近据通镇亦有家丁之议。合无照例将缺额之未补者准作双粮,责令该镇收罗壮勇,以备冲锋破敌之选。斯亦化虚为实,转弱为强之一着也。"毕自严:《度支奏议》边饷司卷4《题覆昌镇枢臣酌议营制额饷疏》,第487册,第182页。按:家丁制度的既有研究通常忽略了私丁与营丁的不同性质,笼统地将家丁视作私兵。

至广宁组成选锋军。综合侯先春"盖曰选锋、曰家丁、曰壮士,名虽不同而总之为调操"与顾养谦"而广宁四卫军亦有选充家丁者,谓之军家丁"的记载,可知侯先春所说的家丁既不是内丁也不是营丁,而是顾养谦所说的"军家丁"。这种"军家丁"实际上也是调操军,只是为了同从各地调到广宁作为客兵的选锋有所区别,才将从本地抽调来的作为主兵的广宁军士称为"军家丁"。调操军的待遇不如营丁。作为主兵的"军家丁"所得粮、赏、料、草与普通镇戍军士没有任何区别,作为客兵的选锋除了与"军家丁"有相同的收入之外,可以支取"行粮、料草银九钱"。

在李成梁、张学颜对辽东军事力量进行了一番调整之后,包括内丁与营丁在内的军事家丁成为辽东镇戍军的核心力量。这些军事家丁与卫所体制下的营兵有所不同,前者主要是被武官提供的厚饷或武官变通支付的双饷所吸引而承担军役的人员,他们没有帮丁,在逃亡或身故后亦不得勾补其户族中的余丁;后者是按照制度规定为国家承担军役的户族成员,他们拥有若干名帮丁,在逃亡或身故后必须勾补其户族中的余丁。更重要的是,卫所体制下的营兵是按照国家赋予的户籍身份承担军役的,在相关制度有效运作的情况下,他们与武官之间不存在人身依附关系;而军事家丁的粮饷由武官支付或变通支付,从而与武官之间存在着较强的人身依附关系。①

除了军事体制变化的影响之外,辽东军事利益集团的形成与逐步成为辽东社会的支配群体,与隆庆议和后明朝北边防御形势的变化有关。《明会典》载:

> (隆庆)五年,题准北虏通贡互市,禁止宣大、山西及陕西三边不许捣巢、赶马。若东虏土蛮等贼原题不与贡市,自当相机出边捣、赶。有功照例升赏,但毋得轻率寡谋,翻堕贼计。

---

① 正如铃木正所说,家丁制的最大特征是将帅用施以恩义的方式与家丁结成稳固的私人关系。铃木正:《明代家兵考》,《史观》1940年第22、23册。

上述引文中提到的土蛮是打来孙之子,嘉靖三十六年(1557)左右成为察哈尔部首领。①明廷招抚俺答、排斥土蛮的差异性政策所导致的后果是:宣府、大同、山西、延绥、甘肃、固原、宁夏七镇皆获得安宁,但辽东、蓟镇却边患频仍。正如隆庆和议的决策者之一高拱所说:"七镇咸宁,独土蛮倔强犹昔,建州诸夷与之声势相倚,时为边患。"②顾养谦也有"诸边燕然,辽左独战"③的感慨。

土蛮频繁劫掠辽东等地的主要目的,是试图以武力威胁获得与俺答汗同样的待遇,即封王、通市、抚赏。万历六年(1578),土蛮率领部众劫掠锦州、广宁等地,蓟辽总督、辽东巡抚在奏报明廷时指出,"土蛮垂涎王号,求封";万历七年(1579),"土蛮纠众向辽讲求贡市";④万历十七年(1589),土蛮率领部众前往广宁、锦州、义州、宁远等地,要求明廷按照宣府、大同马市的成规给予"贡赏",扬言"依了,便罢,不依,就抢",让辽东人"地种不成"。⑤由于明廷始终不肯将给予俺答汗的待遇给予土蛮,土蛮常年率领部众寇略辽东。《万历武功录》云,土蛮"贻我辽左数十年大患,介胄至生虮、虱,尚未敢解"。⑥

在与土蛮的对抗中,李成梁多次率军击退察哈尔等蒙古各部,并远赴塞外展开"捣巢"行动。如隆庆五年(1571)十二月,土蛮率领蒙古部众进犯辽东,李成梁与副总兵赵完在卓山夹击来犯之敌。在蒙古部众退却后,李成梁率军出塞"捣巢",斩获颇丰。⑦再如万历六年,李成梁在正月、六月分别获得劈山大捷、镇静堡大捷之后,又于十二月在东昌堡击败了土蛮、速把亥所率领的三万进犯之敌。为此,万历皇帝特命英国公张溶祭告郊庙并亲赴皇极门宣告捷报。⑧万历十年(1582),喀尔喀蒙古的著名首领

---

① 和田清:《明代蒙古史论集》,第431—432页。
② 高拱:《高文襄公集》卷24《挞虏纪事》,国家图书馆藏明万历刻本,第12页下。
③ 顾养谦:《冲庵顾先生抚辽奏议》卷5,第459页。
④ 《明神宗实录》卷63,万历五年六月丁卯;同书卷92,万历七年十月己卯。
⑤ 顾养谦:《冲庵顾先生抚辽奏议》卷17《类报边情》,第648页。
⑥ 瞿九思:《万历武功录》卷13《黑石炭列传》,第648页。
⑦ 瞿九思:《万历武功录》卷9《土蛮列传上》,"续修四库全书",上海:上海古籍出版社,1995年,第436册史部,第547页。
⑧ 《明神宗实录》卷83,万历七年五月戊辰。

第六章　体制变异与明清易代　245

速把亥劫掠义州,李成梁率军奋勇迎击。经过殊死较量,辽东官军不但驱逐了来犯之敌,而且击毙了多次入犯的速把亥。万历皇帝为此再度"宣捷、祭告"。①

与此同时,曾经担任过险山参将的李成梁对建州女真的防御也颇为重视。为了占据土地肥沃的宽佃子等地,控制建州女真入寇的必经之路,李成梁在万历元年(1573)兵部侍郎汪道昆视察辽东时提出了如下建议:将定辽右卫境内的险山、江沿、宁东、新安、大佃子五堡,分别移建于都司东部边墙之外的宽佃子、长佃子、双墩儿、长岭、散等;将孤山堡移建于张其哈喇佃子。②在修建六堡的过程中,李成梁率军击溃建州女真的侵扰,使新定辽右卫的辖境向北边拓展了八百里。③

六堡建成后,建州女真又发动了两次规模较大的进攻。万历八年(1580),建州女真著名首领王兀堂进犯永奠堡,李成梁与宽奠副总兵姚大节先后出塞对王兀堂的营垒发起进攻,④王兀堂就此一蹶不振。万历十一年(1583),王杲之子阿台勾结蒙古首领阿海劫掠辽东,李成梁率军击退来犯之敌后出塞"捣巢",击毙阿台、阿海,斩获甚众。⑤

以军事家丁为主体的辽东官军的战功,使李成梁的权势日益膨胀。万历十八年(1590)左右,兵科给事中侯先春奏曰:

> 盖辽中事势与各镇迥别,隔远关外,僻在海隅。武弁则如猬、如蚁,文官则如参、如辰。真有军中但闻将军令,不闻天子诏者。故虽以抚臣之重,按臣之权,而法不能行之于下,情不能尽达之于上也。⑥

---

① 《明神宗实录》卷122,万历十年三月丙子。
② 《明神宗实录》卷16,万历元年八月丁巳。
③ 宋一韩云:"万历二年巡抚张学颜会同李成梁斩驱夷房,开招宽奠等六城堡,广袤八百余里。"陈子龙等选辑:《明经世文编》卷467《抚镇弃地咍房请查勘以正欺君负国之罪疏》,第6册,第5123页。
④ 《明神宗实录》卷98,万历八年四月甲申;同书卷106,万历八年十一月丙子。
⑤ 《明神宗实录》卷133,万历十一年二月壬子。
⑥ 陈子龙等选辑:《明经世文编》卷429《清马政以裨边疆重务事辽左马政》,第6册,第4698页。

万历后期,给事中宋一韩亦云:

> 李氏气焰熏灼已成难更之势,无但从史税使、渔猎军食为然,既抚臣咨用将领,守操以下何尝不关白总镇。倘非其意所欲用,逐之若奴隶耳。甚至抚按之去来,或凭其爱憎。抚臣欲不听其所为,不可得也。[1]

在卫所体制改革之后的辽东社会,以巡抚为首的文官体系曾是制衡辽东武官权势的重要力量。然而,上述史料显示,李成梁的权势已经突破了巡抚、巡按所能限制的范围,甚至形成了"军中但闻将军令,不闻天子诏"的局面。

在李成梁的庇护下,他的亲属、部下也纷纷占据高位。例如,他的儿子李如松、李如柏、李如梅、李如桢、李如樟先后担任总兵官;他的部下李平胡、李宁等人也先后出任参将、游击等职。

李成梁及其家族的权势遭到了部分朝臣的猜忌。《明神宗实录》载:

> 巡按直隶御史任养心劾辽东总兵李成梁父子兄弟列据宣、辽、蓟、保,恐有尾大之患。谓石亨、仇鸾未叛时并先握兵柄,幸皆早发其奸,扑灭故易。今成梁驻辽左,如松驻宣府,如柏驻密云,成材驻黄花,而李平胡、李兴、李宁、王维藩皆姻旧厮养为列镇参、游,不可胜数。环神京左右蟠据,横骄莫可摇动。[2]

在中国传统社会中,武将一旦被视为"尾大之患"并被与臭名昭著的叛臣相提并论时,其处境是极其险恶的。

为了在日益腐化、"功罪不明"的政治环境中维护自身的权势和

---

[1] 陈子龙等选辑:《明经世文编》卷468《直陈辽左受病之原疏》,第6册,第5131页。
[2] 《明神宗实录》卷197,万历十六年四月丙辰。

地位,①李成梁将注意力从驰骋边疆转移到结交权贵上。《建州私志》载:

> 辽左李氏父子以力战起家,当其盛也,倾家财,畜健儿,皆乐为之用,故所战必克。迨其衰也,移以结纳朝贵,偾帅之风日炽,而功名隳已。②

李成梁从追求战功到贿结权贵的转变不但使李成梁的个人声誉受损,而且导致了辽东武官的集体腐败。

在李成梁个人权势的笼罩下,辽东武官逐步演变为以李成梁为首的、以贿赂与私人关系维系的军事利益集团。辽东巡按的熊廷弼奏曰:

> 盖辽镇所用将官尽出旧镇臣门下,而旧抚臣之私昵旧人亦间有之。虽有智勇而苟非其门下与私昵,不用也。虽有部推而苟非其门下与私昵,不留也。虽其门下与私昵,而苟非有厚贿、重赂,时常供奉,即用焉、留焉,不久也。各弁舍此一门,别无进身之路,而舍行贿一法,别无入门之路。③

李成梁自隆庆四年(1570)至万历十九年(1591)任辽东镇守总兵官,万历二十九年(1601)至万历三十六年(1608)再任此职。熊廷弼的奏疏写于李成梁第二次卸任之后,因此他称李成梁为"旧镇臣"。上引史料显示,隆万年间,辽东武官主要出于李成梁门下,这些武官为了获得升迁或保住职位,时常重金贿赂李成梁。如贿赂的金额不能令李成梁满意,即使被任用或留用亦不能久安于任。

---

① 辽东巡抚李化龙曾经沉痛地指出:"盖辽之所以不能战,以军威不振之故也。而军威之所以不振,则以功罪不明之故也。"李化龙:《抚辽疏稿》卷1《西协御虏功罪疏》,第19页。
② 海滨野史初辑:《建州私志》,"中国野史集成",第39册。第195页。
③ 熊廷弼:《按辽疏稿》卷1《纠劾将领疏》,第441页。

万历三十六年,熊廷弼又云:

> (辽阳副总兵)吴希汉(中略)自入各将贿与旧抚、镇,言升则升,言调则调,馈送少不周者,参处立至,而宠赂彰矣。①

《性气先生传》是熊廷弼的自传,也是他的绝笔。传云:

> 辽东与腹里仅隔关,然别是一贪世界。抚镇道府以下,既打成一片,巡方使者复相与猫鼠,书承门舍,皆虎翼而飞食人。②

上引史料揭示了一个以副总兵为中介,上至总兵,下至参将、游击等武官,同时还牵涉巡抚、巡按、分守道、兵备道等文官和各色胥吏的权钱交易网络。

为了筹措用于贿赂的费用和豢养内丁的经费,辽东武官利用强权更为广泛地参与商业贸易,并将军士及其户族当作敛财的工具。万历十九年视察辽东的兵科给事中侯先春奏曰:

> 夫边军所以备征战也,迩来私役百端,科索万状。即如镇静之夷马,开原之貂皮,清河、抚顺、宽奠、瑷阳之人参、皮张、松果等类。无论其把持夷市,压买商贾,而牧放夷马,治料参斤,以至搬运百货,约用军士不止千名也。其采取木植,而清河等堡之军昼夜皆居塞外。烧炒铁斤,而宽奠等城之军终岁不得宁家。盖州之布帛,长奠之金银,海州之海参、鳆鱼,右屯之鸡、鹅、蛏、蚬,如此之类,难以枚举。凡可谋利生财,无非军士取辨。其包赔之苦,服役之劳,盖万万不可言也。③

上述史料显示,在广宁镇静堡的马匹贸易,开原的貂皮贸易,抚顺、清河、

---

① 熊廷弼:《按辽疏稿》卷4《阅视疏》,第588页。
② 熊廷弼撰,李红权点校:《熊廷弼集》卷23《性气先生传》,第1177页。
③ 陈子龙等选辑:《明经世文编》卷428《安边二十四议·安辽议》,第6册,第4676页。

宽奠、瑗阳的人参贸易中,辽东武官往往凭借强权以超低的价格强买然后高价转卖。与此同时,无论是金银、木材、铁器、布匹、海鲜、家禽,只要可以赚取利润,辽东武官都不会放过。同时,在辽东武官从事商业贸易的过程中,军士沦为免费的劳力。

辽东武官还采取各种手段剥削军士。类似现象虽然自明初即已存在,但晚明辽东武官盘剥军士的手段之多、程度之酷、范围之广却前所未有。

克扣军饷是辽东武官盘剥军士的主要手段。万历十九年(1591),视察辽东的兵科给事中侯先春上疏：

> 及当给散(军饷),克减多端。有本管散货者,有为差人散货者,有作兴游客、星相、山人、戏剧、技艺等类者,有造册工食者,有提勘往来盘费上纳详允纸赎者,有点马者,有本管升补或工程完备举觞者,总名曰有事。有事,则尽数摊扣,军丁仅得其余,月落一二钱,甚者几分。此有事之弊也。或幸无前项等费,总名曰无事。则惟借口部发短少,守支盘费,分凿折耗。少曰分厘,甚者二三分。此无事之弊也。至如广宁千总张九叙等假称买马,扣侵月粮一千八百两,沈阳委官于良臣等侵欺十七年月粮四百余两,至今未给。此侵欺之弊也。①

可见,无论"有事"还是"无事",武官总能找到克扣军饷的理由。

买补营马也是辽东武官勒索军士的重要手段。按照制度规定,军士领养的军马死亡,军士必须赔补。辽东武官为了牟利,故意用国家拨发的马价银购买老弱病马强派给军士。这些老弱病马,有的刚刚派到军士手中就倒地身亡,有的则在数月后死去。这时,辽东武官将他们事先购买的较好的马匹强卖给需要买补营马的军士,大马索银20两,小马索银16两。此外,他们还额外勒索数量不等的稍银(按：稍银本为辽东军士为了获得较好的马匹,在官发马价银之上自行添加的数两至10余两不等的白银)。

---

① 陈子龙等选辑：《明经世文编》卷428《安边二十四议·安辽议》,第6册,第4682页。

部分领养马匹的军士被迫卖妻鬻子来偿还买补马匹的费用,部分军士发现卖妻鬻子亦无法偿还,只能选择逃亡或自尽。因此,侯先春愤慨地写道:"辽之最急者马","辽之最累军士者亦马"。①

辽东武官剥削军士的方式还有放贷、占役、卖放、强卖等。笔者无意罗列同质性史料,仅各举一例加以说明。第一,放贷。正安堡游击郭济川乘饷银未到之机,令心腹旗牌杨世杰等贷款给1 000名军士。郭济川宣称,为了解决饷银不能及时发放给军士带来的困境,先将相当于四钱饷银的七成约三钱贷放给军士,另外三成饷银共一钱左右作为贷款利息。可实际上,每名军士只收到二钱一分,发放饷银时却要归还四钱。②第二,占役。蒲河备御周大岐占役操军61名。其中刘壮二等7名,耕种土地;罗九英等15名,烧炭;王青等8名,捕鹰;程旺二等10名,猎取狼、麅、鸡、兔等;蔡天叙等10名,采集榛子并折价纳银;开仲一等5名,缝皮;贾文德等6名,织缨子、巾帽。③第三,卖放。正兵营游击胡某卖放宽奠、瑷阳等处陈吉等36名回家歇役,每名银3两,共获银100余两。④第四,强卖。辽东武官将弓矢、衣物、鞍辔、皮张等物强行卖给军士,赚取暴利。如皮袄一件,索要银七钱或五六钱;皮裤一条,索银四钱或三钱五分;"披肩段一块,长不满尺,阔不及半,则索银一钱"。⑤

军事家丁虽然只是依附于辽东军事利益集团的群体,但是他们也时常欺压已沦为弱势群体的军士。家丁不养马,强行夺取各营军士的好马骑乘。待所夺马匹消瘦之后,发回军营令军士喂养,再另夺好马骑乘。⑥如果家丁将所夺马匹累死,被夺马匹的军士就不得不承担买补马匹的费用。家丁群体还役使、盘剥被夺走马匹的军士,强迫他们提供酒食,修整鞍辔。除了平时强行向军士借钱之外,军事家丁还以出兵盘缠、验料、查

---

① 陈子龙等选辑:《明经世文编》卷429《清马政以裨边疆重务事·辽左马政》,第6册,第4697页。
② 熊廷弼:《按辽疏稿》卷1《纠劾将领疏》,第442页。
③ 熊廷弼:《按辽疏稿》卷1《纠劾将领疏》,第445页。
④ 顾养谦:《冲庵顾先生抚辽奏议》卷20《举劾武职官员》,第707页。
⑤ 陈子龙等选辑:《明经世文编》卷428《安边二十四议·安辽议》,第6册,第4676页。
⑥ 陈仁锡:《陈太史无梦园初集》海集2《锦宁道中》,"续修四库全书",上海:上海古籍出版社,1995年,第1382册,第95页。

朦为名百般勒索。①

更令辽东军士与百姓苦不堪言的是军事利益集团的急速扩张。自明初至隆庆四年(1570)的200多年里,辽东的指挥、千户、百户及总旗不过二三千人。自隆庆四年李成梁担任辽东总兵官以来的30多年里,因"首功"获得官籍身份的多达四五千人。②在这些新晋武官中自不乏奋勇杀敌的豪杰,然而通过贿赂冒功、利用金钱买功的人亦不在少数。

万历十九年(1591),辽东巡按胡克俭上疏痛陈辽东冒功之弊。他指出辽东官军在所谓的"捣巢"行动中,往往"指西走东,假张作李,窃其邻边住牧数奴夷之首而已"。胡克俭还列举了更为令人发指的冒功恶行:

> 若往年怀挟之弊,民谣曰:"带着人头去杀贼。"盖新葬者不能保其坟,独行者不能留其首,惨酷尤甚。又并其阵亡之军,一概割首以报数。如(万历)十一年冬,贼犯十方寺,史儒、涂广等原未交战,共割汉人首三百八十一颗。行至浦河,市人各识其面目,刘监生夺数颗悬于钟楼,王团发觉其事。御史陈登云具本欲参之,抚、镇将(史)儒、(涂)广捆打、求止,特未报功。今陈登云在道,可问而知也。如(万历)十六年春剿那林孛罗,攻围不克,军丁死者以半。又天寒,冻死推车军士数千。因无房功,遂割死军五百一十二颗报验,御史许守恩欲劾之,而巡抚顾养谦以势挟而来止,竟以报功。③

据此可知,辽东官军为了冒功升赏不择手段。无论新坟中的尸体、独行的活人,还是阵亡的战友,都被他们割下头颅冒充敌首。同时,冒功的方式又分为两种:一种是事先携带,即辽东民谣所谓"带着人头去杀贼";一种

---

① 陈子龙等选辑:《明经世文编》卷428《安边二十四议·安辽议》,第6册,第4679页。
② 陈仁锡:《陈太史无梦园初集》海集2《锦宁道中》,第1382册,第90页。万历三十六年,卫籍辽东的兵部主事叶世英指出自万历三年起由非官籍身份晋升为武官的多达数千人。叶世英:《东夷渐炽可虞兵饷宜增不易疏》,载吴亮:《万历疏钞》卷41《辽建类》,"四库禁毁书丛刊",北京:北京出版社,2000年,史部第59册,第686—686页。
③ 胡克俭:《边臣御虏不实朝臣谋国不虚悬乞圣明分别创惩以存重镇以图治安疏》,载吴亮:《万历疏钞》卷40《边功类》,第59册,第656页。

是战后割取,如割取本方"死军五百一十二级"。

买功也是辽东武官群体急速增长的原因之一。《明神宗实录》载:

> 先是,辽东有买功、卖功为都指挥,千、百户者,各数百计。行文清查,十不报一。至是,吏科给事中侯先春疏言之。部覆,冒功将领自备御以下俱行黜革。有祖职者,照祖职支俸。无祖职者,停革。从之。①

据此可知,辽东通过买功获得都指挥、千户、百户的人多达数百人。参照前文提到的在万历三十六年(1608)时新晋武官仍有数千人,可知万历十九年(1591)的清查、禁革等措施没有获得多少成效。此外,综合监察御史范俊"自买功之奸肆,而市井握节旄矣"与辽东巡抚李化龙"富家大贾,积金买官"的记载,②可知买功的人包括豪富、商人和市井之徒。

日益膨胀的军事利益集团占据了更多的社会资源。如《辽左闻见录》云:"万历初,辽东全盛,铁岭一卫世职至数百人,城中皆官弁第宅,无复兵民居地。复以卫城窄隘,分处城外。"③据此可见,当时铁岭城武官多至数百人,城中皆为武官宅第,军士与百姓不得不移居城外。与此同时,军事利益集团的膨胀使辽东军士与百姓的生存状况进一步恶化。侯先春云:"夫辽东之虚縻国饷,朘剥民脂,有增无减,日甚一日者,冒功之弊是也";"自买功、咨用之威炽,而民以官多死。"④

三、晚明辽东的社会危机

对于推行卫所体制的辽东社会而言,武官群体盘剥军士是一个社会问题。由于军士与所属军籍户族之间存在帮贴关系,因此军士的生存危

---

① 《明神宗实录》卷240,万历十九年九月戊辰。
② 范俊:《恭陈肤议以光圣德以新治化疏》,载吴亮:《万历疏钞》卷1《圣治类》,第58册,第59页;李化龙:《抚辽疏稿》卷3《更调府佐疏》,第122页。
③ 王一元:《辽左见闻录》不分卷,第33页下。
④ 陈子龙等选辑:《明经世文编》卷428《安边二十四议·安辽议》,第6册,第4677、4692页。

机会拖累所属户族从而导致严重的社会危机。

辽东军士月饷微薄已如前文所述,下面讨论一下粮饷。按照当时的制度规定,军士一年的粮饷有4个月是折银发放,另外8个月实物发放。这里重点讨论一下实物粮饷的问题,由于"盐粮援例人等,买票虚出,通关情弊",导致卫仓中储存的米豆"新者不入,浥烂如粪"。新近收入的米豆又被官吏掺入沙土、糠秕等物。因此,军士得到领取实物粮饷的"粮票"时,不肯凭票领取实物。如果遇到"盐粮援例人等"购买"粮票",则以银四分或五分的价格出卖"粮票",否则,"付之水火而已"。① 这意味着,在实物发放的8个月中,军士实物粮饷的真实收入是每月4—5分白银,甚至有可能分文皆无。

在粮饷微薄且横遭盘剥的情况下,辽东军士不但只能仰赖其户族的补贴活命,而且需要户族的资助才能应付武官的盘剥。巡按何尔健云:"一夫在军,一家仰给";"夫各军之所赖以存操,止二三帮丁耳。帮丁一身既欲贴军,又欲买马。"② 其结果是"合户胥累"。给事中侯先春指出,军籍户族的余丁"赔贴无尽","帮贴不三年而家立破,人立槁也"。又云:"科克之害烈,而民以军死矣。"③

军籍户族的余丁除了帮贴军士之外,自身还需承担繁重的劳役和赋税。何尔健描述了矿监税使高淮横行辽东期间的相关情况:"既佥边夫,又派壮士。而车夫,而号头,而报矿,而包税。千头万绪,纷然交责。甚有一人而八九差,十数差者。即井泉不穷,重汲不已,有时而竭。一人之身所出有限,若之何富不贫,贫不逃,逃不彝(按:即夷)也!"④ 据何尔健转述,海州人李蛮二等云:"住房又有房税、地原有科、又加地税,军身又出身税。叠差加身,命害在即","若不作主,万姓不免流离。"⑤

---

① 熊廷弼:《按辽疏稿》卷2《论辽左危急疏》,第478页。
② 何尔健:《按辽御珰疏稿》,第38页。
③ 陈子龙等选辑:《明经世文编》卷428《安边二十四议·安辽议》,第6册,第4675、4692页。
④ 何尔健:《按辽御珰疏稿》,第39—40页。
⑤ 何尔健:《按辽御珰疏稿》,第38页。何尔健将李蛮二的身份写作"军人"。不过,从李蛮二诉说的内容推断,他的身份是余丁。

辽东百姓还不得不面对军士逃亡后的非法清勾。顾养谦奏曰：

> 臣请以全辽受病之状略而言之。军士以饷薄不能生活则多逃，逃则不得不捕，(中略)捕之不得则不得不勾其余丁。丁尽而无从勾补，则不得不横及他姓，而扰害之端益无穷矣。①

可见，万历年间的清勾十分苛刻，一个户族的余丁勾尽之后又勾及其他本无关系但尚有余丁的户族。这种清勾严重扰乱了当地的社会秩序。

抽垛政策滋生的腐败问题，也对辽东社会产生了十分明显的破坏作用。侯先春奏曰：

> 岂当事者犹未闻抽垛之害乎！抽垛之法，贵富有力者不敢问。次则援例纳承差吏典，因而假威且噬人，不复问。下则愚弱不能自亢，将官乘之百计为奸。抽赵甲矣，而移之钱乙。改钱乙矣，而移之孙丙。每抽一人，所索害者不啻数人，必至不能赂者方尔应解。宜变产卖妻，剥臂折腰，投井自缢者比比矣。②

上引"富贵有力者不敢问"揭示了差贫宽富的现象，关于这个问题将在下文讨论。这里想要强调的是，辽东武官在抽垛的过程中极尽敲诈勒索之能事，中饱私囊。为了避免抽垛、应对勒索，部分辽东百姓变卖家产、典卖妻子，走投无路的人被迫自残肢体、投井或自缢。

都司东部的百姓还得应对营丁的攀报。顾养谦写道：

> 家丁原非额军，而以饷招之来者也。饷薄而不足以招之，不得不金报而薄籍之。其在河东者，以道远故与为期，期二年，满听其攀报而更番之。而攀报之人若赴死地，往往倾其家求脱，或自断其手

---

① 顾养谦：《冲庵顾先生抚辽奏议》卷5《议处辽镇兵饷》，第460页。
② 陈子龙等选辑：《明经世文编》卷428《安边二十四议安辽议》，第6册，第4675页。

足,至死不肯应。年复一年,辗转攀报,而河以东殷实有力之户殆萧然矣。①

明代辽东档案载:

> (被)攀报之人多系家道殷实,而膂力未必精强,(中略)总府验中者固有,然多验退、贴原报家丁银五两而还者。(中略)寨屯且有逼勒而自尽者。②

可见,营丁的攀报政策往往成为营丁赚取五两贴银的手段,而被攀报之人多为"家道殷实"的无辜受害者。为了避免充当营丁的风险,不少百姓倾尽家资求免,甚至以自残的方式拒绝应承。年复一年的攀报政策,使得都司东部相对比较富裕的户族家道中落,贫困户族的困窘更不待言。

大量军士、余丁逃亡与蒙古诸部的劫掠引发的逋赋催征也会殃及辽东百姓。李化龙分析辽西地区的情况时指出:"按其荒绝之地,征其额派之粮。欲从完报,不亦难乎？今若照常立限严追,不为议处,则卫官之俸粮有限,必追比于该所官旗。官旗之资产无多,必摊派于别屯军士,株连蔓引,鸡犬不宁,死亡逃移,不尽不止"。"乃今逋赋方多,催科正急","年深月久,竟成欧脱,是人与土两弃之矣"。③他还说明了辽南的情况。辽南是辽东最富庶的地区,李化龙在强调了造成辽南地区社会凋敝的原因包括"抽垛、勾补""将领不良""冒功得官者多,官多民少"之后,写道:"而南卫病自税粮多逋,官被参罚,征敛之令急于星火。"④可见,追征逋赋、殃及百姓的现象在晚明辽东具有一定的普遍性。

镇戍武官与卫所武官还时常剥削百姓。如海州参将李宁低价强买屯民豆1 000余石,并调用广宁左、右两屯卫车户的排车100多辆,将强买的

---

① 顾养谦:《冲庵顾先生抚辽奏议》卷5《议处辽镇兵饷》,第460页。
② 《明代辽东档案汇编》,第115页。
③ 李化龙:《抚辽疏稿》卷3《请豁二卫屯粮疏》,第90页。
④ 李化龙:《抚辽疏稿》卷3《议留张布政疏》,第131页。

粮食从锦州城送到广宁城出售。① 卫所武官也不甘落后,正如叶世英所说,"乃今卫弁之贪残苛于乳虎,税敛之朘削猛若飞蝗"。②

更加令人发指的是,军事利益集团竟然无视百姓的生命、财产安全,对来犯之敌采取避而不战的策略。自明初以来,辽东官军的职责就是维护国家安全,保障地方社会不受侵犯。万历初年的李成梁也锐意进取,对于进入辽东劫掠的北方族群往往出兵堵截。特别是万历三年(1575),李成梁与副总兵曹簠率军追击,"遂成奇功"。③ 然而,随着边疆形势和政治环境的变化及自身的腐化,辽东军事利益集团开始对入境劫掠的蒙古诸部采取避而不战的策略,并美其名曰"坚壁清野"。

侯先春揭露了所谓"坚壁清野"的真相:

> 臣又见迩来每以坚壁清野为辞。夫坚壁清野者,两军相持,深沟高垒,且俾野无可掠,将以老其师而坐困之。非谓婴城自卫,纵敌杀掠,兵反在内,而民在外也。而况杀掠逾万,野亦未尝清也。野未尝清,何取坚壁! 借以自文,将谁欺乎! ④

可见,所谓"坚壁清野"不过是"婴城自卫,纵敌杀掠"的虚美之辞。

军事利益集团这种欺上瞒下的行径,使辽东百姓深受其害。如万历十七年(1589)至十八年(1590),蒙古诸部四次进犯,深入辽东境内四五百里,有时蹂躏辽东城堡八九昼夜。辽东百姓先后被杀者数以万计。然而,副总兵姚大节、孙守廉漠然不顾,闭门自守。虽然姚、孙二将避而不战有敌众我寡的因素,但二将一兵不出,一矢不发,坐等来敌自退的做法,使辽东百姓恨不得"饮其血而寝处其皮"。⑤

---

① 李化龙:《抚辽疏稿》卷3《甄别练兵官员疏》,第105页。
② 叶世英:《东夷渐炽可虞兵饷宜增不易疏》,载吴亮:《万历疏钞》卷41《辽建类》。
③ 陈子龙等选辑:《明经世文编》卷428《安边二十四议·安辽议》,第6册,第4691页。
④ 陈子龙等选辑:《明经世文编》卷429《为审势量力酌陈今秋防守事宜疏》,第6册,第4696页。
⑤ 陈子龙等选辑:《明经世文编》卷429《为审势量力酌陈今秋防守事宜疏》,第6册,第4694页。

在预先探知蒙古人或女真人入境劫掠的时候,辽东武官亦有将居住在郊野的百姓收入城堡的举措,但委派的官员多是被罢职后闲居在家的武官。这些武官多是"贪饕素著"之辈。在将郊野百姓收入城堡的过程中,往往"指称收敛,科索百端"。有的辽东百姓不堪勒索,抗令而逃。[1]

辽东武官还率领军事家丁趁设防之机欺压百姓。辽东武官每年率领家丁、军士到各城堡设防。近处驻军一个月,远处驻军两三个月。军事家丁及军士每到一处城堡,就引发一场骚乱。他们将弓箭、军刀悬挂在当地住户的门上,吓得当地居民失魂落魄。他们强迫百姓提供酒食,奸淫当地妇女。当一家资财耗尽之后,就转而蚕食其他家族。稍有不如意之处,即毁坏民产,掳掠财物。"马蹄经过,鸡犬一空"。领军将领不但不加禁止,还带头为恶,当地居民无处控诉。[2]

辽东百姓与军事利益集团的矛盾是晚明辽东的主要社会矛盾。他们恨不得痛饮贪残武官之血、剥掉贪残武官之皮。[3]他们对依附于军事利益集团的军事家丁也十分痛恨,"若遭大虏还有命,若遇家丁没得剩"[4]的民谣广为流传。熊廷弼处斩贪官的场景也反映了辽东百姓对军事利益集团的痛恨。萨尔浒大战之后,深知"辽左之坏,全由将官之贪"的熊廷弼为了收拾人心,命令中军官捧尚方宝剑将贪渎枉法的游击将军陈伦在辽阳城西门外公开处决,"一时阖城百姓聚观如堵,无不欢欣畅快,而叹天之始开眼者"。[5]

在晚明辽东的社会矛盾中,豪富家族具有一定的复杂性。豪富家族是随着晚明长途贸易网络的兴盛在辽东崛起的一个社会群体。他们有的是辽东本地商人,有的是在辽东经商后落籍辽东的内地人。辽东巡抚李化龙云:

---

[1] 陈子龙等选辑:《明经世文编》卷428《安边二十四议·安辽议》,第6册,第4683页。
[2] 陈子龙等选辑:《明经世文编》卷428《安边二十四议·安辽议》,第6册,第4675页。
[3] 陈子龙等选辑:《明经世文编》卷429《为审势量力酌陈今秋防守事宜疏》,第6册,第4694页。
[4] 陈子龙等选辑:《明经世文编》卷428《安边二十四议·安辽议》,第6册,第4675页。
[5] 熊廷弼撰,李红权点校:《熊廷弼集》卷7《斩贪将疏》,第364页。

> 其富家大贾,积金买官,世曳金紫者满地而是。因之摩切官府,蚕食细民,细民为积威所劫,不敢言而敢怒。官其地者亦皆因俗为政,责大指而已。不复尽法绳之,以自托于水清无鱼之义。其细民无所发怒,嚣然丧其乐生之心。①

可见,豪富家族通过买官等手段获取官籍身份欺压百姓,为所欲为。由于负责地方行政的卫所武官对富商群体采取纵容的态度,备受欺压的辽东百姓敢怒而不敢言。

在晚明辽东的赋役征发、抽垛等事务中,富商群体也通常是宽富差贫的受益者。关于抽垛中的相关问题,在此前征引的史料中已有所涉及,这里仅讨论赋役征派中的宽富差贫。熊廷弼曰:

> 欲要壮士分别,谁贫谁富,谁有力谁无力,谁当长做谁当短做。谁肯拿出天理良心说我不贫,说我有力!都司掌印、捕盗官谁肯拿出天理良心,从公、从实派富宽贫,派有力宽无力!徒为势力人家了却一番人情。②

又云:

> 南卫排车,偏累近城及穷弱下户,而远在东山及富室有力者,皆以贿免。此地方中极不平事而莫可如何者,屯民之窜全由于此。③

可见,差贫宽富的现象直到萨尔浒大战之后仍然没有改观。

有的豪富家族甚至贿赂武官,让官军保护其家族的人身、财产安全。辽东巡抚顾养谦在列举"管辽阳车营游击事"傅某的罪状时,写道:"拨兵

---

① 李化龙:《抚辽疏稿》卷3《更调府佐疏》,第122页。
② 熊廷弼撰,李红权点校:《熊廷弼集》卷19《谕张都司》,第963页。
③ 熊廷弼撰,李红权点校:《熊廷弼集》卷19《又(答周毓阳中丞)》,第984页。

与富户张住家防盗,得张住银四十两。"①

不过,有时豪富家族也是被盘剥的群体。例如,拥有数十匹马、二三十顷土地的富民王三,被贪腐武官以私造海船相威胁,勒索白银20两。②再如,富民黄宁、黄四、戚继伯分别被海州参将李宁派遣军事家丁"逼借"白银200两、150两和100两。③又如,辽阳富商张柱,在矿监税使高淮横行辽东期间多次被高淮及其手下勒索。其中高淮本人陆续勒索白银4万两,被高淮爪牙李守廉敲诈4次,勒索白银12 000两。④

在内部的社会矛盾,与蒙古诸部的劫掠、壬辰战争的拖累、⑤矿监税使的肆虐、⑥建州女真的崛起等外部因素的交互作用下,晚明辽东民生凋敝、人心思乱。给事中侯先春曰:"今辽虏患频仍,民生涂炭,权归武弁,利饱囊中。狐假虎威以噬人,狗尾续貂而蠹国。钱粮冒破,行伍空虚,民脂竭于科求,马力疲于私役。法令不行,将不用命,民不见德,远迩离心。"⑦李化龙在给熊廷弼《按辽疏稿》所作的序中写道:"余甲午、丙申之间,尝镇抚辽云,迄今且二十年往矣。然而辽之敝则日甚一日也。大率数年以来,狂虏吮其血,税珰敲其骨,贪将搥其髓,辽之遗民奄奄气尽。"⑧吏部左侍郎杨时乔言:"今辽人之心何如哉?(中略)家与之(按:指高淮)为怨,人与之为仇,民之幸免荼毒者无一二,而轻生思乱者,已有八九。"⑨

为了摆脱悲惨的困境,部分辽东百姓聚集一处向高官抗议。巡按何尔健在辽东任职期间,正值高淮乱辽之时。在他的《按辽御珰疏稿》中多次记载了辽东人的抗议行动。如:

---

① 顾养谦:《冲庵顾先生抚辽奏议》卷15《甄别练兵官员》,第612页。
② 同上。
③ 李化龙:《抚辽疏稿》卷3《甄别练兵官员疏》,第106页。
④ 何尔健:《按辽御珰疏稿》,第19、61页。
⑤ 辽东巡抚李化龙云:"而南卫(按:金复海盖四卫)病自东征事起,刍粟转输,一切取之南卫。"李化龙:《抚辽疏稿》卷3《议留张布政疏》,第131页。
⑥ 孙文良:《矿税监高淮乱辽述略》,《明史研究论丛》第1辑,第248—264页。
⑦ 陈子龙等选辑:《明经世文编》卷428《安边二十四议·安辽议》,第6册,第4674页。
⑧ 熊廷弼:《按辽疏稿》,第348页。
⑨ 董其昌辑:《神庙留中奏疏汇要》兵部卷6,"续修四库全书",上海:上海古籍出版社,1995年,第470册,第713页。

及抵辽阳,闻已罢市数个月余。下马之日,阖城军民、商贾人等填街塞巷,遮道拥门,一时号泣之声震动山谷。臣多方开谕,半日稍定。①

及遵海而南,放于金复永宁等处,所在萧条,村里为墟。间过一屯一铺,老幼、妇女遮道号呼。称冤茹苦,哀痛迫切之状,真有不忍闻且见者。停骖问之,皆曰:"(中略)若天台不为我等作主,我等俱是死逃,更无再见天日。"②

适职至辽阳,各商民积怨之深,积怒之极,鬼哭神号,拥泣震天,一时状揭百有余纸。职当传其委官朱惟缙、丁孟等写书持拜该监,速将各役撤去。而一时阖城居民填街塞巷,各有乘机思逞,甘心各恶之意。(中略)不意(余)东鼒(按:高淮爪牙)恐仇家采打,故意挺地抬头图赖,时值昏黑为人众拥挤而毙,取有捕结道呈在卷。地方商民因见东鼒已死,仍益结聚,喊叫不止。时因黑夜人众,欲查首恶恐有不测。仍又差官,再四传谕,方始解散。③

可见,辽东百姓为了摆脱困境,使用了聚集、哭诉、喊叫等传统社会的主要抗议手段,甚至以逃亡相威胁,并趁乱打死高淮爪牙。不过,他们仍然对清廉高官与国家权力有所期待。

部分绝望的辽东百姓被迫逃到边外。辽东巡抚李化龙云:"且夫今所与共争辽者,虏也","乃虏得吾民,犹且恩勤煦沫,冀得其心。我既不能用威以存其去者,又不能用恩以保其存者。彼其民有远心而无固志也,何怪焉!"④兵部主事叶世英曰:"乃今卫弁之贪残苛于乳虎","无惑乎民之逋亡也。"⑤朝鲜使者还记录了逃亡蒙古地区的辽东人对是否怀恋故土的回答:胡地"无赋役、无盗贼,外户不闭,朝出暮还,自事而已。与其居辽,役

---

① 何尔健:《按辽御珰疏稿》,第12页。
② 何尔健:《按辽御珰疏稿》,第35—36页。
③ 何尔健:《按辽御珰疏稿》,第21页。
④ 李化龙:《辽东疏稿》卷2《乞归疏》,第56页。
⑤ 叶世英:《东夷渐炽可虞兵饷宜增不易疏》,载吴亮:《万历疏钞》卷41《辽建类》,第59册,第684页。

不暇者,苦乐悬殊"。①

逃往蒙古诸部的辽东人通常被安置于板升。熊廷弼云:

> 查得开原边有二道,一为老边,自庆云堡西南起,至西北正东,东南柴河堡约三百里。凡志书内所载墩台百余座,皆丢弃不守。砖石皆被虏拆去夷地,为板升,其地任夷驻牧往来者数十年。②

参照熊廷弼的奏疏写于万历三十八年(1610)五月初七日与"其地任夷驻牧往来者数十年",可知蒙古诸部在辽东近边之地建立板升是万历初年的事,建造板升的部分砖石取自辽东沿边的废弃墩台。被安置在板升中的辽东人口数以万计。③这些辽东人有的是被掳掠而来,有的是逃亡而来。这些进入蒙古地区的辽东人主要从事农业生产,每岁"纳粟一囊,草数束,别无差役"。④

蒙古酋长为了使板升中的辽东人为其所用,往往将掳掠来的妇女给配于板升中的男丁使其生儿育女,又给他们马匹、耕牛,以便牧放、耕种。于是,不少板升中的辽东人转而成为察哈尔等蒙古诸部劫掠辽东的向导。这些辽东向导,有的为蒙古酋长找到并挖开辽东人储藏粮食的地窖,有的将掳掠目标的贫富情况告知酋长以便酋长向富人逼要财物,有的借机焚烧仇人庐舍、挖掘仇人坟墓。更重要的是,由于这些辽东向导熟悉辽东的地理形势、兵力多寡、贫富差异,因而增强了蒙古诸部劫掠的目的性,加深了对辽东社会的危害。⑤

建州女真地区,也是辽东人逃亡边外的目的地之一。辽东百姓在向何尔健哭诉矿税监高淮带来的苦难时,说:"我等上天无路,入地无门。再看几时不罢,也都钻入彝地,自在过活去罢。"何尔健在反复询

---

① 李恒福:《朝天录》下,第448页。转引自刁书仁:《朝鲜使臣所见晚明辽东社会的民生与情势》,《社会科学战线》2017年第11期。
② 熊廷弼:《按辽疏稿》卷5《纵虏内地围猎疏》,第645页。
③ 陈子龙等选辑:《明经世文编》卷428《安边二十四议·安辽议》,第6册,第4692页。
④ 熊廷弼:《按辽疏稿》卷2《论辽左危急疏》,第476、481页。
⑤ 陈子龙等选辑:《明经世文编》卷428《安边二十四议·安辽议》,第6册,第4692页。

问之下得知:"建州彝地有千家庄者,东西南北周回千余里,其地宽且肥,往年辽沈以东,清河、宽奠等处与彝壤相接,其间苦为徭役所逼者往往窜入其中,任力开垦,不差不役,视为乐业。"① 或许是出于自我保护意识,辽东百姓故意将逃到建州的地方说成是千家庄。何尔健不谙辽东地理,不知道千家庄在镇江东南,并非建州之地,遂在千家庄问题上以讹传讹。② 然而,他记述的部分辽东人逃往建州地区却并非虚言。

部分辽东百姓揭竿而起。万历二十八年(1600),辽东爆发了金得时领导的武装起义。③ 据熊廷弼万历三十八年(1610)的奏报,金得时在万历二十二年(1594)至万历二十八年期间,与于孤江在深山中传教,"招聚人众","擅称佛祖"。④ 据万历二十八年蓟辽总督邢玠奏报,金得时等人在孤山堡附近的虎听谷聚集3 000余人,聚集地与建州女真相邻;无论金得时等人聚众叛逃或者引敌入寇都会对边疆安全造成极大的隐患。邢玠建议招谕安抚、解散金得时徒众,如遇反抗,严惩不贷。⑤ 叶向高《邢公(玠)墓志铭》云:"辽左僭号贼金得时,五旬授首,降散万三千人。"⑥ 综合上述史料可知,金得时利用宗教手段,聚集了3 000名左右逃离卫所体制的军士和余丁。在国家试图强行解散金得时集团时,金得时发动了武装反叛并僭号称帝。这次起义历时50天,响应起义的辽东百姓多至万人。从叶向高将平定金得时起义视作邢玠值得记述的功劳之一分析,这次起义在当时产生了很大影响。

---

① 何尔健:《按辽御珰疏稿》,第36—37页。
② 熊廷弼指出千家庄在镇江东南,不在建州。熊廷弼:《按辽疏稿》卷2《勘覆地界疏》,第467页。
③ 和田正广对金得时起义进行了较为深入的研究,他指出金得时传播的宗教是融合了佛教、道教的混合宗教。和田正广:《中國官僚制の腐敗構造に關する事例研究—明清交替期の軍閥李成梁—》,北九州:九州國際大學社會文化研究所,1995年,第300—341页。
④ 《明神宗实录》卷476,万历三十八年十月壬辰。
⑤ 《明神宗实录》卷350,万历二十八年八月乙酉。
⑥ 叶向高:《苍霞续草》卷11《刑公(玠)墓志铭》,"四库禁毁书丛刊",北京:北京出版社,2000年,集部第125册,第128页。

四、明清易代时期的辽东社会

就在辽东社会矛盾日益激化的时候,以努尔哈赤为首的建州女真迅速崛起。努尔哈赤并非建州名酋的后裔,而是一个从事边疆贸易的商人之子。①他利用晚明兴起的、以辽东为纽带的长途贸易网络积累财富。辽东总兵在给朝鲜方面的公文中写道:"近如建州夷人奴儿哈赤","数十年来,许开市通贡,养成富强。"②努尔哈赤以经济实力为基础,在统一建州女真的过程中不断积累武装力量。经过30多年的努力,他最终成为明朝的心腹大患。

万历四十六年(1618),努尔哈赤乘互市之际,发动伏兵攻陷抚顺,随后攻陷清河等堡。万历四十七年(1619),他又在萨尔浒大战中以少胜多,击败了10万明军的围攻。③不久,后金军乘胜追击,攻陷开原、铁岭。

萨尔浒大战的溃败,进一步加深了明朝的统治危机与辽东的社会危机。为了稳定辽东的局势,明廷任命在辽东威信素著的熊廷弼担任经略,接替戴罪暂留的杨镐。④明廷还试图调动全国的人力资源与物质资源来挽回败局。然而,实际情况却事与愿违。

熊廷弼云:"今事体相关,无如兵、户两部。催兵兵不应,催饷饷不应。悠悠然,若途人之途人。"⑤他还痛斥内阁及兵部、户部等衙门"甲是乙非,

---

① 河内良弘:《明代女眞史の研究》,第734—736页。
② 吴晗辑:《朝鲜李朝实录中的中国史料》,第2994页;《光海君日记》卷46,光海君十年七月庚子。
③ 李广廉、李世愉对萨尔浒大战明、金双方的兵力进行了细致的分析。他们指出,参战明军共有在8万至9万之间,如果计入朝鲜援兵则可达10万之众,后金的参战兵力与明军旗鼓相当,亦在10万人左右。关于明军的参战人数,黄仁宇的观点与李广廉、李世愉的观点相近,但关于后金参战人数,黄仁宇提出了自己的见解。他认为后金军的参战兵力在5万人至6万人之间。笔者采用了黄仁宇的观点。李广廉、李世愉:《萨尔浒战役双方兵力考实》,《北京大学学报》1980年第4期,第80—82、85页;黄仁宇:《1619年的辽东战役》,《明史研究论集》第5辑,1991年,第175—182页。
④ 《明神宗实录》卷581,万历四十七年四月乙卯。
⑤ 熊廷弼撰,李红权点校:《熊廷弼集》卷19《与黄钟梅戎政》,第951页。

朝反暮覆"。①

即便部分官军和军事物资调到了辽东,大部分也颇为不堪。熊廷弼云:

> 辽事难处,全在援兵不中用,每各镇兵马过堂,问领兵官以颓惫之故,皆云:"谁肯兵与精强,马与膘壮,特抽此等塞数。"②
>
> 援辽无好兵固矣,似好将亦未见得。今之援将学几句套话头,装一副熊模样。非不桓桓赳赳也,而试之以小小机巧辄不效。若专在此辈防守、扑杀,未有不败乃公事者。③
>
> 京运盔甲全不堪用,所发各火器多铜物,试之半炸碎。各军只惯用三眼枪,而此项独无。守城立营,利用大炮,又绝少。④
>
> 骡车,但取充数(中略),皆以破坏之轮,补凑一两辆,抹一红油,岂不好看!而今皆成沟中断矣。其轮皆无铁铇包裹,而轴箍亦薄甚。⑤

综合上述史料可知,熊廷弼所谓"辽未有不亡者,举朝做成亡辽之套"并非无的放矢。⑥

在熊廷弼及袁应泰经略辽东的两年时间里,辽东人承担的军役、劳役较萨尔浒大战之前更为沉重。熊廷弼云:

> 今地方仅存其半,而其人已杀掳数万,逃窜数万;补额、补逃、新募、新垛又数万;赶牛、修工、采草、守城又数万;本地耕牛压派入官,供用者又数万。⑦

据此可知,萨尔浒大战及开原、铁岭沦陷以后,幸存的辽东人因勾补、招

---

① 熊廷弼撰,李红权点校:《熊廷弼集》卷20《与内阁、兵部、户部两衙门》,第1016页。
② 熊廷弼撰,李红权点校:《熊廷弼集》卷21《回宁武道龙朱陵》,第1075页。
③ 熊廷弼撰,李红权点校:《熊廷弼集》卷20《答文受寰制府》,第1026页。
④ 熊廷弼撰,李红权点校:《熊廷弼集》卷18《答韩晶宇中丞》,第918页。
⑤ 熊廷弼撰,李红权点校:《熊廷弼集》卷20《答文受寰制府》,第988页。
⑥ 熊廷弼撰,李红权点校:《熊廷弼集》卷20《与内阁兵部兵科》,第1020页。
⑦ 熊廷弼撰,李红权点校:《熊廷弼集》卷21《与内阁、部、科、饷部、督、抚》,第1060页。

募、垛集等方式而承担军役者多达数万。与此同时,又有数万辽东人承担着赶牛运粮、修补城墙、挖掘城濠、修建墩台、采集草料、守护城池等劳役。

辽东人还遭到官方的强制剥削与各路援军的霸凌。熊廷弼云:

> 又两年括买,而无一剩储。众军开挖,而无一留窖。①
>
> 辽城居民无隔宿之储,全靠村屯之民车运米粮、柴草入城,逐日买用(中略)。间有屯车到城者,又皆被饥军抢买而去,居民有终朝悬釜不得一粒者。夫辽民家室被军践辱,田禾被军佃割,市物被军勒抑,而又有官家勒派、压买、坐金,种种之苦,其有死之心,无生之乐。②
>
> 辽阳乡城十数万之怨民。谁肯甘心受夺。不有军变必有民变。③

据此可知,明廷凭借国家暴力以超低价格强行在辽东收购粮食;各路援军不但强夺辽东百姓口粮,强挖百姓藏在地窖里的粮食,还践踏他们的尊严、侮辱他们的家室。辽东人已被逼入绝境,"有死之心,无生之乐"。

天启元年(1621),当后金铁骑攻打辽阳时,部分辽东人选择开城迎降。事后,毛文龙对朝鲜官员说:"非鞑贼陷辽城也,辽人将官以下为老酋内应,开门迎贼,竟使辽城见陷。辽民之于天朝,莫大仇雠也。贵国于辽左接邻,岂不闻辽民之事乎?"④

天启二年(1622)正月,当后金兵锋转向广宁时,辽东巡抚王化贞已经基本失去了对广宁的控制。熊廷弼转述了王化贞对当日城中情况的描述:

> 二十一日夜报兵败,二十二日督兵士上城,不应。督百姓上城,不应。一起生员进见。有半言该守者,曰:'父子兄弟各顾(按:原文作"愿",北京大学图书馆藏光绪刻本作"顾")身命,何不可守!'有

---

① 熊廷弼撰,李红权点校:《熊廷弼集》卷21《与内阁、部、科、饷部、督、抚》,第1060页。
② 熊廷弼撰,李红权点校:《熊廷弼集》卷18《与李桂亭大司农》,第888—889页。
③ 熊廷弼撰,李红权点校:《熊廷弼集》卷19《与京师诸公》,第940页。
④ 吴晗辑:《朝鲜李朝实录中的中国史料》,第3156页;《光海君日记》卷58,光海君十三年十月丁酉。

半言不可守者,曰:'人心事势已至于此,何可守!'彼此辩驳不已。时吾犹以言守者为是,不可守者为非。及出衙门,而言守者已被人殴打。及吾出城门,而凡言不可守者,皆保家眷出奔;言可守者,皆持刀执棍堵门杀人。然后悟,言守诸生意在羁留而欲有所为也。"①

生员群体在晚明辽东社会中具有很强的社会影响力。②广宁百姓以生员群体为中心分成两派,一派主张留守,一派主张逃亡。随后双方发生了流血冲突。在王化贞和熊廷弼看来,主张留守者的真实目的是降敌。

大部分辽东人选择了逃亡。后金军攻陷沈阳、辽阳后,在辽河以东地区推行剃发令,规定"自髡者,贯不杀"。当后金军队向海州、盖州、金州、复州进发时,当地的武官、士人及部分百姓纷纷携家带口由海路逃往登州,没有能力远走山东的人则涌向了海中诸岛。③此外,另有部分辽东人逃入朝鲜半岛及辽西地区。

广宁失陷前后,部分辽东人跨过山海关逃入北直隶。熊廷弼曰:"士民见(王化贞率军)过河三自止,恐其惹事,乘其往河上,皆逃奔入关。"又云:"连日广宁城中,富家大户尽数西奔。"④熊廷弼还描述了广宁失陷后辽东人逃入关内的景象:"职二十四日在塔山道中,见军民车辆争拥排集,行走不通。"⑤据毛文龙天启三年(1623)的奏疏,"从山海关流移北直、山东一带"的辽东难民将近20万人。⑥

孙承宗在前往辽东督师的路上目睹了逃到关内和羁留在山海关的辽东难民。他在北直玉田县境内看到了路旁几个男性难民围着牛车,牛车上坐着几个女性眷属。听到他们撕心裂肺的哭喊声,他上前慰问。在得知这些辽东难民口粮已尽、饥饿难耐后,他分了几天的粮食给他们。不久,他遇到了更多的辽东难民,这些难民围着他的轿子乞求救济。其中一

---

① 熊廷弼撰,李红权点校:《熊廷弼集》卷22《与长安(诸)公书》,第1142页。
② 参见第四章。
③ 《明熹宗实录》卷8,天启元年三月丁卯。
④ 熊廷弼撰,李红权点校:《熊廷弼集》卷23《性气先生传》,第1195页。
⑤ 熊廷弼撰,李红权点校:《熊廷弼集》卷14《遣各道先人关放军民揭》,第698页。
⑥ 毛承斗辑:《东江疏揭塘报节抄》,杭州:浙江古籍出版社,1986年,第29页。

个生员拉着他的手说:"久雨中,三日不食矣。"当他来到山海关的时候,他看到城外到处都是辽东难民。这些难民既无处安身,也没有粮食。他们或是呆立雨中,或是铺上一片席子躺在泥泞里。①

孙承宗还记述了落难的辽东豪族:

> 大姓豪族,流落中原,日绕三匝之树,人摇未复之魂。垂橐而往,靡室靡家,既苦奇穷;携赀而居,相亲相傍,动遭奇祸。宁惟中土狡豪居奇踪迹,抑且同来流冗相告要挟。②

上引史料显示,落魄的辽东豪族可以分为两种情况:一种是来不及携带足够的盘缠,处境窘迫;另一种是携带了足够的资产,却被人图财陷害。③这条史料还反映了辽东难民内部的矛盾,即穷苦的辽东难民或勾结北直豪强陷害落魄的辽东豪族,或以勾结、迫害相威胁从而勒索钱财。

明廷试图安抚逃至各地的辽民:晋升董应举为太仆寺卿兼河南道御史,负责安插逃至山海关至天津一带的辽民,并拨给10万两白银以便他带领辽民在上述区域从事屯田;④晋升辽绅刘国缙为山东按察司副使,招抚逃往登莱一带的辽民并挑选强壮者为兵、加以训练;⑤命令毛文龙安抚逃往朝鲜的辽东难民并招集强壮者为兵。⑥

出人意料的是,辽东难民遭到了内地社会的强烈排斥。《明熹宗实录》云:

> 自有辽事来,无一人一事不为辽人患苦。及流徙入关,希图仰沾

---

① 孙承宗撰,李红权辑录、点校:《孙承宗集》卷22《急安辽人疏》,北京:学苑出版社,2014年,第771—772页。
② 孙承宗撰,李红权辑录、点校:《孙承宗集》卷22《急安辽人疏》,第977页。
③ 即孙承宗所谓"辽人有资斧者,百方匿晦,而稍见辄指为奸细"。孙承宗撰,李红权辑录、点校:《孙承宗集》卷22《急安辽人疏》,第771页。
④ 《明熹宗实录》卷21,天启二年四月己丑;董应举:《崇相集》卷2《两年支销实数疏》,第102册,第82页。
⑤ 《明熹宗实录》卷12,天启元年七月丙辰。
⑥ 《明熹宗实录》卷24,天启二年七月壬子。

皇泽,而有司相待如敌,远逐之为快。居人相视为怪,偶遭之如仇。①
　　辽人避难入关,如飞鸟依人,乃不肯收纳。挟货者指为逆党,佩剑者目为劫徒。以致忿懑出关,倡言报怨。②
　　或此安插而彼驱逐,动以辽人酿乱相恐,州县乘风支撑。③
　　昔赞画何栋如有辽人三日不徙。尽行杀戮之令,几至激变。④

上引史料表明,不被内地社会接受是辽东人"虽经安插,其实往来不定,犹如不系之舟"⑤的主要原因。

毛文龙在崇祯元年(1628)的奏疏中转述了登莱辽东难民的控诉:

　　吾侪小民,当辽陷时,挈妻孥渡登,播越他乡,艰苦万状。自(杨)国栋任登(莱总兵),出令强辽人住登者,悉隶官操。富者买免,每名百金,贫者愿隶,需索顶缺,每名十八两,且逐季查补。或一家而三四编坐,或一人而前后扎诈,甚至衣食无措者。复出拿奸一令,富商被拿者,动以千金贿之乃释(中略)。吾侪逃生于彼,而受难如此,不能聊生,复投生海外。国栋实殷鱼之獭也,食其肉而寝处其皮,死亦甘心。⑥

可见,逃到登莱的辽东难民也遭到了当地官员的迫害。同时,后文将会提及的吴桥兵变也反映了辽东难民与内地人的矛盾冲突。

内地社会排斥辽东人主要有以下三个原因。

首先,军事社会尚武刚毅的社会文化激化了内地人与辽东人的矛盾。负责在天津至山海关一带安插辽人的董应举对此感受尤深,他指出,辽人"入关,流离穷蹙,不能尽铲其刚劲之习,土人畏之"。⑦他还忧心忡忡地写道:

---

① 《明熹宗实录》卷24,天启二年七月壬子。
② 《明熹宗实录》卷42,天启三年十二月丙戌。
③ 董应举:《崇相集》卷1《先插后屯疏》,第102册,第49页。
④ 王在晋:《三朝辽事实录》卷10,第260—261页。
⑤ 董应举:《崇相集》卷1《安插善后事宜疏》,第102册,第55页。
⑥ 毛承斗辑:《东江疏揭塘报节抄》,第115—116页。
⑦ 董应举:《崇相集》卷1《先插后屯疏》,第102册,第48—49页。

> 臣闻人情资身无策,不畏死亡;饥寒迫身,不顾父母。况习弓矢、便骑射,嗔目语难之辽人乎!彼自入关以来,力能南徙者,徙而南,力不能徙,又不能营生者,累累填于沟壑。今其存者,非死亡之余,即劲悍而觊为兵者也。彼能为兵亦能为盗,不有以处之,势必内讧。或乘虏入而奋其愤戾之心,或乘盗起,而与之为梗。①

在传统社会中,对外来陌生人的戒备与敌意是常有的社会情绪。大批善于骑射、强悍刚毅的辽东人突然到来,自然对内地社会造成了强烈的冲击。董应举对走投无路的辽东人可能会成为强盗或奸细的担忧并非没有道理。内地社会的历史行动者也会感受到"日持弓矢""嗔目语难"的辽东人带来的潜在威胁。②同时,新迁入的辽人与内地人之间难免产生利益冲突,双方的任何过激行为都会增加彼此的仇恨。

董应举还描述了部分辽东武官及武生的蛮横:

> 臣观辽人可悯固多,奸顽不少。而奸顽多在武弁有力之家,惯冒钱粮,心常思乱(中略)。今既入关,犹存固态。鲜衣怒马,所在纵横。其知义守法者十无三四。臣常差官给散安插银两,贫弱辽人必向天叩头,感念皇恩。其多方要挟,鼓众猖狂,亦皆武举、武生之诈为生员者也。③

虽然董应举的描述带有一些对辽东人的偏见,但上述辽东武官及武举、武生的行为,势必激化内地人与辽东人的矛盾。

其次,边疆社会的胡化风俗,加深了内地社会对辽东人的排斥。族群多元的辽东社会虽然以汉人为主体,辽东境内的女真、蒙古、高丽等族也有较强的汉化倾向。然而,其社会风俗仍然带有一定程度的胡化色彩。成书于嘉靖末年的《全辽志》在描述辽东风俗时写道:"故今之浸淫

---

① 董应举:《崇相集》卷1《先插后屯疏》,第102册,第49页。
② 董应举:《崇相集》卷1《乞行招辽人为兵知会疏》,第102册,第51页。
③ 董应举:《崇相集》卷1《安插善后事宜疏》,第102册,第54页。

于衣冠文物之化者七,而黍离左衽之遗犹二三焉。"① 当辽东人逃入内地,他们身上的部分胡化风俗会被内地社会不断放大。董应举在给友人的信中写道:

> 初到时,土人畏辽人如虎(中略)。而强悍秀才与猾弁日鼓群愚讨赏。酒肉之气,逆于人鼻,要挟之声,几于夷虏,而莫辨其真与伪也(中略)。辽心终不可测。②

董应举的描述反映了明清之际部分内地人对辽东人的看法,即"几于夷虏""莫辨其真与伪也"。

其三,对辽东人勾结后金的疑虑,强化了内地社会对辽东人的排斥。明清之际,由于李永芳、佟养性、孙得功等辽东人降金,进入内地的辽东人得不到信任。董应举言"况今辽民为人所疑";③ 又云"关外辽人剪发投夷,在内者汹汹有恶言","反戈不难"。④ 进入内地的辽东人与后金境内辽东人之间的关联,更容易使人将他们视为潜在的奸细或叛徒。王在晋写道:"迩缘胡越一家,音闻得达。或父母在虏营,而呼子弟以取赎。或妻子在辽地,而思挈众以同奔。衣食难周,既萌偷生之想;故乡入梦,辄怀臣虏之思。既防外来之虏谋,又防内逸之奸民。招之不可,绝之不可,而臣之术又穷。"⑤

不但被视为"奸民"的辽东人很难融入内地社会,辽籍官绅也得不到信任。天启五年(1625),佟卜年在没有通敌证据的情况下被明廷处死,此虽然与党争有关,⑥ 但怀疑他与降金的佟养性同族、有通敌之嫌,是阉党拿佟卜年做文章的重要原因。天启六年(1626),被推举为保宁知府的洪敷教,因辽东奸细武长春谎称是他的女婿而被撤回任命。《国榷》载:"(洪)

---

① 嘉靖四十四年《全辽志》卷4《风俗志》,第47页上—47页下。
② 董应举:《崇相集》卷12《与郑玄岳书》,第102册,第556页。
③ 董应举:《崇相集》卷1《新命陈愚疏》。第102册,第47页。
④ 董应举:《崇相集》卷12《与友人书》,第102册,第557页。
⑤ 王在晋:《三朝辽事实录》卷10,第261页。
⑥ 王景泽:《明末佟卜年之狱》,《北方论丛》2011年第3期,第65—68页。

敷教辨其非婿,不过以辽宦仅一人,祈缓死耳。"①

　　在后金压迫与内地社会排斥等因素的综合作用下,越来越多的辽东人走上了抗金的道路。实际上,辽东人的抗金活动可以追溯到万历四十七年(1619)后金攻陷开原、铁岭的时候。出使后金的朝鲜使节郑忠信写道:"虏中言(中略)开原(按:《李朝实录》作'开元')城中最多节义之人,兵才及城,人争缢死,屋无虚梁,木无空枝。至有一家全节,五六岁儿亦有缢死者。"②清代落籍铁岭的王一元亦云:"铁岭为明季极边","本朝兵至时,一城皆忠义也。至今掘土数寸,即有刀镞、骷髅诸物,处处皆然。"③后金军兵至盖州时,辽东生员李遇春也曾组织2 000名矿兵奋起抵抗。④

　　天启元年(1621),后金军队攻占都司东部后,东部边地的镇江居民拒不投降,他们杀死了前来逼迫剃发的后金官员。⑤努尔哈赤闻讯派乌尔古岱及降将李永芳招抚东部边地的居民,试图迫使他们剃发。在后金军未到之前大批不肯剃发的辽东人越过鸭绿江逃往朝鲜。乌尔古岱、李永芳等领兵来到镇江后,开始残杀无力逃走且不肯剃发的辽东人。后金军还将被害者的妻儿1 000多人押到辽阳,随后努尔哈赤将她们分配给女真官军为奴。⑥

　　逃入朝鲜的辽东人能够凝聚在一起,构成东江势力主要与毛文龙有关。毛文龙的伯父是辽东都司海州卫的百户,至迟在万历二十九年(1601),毛文龙来到辽东承袭了伯父百户的职位(按:其伯父无嗣)。至天启元年,他已在辽东"落魄二十余年"。⑦五月二十日,毛文龙奉辽东巡抚

---

① 谈迁:《国榷》卷87,北京:中华书局,1990年,第5322页。
② 吴晗辑:《朝鲜李朝实录中的中国史料》,第3146—3147页;(光海君日记)卷58,光海君十三年九月戊申。
③ 王一元:《辽左见闻录》,第7页上。
④ 《明熹宗实录》卷11,天启元年六月壬辰。
⑤ 中国第一历史档案馆、中国社会科学院历史研究所译注:《满文老档》,北京:中华书局,1990年,第198页。
⑥ 中国第一历史档案馆、中国社会科学院历史研究所译注:《满文老档》,第205—206页;吴晗辑:《朝鲜李朝实录中的中国史料》,第3125页;《光海君日记》卷56,光海君十三年五月癸丑。
⑦ 毛承斗辑:《东江疏揭塘报节抄》,第62页。

王化贞之命率领4艘沙船、197名士兵由海路东进袭击镇江等地。[1]毛文龙等人到达的第一个岛屿是盖州附近的连云岛,[2]随后自西而东,一路招抚辽东沿海各岛,至七月十八日到达朝鲜弥串堡并暗中联络镇江的士人和百姓。[3]

毛文龙等人的到来使抗金情绪颇高的镇江居民看到了希望。七月十九日夜,毛文龙等人在当地居民的配合下,袭取镇江城并俘获了后金守将佟养真等人。第二天,毛文龙率军攻克永奠堡,擒获戍守该堡的后金将领。镇江的捷报鼓舞了辽东人的抗金热情。汤站、险山二堡的居民将戍守城堡的后金将领擒获、献给毛文龙,长奠堡守将主动归顺明军。与此同时,"沿海一带各堡千有余里"以及金州、复州等地的居民纷纷揭竿而起,"处处扑杀虏级","响应奔赴,不可胜计"。[4]

明廷接到镇江大捷的报告后,下令辽东经略熊廷弼、辽东巡抚王化贞,登莱巡抚陶朗先,天津巡抚毕自严等人三路出兵"务收全胜",但"经、抚各镇观望不进,坐失机会",导致大量辽东居民惨遭后金军屠杀,[5]毛文龙等人亦不得不在后继无援的情况下率领大量不愿接受后金统治的辽东人退入朝鲜境内。

七月二十七日,后金军再度占领镇江后,将参与抗金斗争的12 000名俘虏押送辽阳。[6]鉴于大批辽东人经由镇江逃往朝鲜,后金军多次前往镇江捕捉试图逃亡的辽东人。《满文老档》载,九月十六日,"再次前往抢掳镇江逃民,俘获三千带来"。[7]按照后金的惯例,上述被俘获的辽东人被分配给女真官军为奴。

为了防范辽东人的抗金活动,阻止辽东人继续逃亡,努尔哈赤采取了同住、移民、迁海三项政策。

---

[1] 毛承斗辑:《东江疏揭塘报节抄》,第5页。
[2] 毛奇龄:《毛总戎墓志铭》,载毛承斗辑:《东江疏揭塘报节抄》,第214页。
[3] 毛承斗辑:《东江疏揭塘报节抄》,第6页。
[4] 毛承斗辑:《东江疏揭塘报节抄》,第6—7页;中国第一历史档案馆、中国社会科学院历史研究所译注:《满文老档》,第224页。
[5] 《明熹宗实录》卷13,天启元年八月丙子。
[6] 中国第一历史档案馆、中国社会科学院历史研究所译注:《满文老档》,第224页。
[7] 中国第一历史档案馆、中国社会科学院历史研究所译注:《满文老档》,第241页。

首先,同住。十一月二十二日,努尔哈赤颁布敕谕:"前曾谕令诸申人、汉人同居一屯,粮则共食,共以草料喂养牲畜。"①

其次,移民。天命六年(1621)十一月,《满文老档》载:

> 十八日,和硕贝勒阿敏率兵五千前往镇江,其所赍书曰:"着险山、凤凰游击,率尔守堡收长甸、永甸、大甸、新甸等地离尔附近之堡屯庄民,带往应迁之地。着宽甸游击尔率守堡等将尔所属之堡屯庄民,带往应迁之地。"②
>
> 二十一日,自萨尔浒迁户至辽东,十一月初一日第一族始至,十二月初十日队尾终断。③
>
> 二十二日,为迁移新城、瑷河居民事致书曰:"凤凰游击:着将镇江、汤山、镇东堡、镇彝堡所属小屯城堡之人,皆携往萨尔浒。"④
>
> 二十三日,致书镇江、汤山、凤凰、镇东堡、镇彝堡五处居民曰:"清河以北、三岔以南,沿边皆由诸申人居住,(中略)尔等往居彼处。(中略)春耕时,边外之地亦可耕种。欲耕边内之地,则三岔、会安、抚顺、东州、马哈峪、山羊峪等地,可任意耕种之,倘不愿迁往彼处,则镇江、汤山之人,移至威宁营;凤凰、镇东堡、镇彝堡之人,移至奉集堡。"⑤

综合上引史料可知,努尔哈赤命宽奠游击将宽奠、长奠、永奠、大奠、新奠等地居民迁往萨尔浒地区;同时命凤凰城游击将镇江、汤站、镇东堡、镇彝堡所属小屯、城堡之人迁往萨尔浒。

上引二十三日的《满文老档》提到的三岔并不是三岔河,而是三岔儿堡,所谓马哈峪应即马根单堡,上述两堡与该史料提到的会安、抚顺、东州、山羊峪4堡皆在今抚顺市附近,均为明代辽东东部边墙附近的城堡。

---

① 中国第一历史档案馆、中国社会科学院历史研究所译注:《满文老档》,第260页。
② 中国第一历史档案馆、中国社会科学院历史研究所译注:《满文老档》,第254页。
③ 中国第一历史档案馆、中国社会科学院历史研究所译注:《满文老档》,第258页。
④ 中国第一历史档案馆、中国社会科学院历史研究所译注:《满文老档》,第259—260页。
⑤ 中国第一历史档案馆、中国社会科学院历史研究所译注:《满文老档》,第261页。

参照这段史料将上述6堡称为"欲耕边内之地"可知,努尔哈赤试图将镇江、汤山、凤凰城、镇东堡、镇彝堡五处居民迁入辽东东部边墙附近及边墙之外的两个居住区。这两个居住区分别是"清河以北"和"三岔以南"。所谓"清河以北"即东部边墙之外小清河以北地区,而据三岔儿堡在前述6堡的最北边可知,所谓"三岔以南"指与边墙之内自三岔儿堡向南一字排开的会安、抚顺、东州、马根单、山羊峪诸堡。努尔哈赤同时规定,如果镇江等五处地方居民不愿迁往"清河以北""三岔以南",那么镇江、汤站的居民可迁到边墙以内的威宁营(按:今本溪附近),凤凰城、镇东堡、镇彝堡的居民可以迁到边墙以内的奉集堡(按:今沈阳附近)。

由上述论证可知,努尔哈赤在天启元年(1621)十一月将东部边地的部分居民迁往东部边墙之外的原女真人居住地,另一部分居民被迁往东部边墙附近及威宁营、奉集堡等地。这样,东部边地就成了人烟稀少的后金与东江势力之间的缓冲区。与大批东部边地的辽东人被迁到萨尔浒地区相应的是,努尔哈赤将原在萨尔浒居住的女真人迁到沈阳、辽阳等地居住。

其三,迁海。天命六年,即天启元年八月,《满文老档》载:

> 初十日,命沿海之黄骨岛、古嘴堡、望海埚、归化堡等处及其屯民,悉退居距海六十里之外,事毕覆奏。[1]

可见,清朝入关之前即在辽东采取过迁海政策。

在努尔哈赤向辽西发起进攻时,毛文龙打起"复辽"的旗号将辽东难民凝聚起来,[2]逐步发展成为制约后金的重要军事力量。最初毛文龙无意进入此后成为东江镇(按:因皮岛在鸭绿江以东故名)治所的皮岛,而是寄住在朝鲜西北部的龙川、义州等地,[3]以便接应相继渡江而来的辽东民

---

[1] 中国第一历史档案馆、中国社会科学院历史研究所译注:《满文老档》,第227页。
[2] 即"以辽人复辽土"或"复辽"。《毛大将军海上情形》,本书无页码;吴晗辑:《朝鲜李朝实录中的中国史料》,第3230页;《仁祖大王实录》卷8,仁祖三年正月庚申。
[3] 吴晗辑:《朝鲜李朝实录中的中国史料》,第3135页;《光海君日记》卷57,光海君十三年七月乙丑。

众。一时间朝鲜西北部涌入了大量的辽东人。《李朝实录》载:"龙、义之间假鞑(按:朝鲜方面对曾被后金政府强制剃发的辽东人的蔑称)弥满。"① 又载:"沿江上下,避乱辽民等搬移家小,尽向内地,相望于道路,"② 需要指出的是,据毛文龙"此辈短发辽人"之语可知,③ 这些辽东人在脱离后金之后剪掉了一度被强制留起的发辫。

后金政权不能忍受大量辽东人就此脱离自己的统治。天启元年十二月,后金军发动了所谓的"林畔之役"。据《满文老档》,"十五日攻剿毛文龙,时毛文龙未在龙川,而在距龙川九十里外之林畔。毛文龙本人脱逃,斩吕游击及千总和把总,军士共五百余人"。④

遭到这次打击后,毛文龙等人开始考虑将皮岛作为自己牵制后金的主要基地,并最终在天启二年(1622)十一月进入皮岛。⑤ 同年,明廷开始给东江势力拨发饷银,⑥ 因此可以将这一年视为东江镇正式成立的年份。

东江势力控制的区域生活着大量辽东难民。天启三年(1623),毛文龙奏疏曰"接渡辽民老幼、男妇三十余万口";同年,又云"今接渡辽民三十七万多名口"。⑦ 结合《李朝实录》"毛营数十万众""毛将率领数十万男妇就食我边",⑧ 可知毛文龙天启三年上报的数字与事实相去不远。此外,孙承宗认为东江"盖合兵民为数实有十余万"。⑨ 这个数字是在毛文龙被杀后,东江镇虚增兵额、冒领饷银成为舆论主流的历史语境中出现

---

① 吴晗辑:《朝鲜李朝实录中的中国史料》,第3132页;《光海君日记》卷58,光海君十三年九月丁巳。
② 吴晗辑:《朝鲜李朝实录中的中国史料》,第3137页;《光海君日记》卷58,光海君十三年十月丁酉。
③ 毛承斗辑:《东江疏揭塘报节抄》,第112页。
④ 中国第一历史档案馆、中国社会科学院历史研究所译注:《满文老档》,第275—276页。
⑤ 吴晗辑:《朝鲜李朝实录中的中国史料》,第3202页;《光海君日记》卷63,光海君十四年十一月癸卯。
⑥ 毛承斗辑:《东江疏揭塘报节抄》,第105页。
⑦ 毛承斗辑:《东江疏揭塘报节抄》,第20、29页。
⑧ 吴晗辑:《朝鲜李朝实录中的中国史料》,第3251、3277页;《仁祖大王实录》卷14,仁祖四年八月乙巳;同书卷12,仁祖四年三月己巳。
⑨ 孙承宗撰,李红权辑录、点校:《孙承宗集》卷36《请速支饷罢病兵疏》,第1171页。

的数据,相对偏低。为谨慎起见,笔者将上述数据进行折中处理,认为东江的辽东难民在20万人左右。

东江集团的社会基础,是20余万辽东难民,其中包括晚明以来在东部边地从事挖参、贩貂、采矿及农业开发的人群。从社会史角度看,东江是晚明辽东社会在沿海各岛及朝鲜半岛的重构与延续。

东江仍然是一个军事社会。但从毛文龙在奏报天启二年(1622)至天启七年(1627)的屯田收入时所谓"收过各营屯获杂粮",[1]可知他并没有重建卫所,而是因地制宜,以岛为单位,用营兵系统将辽东难民重新编制起来。除东江镇治所皮岛外,各岛设有"岛官"(按:即各岛的参将或游击),[2]管理岛中事务。

东江社会大体可以分为四个社会群体。

首先,毛姓家丁和夷丁。改用毛姓的家丁与夷丁是东江集团的核心军事力量。其中毛姓家丁多达数千,[3]待遇优厚。东江将领陈继胜曾愤愤不平地说:"冒姓毛人,则厚其廪料,其他将官,则待之太薄。"[4]夷丁即所谓"真鞑","其数不过数百",从《李朝实录》"坐馆分肉"的记载分析,[5]夷丁的待遇也十分优厚。毛姓家丁是按照营兵系统组织起来的,其将领包括副总兵毛承禄、参将毛有功(按:即李九成)、毛永诗(按:即孔有德)、毛有杰(按:即耿仲明)和游击毛永喜(按:即尚可喜)等人。

其次,各营家丁或军士。东江集团的其他军事力量也按营兵制的系统组织在一起。其中皮岛上的军队分为标前、标左等营,长山岛、石城岛、广鹿岛等地的营兵以岛为名。这些营兵的将领包括参将、游击、都司、守备、千总、把总。在上述官员中值得注意的是都司。在卫所体系中,都司应指都指挥使司的长官。不过,东江集团并没有重建卫所系统,都司是管理军

---

[1] 毛承斗辑:《东江疏揭塘报节抄》,第107页。
[2] 孙承宗撰,李红权辑录、点校:《孙承宗集》卷40《东江事宜疏》,第1173页。
[3] 《明清史料》甲编,第720页上。
[4] 吴晗辑:《朝鲜李朝实录中的中国史料》,第3389页;《仁祖大王实录》卷18,仁祖六年四月乙未。
[5] 吴晗辑:《朝鲜李朝实录中的中国史料》,第3415页;《仁祖大王实录》卷20,仁祖七年三月癸未。

饷等事务的官员。①此外,东江军队中还有明中叶以来出现的招首。②

其三,各岛家丁、军士的家属与寄住商民。孙承宗奏曰:

> 据东江汰过精壮兵丁二万八千,半系单丁,半有家室,总合强弱老幼不下二倍。实计八万有余,期间尚有从未入兵籍,为商农,力能自赡,而侨居各岛者,亦不下几万。③

上引史料中关于毛文龙死后精简士兵的问题姑且不论,这里想要强调的是:如同晚明以来辽东存在寄住商民一样,各岛居民除了军士或家丁的家属之外,也有大量未被编入营兵系统的商人和农民。此外,各岛富商也有改用毛姓的现象。④

其四,生员。在东江的辽东难民之中还有二三百名生员。毛文龙给予他们"衣冠""资釜",又为他们修建文庙,"权设学政以董之"。天启六年(1626),毛文龙奏曰:"夫诸生当此流离颠沛之时,犹不变素志"。他还试图以天启五年(1625)明廷恢复辽东生员参加乡试的资格为据,请求明廷允许东江生员前往山东或北京参加乡试。⑤

屯田是维系军事社会的基本生产方式。毛文龙也将年老体弱或没有"衣甲器械"的男子组织起来,从事屯田生产。《毛大将军海上情形》载:"公招集辽民,安插屯种。周回岛屿,星列棋置。"⑥从事屯田生产的难民虽然为数不少,但是各岛农田相对有限。⑦有时又因为缺乏种子,使各岛耕种的屯田"尚不及半"。再加上"海水不能浇灌,遇旱则颗粒无收"等自然条件的限制,⑧海岛屯田所得不宜高估。

---

① 毛承斗辑:《东江疏揭塘报节抄》,第78页。按:各岛亦有管理军饷等事务的都司,如毛文龙在奏疏中提到的长山岛者都司刘印科。毛承斗辑:《东江疏揭塘报节抄》,第70页。
② 毛承斗辑:《东江疏揭塘报节抄》,第56、65页。
③ 孙承宗撰,李红权辑录、点校:《孙承宗集》卷40《东江事宜疏》,第1171页。
④ 《清太宗实录》卷4,天聪二年四月丙辰,北京:中华书局,1985—1987年。
⑤ 毛承斗辑:《东江疏揭塘报节抄》,第80页。
⑥ 《毛大将军海上情形》,本书无页码。
⑦ 王荣湟:《明末东江屯田》,《古今农业》2015年第6期,第172—178页。
⑧ 《毛大将军海上情形》,本书无页码。

毛文龙还组织难民在朝鲜半岛的"宣川、定州、龙川、铁山等处耕作闲田"。①由于朝鲜西部多山地与李朝政府的干预,难民只能在山坡、山巅或海边空地屯种,所得有限。②

毛文龙在崇祯元年(1628)的奏疏中谈到了东江的屯田收入:"自天启二年起,至天启七年止,收过各营屯获杂粮共六十六万四千九百一十三石五斗二升二合。"③根据上述数字计算,天启二年(1622)至天启七年(1627),东江的屯田平均每年可得杂粮110 818石9斗2升。参照《毛大将军海上情形》"今秋成熟便可积谷十余万。此招集屯种之情形也",这个数据可以信赖。

据《东江疏揭塘报节抄》原书眉批:"凡来乡迹有可疑无认保者","仍每月给粮二斗"。④这也就是说,即便是从后金逃回、形迹可疑而又无人担保的人来到东江,也会得到每月2斗的粮食。如果按照这个最低标准计算,每年每人需要粮食2.4石。如前文所述东江每年的屯田收入为110 818.92石,大体可以养活46 174人。这就意味着如果没有其他收入,东江会有153 826名难民全年无米下锅。

孙承宗对东江屯田问题有着清醒的认识,在他看来,东江难民主要依靠兵饷生活:"岛中田少,不能取给于耕,民必依兵以立,无兵则饷不至,而商米不来。"⑤那么,东江有多少军士,又获得多少饷银呢?

毛文龙后来为了获得更多的钱粮存在虚报军士人数的现象。例如,他在崇祯元年(1628)的奏疏中宣称领有"二十余万之精锐",⑥这无疑是为了争取更多饷银的虚诞之语。同时,由于现存比较完整的东江钱粮数据集中在天启年间,因此也不宜将毛文龙死后,经过筛选、淘汰的28 000名军士作为天启年间的数据。⑦笔者通观现存毛文龙的奏疏、揭帖,发现

---

① 吴晗辑:《朝鲜李朝实录中的中国史料》,第3231页;《仁祖大王实录》卷8,仁祖三年正月丙寅。
② 王荣湟:《明末东江屯田》,《古今农业》2015年第6期,第175页。据《李朝实录》,东江部众"或于海边无人处","耕一亩之田"。《李朝实录中的中国史料》,第3367页。
③ 毛承斗辑:《东江疏揭塘报节抄》,第107页。
④ 毛承斗辑:《东江疏揭塘报节抄》,第16页。
⑤ 《崇祯长编》卷31,崇祯三年二月庚辰。
⑥ 毛承斗辑:《东江疏揭塘报节抄》,第122页。
⑦ 孙承宗撰,李红权辑录、点校:《孙承宗集》卷40《东江事宜疏》,第1171页。

早期毛文龙所报的兵额比较接近事实。天启三年(1623),毛文龙奏曰:"(臣)接渡辽民老幼、男妇三十余万口。除南兵外,挑选壮丁入伍,业计三万六千三十九名。"①这与崇祯元年(1628),饷臣黄中色所报"三万六千余名"相近,②因此笔者认为天启年间东江军士共计36 039人接近事实。

毛文龙在崇祯元年的奏疏中开列了天启年间东江军镇每年收到明廷拨发钱粮的具体数据。③下面根据这些数据制成两个表格并加以分析。需要说明的是,毛文龙向朝廷奏报的数据不会与实际情况存在太大差别,他自己也说"印信实收,交付各官,凿凿有据"。④不仅如此,东江实收的米豆、杂粮比上表列的数据只少不多。毛文龙在崇祯二年(1629)的奏疏中强调:"每年津运十万,所至止满六七万,余俱报以漂没。臣欲图其来年之运,不得不出实收与之。"⑤不过,为谨慎起见,笔者仍按毛文龙开列的数据进行分析。

表2 东江天启年间所收粮食表

年 份	米豆/杂粮(石)	备 注
天启二年	83 000	
天启三年	109 361.37	
天启四年	195 264.5	
天启五年	147 378.4	
天启六年	199 845.34	其中津登漕米166 007.68,补运去年登运杂粮33 837.66
天启七年	199 730.68	
总计	934 580.29	

---

① 毛承斗辑:《东江疏揭塘报节抄》,第20页。
② 毛承斗辑:《东江疏揭塘报节抄》,第117页。
③ 毛承斗辑:《东江疏揭塘报节抄》,第105—107页。按:现存毛文龙奏疏中天启三年误作"天启二年"。因为毛文龙按年度逐次开列所收银两、粮食及布匹,他在"至天启二年"之后已经开列了该年的相关数据,随后不该再次出现"天启二年"并列举出不同数据。考虑到在第二个"天启二年"的相关数据之后即是"天启四年"至"天启七年"的数据,笔者认为第二个"天启二年"应作天启三年。
④ 毛承斗辑:《东江疏揭塘报节抄》,第107页。
⑤ 毛承斗辑:《东江疏揭塘报节抄》,第131页。

据上表,自天启二年(1622)至七年(1627),东江镇共收到粮食 934 580.29 石,平均每年 155 763.38。按照当时每名军士月粮 5 斗的标准计算,[①]明廷拨到东江的粮食可以供给 25 960 名军士的月粮开支。如前文所述,天启年间东江镇的辽东军士为 36 039 名,即使东江的南兵颗粒不取,仍有 10 079 名辽东军士全年无粮可领。同时,如果不计军民的区别且不计入南兵月粮,仍按每年每人需要 2.4 石粮食的最低标准计算,东江收到的粮食可以养活难民 64 901 人。如前文所述,东江的屯田收入微薄,如果只依靠屯田收入,每年约有 153 826 名难民全年无米下锅。即便加上明廷拨给东江的粮食,每年仍有 88 925 人无法维持基本生存。

表3 东江天启年间所收银两表

年 份	银(两)	款 项
天启二年	12 292.99	三次帑银
	23 000	饷银
	17 000	饷银
天启三年	10 009.6	饷银
	9 911.4	饷银
	10 075.7	饷银
	10 003.3	饷银
	20 000	饷银
	10 000	饷银
天启四年	286.12	登库寄留银
	20 000	饷银
	30 000	帑饷
	30 000	赏功银
	20 000	接济饷银
	10 000	登库补还天启二年鲜饷

---

① 原文为"一斛",即五斗。毛承斗辑:《东江疏揭塘报节抄》,第134页。

续 表

年 份	银（两）	款　项
天启五年	50 000	户部凑处库银
	10 000	京库找发银
	13 380.94	登银
	8 000	辽官月廪登、京库银
	8 000	咨拨登府节省银
	93 977	帑银
	6 022	在京动支买解到绸缎布匹等物银
	50 000	马价银
	40 000	钦赏银
天启六年	10 000	饷银
	16 000	去年辽官月廪银
	50 000	春季饷银
	50 000	夏季饷银
	50 000	秋季饷银
	31 120.76	饷银
天启七年	50 000	补天启六年冬季饷银
	6 883.07	赃罚入官还官银
	40 000	春季饷银
	35 000	京库饷银
	16 000	辽官俸银
	14 598	南官俸银331 896
	10 000	补春季饷银
	50 000	夏季饷银
	50 000	秋季饷银
	5 000	带付饷银
	54 410.54	汰兵饷银
总　计	1 050 971.42	

据上表,天启二年(1622)至七年(1627),东江共收到明廷拨发白银 1 050 971.42 两。毛文龙还在奏疏中指出此外明廷拨发的44万两白银不在上列数据之中的原因:"天启四年、五年分,东省额饷共四十万,并截留京饷银四万两。缘于是委官毛应时、吴宗武、韩文翼在登收放,昧心灭法,商票则加二、加三扣除,兵粮与营官私相授受,迄今绝无开销之商票缴还,复无给兵之底册呈报。"[①]如果计入这被毛应时等贪污的44万两,明廷在天启年间的六年之内共拨给东江白银 1 490 971.42 两,平均每年 248 495.24 两。

东江军士的饷银十分微薄,远不及同一时期的关宁军士。毛文龙对此愤愤不平:"关门接壤神京,(每兵)每月一两四钱,米一斛,尚不敷用。况东江悬海,风涛叵测,百物腾贵。而反议每兵银七钱,米一斛,使各兵肯安心东江耶!(中略)关门、东江属一体,一兵两价,岂鼓舞军士之妙算也!"[②]关于东江军士月饷过于微薄,不易在物价高昂的东江地区维持生存,姑且不论。这里想要强调的是,就算按照每名军士月饷7钱计算,同时将包括"辽官月廪银""南官俸银""功赏银""马价银"等各项银两都用于支付军士饷银,甚至计入了被贪污的44万银两,东江镇平均每年收到的 248 495.24 两白银仅够支付 29 582 名军士的月饷。这意味着,即使不计入南兵的月饷,在东江 36 039 名辽东军士中仍有 6 457 名军士全年分文不得。此外,毛文龙崇祯二年(1629)的奏疏中称东江"将领绝无廪俸"也并非信口开河。[③]

如果考虑到"盔甲、军火、器械、马匹、舡只等项"费用,则东江官军每年获得的国家拨款更是入不敷出。[④]于是,在明清之际火器盛行的时代,普通东江军士的兵器只能是"木棍""竹竿""农器"或"杖头插铁"了。[⑤]

---

① 毛承斗辑:《东江疏揭塘报节抄》,第107页。
② 《明清史料》甲编,第716页上。
③ 毛文龙在天启三年的奏疏中写道:"然以五万官兵,计足一岁之饷,并盔甲、军火、器械、马匹舡只等项,应总一百五十万两。"毛承斗辑:《东江疏揭塘报节抄》,第135页。
④ 毛承斗辑:《东江疏揭塘报节抄》,第28页。
⑤ 《毛大将军海上情形》,本书无页码;吴晗辑:《朝鲜李朝实录中的中国史料》,第3209页;《仁祖大王实录》卷2,仁祖元年六月辛未。

《毛大将军海上情形》中还提到了所谓"鲜饷"。①结合《李朝实录》中有"岛粮则专责我国"的记载,②极易使人误以为东江势力可以获得朝鲜方面赠予的大量粮食。然而,《李朝实录》又载,天启二年(1622)十一月,"毛将送银子一万两换米"。天启四年(1624)十月,"都督(按:毛文龙)贸粮及流民处置等事,极可虑也"。③天启五年(1625)十二月,"督府多率辽民,仰哺于我,今过五载,所食公私米粮不知几十万石,而犹以货物拨出之故,而诿谓无一粒侵夺。彼所发之货,非关于我国之用"。④李朝政府是否愿意与东江展开大规模粮食贸易及双方贸易是否公平姑且不论,上述史料至少表明东江集团从朝鲜获得的粮食是用白银购买或用货物交换的。如前文所述,明廷拨给东江的白银入不敷出。那么,与朝鲜交换粮食的白银与货物从何而来?东江20万辽东难民如何才能维持基本生存呢?

毛文龙试图通过户部解决问题,但是户部明确表示"辽民不得专靠户部"。于是,毛文龙"具疏招商以图养活"。⑤天启三年(1623),毛文龙奏曰:

> 户部诏以饷兵之费以饷民,徒为市德(中略)。然户部既谓必不能养,臣宁忍视民之死!又宁忍纵之归奴!则于万不得已之中设有一策,比于壬辰征倭事例,使南直、山东、淮胶等处,招商运米。令其自备粮石,自置船只。到鲜之日,核其地头米价,外加水脚银两。凡船装十分,以八分米,二分货为率。米必两平籴粜,货听其市卖取利。则经商者既不苦于偏枯,而嗜利者乐于计有所出(中略)。如此设法

---

① 《毛大将军海上情形》:"是岁计有鲜饷十余万,登、津运饷十余万,折色数万,屯种子粒十余万,同计岁已有额饷三十余万。此饷之大概,只足充饷士十三。"《毛大将军海上情形》,本书无页码。
② 吴晗辑:《朝鲜李朝实录中的中国史料》,第3135页;《光海君日记》卷57,光海君十三年七月乙丑。
③ 吴晗辑:《朝鲜李朝实录中的中国史料》,第3202、3227页;《光海君日记》卷63,光海君十四年十一月辛酉;《仁祖大王实录》卷7,仁祖二年十月丁酉。
④ 吴晗辑:《朝鲜李朝实录中的中国史料》,第3248页;《仁祖大王实录》卷10,仁祖三年十二月己亥。
⑤ 毛承斗辑:《东江疏揭塘报节抄》,第29页。

通商,庶三十余万之辽民得以生活。[1]

毛文龙的请求得到了明朝的批准,[2]大量中国商人奔赴皮岛。于是,以毛文龙为首的东江势力转变为新的军事利益集团。

东江势力掌控的、以中国北部海域为中心的商业贸易十分繁荣。《李朝实录》载:"辽民皆卷入岛中,接屋甚盛,作一都会。南东商船,往来如织。近海草木,尽于樵苏。"[3]《满文老档》亦载:"毛文龙自去年驻于铁山,船皆在岛上","内地前来之商人极多,财积如山。"[4]《毛总戎墓志铭》云:"(公)在岛中,日市高丽、暹罗、日本诸货物以充军饷。"[5]可见,繁荣的东江贸易网络不但覆盖东北亚地区,而且与东南亚地区也有贸易往来。

东江贸易的繁荣是16世纪以来辽东长途贸易网络的延续。上述史实也可以从朝鲜参价的变化得到证实。天启元年(1621),都司东部被后金攻占后,明廷对后金采取经济封锁政策,东江军事集团掌控的海上贸易尚未展开。"其时(朝鲜)赴京牟利之徒多储人参,而辽路断绝"。因此,李朝政府在为应付明朝使臣而购买人参时,众商"争先出货,多至四千余斤,以此准银四万余两以用,其价则以物货从容还偿矣"。[6]天启五年(1625),东江贸易广泛展开以后,李朝政府又一次为应付明朝使臣准备用人参作礼物时,痛感"参价踊贵",因为"商贾等深藏不市,以索高价,而潜相贸卖椵岛(按:即皮岛)"。[7]

东江军事利益集团从长途贸易网络获取利益的主要手段是获取商税。控制了辽东半岛西侧的沿海岛屿和重要港口旅顺的东江势力,要求

---

[1] 毛承斗辑:《东江疏揭塘报节抄》,第20—21页。
[2] 毛文龙在天启五年的奏疏中写道:"臣即奉旨招商,愿为赡辽人以实军需。"毛承斗辑:《东江疏揭塘报节抄》,第58页。
[3] 吴晗辑:《朝鲜李朝实录中的中国史料》,第3202页;《光海君日记》卷63,光海君十四年十一月癸卯。
[4] 中国第一历史档案馆、中国社会科学院历史研究所译注:《满文老档》,第621页。
[5] 毛奇龄:《毛总戎墓志铭》,载毛承斗辑:《东江疏揭塘报节抄》,第219页。
[6] 吴晗辑:《朝鲜李朝实录中的中国史料》,第3173页;《光海君日记》卷60,光海君十四年四月辛卯。
[7] 吴晗辑:《朝鲜李朝实录中的中国史料》,第3231页;《仁祖大王实录》卷8,仁祖三年二月戊子。

"往来中国的船只","必须先到皮岛挂号,方准开行"。①而"挂号"自然是为了征收商税。朝鲜户曹官员向李朝政府报告:"毛都督于岛中接置客商,一年收税,不啻累巨万云。"②

为了垄断商路,保证商税收入,毛文龙还曾要求李朝减少贡船。李朝官员敏锐地指出:"毛将之请减贡船,意在专利。"李朝政府虽然没有接受减少贡船的请求,但出于对东江势力的忌惮,同时否决了李朝官员"设征税之官,使商船不得任意出入"③的建议。

毛文龙对登州官军的指责也出于垄断商路、保证商税收入的目的。天启五年(1625),他向明廷反映沈有容等登州官兵"假名应援,鬼混一番","良可痛恨"。他甚至宣称登莱武官"马騄托守汛地之名",与后金"私相贸市"。④需要说明的是,明朝与后金之间存在某种形式的走私贸易,但是这种贸易的规模不宜被夸大。毛文龙对马騄的攻讦,正如日后袁崇焕对毛文龙的指控一样,不过是当时盛行的"政治攻防术",并不意味着必有其事。⑤毛文龙这样做的主要目的,是试图迫使同样涉足商业贸易的马騄等人离开东江势力控制的旅顺港及沿海诸岛。

毛文龙等人还直接参与东江贸易的经营。如前文所述,毛文龙时常主持与朝鲜、暹罗、日本等国商人的商品交易;⑥东江势力还使用生丝、绸缎等货物与同李朝政府进行粮食贸易。⑦同时,《毛大将军海上情形》亦云:"公自给价还商,市参以归,此一转移每岁亦不下数万矣。"⑧

由于东江势力只是控制了东北亚重要的海上商路,却没有雄厚的商业资本,毛文龙等人只得将国家未来可能会拨给东江镇大量饷银的愿景

---

① 《龙蒲先生朝天航海录》卷1,收入《燕行录全集》,第122页。
② 吴晗辑:《朝鲜李朝实录中的中国史料》,第3410页;《仁祖大王实录》卷19,仁祖六年十二月丁未。
③ 同上。
④ 毛承斗辑:《东江疏揭塘报节抄》,第58页。
⑤ 杨海英:《山阴世家与明清易代》,《历史研究》2018年第4期,第43—44页。
⑥ 毛奇龄:《毛总戎墓志铭》,载毛承斗辑:《东江疏揭塘报节抄》,第219页。
⑦ 吴晗辑:《朝鲜李朝实录中的中国史料》,第3248页;《仁祖大王实录》卷10,仁祖三年十二月己亥。
⑧ 《毛大将军海上情形》,本书无页码。

作为象征资本赊欠商人货款。由于象征资本迟迟不能兑现,据毛文龙奏报,至天启七年(1627),东江势力"实欠新旧客商粮货共银二百零七万九千五百二十两四钱五分"。①毛文龙写这份奏疏的目的是反对袁崇焕推行影响东江贸易的海禁政策,因此上述数据难免有所夸大。不过,东江势力赊欠大量货款的事实并非虚构。

东江势力如何维持赊欠大量货款的长期运作呢?除了上文提到的运用象征资本充当信誉担保外,东江势力通常将赊欠商人货款的信息记录成册。《两朝从信录》"据册借欠计九十余万"中的"册",②指的就是东江势力记录赊欠货款信息的账册或底册。账册中会按照赊贷的时间顺序标记序号,朝廷拨发的饷银到账后,主管饷务的东江"理饷官"通常会在登州"挨号给发",商人则依次凭借东江势力发放的"商票"(按:亦称红票)领取应收货款。

不过,这种运作机制也存在弊端。例如"登州向有射利之徒,以六七十两之银,便可骗买百金红票。候得饷到,便讲扣除瓜分。至有假印、假票,一样描标朱笔对半扣除,管饷者又何乐而不为。致卖货真商,盘费尽而典衣揭债,呆呆日坐,未领一分到手。"③再如,上文提到的在登州管理饷务的东江委官毛应时、吴宗武、韩文翼等人在兑现商票时"加二、加三扣除"。④

东江势力还积极组织大量人力前往朝鲜半岛或后金境内采挖用于销售的人参。李朝官员奏报:"采参唐人无处无之,而江界一府,受弊尤甚。"⑤后金政府也在给朝鲜的国书中写道:"岛人(按:指东江难民)来宽奠挖参,被我人捉得。"⑥此外,东江势力还组织大量难民从事商品交易。

---

① 毛承斗辑:《东江疏揭塘报节抄》,第108页。
② 沈国元:《两朝从信录》卷31,"四库禁毁丛书",北京:北京出版社,史部,2000年,第30册,第631页。
③ 毛承斗辑:《东江疏揭塘报节抄》,第79页。关于"登州理饷官",参见沈国元:《两朝从信录》卷31,第30册,第631页。
④ 毛承斗辑:《东江疏揭塘报节抄》,第107页。
⑤ 吴晗辑:《朝鲜李朝实录中的中国史料》,第3275页;《仁祖大王实录》卷13,仁祖四年七月癸未。
⑥ 吴晗辑:《朝鲜李朝实录中的中国史料》,第3486页;《仁祖大王实录》卷25,仁祖九年十一月辛酉。

《李朝实录》载:"数十里间流民盈路,物货贩卖,无异辽东矣。"①

与几乎是自发形成的东江势力不同,关宁势力是在国家的扶植下逐渐发展起来的。天启二年(1622),广宁失陷后,在后金军队并未乘胜追击的情况下,熊廷弼、王化贞却主动放弃辽西,烧毁宁远、前屯等城堡,将辽西人口迁入关内。察哈尔诸部也趁火打劫,掳掠自广宁逃出的辽东人口。②一些蒙古部落还以替明朝守边为名进入辽西走廊。同年六月,大学士孙承宗自请出关。他在奏疏中记述了前往山海关附近的八里铺巡查时看到的场景及感想:"庐之幕满岗,车满野,牛羊驼马满野。盖由关至宁远二百里,皆哈剌慎、朵颜之部为防守。"③

为了在辽西重筑以宁远、前屯为重心的抗金防线,孙承宗倡导"以辽人守辽土,以辽土养辽人"④的策略。他在袁崇焕、赵率教、满桂及祖大寿等人的协助下重建前屯、宁远等城堡,派兵驻守。他还下令"每城堡以土官有心计者,招抚辽人",从便安插。⑤孙承宗招抚的辽民主要来自三个群体,即十三山一带誓不降金的三四万辽东义民,滞留山海关、八里铺一带的4万辽东难民与大量逃入关内的辽东难民。经过一年多的努力,至天启三年(1623)十月,孙承宗等人已在辽西走廊重建城堡三十座,招抚"兵民不下十余万"。⑥

孙承宗离开关宁后,辽东巡抚袁崇焕继续推行"以辽守辽"的策略。他在天启六年(1626)的奏疏中写到,援辽的内地官军不但贪猾无用,而且"流毒于辽";请将内地官军"发回","选辽兵,实辽伍,养辽人,守辽地"。明廷批准了袁崇焕的建议,下旨:"撤回远戍,专募辽人。"⑦于是,关宁军变成了一支以辽东人为主体的军队。崇祯二年(1629)袁崇焕被杀后,辽籍

---

① 吴晗辑:《朝鲜李朝实录中的中国史料》,第3209页;《仁祖大王实录》卷2,仁祖元年六月辛未。
② 孙承宗撰,李红权辑录、点校:《孙承宗集》卷22《以守修战疏》,第763页;同书同卷《机大难料疏》第768页。
③ 孙承宗撰,李红权辑录、点校:《孙承宗集》卷22《机大难料疏》,第767页。
④ 孙承宗撰,李红权辑录、点校:《孙承宗集》卷19《又(答李直指)》,第624页。
⑤ 孙承宗撰,李红权辑录、点校:《孙承宗集》卷28《论辽东三御史疏》,第886页。
⑥ 孙承宗撰,李红权辑录、点校:《孙承宗集》卷29《关外三百里情形疏》,第924页。
⑦ 《明熹宗实录》卷79,天启六年十二月丁未。

武官祖大寿成为关宁军的主帅。

与东江相似,明末的宁远、前屯等地也是辽东社会的重构与延续。这里除了关宁的关外守军之外,也包括大量百姓。钱谦益《孙承宗形状》云:"招集辽人四十余万。"① 上述数字明显偏高。孙承宗本人有两种说法,即"关外十五万兵民";"安辑十六万兵民"。② 综合辽西地区的人口历来少于都司东部与主要由都司东部难民构成的东江势力约有20万人分析,宁远、前屯一带的人口不会超过20万。由于宁远、前屯一带地处抗金前线,这里的居民除了部分男性承担军役之外,各城堡还组织了乡兵。③

宁远、前屯等卫最初是主动撤离,官员体系保存较为完好。因此,孙承宗等人重建了宁远、前屯两卫,将辽西百姓重新编入卫所。同时,恢复了宁前道与广宁道的建制。其中宁前道管理"宁前兵马、防款、屯盐等物,兼管学政,以约束复业生儒"。④

与东江不同,关宁获得了大量的国家财政资助。孙承宗在奏疏中记录了关宁一个月的各项开支:"大约见在官兵每月该开支本色六万石有奇,折色一十六万五千五百两有奇,见在马匹除放青支付折色外,每月该草六十万有奇。"⑤ 据此可见,关宁地区一年的实物月粮多达72万石,折色月粮198.6万两,此外尚有大量草料。崇祯元年(1628),袁崇焕提到关宁三个月的饷银为69.36万两,⑥ 一年为277.44万两。毛文龙对于东江、关宁军士的待遇差异愤愤不平,他向明廷抱怨:"宁远月饷一两五钱,内丁二两四钱,加以食米五斗,又叨皇上恩赏不一而足。乃海外(中略)数百万兵民取给于天津、登莱二十万之米,其中多有漂失而漫烂者;山东二十万两之银,复有侵克。手臂、腹心虽肥瘠有分,皆是血肉。何独于关上加厚,而海外漠视乎?"⑦

---

① 钱谦益:《牧斋初学集》卷47《孙公(承宗)行状》,第1198页。
② 孙承宗撰,李红权辑录、点校:《孙承宗集》卷19《答叶首揆》,第637页;同书卷20《柬田少保亲丈徽弦》,第677页。
③ 辽东巡抚方一藻在奏疏中提到辽西的"各城乡兵"。《明清史料》甲编,第969页上。
④ 孙承宗撰,李红权辑录、点校:《孙承宗集》卷31《酌量冲边被论诸臣去留疏》,第961页。
⑤ 孙承宗撰,李红权辑录、点校:《孙承宗集》卷28《边饷至急疏》,第883页。
⑥ 《崇祯长编》卷15,崇祯元年十一月壬戌。
⑦ 《崇祯长编》卷2上,天启七年九月戊辰。

虽然关宁军士饷银丰厚,但辽西的军籍户族仍需从事屯田生产。袁崇焕指出:"兵每月二两为饷岂不厚,但不屯无粟。以家畜、食物不丰之处,百货难通,诸物常贵。银二两,不得如平时他处数钱之用。"① 可见,月饷即便涨到2两,辽西的关宁军士仍需推行屯田维持生计。

天启六年(1626)之前,辽西地区的所谓屯务实际上是官田、民种私田及屯田并存。据天启五年(1625)孙承宗对辽西屯务的记述,辽西屯务始于天启三年(1623)。为鼓励农业生产,官方发放"籽种"等银1 400两。不过,这一年的屯田仅在前屯一带展开,耕种的土地只有410顷90亩。孙承宗没有说明这些土地的性质,仅从这些土地的征税名目"杂粮""附余粮",很难作出正确的判断。

幸而,他对天启四年(1624)的屯务描述得比较详细:

> 天启四年分,合镇(按:前屯镇)属共种过官(田)一千三百顷三十七亩、(前屯镇)彰武营下:领过解官牛一百只,又自领银买牛九百只(中略),收过杂粮一万八百三十四斗三升(中略)。本镇下又另种屯田,收过杂粮三百六十三石五斗(中略);民种私田九百四十顷六十八亩,厚薄不等,各有成收(中略)。宁远镇:天启四年分,合镇属共种过官田九百零八顷三十八亩(中略)。本镇下:领过牛价、籽种等银一千二十九两二钱七分八厘。又领锄铒等器八百七十二件。收过杂粮三千石零二斗。内除犒赏屯兵一百五石外,实在二千八百九十五石二斗(中略)。民种私田六百一顷五十四亩,厚薄不均,各有成收。②

据此可知,明末辽西的屯务可以分为官田、民种私田及屯田三种。其中屯田没有明确的亩数,从全年仅征杂粮363石5斗与明中叶以后每份屯田缴纳子粒6石分析,辽西屯田约300顷,大概相当于60份屯田。与屯田的面积相比,官田和民种私田在辽西屯务中占有更重要的地位。

---

① 沈国元:《两朝从信录》卷32,第30册,第644页。
② 孙承宗撰,李红权辑录、点校:《孙承宗集》卷37《复命疏》,第1104—1106页。

辽西的官田与民种私田有时泾渭分明。以前屯为例，"民田城南，官田城北"。① 前引孙承宗的记述还表明，官田与民种私田的区别主要体现在以下三点：首先，官田的耕种者可以领取"牛价、籽种等银""官牛"与"铧镅等器"，而民田没有获得任何官方资助。其次，官田征收一定的杂粮。以天启四年的宁远为例，其官田908.38顷，征收杂粮3 000石2斗，平均每顷征收杂粮3.3石，远低于屯田的税额。而所谓民种私田仅云"厚薄不等，各有成收"，显示民种私田的税收可以忽略不计（按：这也表明民种私田的拥有者未必都是军籍户族）。其三，前屯彰武营领取耕牛与宁远的官田收入中有105石用于"犒赏屯兵"，表明部分屯兵参与官田生产，而民种私田由所有者自行耕种。

天启年间，在袁崇焕、赵率教的推动下，前屯一带的屯田也有所发展。屯田的发展引发了屯田与私田、军士与商民之间的矛盾。正如督师王之臣所言"兵民相迩，各有怨咨，至今赴诉者纷纷"。②

天启六年（1626），袁崇焕力排众议，奏请在辽西大规模开展屯田：

> 臣前具疏请屯（中略），而督师王之臣疏请斟酌，虑屯田之妨民也（中略）。而不知边方非腹里比，辽东又非他边比。（辽）止有卫所（中略），故其地尽属军屯也（中略）。（请）先择腴者以给官给军，而世不失业。业不失，则伍常有人。正军、余丁之外而有剩地，则与汰脱之世家及流寓者。令其尽力开垦，俟成熟后，愿输子粒、草莱者，听；不愿者不强之以招来。若锦、宁一带，明春且通营布散以耕。③

袁崇焕的提议得到了明廷的批准。④

袁崇焕宣称他推动大规模屯田的目的是实现全兵皆农，使军籍户族的生活获得更多的保障。他在同年的另一份奏请屯田的公文中写道："合

---

① 孙承宗撰，李红权辑录、点校：《孙承宗集》卷27《关外二百里情形疏》，第867页。
② 王在晋：《三朝辽事实录》卷16，第403页。
③ 沈国元：《两朝从信录》卷32。第643—645页。
④ 《明熹宗实录》卷78，天启六年十一月乙未。

此中之六万者,兵乎?孰知其皆农也。"①可见,他的主观目标是使关宁的关外六万军士都能获得土地。然而,前屯、宁远一带土地有限,又有相当一部分土地被开垦为民种私田,因此大规模屯田势必要在重新分配官田的同时收回民种私田。这也就是为什么王之臣反对大规模屯田的主要理由是"虑屯田之妨民也"。袁崇焕坚持己见的主要依据,则是辽东都司的土地"尽属军屯也"。这等于说,所谓民种私田是违背祖宗之法的措施,即使全部收回重新分配也是理所应当。他提出的分配原则虽然是先将优质土地分给官军,如果还有剩余再考虑没有现役军人的武官世家和寄住商民。然而,在六万官军都未必能分得足够土地的情况下,上述原则无异于收回全部民种私田重新分配。

袁崇焕推行的大规模屯田实际上与辽东战前的屯田有所不同。在前引奏疏中他强调"令其尽力开垦。俟成熟后,愿输子粒、草莱者,听"。②在另一份关于屯田的奏疏中他主张:"其耕而获者,不必在官,不必在私。只地无遗力,人有余粮,一年余三年之食。人得以有其生,始得以有其人。人为我有,而敌不足图矣。"③上述意见基本等于豁免了辽西地区的屯田子粒。与此同时,结合《三朝辽事实录》"卒之复业者,多争产、讦告,兵不能有其屯"的记载,④可知打着恢复祖制的旗号重新分配屯田,还根除了战前的屯田所有者索还产业的困扰。

在抗击后金的前沿阵地实现全兵皆农基本是不可能完成的任务。正如王在晋指出的那样:"必兵有息肩,始能耕耨。今危边防房,时时操练,日日哨守,安能分身以兼农业乎?"⑤同时,为关宁的辽东官军分配屯田也不可能是一次均产运动。王在晋写道:

关外有田悉为军占,近境膏腴又为官占(中略)。如(袁崇焕所)

---

① 王在晋:《三朝辽事实录》卷16,第403页。
② 沈国元:《两朝从信录》卷32。第30册,第645页。
③ 王在晋:《三朝辽事实录》卷16,第403页。
④ 王在晋:《三朝辽事实录》卷16,第404页。
⑤ 同上。

云"不必在官,不必在私",(实则)军民无利而官有获。饵将领之贪,无救于三军之馁也。真为泥饭涂羹之说矣!①

结合在明末崛起的吴襄、吴三桂父子在前屯中后所拥有十处庄田,②与吴襄豢养的三千家丁每人都拥有一处价值数百两白银的庄田,③可知在袁崇焕推行的大规模屯田运动中,获利最多的是官籍户族及其所豢养的军事家丁。

辽西地区也存在一定规模的商业贸易。《三朝辽事实录》载"宁前四城","北负山,南负海,狭长不三四十里","商民数十万于中"。④天启六年(1626),蓟辽总督王之臣在奏报宁远之战时写道:"西虏乘隙肆暴,邀绝吾商贾","觉华岛兵之丧者七千有余,商民男妇杀戮最惨。"⑤崇祯十三年(1640),关宁太监高起潜在奏报崇祯年间前屯卫中后所的火灾时也写道:"士民、商贾、男妇不及躲避,烧死甚多。"⑥上述史料显示,明清交替时期辽西地区也存在大量商民。结合袁崇焕奏请屯田时提到的"流寓",⑦可知部分商民为寄住在辽西的外地商人。同时,结合宁远兵变期间辽东巡抚毕自肃为解燃眉之急,曾以"小票借商民足五万"安抚哗变军士分析,⑧部分辽西商民比较富有。

明末辽西的商业贸易同样是16世纪以来辽东长途贸易网络的延续。袁崇焕在奏报中写道:"海运招商、派洒那移,交卸多费";"米入海运,船户客官,沿海为奸。"可见,关宁辽东军士的实物粮饷也是通过招商解决运输问题的。虽然袁崇焕奏疏中的"沿海为奸"主要指"添水和沙,苫盖失法",⑨但结合辽东巡抚方一藻"三月初一日起至月终止,收买过商硝

---

① 王在晋:《三朝辽事实录》卷16,第404页。
② 《明清史料》丙编,第658页。
③ 吴伟业:《绥寇纪略》,上海:上海古籍出版社,1992年,第397页。
④ 王在晋:《三朝辽事实录》卷17,第417页。
⑤ 《明熹宗实录》卷70,天启六年四月辛卯。
⑥ 《明清史料》甲编,第961页。
⑦ 沈国元:《两朝从信录》卷32,第30册,第645页。
⑧ 《崇祯长编》卷11,崇祯元年七月甲申。
⑨ 沈国元:《两朝从信录》卷32,第30册,第644页。

一十六万九千七百七十四斤",①可知这些承担实物粮饷海上运输的商人也从事海上贸易。孙承宗在写给户部尚书李崧毓的信中写道:

> 仆不嫌以五万二千利商,实惧以五万二千抵草价耳。淮商十二万自贵衙门利边人。何利焉,又何尝不利?②

由于史料限制,笔者很难对孙承宗的上述文字作出深入解读。不过,上述史料至少为辽西与内地的商业贸易提供了旁证。

参与辽西海上贸易的除了运粮商人之外还包括水兵。孙承宗给袁崇焕的信中写道:

> 门下更欲以兵船作运船,亦自便计。兵非用于水,当为陆练。及其用之水,当束习水道。而人骛于利,竞相希冀,至夹带为奸利,当致纷纷。③

孙承宗的忧虑显示,当时水兵参与辽西的海上贸易已经是较为常见的现象。同时,辽西官员对民船"量梁头丈尺,以定租税",④说明部分辽西地区的商民也从事海上贸易及海上运输。

辽西与蒙古诸部存在一定规模的商业贸易。明廷为了联合蒙古诸部,共同应对后金政权,除了对硝磺等违禁品有所限制外,并未中断辽西、山海关等地与蒙古诸部的互市贸易。《三朝辽事实录》载:"兼之西夷互市,粮米颇多,故辽人乐居于关。"⑤孙承宗在给王牧用的信中写道:"将军劳苦矣,如何买货不来,岂不知为春季用乎?将军悉心调停、着意检查,勿令下人冒滥,仍□好待诸部。"⑥崇祯二年(1629),袁崇焕奏曰:

---

① 《明清史料》甲编,第969页。
② 孙承宗撰,李红权辑录、点校:《孙承宗集》卷20《答李户书崧毓》,第675页。
③ 孙承宗撰,李红权辑录、点校:《孙承宗集》卷20《答袁山石》,第666页。
④ 孙承宗撰,李红权辑录、点校:《孙承宗集》卷37《复命疏》,第1110页。
⑤ 王在晋:《三朝辽事实录》卷10,第260页。
⑥ 孙承宗撰,李红权辑录、点校:《孙承宗集》卷19《谕王牧用》,第644页。

臣是以招之来，许其关外高台堡通市度命。但只许布米易换柴薪，如违禁之物，俱肃法严禁，业责其无与奴通。各夷共谓：室如悬罄，不市卖一二布帛于东，何由藉其利以糊口（中略）。奉圣旨：许卖米，不得卖与布帛及夹带禁物。①

上引"市卖一二布帛于东"，说明明清交替时期，辽西与后金之间存在以蒙古为中介的贸易联系。袁崇焕由于缺乏政治敏感性，才会在奏请增设马市时将这个潜在的事实说出来，这将成为明廷日后处死他的罪状之一。

虽然辽西存在屯田、贸易等维持生计的手段，但对于辽西的军籍户族来说，军饷是他们的主要生活来源。因此，一旦军饷不能及时发放，就会发生一定规模的动荡。例如，天启三年（1623），袁崇焕向孙承宗汇报："粮饷不继，军士嚣噪可虞。"②再如，天启五年（1625），孙承宗奏曰："臣见关外兵丁纷然嚣乱，俱苦饷迟。"③最为严重的一次动乱，是崇祯元年（1628）的宁远兵变。其间辽东巡抚毕自肃等人被乱兵痛打、折辱，事后毕自肃愤而自尽。④

关宁、东江一度在抗击后金的战场上发挥了重要作用。尤其是关宁，先后在天启六年（1626）和天启七年（1627）取得了宁远大捷和宁锦大捷。东江的牵制作用也不容小觑。天启六年，袁崇焕奏曰："（奴）为一进不退计。孰知毛文龙径袭辽阳，故旋兵相应。使非毛帅捣虚，锦、宁又受敌矣。毛帅虽被创、兵折，然数年牵制之功，此为最烈。"⑤

自崇祯元年（1628）起，袁崇焕为了统合东江势力，谋划除掉毛文龙。崇祯二年（1629），袁崇焕奏报："自去年十二月，臣安排已定，文龙有死无生矣。"⑥袁崇焕对付毛文龙的主要手段如下：

---

① 《明清史料》甲编，第707页。
② 孙承宗撰，李红权辑录、点校：《孙承宗集》卷28《军士嚣躁疏》，第892页。
③ 孙承宗撰，李红权辑录、点校：《孙承宗集》卷36《请速支饷罢病兵疏》，第1071页。
④ 《崇祯长编》卷11，崇祯元年七月甲申。
⑤ 沈国元：《两朝从信录》卷31，第30册，第621页。
⑥ 《明清史料》甲编，第719页。

议仍登莱之海禁。东江钱粮器用俱从关门起运,至觉华岛登舟。即津运粮料,俱由静海、泺乐以及觉华岛,必经臣衙门挂号,始许往东。自兹一禁,不许一船私自往来。即往东官船,不许迫近南岸登莱。自协营水兵之外,不许一舟出海等因。本部覆,奉明旨,通行酌议禁约。①

按照袁崇焕的规划,前往皮岛的船只必须绕道觉华岛,在袁崇焕的督师衙门挂号才能前往东江。这样的安排正如毛文龙所说,是"舍近就远,弃易图难"。②更重要的是,综合东江、辽西都存在海上贸易,袁崇焕指责毛文龙从宁远返回时"劫掠商人洪秀、方奉等,取其银九百两,没其货,夺其舡,仍禁其人",与毛文龙"禁绝外人,使张继善横绝旅顺,不许一人入其军",③可知袁毛公案不仅涉及是非功罪,在某种程度上也涉及对海上贸易主导权的争夺。

崇祯二年(1629),袁崇焕未经奏请,便以欺君、大逆不道等十二条大罪处死毛文龙。令他始料未及的是,在同年发生的己巳之变后,他自己也被明廷以通敌罪名凌迟处死。

毛文龙死后,东江势力发生了一系列的动乱。崇祯三年(1630),刘兴治发动叛乱,杀死了代管东江事务的陈继胜。明廷接受既成事实,任命刘兴治为东江总兵。崇祯四年(1631),沈世魁发动夜袭杀死刘兴治。不过,这次,明廷改变了策略,任命辽东籍武将黄龙担任东江总兵。不久,沈世魁再度发动兵变,迫使黄龙移驻旅顺,从而掌控了皮岛实权。④这些动乱无疑削弱了东江势力。同时,在袁崇焕死后,辽西防线也不断收缩。⑤

崇祯年间,内地社会对辽东人的排斥也越来越强烈。崇祯二年,己巳之变后,祖大寿奏曰:

---

① 《明清史料》乙编,第58页。
② 《明清史料》丙编,第308页。
③ 《明清史料》甲编,第719—720页。
④ 《明史》卷271《黄龙传》,第23册,第6967页;杜洪涛:《明史·黄龙传考辨》,《中国史研究》2015年第2期,第208页。
⑤ 李鸿彬:《试论皇太极与大凌河之战》,《史学集刊》1997年第1期,第12—18页。

（臣）初十日统兵入蓟，三日之内连战皆捷。又虑其逼近京师，间道飞抵左安门外札营。二十日、二十七日，沙锅、左安等门两战皆捷。城上万目共见，何敢言功！露宿城濠者半月，何敢言苦！岂料城上之人声声口口，只说辽将、辽人都是奸细，谁调你来！故意丢砖打死谢友才、李朝江、沈京玉三人，无门控诉。选锋出城砍死刘成、田汝洪、刘友贵、孙得复、张士功、张友明六人，不敢回手（中略）。众军齐言：“（中略）既说辽人是奸细，今且回去让他们厮杀。”拥臣东行。[①]

上引史料显示，辽东官军驰援北京，露宿城濠，"城上之人"却污蔑"辽将、辽人都是奸细"，并投掷砖头打死辽军多人。城内守军还出城将落单的辽东军士当作奸细斩杀。上述情况及袁崇焕被杀最终促成了祖大寿率领的辽东援军哗变，他们胁迫主帅撤回辽东。

崇祯四年（1631），东江旧将李九成、孔有德等人发动的吴桥兵变是内地社会与辽东人十年积怨的总爆发。陈仁锡在《登莱纪闻》中写道：

辽俗不耐饥渴，流离伤心，所在有争。争则人欺其孤，且利其有。不曰养患可虞，则曰通夷有据，株连吹求。因一人，而毙数十命，一事而疑千百人。十年来，摧折殆尽。[②]

《自广斋集》云：

公（按：孙元化）檄其（按：指孔有德等）收兵止杀，即封刃，故青莱得全。比临登城，登人故虐辽人，至兵临城，犹杀辽人不止。外攻内叛，攻三日，于壬申正（月）三日城陷。[③]

[①] 《崇祯长编》卷29，崇祯二年十二月甲戌。
[②] 陈仁锡：《陈太史无梦园初集》漫集2《登莱纪闻》，第1382册，第279页。
[③] 张世伟：《张异度先生自广斋集》卷12《登抚初阳孙公墓志铭》，"四库禁毁书丛刊"，北京：北京出版社，2000年，集部第162册，第370页。

《崇祯长编》载：

> 孔有德等陷登州大城,次早遂陷水城(中略)。辽人在城者悉授以兵,共屠登民甚惨。①

综合上引史料,可知辽东人与内地人的社会矛盾最后演化成一场惨绝人寰的大屠杀。

由于矛盾的不断激化,内地社会最终将辽东人视为非我族类的异己。如,"海外之辽人穷而悍,与虏同性";"北四卫(按：指沈阳中、铁岭、三万、辽海四卫)之辽人","性与虏同";②"天下视辽人不异真满洲"。③甚至倡导"以辽守辽"的孙承宗也在崇祯年间的奏疏中写道："辽东各城战守兵将,当兼用西南兵将","如满镇皆辽将、辽兵,便结成族类,渐成极重之势。"④时人陈仁锡甚至发表了类似西晋江统《徙戎论》的观点："凡辽人潜住省直者,尽数出关,以还故土。严令各官,有姑留辽人者,从重参究,以清内地。辽之科贡、世胄俱许仕辽,以立功勋,不许游宦。"⑤上述史料表明,在内地人的观念中,辽东人从原本与作为地理单元的辽东都司联系在一起的群体概念,逐渐演变为具有胡化或满洲化色彩的群体概念。与此相应,部分降清后被编入汉军八旗的辽东人采取了满洲化的策略。⑥

明清之际,不为内地社会所容的辽东人有三个选择。

首先,在辽西、沿海诸岛坚持抗金,同时通过克扣军饷、侵占屯田、从事海上贸易等手段享受荣华富贵或至少维持基本生存。在这个群体中,有人至死不降。如崇祯十年(1637),皮岛被清军攻克后,"都督沈世魁不

---

① 《崇祯长编》卷55,崇祯五年正月辛丑。
② 陈仁锡：《陈太史无梦园初集》漫集2《登莱纪闻》,第1382册,第279页。
③ 《明清史料》甲编,第47页。
④ 孙承宗撰,李红权辑录、点校：《孙承宗集》卷40《蓟辽事宜十六款》,第1214页。
⑤ 陈仁锡：《陈太史无梦园初集》海集1《复辽实著》,第1382册,第61页。
⑥ 参见绵贯哲郎：《从"归附汉人"转到"汉军旗人"——以"盛京出生"者为中心》,《清史研究》2015年第4期,第80—91页；杨海英：《山阴世家与明清易代》,第48页。

屈而死,军兵死者万余人"。①

其次,成为明朝与后金之外的独立势力。在被袁崇焕布局针对、东江势力的生存遭遇危机时,毛文龙就曾有过成为独立势力的打算。他在反对海禁的奏疏中写道:"(臣)只不愿如毕抚臣之故事。"②他刻意提及宁远兵变中被折辱自经的辽东巡抚毕自肃,是为了暗示东江官军有可能发动哗变。孔有德等人占据登州,攻城略地,更是争取建立独立势力的武装实践。

其三,投降后金。皇太极即位以后致力于推行"满汉一体"的政策,积极招抚汉人。③因此,当辽东人无力继续抵抗或争取割据失败后,纷纷携带家眷归降后金。前者如以祖大寿为首的祖家将,④后者如孔有德、耿仲明等东江旧将。

先后归顺清朝的辽东人可以分为三个群体:汉军八旗,孔有德、耿仲明、尚可喜等三顺王所部与包括大量旗下家奴在内的汉人包衣。崇祯十七年(1644),孔有德等三顺王所部、汉军八旗与满洲八旗一道进军北京,镇守山海关的吴三桂在崇祯皇帝已经自尽的情况下开关降清。

在吴三桂、孔有德等辽东人的协助下,清军平定了抗清的农民武装和史称南明的几个小朝廷。此后,吴三桂、尚可喜与耿仲明的后人成为镇守云南、广州和福建的三大藩王。此时,他们仍然是具有一定独立性的军事利益集团。⑤直到康熙年间,吴三桂等人发动的三藩之乱被平定后,自晚明兴起的辽东军事利益集团才最终被纳入国家的管理体制之中。

---

① 吴晗辑:《朝鲜李朝实录中的中国史料》,第3603页;《仁祖大王实录》卷34,仁祖十五年四月癸未。
② 《明清史料》丁编,第308页。
③ 参见叶高树:《清入关前统御汉官的策略》,《史耘》1995年第1期,第98—99页。
④ 关于祖家将归降的过程及在组建汉军八旗的过程中,清廷特意将祖家将编入不同的旗分,参见叶高树:《明清之际辽东的军事家族——李、毛、祖三家的比较》,《台湾师范大学学报》第42期,2009年,第181—182页。
⑤ 例如,尚可喜占领广州后即着手收编当地的海上走私力量,此后尚可喜父子积极参与海上贸易,即使在海禁期间也未曾中断。赵世瑜、杜洪涛:《重观东江:明清易代时期的北方军人与海上贸易》,《中国史研究》2016年第3期,第178—179页。

清军入关后,清廷在东北边疆设立盛京驻防八旗,命何洛会为盛京总管。①顺治元年,清廷在将盛京定为留都的同时,下令将辽东的卫所悉数裁革,设昂邦章京副都统管理盛京事务,②辽东的卫所体制就此终结。不过,正如明初从州县体制向卫所体制转变经历了一个循序渐进的过程一样,清廷在这一地区恢复州县也经历了一个相似的过程。在清军入关后,辽东(按:为行文方便,此处辽东指原辽东都司辖境,下同)形成了地广人稀的局面。顺治十八年,奉天府府尹张尚贤描述了当时辽东的情形,即沿边、沿海一带"黄沙满目,一望荒凉",辽河东西的腹里地区"沃野千里,有土无人"。③结合康熙五十四年《清圣祖实录》"奉、锦两府,多系招徕民人"与清廷在辽东仅设有奉天、锦州两府,④可知构成清代辽东府州县的人口主要是从内地迁来的"民人"。这也就是说,清初辽东州县的恢复主要是通过招徕内地移民实现的。⑤

康熙《盛京通志》描述了清廷在辽东恢复州县的过程:

> 顺治十年十月,初设辽阳府,辽阳、海城二县。其锦州、宁远、广宁、沙后四城尚属佐领所辖。顺治十五年五月,于盛京设奉天府。康熙元年,锦州改为县。康熙三年,奉天府添设承德、盖平、开原、铁岭四县。辽阳县改为州,广宁改为府。添设广宁县、宁远州。五年,广宁府改为锦州府,而锦县、宁远州、广宁县属焉。州县新设,户口无旧籍。丁鲜原额。俱系招民。⑥

---

① 未著撰者:《钦定八旗通志》卷32《兵志一》,"景印文渊阁四库全书",台北:台湾商务印书馆,1986年,第664册,第790页。
② 康熙《盛京通志》卷6《建置沿革》,国家图书馆藏清康熙刻本,第3页下—10页上。
③ 张尚贤:《谨陈奉天形势疏》,载未著辑者:《皇清奏议》卷16,"续修四库全书",上海:上海古籍出版社,1995年,第473册史部,第151—152页。
④ 《清圣祖实录》卷262,康熙五十四年二月癸巳。
⑤ 2012年9月,笔者在广宁鼓楼进行考察时,偶遇一位年近90的老者。我问老人家祖上是不是闯关东来到广宁的,老人摇摇手说:"顺治十年拨民来的。"可见,直至21世纪部分老人仍然保持着顺治拨民的历史记忆。
⑥ 董秉忠修,孙成纂:《(康熙)盛京通志》卷17《户口志》,国家图书馆藏清康熙刻本,第1页上—1页下。

据此,清廷在辽东都司故地复设州县的过程一直持续到康熙年间。同时,参照《辽左见闻录》所云"辽左本八旗地方,合九州县之民,不及十之二三",①可知清廷在这里推行的并不是纯粹的州县体制,而是"旗民双重体制"。②

---

① 王一元:《辽左见闻录》不分卷,第56页下。
② 田志和:《论清代东北行政体制的改革》,《东北师大学报》1987年第4期,第59—64页。

结　　论

　　明代辽东是一个卫所体制下的军事社会。本书通过卫所体制的演变,考察明代辽东的社会变迁。在第一章至第六章中,本书围绕历时性的结构脉络,考述了明代辽东的卫所体制与社会变迁之间的互动过程。至此,笔者将在前述论证的基础上,分别讨论明代辽东的卫所体制演变与实土都司的社会变迁这两个问题;同时,在相关论述之后,采用跨区域的视角与部分制度史的区域研究和区域社会史研究进行比较,并思考更为宏观的问题。最后,笔者将探究辽东人的认同变迁与明清易代的关系。

一、边疆社会的卫所体制

　　明廷最初在辽东推行的是自秦汉以来在当地具有悠久历史传统的州县体制。自洪武五年起(1372),明廷先后在辽东设立金、复、海、盖4个州县和辽阳府、辽阳县,上述州县隶属于当时的山东行省。此外,在洪武六年(1373)以前,明廷在辽西地区上还设立过一个隶属北平行省的州县,即瑞州。需要强调的是,明代史料中所谓山东、辽东"原为一省"的记载,指明廷在辽河以东设置的州县曾隶属于山东,并不意味着辽东都司与山东布政司存在隶属关系。

　　明代辽东从州县体制向卫所体制转变经历了一个较长的过程,而这个过程是围绕着军事卫所的实土化与民籍人口的抽垛政策展开的。

洪武六年,辽阳府、辽阳县的建置被撤销。洪武十年(1377),明廷颁布辽东只设卫所、不立州县的决策。同年,定辽左、右、前、后4卫率先从军事卫所向实土卫所演变。此后,陆续增设的沈阳中、义州、前屯等卫,迁入辽北的辽海、三万、铁岭3卫,与州县并存的金、复、海、盖4卫,也先后转向实土卫所。至洪武二十八年(1395),金、复、海、盖四州并入同名卫所后,辽东都司成为所辖卫所全部为实土卫所的实土都司。

抽丁垛集是强行将民籍人口变为军籍人口的重要手段,辽东的抽垛原则是每五名成年男丁抽垛一人。自洪武六年起,明廷多次在辽东推行大规模抽垛政策,至洪武二十八年(1395),辽东人口除数量有限的寄籍民之外皆为军籍。

值得注意的是以下两点:首先,辽北地区处在明军与纳哈出集团长期对峙的前方,战争与人口争夺造成了当地人口的大量消耗与流失。因此,明廷并没有在辽北地区进行大规模的抽垛。在该地区的4个卫所中,沈阳中卫由来自内地的军士构成,三万、辽海、铁岭3卫则是从其他地区迁入辽北的卫所。其次,洪武二十年(1387)之前辽东卫所的人数,通常达到了一个卫所的标准配置。如定辽右卫为5 794人,定辽左卫为5 600人,盖州卫为5 675人,定辽前卫为6 000人。然而,洪武二十年以后,明廷在辽西地区建立卫所时,由于当地人口较少,通过抽垛政策征集的军士无法达到预期数量,明廷不得不将都司东部的卫所官军调至辽西地区。这样,洪武二十年以后辽东各卫军士往往无法达到一个卫所的标准数量。①

洪武至宣德年间,辽东卫所是军政、民政合一的非常规地方行政机构。由于卫所武官的权力缺乏制约,屯田制度的弊端与积极进取的边疆策略带来的沉重负担,导致辽东社会矛盾激化,大量卫籍人口脱离卫所体制。为了稳定边疆局势,解决卫所体制的危机,明廷自宣德末年起放弃了积极进取的边疆策略并加大了卫所体制改革的力度。

---

① 关于洪武二十年以后辽东都司各卫军士的数量,参见第二章洪武年间辽东人口表中所列举的相关数据。

辽东都司的卫所体制改革并不是在一个特定的时期,由一个杰出的历史人物一手包办的,而是经历了一个循序渐进的演化过程。这个历史过程的滥觞甚至可以追溯到洪武末年,但最为关键的变革则发生在明英宗即位以后。

文官体系的介入是卫所体制变革的重要措施。在明初辽东的卫所体制中,最高长官是都指挥使,其下属是指挥使、千户、百户等卫所系统的武官;文职官员仅有掌管马政的太仆寺少卿及官阶仅为从七品、从八品的经历、知事。[1]这些文职官员无法对卫所武官构成制约。正统七年(1442),获得了提督军务职衔的辽东巡抚实际上成为辽东的最高长官。与此同时,随着分守道、分巡道等文职官员职能、辖区的调整,辽东形成了以巡抚、巡按为首的,可以制衡武官势力的文官体系。此后,"寄衔"于山东布、按二司的分守道、分巡道又获得了都司所属5个税课司和25个卫所仓库的管理权。文官体系介入卫所体制后,不但改变了武官独大的权力格局,而且通过弃用本卫千户、百户,任命总旗、小旗、舍人或其他卫所的基层武官充当答应官的手段,将文官的权力向基层社会渗透。

营兵制取代卫所兵制与卫所的去军事化也是卫所体制变革的重要内容。洪武年间,辽东的马军与步军分别按队编制,这可以说是营兵制在辽东的萌芽。建文四年(1402),镇守总兵官的出现是营兵制形成的重要标志,但营兵制取代卫所兵制并非一蹴而就。永乐、宣德年间,由于边疆形势紧张,各卫所抽调到广宁的军士,迟迟不能返回原属卫所。于是,一支驻守广宁的常备军实际上已经形成。然而,抽调到广宁的军士原则上仍需返回原属卫所,广宁备御通常由辽东都指挥担任。上述史实表明当时的辽东兵制仍处于卫所兵制向营兵制转化的阶段。正统年间,营兵制开始在与卫所兵制共存的状态中取得了优势地位。不过,此时都司东部推行的仍然是卫所兵制。直到成化初年,辽东的营兵制才彻底取代了卫所

---

[1] 关于经历司经历与知事,参见张金奎:《明代卫所经历司制度浅析》,《故宫博物院院刊》2007年第2期,第118—119页。

兵制。与营兵制的确立相辅相成的是卫所的去军事化。营兵制确立之后,辽东官军与原属卫所分离,卫所本身不再具有军事性质,逐渐演变成非常规的地方行政机构。

屯田税则与屯田管理方式的变革促成了屯田的官田化。明初辽东的官籍户族利用制度漏洞,以开垦荒田为名占据大量膏腴屯田,私役军士为其耕种。由于占据大量屯田的官籍户族并不缴纳子粒,再加上永乐年间制定的正粮十二石、余粮十二石的税则过高,从而造成了军士逃亡、屯田子粒无法足额征收的情况。明廷虽然试图整顿屯田,却积重难返。正统二年(1437),明廷下令只征余粮六石,并规定军士自食的正粮十二石不必上仓盘查。与此同时,辽东官员将并未逃亡的屯军全部改为操军补充军伍后,辽东的所谓"屯军",实际上是只存在于簿册中的"无名屯军",或者用以指代顶种屯田的军余。至此,明廷事实上放弃了对屯田的军事化管理,也不再直接干预屯田的生产情况。国家与屯田耕种者的关系演化为与官田类似的官方地主与佃户的关系,军籍户族对国家的依附关系在某种程度上也有所松弛。

增设卫学与赴山东参加乡试成为定制是文教方面的改革措施。与州县体制相比,明初辽东的学校建设相对滞后。正统年间,辽东巡抚开始在辽东没有卫学的实土卫所增设卫学。正统元年(1436)、正统二年,辽东巡抚李浚下令在锦州城建立广宁中、左屯卫学,在沈阳城设立沈阳中卫学。正统六年(1441),辽东巡抚王翱下令在广宁城建立广宁卫学。正统四年(1439),铁岭城设立了铁岭卫学。正统年间,义州城设立了义州卫学。上述卫学的建立改变了辽东学校分布不平衡的状态。广宁、锦州、沈阳、铁岭等地的辽东人获得了进入卫学接受教育的机会。更重要的是,正统十二年(1447),辽东生员赴山东参加乡试成为定制。这无论是对辽东士绅群体的形成,还是对军籍户族的社会流动都具有重要意义。

卫所体制改革后,辽东的地方行政格局也发生了变化。明初,辽东的行政中心主要在辽河以东的都司治所辽阳。洪武二十六年(1393),辽王朱植在广宁城建立王府后,广宁的政治地位得到大幅提升。永乐初,辽王府内迁,[①]但广宁的地位并没有随着藩王的离去而衰落。因为在大宁都司迁入保定后,辽西地区的防务日趋严峻,广宁成为镇守总兵与镇守太监的驻地。[②]明英宗即位以后设立的辽东巡抚亦驻广宁城。而辽阳城除了仍然是辽东都司的治所之外,还是永乐年间设立的辽东巡按的驻地。[③]这也就是说,经过一系列的政治、军事变动,至明英宗在位时,明代辽东的地方行政中心逐步演变为东、西呼应的格局。

进入16世纪以后,由于辽东长途贸易网络的兴起、国家对辽东社会控制的减弱、边疆形势的变化等综合因素,辽东的卫所体制再度面临严峻的挑战。辽东官员在体制允许的框架内推行了一系列权宜措施,试图维系已经不适应辽东社会经济发展的卫所体制。

针对16世纪以来大量脱籍人口涌入东部边地的情况,辽东巡抚王之诰采取招募军士、就地落籍的措施将他们重新纳入卫所体制。由于这项政策实际上赋予了脱籍人口在迁入地的合法居住权,因此接受招募的军士及其帮丁多达15 000人。为了更好地管理就地落籍的东部边地人口,嘉靖末年,辽东巡抚李辅又奏请将定辽右卫原有的卫所官员、卫籍人口及相应的军马、钱粮,皆并入定辽左卫,以便在凤凰城建立新的定辽右卫。新定辽右卫的辖区包括东部边地以及原属金州卫的黄骨岛堡,新卫所的官员由定辽左等六卫(按:包括原定辽右卫)中愿意前往凤凰城任职的官员,或在东部边地居住的、因功晋升为指挥、千户、百户的官员担任。新定辽右卫儒学的教授、训导和新定辽右卫的仓官,由辽东巡按在都司儒学400余名文、武生员中选拔,并经吏部铨选后产生。

新定辽右卫以应募军士为户头、以其帮丁为余丁的方式,将落籍人口编为新的军籍户族。这些新入籍的军籍户族对应的未必是一个具有血缘

[①] 洪武二十五年,朱植受封为辽王。洪武二十六年,辽王府始建于广宁。建文四年,辽王朱植被召回京师。永乐二年,辽王府自辽东广宁迁到湖广布政司荆州府。《明太祖实录》卷217,洪武二十五年三月庚寅;同书卷229,洪武二十六年七月乙卯;《明太宗实录》卷3,永乐元年八月丙寅;李贤等修:《大明一统志》卷62《荆州府》,第947页。

[②] 据《辽东志》,包括总兵府、镇守太监府在内的"三堂"在广宁城内。嘉靖十六年《辽东志》卷1《地理志》,第2页上。

[③] 据《辽东志》,巡抚衙门在广宁城,巡按衙门在辽阳城。嘉靖十六年《辽东志》卷1《地理志》,第1页上、第3页上。

关系的家庭单位,有时对应的只是一个由不同姓氏的成员组成的、共同承担军役的群体。此外,未曾应募的脱籍人口也被强行编入了卫所、承当力差。

就地落籍政策虽然将东部边地的脱籍人口重新纳入卫所体制,但这个权宜之计也存在明显的弊端。首先,建立卫所体制的目的,是将一定数量的军籍人口固定在军事要地,让他们承担军役从而维护社会秩序与国家安全。然而,就地落籍等于承认了脱离原属卫所及原属户族迁徙到其他地区的合法性。这无疑会导致军役繁重地区的卫籍人口脱离原属卫所及原属户族,逃到军役较轻的地方。其次,在东部边地落籍的新户族可享受诸多优惠政策,这在某种程度上也会刺激辽东其他地区的卫籍人口脱离原属卫所及原属户族。其三,脱籍人口就地落籍后,他们在原属卫所的赋役并没有被豁免,而是由原属卫所及原属户族的其他成员继续承担。这也就是说,就地落籍政策不但损害了原属卫所及原属户族的利益,而且激化了原属卫所及原属户族与在迁入地落籍的脱籍人口之间的矛盾。

晚明辽东军事体制的变化主要与军事家丁有关。其中内丁是以李成梁为首的辽东武官豢养的私人武装,他们的待遇通常超过普通镇戍军士10倍。在这些内丁中尤为剽悍的,是被称为夷丁的蒙古人或女真人。万历后期辽东武官豢养内丁的实际情况是,普通武将拥有内丁百余名,总兵官拥有内丁千余名。与内丁不同,营丁是总兵李成梁与巡抚张学颜在隆庆年间设法招募的。他们变通使用逃故军士的饷银总额,以食双饷的待遇招募营丁。营丁共有7 148名,分别编入广宁正兵营及辽东其他镇戍兵营。当时,来自都司东部的营丁服役期为两年,服役期满后必须"攀报"他人方可"更番";而来自辽西地区的营丁终身服役,不得攀报。上述差异,主要与辽西地区人丁稀少,无从"攀报"有关。

在李成梁、张学颜对辽东军事力量进行了一番调整之后,包括内丁与营丁在内的军事家丁成为辽东镇戍军的核心力量。这些军事家丁与卫所体制下的营兵有所不同,前者主要是被武官提供的厚饷或武官变通支付的双饷所吸引而承担军役的人员,他们没有帮丁,在逃亡或身故后亦不得勾补其家族中的余丁;后者是按照制度规定为国家承担军役的户族成员,他们拥有若干名帮丁,在逃亡或身故后必须勾补其户族中的余丁。更重要的是,卫所体制下的营兵是按照国家赋予的户籍身份承担军役的,在相关制度有效运作的情况下,他们与武官之间不存在人身依附关系;而军事家丁的粮饷由武官支付或变通支付,从而与武官之间存在着较强的人身依附关系。

晚明辽东官员在制度框架内推行的权宜措施,虽然使已经不适合辽东社会经济发展的卫所体制得以延续,但也促成了晚明辽东军事利益集团的兴起,造成了尖锐的社会矛盾,甚至在某种程度上间接导致了明清易代。

顺治元年,清廷在将盛京定为留都的同时,下令将辽东的卫所悉数裁革,辽东的卫所体制至此终结。

在概述了明代辽东的卫所体制演变之后,笔者拟探讨以下两个问题,即明廷为什么要在辽东推行卫所体制?既然在时人看来,卫所体制下的千户、百户"如州县之里甲然",[1]那么里甲制度与卫所体制的变化是否存在某种一致性呢?

明代的丘濬指出:"我国家自平定之初,则创立卫所以护卫州县","又分藩列阃以总制之,而有都卫之设,其后也,改为都指挥使司。"[2]丘濬所论揭示了明廷推行卫所体制最重要的原因是为了发挥卫所的军事功能,即"护卫州县"。不过,对于辽东这样的北部边疆的卫所而言,与其说"护卫州县"不如说"护卫内地"。

从长期的历史趋势分析,华夏王朝的军事威胁通常来自北方和东北方的北方族群,辽东恰好处在防御北方族群侵袭的重要区域。这就解释了为什么明廷在同样人烟稀少的西南边疆设置了云南、贵州两个布政司,却在辽东全面推行卫所体制。从具体的历史情境考察,洪武五年(1372)五月,一向势如破竹的徐达、李文忠率领的明军主力,在远征北元的战役

---

[1] 嘉靖四十四年《全辽志》卷5《艺文志上》,第53页上—53页下。
[2] 丘濬:《大学衍义补》卷119《治国平天下之要·严武备》,"景印文渊阁四库全书",台北:台湾商务印书馆,1986年,第713册,第398页。

中首尝败绩;此后,明廷吸取教训,转而采取更为稳健的军事战略,并着手建构包括辽东地区在内的北方军事防御体系;[1]洪武六年(1373),明廷废除了辽阳府、辽阳县,揭开了在辽东全面推行卫所体制的序幕。

明廷在辽东全面推行卫所体制之所以有助于建构北边防御体系,主要有以下三个原因:首先,在辽东维系一支强大的镇戍军。明初辽东人口约有40万人,承担军役者94 693人,占总人口的24%。其次,卫所体制将辽东境内的土地强行转化为屯田,有助于解决辽东的军饷。正如辽东巡抚张鏊所说,"太祖高皇帝"以辽东"非兵不能守,国非食无以养兵,罢郡县,专置军卫"。[2]第三,限制边疆人口的流动性。辽东巡抚王之诰写道:"乃辽独划去州邑,并建卫所而辖之都司,何哉?边鄙欧脱之俗,华夷杂糅之民,迫近胡俗,易动难安,非可以内地之治治之也。"[3]

如果采用跨区域比较的方法,从更为宏观的角度观察明代的卫所体制与州县体制下里甲制度的演变会有什么发现呢?鉴于刘志伟对明代广东州县体制下的里甲赋役制度作出了精彩的研究,笔者拟将明代广东作为与辽东比较的参照物。

明初大量广东的编户齐民脱离里甲户籍的束缚,导致了剧烈的社会动荡,从而促成了明中叶的赋役改革。而由于"官吏作弊、预算不周、黄册失实、里甲不齐"等综合因素,在明代中叶,日益沉重的负担压在了中小地主和农民身上,大量走投无路的人上山下海成为官府眼中的盗寇。为了缓和日益激化的社会矛盾,广东官员在嘉靖年间又对赋役制度进行了一系列的整顿。[4]

与明代广东州县体制下的里甲赋役改革类似,明代辽东的卫所体制变化也是明初和明中叶两次大规模的社会动荡促成的。上述事实可以说明以下两点:首先,在明代的不同地区,国家制度与地方社会的互动存在

---

[1] 参见和田清著,潘世宪译:《明代蒙古史论集》,第14—23页。
[2] 张鏊:《辽海东宁道题名记》,载嘉靖十六年《辽东志》卷2《建置志》,第9页上。
[3] 王之诰:《全辽志序》,载嘉靖四十四年《全辽志》,第1页下。
[4] 刘志伟:《在国家与社会之间:明清广东地区里甲赋役制度与乡村社会》,第73、135—136页。

某些一致性。其次,无论是辽东还是广东,当国家加派给地方社会的负担超过了当地能够承受的限度后,将会发生较大规模的社会动荡。如果王朝国家能够及时作出调整,其统治就会得以延续。

二、实土都司的社会变迁

明初辽东的人口构成是理解明初辽东社会整合的重要前提。明初辽东人口约有40万人。其中汉人及汉化北方民族为数众多。就可以估算的人口而言,至元末,在元代迁入辽东的新附军后裔约为43 692人,明初落籍辽东的内地人口约为114 028人。如果不析出在元明之际丧生的新附军后裔,同时不计入元代之前生活在辽东的汉人后裔、元代至明初自主迁到辽东的内地移民与明初谪戍辽东的内地人口,则明初辽东汉人至少在157 720人以上。如果再加上汉化的北方族群,那么薛廷宠关于华夏族群在明代辽东都司人口构成中占70%的定性描述具有一定的参考价值。

明初辽东是一个移民社会。如前文所述,明初落籍辽东的内地人口约为114 028人。同时,可以估算的、从东北边疆其他地区迁入辽东的各族人口约为43 139人。这也就是说,明初迁入辽东的各族移民至少在157 167人以上。在明初辽东地方管理体制的变革中,来源不同、身份各异的辽东人被整合到卫所体制之中。

首先,归附豪强,以张良佐为例。张良佐是归顺明朝的豪强集团首领。由于纳哈出集团的存在,最初明廷并没有将张良佐等人调离辽东,而是有意识地利用他们巩固明朝在盖州等地的统治。不过,明廷也对张良佐采取了必要的防范措施。例如,洪武七年(1374),明廷命张良佐之子张时入京为散骑,此举颇有将张时当作人质的意味。纳哈出集团归降后,明廷决意削弱张良佐在盖州卫的权力基础。洪武二十五年(1392),明廷将张良佐调往复州卫,从而迫使他离开由其旧部组成的盖州卫。虽然张良佐以提前退职表示自己的不满,但明廷还是达到了预期目的。承袭张良佐官职的张翔只能在复州卫、金州卫任职,而不能在由张良佐旧部构成的盖州卫任职。

其次，落籍内地武官，以义州马氏为例。马云本人并未在辽东都司定居，不过马云之子却在明初迁居义州成为义州卫指挥使。义州马氏最为著名的人物是马深，他谋略过人，弘治年间被兵部尚书刘大夏评为十大将才之首。由于明代武官世袭的制度性保障，马氏家族在迁居义州后始终是地方社会权力格局中的支配群体。不但拥有"名园"，而且积累了颇为可观的财富。

其三，归附的北方族群首领，以辽阳佟氏为例。[1]辽阳佟氏的先祖达礼赤是归附的女真首领，曾任三万卫指挥佥事。达礼赤之子佟敬在永乐年间因功升为指挥使。在宣德、正统年间得到了进一步的发展，达礼赤之孙佟昱成为都指挥同知、开原参将。至达礼赤六世孙辽东都司总兵官佟登在世时，辽阳佟氏在辽东社会的威望达到了顶峰。

其四，谪戍家族，以义州贺氏为例。贺家原为浙江宁波府定海县人，永乐年间贺士初及其家属谪戍到卫治在义州城的广宁后屯卫。在定居义州之后，贺志初之子贺旻因功晋升为百户，贺氏由此成为官籍户族。此后，贺氏家族还与在义州威名显赫的马氏家族联姻，这进一步增强了贺氏家族的声望。贺志初的侄子贺孟员与贺士初一道来到义州，他通过前往江淮地区的长途贸易来积累财富。义州贺氏最著名的历史人物是贺孟员之子贺钦。他不但是明代辽东著名的理学家，而且是当地颇具影响力的士绅。

其五，来源不同的军士和余丁。落籍辽东的内地军士及其帮丁是当时明廷在辽东推行、维系卫所体制的重要依靠力量。对于这些军士及其帮丁而言，他们原本就是军籍，隶属于军事性卫所。在辽东的地方行政管理体制变迁中，他们是最容易适应卫所体制的群体。至于落籍辽东后如何融入当地社会的问题，也不会对他们构成太大的困扰。因为这些内地军士主要聚居在辽阳、沈阳等地，在当地人口构成中占据优势地位。抽垛新军、新编帮丁，被改编为卫所军士及帮丁的地方豪强部众与归附的北方

---

[1] 此外，佟家是在达礼赤的曾孙佟瑛这一代迁居辽阳的。

族群首领的部众，多数是辽阳行省的民籍人口。他们被纳入卫所体制后，不但要分别承担军役和帮军的义务，还不得不缴纳比民田税粮高得多的屯田子粒。

明初辽东的社会结构与州县体制下的社会结构截然不同。这种社会结构并不是建立在占有土地多寡的经济差异上，而是建立在官籍、军籍两种不同户籍身份的基础之上。其中官籍户族由武官、户下舍人及其女性眷属构成，军籍户族由军士、户下余丁及其女性眷属构成。由于辽东武官没有类似内地州县长官的原籍回避制度，官籍户族凭借优免特权和手中掌握的权力，侵占屯田、积累财富，从而替代元明之际的豪强成为辽东社会的支配阶层。军籍户族不但需要充当军役、耕种屯田、承担杂役，还时常会遭到武官与卫官的盘剥，因而往往沦为依附阶层。军籍户族要想改变自己的命运，只有军功和科举两种途径可走。

自永乐年间起，辽东官军承受着日益沉重的征伐、戍守与招抚任务。这些负担逐渐超出了辽东社会可以承受的限度。与此同时，卫所武官的贪腐与屯田的弊端激化了社会矛盾。不堪重负的辽东人发动了两次武装叛逃。建文四年（1402），东宁卫千户林八剌失发动了共有3 000多户、10 000余人参与的武装叛乱。在叛逃过程中，他们杀害了先后前来追捕的数千辽东官军。永乐二十一年（1423），千户杨木答兀再一次发动武装叛乱，他们在剽掠开原城，杀死奋力抗击的辽海卫千户孙茂等人后叛逃。此外，更多的贫弱军丁选择了逃亡，或投靠已拥有大量地产的官籍户族及富裕的军籍户族。

为了解决统治危机，明廷陆续推出了一些改革措施。正如地方社会的经济变动与社会变动可以引发制度更革一样，改革后的卫所体制反过来又导致辽东社会发生了相应的变化。

首先，在巡抚、巡按等文官掌握了除总兵官之外的地方武官考选权后，部分官籍户族为了获得不可世袭的高级武职，采取了士大夫化的家族策略。韩、崔两家是其中最为成功的范例，他们不但塑造自身的儒将形象，而且积极培养子弟读书、考取科举功名。韩、崔两家连续几代人担任辽东的高级武职，一跃成为明代中叶辽东最为显赫的两大家族。

其次，正统以后，辽东出现了士绅群体。通过贺钦的个案可知，辽东士绅凭借个人的学识与威望可以对部分辽东官员产生一定的影响，甚至可以通过这种影响介入辽东的军政事务。与此同时，辽东士绅还可以在一定范围内在基层社会推行儒家的礼仪规范。不过，辽东的大土地所有者往往是本地的势要武官，辽东士绅很难像州县体制下的士绅那样在地方社会中处于支配地位。

其三，军籍户族也发生了相应的变化。文官体系介入后，辽东武官的权势受到了一定的限制。屯田税额从12石降为6石，也对改善军籍户族的生存状况有所助益。然而，辽东官员在推行改革时主要考虑的是如何重新分配辽东社会承担的军役和徭役，而不是改善辽东军籍户族的生活。因此，军籍户族的负担仍然比较沉重。在军役方面，许多余丁因抽垛、招募政策（按：招募者通常亦须勾补）而带领若干帮丁脱离原属户族，成为新的军籍户族。在屯田方面，屯军大量逃亡及剩余屯军改为操军后，不少余丁被迫顶种屯田。同时，由于明廷在屯田的实际面积锐减的情况下，按照明初的屯田面积与实际上高于洪武时期的税则征收税粮，使辽东的军籍户族背上了赔补"无名屯粮"的沉重负担。在徭役方面，余丁承担着修边夫、修仓夫、局造、窑造、纳粮、跟官、斗级、狱卒、鼓手、水手、司兵等众多的徭役负担。

其四，招首。卫所体制改革之后，国家对辽东社会的控制有所松弛，军籍户族之间贫富分化日益鲜明，至迟在成化年间已经出现了豪富军余。在上述历史背景下，招首的出现是十分值得注意的社会现象。它意味着包括军籍户族在内的辽东人可以通过充当招首提高自己的社会地位。

进入16世纪以后，西欧海上强国闯入亚洲，中国东南沿海的国际海上贸易十分繁荣。与此相应，奢靡之风盛行的内地社会对从辽东输入内地的人参、貂皮等奢侈品的需求激增。与此同时，朝鲜端川、江界等银矿开采的白银以及流入朝鲜的日本白银亦是促成辽东贸易繁荣的重要因素。

晋商、徽商、辽商等各地商人将江南地区的丝绸、布匹等纺织品通过大运河运到山东，然后或由登州经海路进入辽东，或由山海关经陆路进入辽东。他们用江南的纺织品换取东北边疆和朝鲜半岛的人参、貂皮等，然后将换来的商品运销内地。

涵盖江南与东北亚的辽东长途贸易网络的兴起,导致商路上的重要税关临清关的额定税银高达 8 300 两,各地官员在贸易的必经之路不断增设抽税机构;同时也促使辽东地区的马市、互市、木市和中朝走私贸易日益繁荣。

与商贸繁荣相伴而来的是大量的脱籍人口与人口流动。部分脱籍人口涌入东部边地,从事商业贸易、人参采挖、银矿开采和土地开发,他们逐步将此前人烟稀少的东部边地发展成辽东最为重要的区域之一。部分脱籍人口进入中国北方海域的海上诸岛,成为纵横海上的辽东势力。他们除了开发海岛上的土地之外,主要从事海上贸易和海上运输。值得注意的是,在晚明的脱籍人口中还出现了屯头、山头、船主等卫所体制之外的社会身份。

进入 17 世纪后,辽东的长途贸易网络并没有受到所谓"17 世纪危机"的影响。[①]以毛文龙为首的东江势力主导的海上贸易十分繁荣,不但涵盖东北亚地区,而且与东南亚地区也有贸易往来。

控制了辽东半岛西侧的沿海岛屿和重要港口旅顺的东江势力,从商业贸易中获取利益的主要手段是征收商税。据朝鲜方面的记载,"一年收税,不啻累巨万"。[②]毛文龙等人还时常与朝鲜、暹罗、日本等国商人展开直接贸易。东江贸易的繁荣不但使毛文龙等人享受荣华富贵,而且解决了东江 20 万难民的基本生存。不过,东江势力只是控制了东北亚重要的海上商路,却没有雄厚的商业资本,毛文龙等人只得将国家未来可能会拨给东江镇大量饷银的愿景作为象征资本赊欠商人货款。由于象征资本迟迟不能完全兑现,多年来东江势力拖欠了中国商人大量的赊贷货款。

由于地理位置的原因,辽西的宁远、前屯一带的商业贸易不如东江贸易

---

① William S. Atwell, A Seventeenth-century "General Crisis" in East Asia, *Modern Asian Studies*, Vol. 24, No. 4, 1990; Anthony Reid, The Seventeenth-Century Crisis in Southeast Asia, *Modern Asian Studies*, Vol. 24, No. 4, 1990; Niels Steensgaard, The Seventeenth-Century Crisis and the Unity of Eurasian History, *Modern Asian Study*, Vol. 24, No. 4, 1990.
② 吴晗辑:《朝鲜李朝实录中的中国史料》,第 3410 页;《仁祖大王实录》卷 19,仁祖六年十二月丁未。

兴盛，但是也存在一定规模的海上贸易、明蒙贸易。袁崇焕甚至在奏请增设高台堡马市的时候，明言蒙古人会将从明朝购得的布匹转手卖给后金。

自崇祯元年（1628）起，袁崇焕为了统合东江势力，谋划除掉毛文龙。他奏请禁止登莱与东江的海上交通，所有前往东江的船只必须绕道觉华岛，在他的督师衙门挂号才能前往东江。他还指责毛文龙在从宁远返回时，劫掠了在宁远一带从事贸易活动的商人洪秀、方奉等人。可见，袁毛公案不仅涉及是非功罪，在某种程度上也是对海上贸易主导权的争夺。

随着晚明辽东长途贸易的兴起，部分山西等地的商人寄住辽东，他们与辽东本地商人形成了一个新兴的社会群体。富商群体凭借手中的财富获得了一定的社会地位，他们还通过贿赂等手段诱使辽东官员在赋役征发、抽垛新军时差贫宽富。有的豪富家族甚至能够动用官军保护其家族的人身、财产安全。不过，富商也会受到一些武官的盘剥。为了进一步提高自己的社会地位，部分豪富家族通过买功等手段获取官籍身份。值得注意的是，在明清之际的辽东商人中还出现了比较知名的历史人物——沈世魁。[①]沈世魁是毛文龙时期东江势力的重要将领，自崇祯四年（1631）起，他获得了皮岛及附近岛屿的掌控权及东江贸易的控制权。崇祯十年（1637），清军攻克皮岛，沈世魁不屈而死。

晚明辽东最为重要的社会现象是军事利益集团的形成。由于繁荣的长途贸易网络、察哈尔等部的频繁劫掠与辽东官军的战功等综合因素，使李成梁的权势日益膨胀，逐渐突破了巡抚、巡按所能限制的范围。在李成梁的庇护下，他的亲属、部下也纷纷占据高位。例如，他的儿子李如松、李如柏、李如梅、李如桢、李如樟先后担任总兵官；他的部下李平胡、李宁等人也先后出任参将、游击等职。

为了在日益腐化的政治环境中维护自身的权势和地位，李成梁将注意力从驰骋边疆转移到结交权贵上。这些转变不但使李成梁的个人声誉受损，而且导致了辽东武官的集体腐败。在李成梁个人权势的笼罩下，辽

[①] 据《李朝实录》，沈世魁"本辽东商贾"。吴晗辑：《朝鲜李朝实录中的中国史料》，第3528页；《仁祖大王实录》卷28，仁祖十一年十一月戊戌。

东武官逐步演变为以李成梁为首的、以贿赂与私人关系维系的军事利益集团。

为了筹措用于贿赂的费用和豢养内丁的经费,辽东武官利用强权更为广泛地参与商业贸易,并将军士及其户族当作敛财的工具。他们还采取克扣军饷、买补营马、放贷、占役、卖放、强卖等手段勒索军士。

对于推行卫所体制的辽东社会而言,武官群体盘剥军士是一个社会问题。由于军士与所属军籍户族之间存在帮贴关系,军饷微薄的军士不但只能仰赖其户族的补贴活命,而且需要户族的资助才能应付武官的盘剥。由于武官群体的剥削通常超出了军籍户族能够承受的限度,因而大量军籍户族家破人亡。

更令辽东军士与百姓苦不堪言的是军事利益集团的急速扩张。自明初至隆庆四年(1570)的200多年里,辽东的指挥、千户、百户及总旗不过两三千人。自隆庆四年李成梁担任辽东总兵官以来的30多年里,新晋武官多达四五千人。此外,军事家丁虽然只是依附于辽东军事利益集团的群体,但是他们也时常欺压已沦为弱势群体的军士。

在日益恶劣的生存环境中,军籍户族的余丁除了帮贴军士、承担赋役之外,还需要应对清勾、抽垛以及家丁攀报,为了避免被抽垛或法外清勾,部分百姓被迫变卖家产、典卖妻子,走投无路的人被迫自残肢体、投井或自缢。

更加令人发指的是,万历中后期,军事利益集团不但对来犯的察哈尔部采取避而不战的策略,任凭敌人劫掠、杀戮无辜百姓;而且还率领军事家丁趁设防之机强迫百姓提供酒食,奸淫妇女,毁坏民产,掳掠财物。

年复一年的盘剥与劫掠,使辽东较为富裕的户族家道中落,贫困户族更是难以为生。从社会史的角度看,军事利益集团引发的日益尖锐的社会矛盾,也是明清兴替的原因之一。

明清交替时期,以毛文龙为首的东江势力与以祖大寿为首的祖家将;入清之后的吴三桂、尚可喜、耿继茂等三藩皆为继李成梁之后的军事利益集团。直到康熙年间,吴三桂等人发动的叛乱被平定后,自晚明兴起的辽东军事利益集团才最终被纳入国家的管理体制之中。

鉴于辽东与广东皆在明朝的疆域之内,同时华南的区域社会史研究最为成熟,笔者拟将明代的辽东与广东的社会变迁进行比较。

明初广东境内的大量流移人口、归附与包括疍民在内的非汉族人口被编入里甲从而成为州县体制下的编户齐民。①在此期间,在元明之际的广东社会处于支配地位的豪强也被纳入国家的权力体系。②自宣德年间起,州县体制下的编户齐民为了逃避日益繁重的赋役征发,纷纷逃亡。此后连续的动乱引发了严重的社会危机。自正统至正德年间,广东官员陆续推出改革措施,在一定程度上稳定了社会秩序。然而,赋役征发中的弊端仍然存在。正德、嘉靖年间,不堪重负的穷苦百姓脱离州县体制,成为官府眼中的盗寇。③虽然明初至明中叶辽东社会的发展与广东存在诸多细节上的差异,但两地社会发展的基本脉络却大致相同。

晚明的辽东与华南也存在某些相似之处。岸本美绪指出,繁荣的国际贸易、西方传来的先进火器使明王朝四周出现了若干新兴军事势力,明王朝内部也产生了李成梁、郑芝龙等离心力极强的"边境军阀",东亚、东南亚的政治经济秩序呈现出多元竞争的局面。④换句话说,晚明辽东与华南的商业与社会皆处于初始全球化的时代背景之中,李成梁与郑芝龙都是时代的产物。

然而,晚明广东与辽东的社会变迁却存在明显的差异。明代中叶以后,广东出现了按照士大夫文化规范建构起来的新型宗族,这种宗族组织通过修建祠堂、编制族谱、购置族田、举行标准化祭祖仪式等手段整合起来,具有广泛的社会功能。刘志伟指出:"在珠江三角洲地区,具有宗族成员身份的人与没有宗族成员身份的人在社会上处于不平等的地位,在资源的控制上也有不平等的权利。"⑤晚明辽东没有出现类似的宗族组织,却

---

① 刘志伟:《在国家与社会之间:明清广东地区里甲赋役制度与乡村社会》,第32—34页。
② 刘志伟:《从乡豪历史到士人记忆——由黄佐〈自叙先世行状〉看明代地方势力的转变》,第49—69页。
③ 刘志伟:《在国家与社会之间:明清广东地区里甲赋役制度与乡村社会》,第127、136页。
④ 岸本美绪:《東アジア・東南アジア伝统社会の形成》,载岸本美绪:《世界歴史13——東アジア・東南アジア伝统社会の形成(16—18世紀)》,东京:岩波书店,1998年,第3—73页;尤请参考第18—31页。
⑤ 刘志伟:《在国家与社会之间:明清广东地区里甲赋役制度与乡村社会》,第25—27页。

出现了军事利益集团。在当时的辽东社会,是否属于官籍户族决定了人的社会地位,是否能够进入军事利益集团决定了人能够获得多少社会资源。或许人们无法通过建构新型宗族掌控更多的权利和资源,是晚明辽东没有出现新型宗族的主要原因。

三、认同变迁与明清易代

明代辽东人的界定是一个涉及社会认同与政治认同的重要问题。如导论所述,目前学界对"辽东人"的界定主要有两种观点:一种认为指生活在辽东地区的汉人,另一种认为不限于汉人。其中司徒琳的概念最值得借鉴,她认为辽东人指共享辽东区域文化且相互认同程度较高的社会群体。[1] 上述概念表明,明代辽东人之间存在一种以地方认同为纽带的社会认同。那么这种社会认同是在什么时间形成的,又是如何形成的,在明清交替的历史语境中辽东人的含义又发生了哪些变化呢?

在辽东地方认同的形塑过程中卫所体制是十分重要的因素。卫所体制不但将落籍辽东的内地官军、地方豪强武装、抽垛新军、新编帮丁与归附的少数族群凝聚成一个相对稳固的社会群体,而且将这个社会群体与作为地理单元的辽东都司紧密地联系在一起。

辽东地方认同的形成也与明廷在推行卫所体制过程中,对归顺的地方豪强与少数族群首领采取了比较公平的政策有关。在辽东社会中,官籍户族与军籍户族,是比新移民与原住民、华夏族群与北方族群更为重要的社会差异。这无疑是形成地方认同的有利因素。

从明初至明代中叶,辽东人在卫所体制的整合下逐渐形成了特色鲜明的边疆军事社会与尚武刚毅的社会文化。在长期的交往过程中,这些来自四面八方的各族历史行动者通过血缘、婚姻、同乡、上下级、袍泽、同

---

[1] 司徒琳主编,赵世瑜等译:《世界时间与东亚时间中的明清变迁——世界历史时间中清朝的形成》,下卷引论第14页。

学、朋友、邻里等关系结成彼此交错的社交网络。这些不同的社交网络之间又通过彼此联姻、崇拜共同的神灵、共享地方性知识与地方社会的历史记忆等方式彼此关联在一起。随着时间的流逝，生活在辽东都司的人们又在与内地社会的汉人、东北羁縻卫所的蒙古人、女真人，鸭绿江以东的朝鲜人交往的过程中，逐渐强化了辽东人与周边人群的差异，从而形成了以共同生活的地域为纽带的社会认同。

明代中叶，辽东著名的理学家贺钦、辽东总兵韩玺等人皆将东人作为辽东人的自称。更显著的例证是程启充《勘定三城叙》中写道："辽人呼曰：'微公，吾为大同矣。定倾保大，我东人曷报公？'"[①] 可见，谪戍辽东的外乡人程启充称辽东人为辽人，而辽东人自称"我东人"。所谓"我东人"之"东"即辽东之东，"我东人"的表述显示，至迟至明代中叶，辽东人之间已经形成了比较普遍的群体认同意识。值得注意的是，辽东人自称东人而不是辽人，含有避免与契丹人建立的辽联系在一起的意味。

明清交替时期，大批逃避战乱的辽东人流亡内地。在传统社会中，对外来陌生人的戒备与敌意是常有的社会情绪。大批善于骑射、强悍刚毅的辽东人突然到来，自然对内地社会造成了强烈的冲击与潜在的威胁。双方的任何利益冲突或过激行为都会增加彼此的仇恨与矛盾。于是，辽东难民遭到了内地社会的强烈排斥。

在双方矛盾冲突的过程中，辽东人的部分胡化风俗被内地社会有意放大。于是，辽东人"几于夷虏"，"性与虏同"，[②]"天下视辽人不异真满洲"等成为内地社会的主流观点。[③] 同时，佟养性、李永芳、孙得功等辽东人先后投降后金，也使内地社会的疑辽、排辽情绪越来越强烈。吴桥兵变后，登州城的大屠杀就是辽东人与内地社会十年积怨的总爆发。

内地社会对辽东人的排斥、仇恨，最终演化为将辽东人视为非我族类的异己。就连倡导"以辽守辽"的孙承宗也呼吁提防"辽将、辽兵，便结成

[①] 嘉靖十六年《辽东志》卷2《建置志》，"续修四库全书"，第646册史部第528页。
[②] 董应举：《崇相集》卷12《与郑玄岳书》，第102册，第556页；陈仁锡：《陈太史无梦园初集》漫集2《登莱纪闻》，第279页。
[③] 《明清史料》甲编，第47页。

族类,渐成极重之势"。①时人陈仁锡还发表了类似西晋江统《徙戎论》的观点"凡辽人潜住省直者,尽数出关","以清内地"。②

与此相应,部分降清后被编入汉军八旗的辽东人主动采取了满洲化的策略。鲍承先、祖泽润等人归附后都在盛京另行娶妻生子。在袭职时他们优先选择在盛京出生的儿子,并以此建构新的旗人谱系。③同时,被编入正红旗的吴氏家族重构了自己祖先谱系。例如,其四世祖吴大圭本为明代辽东的清河守备,却被建构成满洲正红旗包衣,他的名字也被改成了富有满洲色彩的达奎。④

总之,辽东人的群体认同在明清之际发生了显著的变化,即从与辽东都司联系在一起的地方认同,变成了一种介于满汉之间的群体认同。这种认同变迁又与大量辽东人降清的政治选择密切相关。从某种意义上说,明清时期辽东人的认同变迁揭示了边疆地区社会群体认同的复杂性,也为反思王明珂提出的"华夏边缘"理论提供了鲜活的例证。⑤

---

① 孙承宗撰,李红权辑录、点校:《孙承宗集》卷40《蓟辽事宜十六款》,第1214页。
② 陈仁锡:《陈太史无梦园初集》海集1《复辽实著》,第1382册,第61页。
③ 绵贯哲郎:《从"归附汉人"转到"汉军旗人"——以"盛京出生"者为中心》,第80—91页。
④ 杨海英:《山阴世家与明清易代》,第48页。
⑤ 王明珂:《华夏边缘:历史记忆与族群认同》。

参 考 文 献

一、史 料

《明实录》,台北:中研院历史语言研究所,1962年。

《清实录》,北京:中华书局,1985—1987年。

《李朝实录》,北京:国家图书馆出版社,2012年。

《明清史料》,上海:商务印书馆,1936年。

嘉靖十六年《辽东志》,"辽海丛书",大连:辽海书社,1931—1934年。

嘉靖十六年《辽东志》,"续修四库全书",上海:上海古籍出版社,1995年,第646册史部。

嘉靖四十四年《全辽志》,"辽海丛书",大连:辽海书社,1931—1934年。

嘉靖《山海关志》,国家图书馆藏嘉靖刻本。

万历《嘉定县志》,台北:台湾学生书局,1986年。

顺治《登州府志》,北京大学图书馆藏清刻本。

康熙《盛京通志》,国家图书馆藏清康熙刻本。

同治《徐州府志》,"中国地方志丛书",台北:成文出版社,1970年。

柏起宗:《东江始末》,"丛书集成新编",台北:新文丰出版社,1985年,第119册。

毕自严:《度支奏议》,"续修四库全书",上海:上海古籍出版社,1995年,第483—490册史部。

陈仁锡:《陈太史无梦园初集》,"续修四库全书",上海:上海古籍出版社,1995年,第1381—1383册集部。

陈子龙等选辑:《明经世文编》,北京:中华书局,1962年。

程开祐辑:《筹辽硕画》,"丛书集成续编",台北:新文丰出版社,1989年,第242—243册。

程敏政辑:《皇明文衡》,"四部丛刊初编",上海:上海书店,1989年,第332册。

董其昌辑:《神庙留中奏疏汇要》,"续修四库全书",上海:上海古籍出版社,1995年,第470—471册。

董应举:《崇相集》,"四库禁毁丛书",北京:北京出版社,2000年,第102、103册集部。

方孔炤:《全边略记》,"续修四库全书",上海:上海古籍出版社,1995年,第738册史部。

冯瑗:《开原图说》,"玄览堂丛书初编",台北:国立中央图书馆,1981年。

高拱:《高文襄公集》,国家图书馆藏明万历刻本。

葛守礼:《葛端肃公家训》,国家图书馆藏清嘉庆七年刻本。

葛昕:《集玉山房稿》,"景印文渊阁四库全书",台北:台湾商务印书馆,1986年。

顾炎武辑:《天下郡国利病书》,"四库全书存目丛书",济南:齐鲁书社,1996年,史部第171—172册。

顾养谦:《冲庵顾先生抚辽奏议》,"四库全书存目丛书",济南:齐鲁书社,1996年,史部第62册。

顾祖禹撰,贺次君、施和金点校:《读史方舆纪要》,北京:中华书局,2005年。

郭造卿:《卢龙塞略》,台北:台湾学生书局,1987年。

过庭训:《本朝分省人物考》,"续修四库全书",上海:上海古籍出版社,1995年,第533—536册。

何尔健:《按辽御珰疏稿》,郑州:中州书画社,1982年。

贺钦:《医闾先生集》,"丛书集成续编",台北:新文丰出版社,1989年,第140册。

黄训编:《名臣经济录》,"景印文渊阁四库全书",台北:台湾商务印书馆,1986年,第443—444册。

黄虞稷:《千顷堂书目》,"丛书集成续编",台北:新文丰出版社,1989年,第4册。

黄宗羲:《明夷待访录》,杭州:浙江古籍出版社,1985年。

黄宗羲著,沈芝盈点校:《明儒学案》,杭州:浙江古籍出版社,1985年。

焦竑:《献征录》,上海:上海书店,1989年。

蒋良骐撰,林树惠、傅贵九点校:《东华录》,北京:中华书局,1980年。

蒋易辑:《皇元风雅》,"续修四库全书",上海:上海古籍出版社,1995年,第1622册集部。

金幼孜:《北征录》,"丛书集成初编",北京:中华书局,1985年。

雷礼、范守己、谭希思:《皇明大政纪》,"续修四库全书",上海:上海古籍出版社,1995年,第353—354史部。

李化龙:《抚辽疏稿》,"四库禁毁书丛刊",北京:北京出版社,2000年,史部第69册。
李贤等修:《大明一统志》,西安:三秦出版社,1990年。
辽宁省档案馆、辽宁社会科学院历史研究所编:《明代辽东档案汇编》,沈阳:辽沈书社,1985年。
梁梦龙:《海运新考》,"四库全书存目丛书",济南,齐鲁书社,1996年,史部第274册。
刘佶:《北巡私记》,"续修四库全书",上海:上海古籍出版社,1995年,第424册史部。
刘效祖:《四镇三关志》,"四库禁毁书丛刊",北京:北京出版社,2000年,史部第10册。
陆楫等辑:《古今说海》,成都:巴蜀书社,1988年。
路世辉、富品莹编著:《鞍山碑志》,沈阳:沈阳出版社,2008年。
罗福颐校录:《满洲金石志补遗》,新京:满日文化学会,1937年。
毛承斗辑:《东江疏揭塘报节抄》,杭州:浙江古籍出版社,1986年。
茅瑞征:《东夷考略》,"续修四库全书",上海:上海古籍出版社,1995年,史部第436册。
茅元仪:《石民四十集》,"续修四库全书",上海:上海古籍出版社,1995年,第1386—1387册集部。
缪润绂等纂修:《辽东缪氏宗谱》,国家图书馆藏民国二十五年铅印本。
钱大昕:《嘉定钱大昕全集》,南京:江苏古籍出版社,1997年。
钱谦益著,钱曾笺注:《牧斋初学集》,上海:上海古籍出版社,1985年。
钱谦益:《诰赠中大夫前赐进士敕封文林郎观澜佟公元配诰赠淑人前封孺人陈氏墓志》,载南京博物馆、雨花台区文管会:《江苏南京市邓府山明佟卜年妻陈氏墓》,《考古》1999年第10期。
丘濬:《琼台诗文会稿》,"丛书集成三编",台北:新文丰出版社,1997年,第38册。
权衡:《庚申外史》,"丛书集成续编",台北:新文丰出版公司,1989年,第277册。
瞿九思:《万历武功录》,"续修四库全书",上海:上海古籍出版社,1995年,第436册史部。
宋濂:《宋学士文集》,"四部丛刊初编",上海:上海商务印书馆,1929年。
宋濂等:《元史》,北京:中华书局,1976年。
宋应星:《天工开物》,"续修四库全书",上海:上海古籍出版社,1995年,第1115册子部。
宋应昌:《经略复国要编》,"四库禁毁书丛刊",北京:北京出版社,2000年,史部第

38册。

苏天爵编:《元文类》,北京:商务印书馆,1958年。

孙承泽著:《春明梦余录》,"景印文渊阁四库全书",台北:台湾商务印书馆,1986年,第868—869册。

孙承宗撰,李红权辑录、点校:《孙承宗集》,北京:学苑出版社,2014年。

申时行等修:《明会典》,北京:中华书局,1989年。

沈德符:《万历野获编》,北京:中华书局,1959年。

沈国元:《皇明从信录》,"续修四库全书",上海:上海古籍出版社,1995年,第355册。

沈国元:《两朝从信录》,"四库禁毁丛书",北京:北京出版社,2000年,史部第29—30册。

沈启:《南船纪》,"续修四库全书",上海:上海古籍出版社,1995年,第878册史部。

谈迁:《国榷》,北京:中华书局,1990年。

万表:《皇明经济文录》,"四库禁毁书丛刊",北京:北京出版社,2000年,集部第18—19册。

万斯同:《明史》,"续修四库全书",上海:上海古籍出版社,1995年,第324—331册史部。

汪道昆:《太函集》,"续修四库全书",上海:上海古籍出版社,1995年,第1346—1348册集部。

汪汝淳:《毛大将军海上情形》,北京大学图书馆藏抄本。

王晶辰主编:《辽宁碑志》,沈阳:辽宁人民出版社,2002年。

王圻:《续文献通考》,台北:文海出版社,1979年。

王钦若等编:《册府元龟》,北京:中华书局,1960年。

王世贞:《弇州山人四部稿》,北京大学图书馆藏明万历刻本。

王一元:《辽左见闻录》,国家图书馆藏清抄本。

王在晋:《三朝辽事实录》,"续修四库全书",上海:上海古籍出版社,1995年,史部第437册。

危素:《危学士全集》,"四库全书存目丛书",济南:齐鲁书社,1996年,集部第24册。

未著撰者:《洞庭集纪》,"玄览堂丛书续集",南京:国立中央图书馆,1947年,第3册。

未著辑者:《孝陵诏敕》,明朝开国文献,台北:台湾学生书局,1966年。

未著辑者:《明清历科进士题名碑录》,台北:华文书局,1969年。

未著撰者:《钦定八旗通志》,"景印文渊阁四库全书",台北:台湾商务印书馆,1986

年，第664—671册。

未著辑者：《皇清奏议》，"续修四库全书"，上海：上海古籍出版社，1995年，第473册史部。

未著辑者：《海运摘钞》，"丛书集成三编"，台北：新文丰出版社，1997年，第22册。

未著辑者，陈高华、张帆、刘晓、党宝海点校：《元典章》，北京：中华书局、天津：天津古籍出版社，2011年。

吴晗辑：《朝鲜李朝实录中的中国史料》，北京：中华书局，1980年。

吴亮：《万历疏钞》，四库禁毁书丛刊，北京：北京出版社，2000年，史部第58—60册。

吴廷燮撰，魏连科点校：《明督抚年表》，北京：中华书局，1982年。

夏言：《南宫奏稿》，"景印文渊阁四库全书"，台北：台湾商务印书馆，1986年，第429册。

熊廷弼：《熊襄愍公全集》，北京大学图书馆藏胡氏退补斋本。

熊廷弼：《按辽疏稿》，"续修四库全书"，上海：上海古籍出版社，1995年，史部第491册。

熊廷弼撰，李红权点校：《熊廷弼集》，北京：学院出版社，2010年。

徐长佶：《襄平徐氏续修族谱》，国家图书馆藏清抄本。

徐阶：《世经堂集》，"四库全书存目丛书"，济南：齐鲁书社，1997年，史部第79—80册。

徐日久：《五边典则》，"四库禁毁书丛刊"，北京：北京出版社，2000年，史部第25—26册。

徐渭：《徐文长逸稿》，台北：伟文图书出版社，1977年。

严从简：《殊域周咨录》，北京：中华书局，1993年。

杨博：《本兵疏议》，"续修四库全书"，上海：上海古籍出版社，1995年，第477册史部。

杨一清著，唐景绅、谢玉杰点校：《杨一清集》，北京：中华书局，2001年。

叶梦得：《阅世编》，北京：中华书局，2007年。

叶向高：《苍霞续草》，"四库禁毁书丛刊"，北京：北京出版社，2000年，集部第124—125册。

袁桷：《清容居士集》，国家图书馆藏元刻本。

曾国藩：《曾文正公诗文集》，"续修四库全书"，上海：上海古籍出版社，1995年，第1537册集部。

邹宝库辑注：《辽阳金石录》，辽阳：辽阳档案馆、辽阳博物馆编印，1994年。

左懋第：《萝石山房文钞》，"四库未收书辑刊"，北京：北京出版社，2000年，第6辑，第26册。

查继佐：《罪惟录》，杭州：浙江古籍出版社，1986年。

张凤翼:《梦占类考》,"续修四库全书",上海:上海古籍出版社,1995年,第1064册子部。

张鼐:《宝日堂初集》,"四库禁毁书丛刊",北京:北京出版社,2000年,集部第76—77册。

张世伟:《张异度先生自广斋集》,"四库禁毁书丛刊",北京:北京出版社,2000年,集部第162册。

张廷玉等:《明史》,北京:中华书局,1974年。

张萱:《西园闻见录》,"续修四库全书",上海:上海古籍出版社,1995年,第1169—1170册子部。

章潢:《图书编》,"景印文渊阁四库全书",台北:台湾商务印书馆,1986年,第970册。

郑麟趾:《高丽史》,东京:国书刊行会,1977年。

郑晓:《今言》,北京:中华书局,1984年。

郑晓:《吾学编》,"续修四库全书",上海:上海古籍出版社,1995年,第424—425册史部。

周广业:《蓬庐文钞》,"续修四库全书",上海:上海古籍出版社,1995年,第1449册集部。

中国第一历史档案馆、中国社会科学院历史研究所译注:《满文老档》,北京:中华书局,1990年。

朱国桢:《皇明史概》,台北:文海出版社,1988年。

二、论　著

艾尔曼:《金钱万能:明清间中国帝国晚期的商业、经典与品位》,《中国史研究》2009年第4期。

岸本美绪:《世界歷史13——東アジア・東南アジア伝統社会の形成(16—18世紀)》,东京:岩波書店,1998年。

Anthony Reid, The Seventeenth-Century Crisis in Southeast Asia, Modern Asian Studies, Vol. 24, No. 4, 1990.

白鸟库吉监修,箭内亘、稻叶岩吉、松井等著:《滿洲歷史地理(第二卷)》,东京:丸善株式会社,1940年。

包遵彭主编:《明史论丛》之六《明代边防》,台北:台湾学生书局,1968年。

包遵彭主编:《明史论丛》之八《明代经济》,台北:台湾学生书局,1968年。

北京市历史学会编:《吴晗史学论著选集》,北京:人民出版社,1984年。

卜正民著,方骏等、王秀丽、罗天佑译:《纵乐的困惑——明代的商业与文化》,北京:生活·读书·新知三联书店,2004年。

丛佩远:《扈伦四部形成概述》,《民族研究》1984年第2期。

丛佩远:《明代辽东军户的反抗斗争》,《史学集刊》1985年第3期。

丛佩远:《明代辽东军屯》,《中国史研究》1985年第3期。

丛佩远:《黑龙江下游地区古代的狗站与狗国》,《中国史研究》1990年第2期。

丛佩远:《试论明代东北地区管辖体制的几个特点》,《北方文物》1991年第4期。

丛佩远:《元代辽阳行省境内的契丹、高丽、色目与蒙古》,《史学集刊》1993年第1期。

丛佩远:《元初乃颜、哈丹之乱》,《社会科学战线》1993年第3期。

陈春声:《从地方史到区域史——关于潮州研究课题与方法的思考》,区域社会史比较研究中青年学者讨论会,2004年。

陈春声:《走向历史现场》,《读书》2006年第9期。

陈春声:《明代前期潮州海防及其历史影响(上)》,《中山大学学报》2007年第2期。

陈春声:《明代前期潮州海防及其历史影响(下)》,《中山大学学报》2007年第3期。

陈祺:《明代辽东马市及其历史影响》,《东北师大学报》1987年第1期。

陈文石:《明清政治社会史论》,台北:台湾学生书局,1991年。

陈寅恪:《隋唐制度渊源略论稿》,北京:生活·读书·新知三联书店,2001年。

陈寅恪:《唐代政治史述论稿》,北京:生活·读书·新知三联书店,2001年。

陈寅恪:《元白诗笺证稿》,北京:生活·读书·新知三联书店,2001年。

陈垣:《元西域人华化考》,上海:上海古籍出版社,2008年。

程尼娜:《元代对蒙古东道诸王统辖研究》,《辽宁师范大学学报》2004年第5期。

程尼娜:《元朝对黑龙江下游女真水达达地区统辖研究》,《中国边疆史地研究》2005年第2期。

池内宏:《满鲜史研究》,东京:吉川弘文馆,1979年。

川越泰博:《卫选簿よりみた三万卫人の构造—明代卫所制度史研究について—》,《军事史学》第7卷第4号,1972年。

川越泰博:《明代卫所官の都司职任用について—卫选簿を中心に》,《中央大学文学部纪要》史学科第24辑,1979年。

川越泰博:《明代中国の军制と政治》,东京:国书刊行会,2001年。

达力扎布:《明代漠南蒙古历史研究》,海拉尔:内蒙古文化出版社,1997年。

David Johnson, Andrew J. Nathan, and Evelyn S. Rawski ed., Popular Culture in Late Imperial China, Berkeley: University of California Press, 1987.

David M. Robinson, Empire's Twilight: Northeast Asia under the Mongols, Cambridge: Harvard University Press, 2009.

邓庆平:《州县与卫所:政区演变与华北边地的社会变迁——以明清蔚州为中心》,北京师范大学博士论文,2006年。

邓庆平:《明清卫所制度研究述评》,《中国史研究动态》2008年第4期。

刁书仁:《明成化初年对建州三卫用兵考述》,《中国边疆史地研究》2008年第4期。

刁书仁:《朝鲜使臣所见晚明辽东社会的民生与情势》,《社会科学战线》2017年第11期。

杜洪涛:《"再造华夏":明初的传统重塑与族群认同》,北京师范大学硕士论文,2011年。按:此后发表在《历史人类学学刊》2014年第1期。

杜洪涛:《〈大明一统志〉的版本差异及其史料价值》,《中国地方志》2014年第10期。

杜洪涛:《〈明史·黄龙传〉考辨》,《中国史研究》2015年第2期。

杜洪涛:《〈辽东志〉探微》,《欧亚学刊》第13辑,2015年。

樊树志:《"倭寇"新论——以"嘉靖大倭寇"为中心》,《复旦学报》2000年第1期。

方志远:《明代的巡抚制度》,《中国史研究》1988年第3期。

费驰:《清代中朝边境互市贸易的演变探析(1636—1894)》,《东北师大学报》2006年第3期。

费驰:《17世纪末18世纪初的东亚商路及其影响》,《中国边疆史地研究》2011年第4期。

夫馬進编:《中国東アジア外交交流史の研究》,京都:京都大学学术出版会,2007年。

傅衣凌:《明清时代商人及商业资本》,北京:中华书局,2007年。

高艳林:《明代中朝贸易及贸易中的相互了解》,《求是学刊》2005年4期。

葛剑雄主编,曹树基著:《中国移民史·第五卷(明时期)》,福州:福建人民出版社,1997年。

顾诚:《明前期土地数新探》,《中国社会科学》1986年第4期。

顾诚:《明帝国的疆土管理体制》,《历史研究》1989年第3期。

郭红、于翠艳:《明代都司卫所制度与军管型政区》,《军事历史研究》2004年第4期。

郭培贵、于秀丽:《明代辽东进士的历史贡献》,《社会科学辑刊》2011年第1期。

海老泽哲雄:《关于蒙古帝国东方三王家诸问题》,《蒙古学资料与情报》1987年第2期。

何炳棣著,葛剑雄译:《明初以降人口及其相关问题(1368—1953)》,北京:生活·读书·新知三联书店,2000年。

荷见守义:《明代遼東統治体制試論——山東布政司との関わりをめぐって》,《人文研紀要》第37号,2000年。

荷见守义:《咨文と敕書——成化3年の役をめぐる中·朝関係》,《社会文化史学》第41号,2000年。

荷见守义:《辺防と貿易——中朝関係における永楽期》,《中央大学アジア史研究》第26号,2002年。

荷见守义:《明代遼東市場檔案考》,《人文研紀要》第44号,2002年。

荷见守义:《明代巡按"遼東"考》,《九州大学東洋史論集》第34号,2006年。

荷见守义:《明朝遼東總兵官考》,《人文研紀要》第68号,2010年。

荷见守义:《明代巡按山東観察御史の基礎的考察》,《人文研紀要》第72号,2011年。

荷见守义:《明代遼東と朝鮮》,东京:汲古书店,2014年。

河内良弘:《明代遼陽の東寧衛について》,《東洋史研究》第44卷第4号,1986年。

河内良弘:《明代女真史の研究》,京都:同朋舍,1992年。

和田清:《東亞史研究(滿洲篇)》,东京:东洋文库,1955年。

和田清著,潘世宪译:《明代蒙古史论集》,北京:商务印书馆,1984年。

和田正广:《中國官僚制の腐敗構造に関する事例研究—明清交替期の軍閥李成梁—》,北九州:九州国际大学社会文化研究所,1995年。

Henry Serruys, C. I. C. M.著,朱丽文译:《明初蒙古习俗的遗存》,《食货(复刊)》第5卷第4期,1975年。

Hok-lam Chan, Ming Taizu (r. 1368–98) and the Foundation of the Ming Dynasty in China, Burlington: Ashgate Publishing Company, 2011.

胡金平:《晚明"汪汝淳"考》,《基督教文化学刊》2010年第1期。

黄仁宇著,阿风等译:《十六世纪明代中国之财政与税收》,北京:生活·读书·新知三联书店,2001年。

贾敬颜:《五投下的遗民——兼说"塔布囊"一词》,《民族研究》1985年第2期。

箭内亘著,陈捷、陈清泉译:《元代经略东北考》,上海:商务印书馆,1935年。

江嶋壽雄:《明代女直の馬》,《史淵》第63辑,1954年。

江嶋寿雄:《明代清初女直史の研究》,福冈:中国书店,1995年。

姜守鹏:《明末辽东势族》,《社会科学战线》1987年第2期。

姜守鹏:《明代辽东经济》,《社会科学辑刊》1990年第3期。

蒋秀松:《杨木答兀事件述评》,《学习与探索》1983年第3期。

蒋秀松、王兆兰:《关于奴儿干都司的问题》,《民族研究》1990年第6期。

科大卫、刘志伟:《宗族与地方社会的国家认同——明清华南地区宗族发展的意识形态基础》,《历史研究》2000年第3期。

拉铁摩尔著,唐晓峰译:《中国的亚洲内陆边疆》,南京:江苏人民出版社,2008年。

李渡:《明代募兵制简论》,《文史哲》1986年第2期。

李鸿彬:《简论三万卫》,《社会科学战线》1990年第1期。

李鸿彬:《试论皇太极与大凌河之战》,《史学集刊》1997年第1期。

李健才:《明代东北驿站考》,《社会科学战线》1981年第2期。

李健才:《明代东北》,沈阳:辽宁人民出版社,1986年。

李龙潜:《明代军屯制度的组织形式》,《历史教学》1962年第12期。

李龙潜:《明代钞关制度述评——明代商税研究之一》,《明史研究》1994年第4辑。

李路华:《明代三万卫考述》,《社会科学战线》2009年第11期。

李三谋:《明代辽东都司、卫所的行政职能》,《辽宁师范大学学报》1989年第6期。

李学智:《朝鲜史籍中之"移兰豆漫"与明代三万卫考》,《大陆杂志》第12卷第8期,1956年。

李洵:《下学集》,北京:中国社会科学出版社,1995年。

李治安:《元代分封制度研究》,北京:中华书局,2007年。

李智裕:《明代定辽右卫迁治凤凰城探析》,《鞍山师范学院学报》2011年第1期。

辽宁省文物局:《辽宁省明长城资源调查报告》,北京:文物出版社,2011年。

梁方仲:《梁方仲文集——明清赋税与社会经济》,北京:中华书局,2008年。

梁方仲:《梁方仲读史札记》,北京:中华书局,2008年。

梁志胜:《明代卫所武官世袭制度研究》,北京:中国社会科学出版社,2012年。

刘谦:《辽东镇长城及防御考》,北京:文物出版社,1989年。

刘志伟:《从乡豪历史到士人记忆——由黄佐〈自叙先世行状〉看明代地方势力的转变》,《历史研究》2006年第6期。

刘志伟:《在国家与社会之间——明清广东地区里甲赋役制度与乡村社会》,北京:中国人民大学出版社,2010年。

林延清:《论明代辽东马市从官市到民市的转变》,《民族研究》1983年第4期。

铃木正:《明代家兵考》,《史观》1940年第22、23册。

罗尔纲:《绿营兵志》,北京:中华书局,1984年。

罗丽馨:《明代京营之形成与衰败》,《明史研究专刊》1983年第6期。

吕思勉:《吕思勉论学丛稿》,上海:上海古籍出版社,2006年。

马楚坚:《明清边政与治乱》,天津:天津人民出版社,1994年。

毛佩琦:《明代临清钩沉》,《北京大学学报》1988年第5期。

孟森:《明清史论著丛刊》,北京:中华书局,2006年。

孟森:《明元清系通纪》,北京:中华书局,2006年。

绵贯哲郎:《从"归附汉人"转到"汉军旗人"——以"盛京出生"者为中心》,《清史研究》2015年第4期。

绵贯哲郎:《再论祖大寿与"祖家将"》,《吉林师范大学学报》2017年第6期。

明代史研究会编:《明代史研究會創立三十五年記念論集》,东京:汲古书店,2003年。

鸟居龙藏:《奴儿干都司考》,《燕京学报》第33期,1947年。

Niels Steensgaard, The Seventeenth-Century Crisis and the Unity of Eurasian History, Modern Asian Study, Vol. 24, No. 4, 1990.

Pamela Kyle Crossley, A Translucent Mirror, History and Identity in Qing Imperial Ideology, Berkeley: University of California Press, 1999.

彭勇:《明代班军制度研究——以京操班军为中心》,北京:中央民族大学出版社,2006年。

彭勇:《明代北边防御体制研究——以边操班军的演变为线索》,北京:中央民族大学出版社,2009年。

奇文瑛:《论〈三万卫选簿〉中的军籍女真》,《学习与探索》2007年第5期。

清水泰次:《大寧都司の内徙について》,《东洋学报》第8卷第1号,1918年。

清水泰次:《明代の辽东经营》,《东亚》第8卷第1期,1935年。

全汉昇:《中国经济史研究》,北京:中华书局,2011年。

Rossabi, Morris, Two Ming Envoys to Inner Asia, *T'oung Pao*, vol. 62, 1976.

赛瑞斯著,王苗苗译:《明蒙关系Ⅲ——贸易关系:马市(1400—1600)》,北京:中央民族大学出版社,2011年。

司徒琳主编,赵世瑜等译:《世界时间与东亚时间中的明清变迁——世界历史时间中清朝的形成》,北京:生活·读书·新知三联书店,2009年。

寺田隆信著,张正明等译:《山西商人研究》,太原:山西人民出版社,1986年。

松浦章:《明清时代东亚海域的文化交流》,南京:江苏人民出版社,2009年。

宋怡明:《被统治的艺术》,北京:中国华侨出版社,2019年。
苏明扬:《宋元明清时期船"料"的解释》,《海交史研究》2002年第1期。
孙文良:《论明末辽东总兵李成梁》,《明史研究》第1辑,1991年。
孙文良:《明代"援朝逐倭"探微》,《社会科学辑刊》1994年第3期。
孙秀仁、孙长庆:《塔察"国王"与管民千户》,《学习与探索》1980年第1期。
杉山正明:《モンゴル帝國の原像——チンギス・カンの一族分封をめぐって——》,《東洋史研究》第37卷第1号,1978年。
施坚雅主编,叶光庭等译:《中华帝国晚期的城市》,北京:中华书局,2000年。
时仁达:《明代辽东徭役述略》,《黑龙江社会科学》2012年第3期。
时仁达:《明代辽东卫所军役研究》,中央民族大学博士论文,2012年。
陶勉:《清韩中江贸易述略》,《中国边疆史地研究》1997年第1期。
谭其骧:《长水集》,北京:人民出版社,1987年。
谭其骧主编:《中国历史地图集(元·明时期)》,北京:中国地图出版社,1996年,第7册。
田志和:《论清代东北行政体制的改革》,《东北师大学报》1987年第4期。
佟冬主编,丛佩远著:《中国东北史(第三卷)》,长春:吉林文史出版社,2006年。
佟永功:《皇太极与汉军八旗的设立》,《历史档案》2009年第4期。
万明主编:《晚明社会变迁问题与研究》,北京:商务印书馆,2005年。
王景泽:《明末的"辽人"与"辽军"》,《中国边疆史地研究》2003年第1期。
王景泽:《明末佟卜年之狱》,《北方论丛》2011年第3期。
王莉:《明代营兵制初探》,《北京师范大学学报》1991年第2期。
王明珂:《华夏边缘:历史记忆与族群认同》,北京:社会科学文献出版社,2006年。
王世华:《略论明代御史巡按制度》,《历史研究》1990年第6期。
王毓铨:《明代的军户》,《历史研究》1959年第8期。
王毓铨:《王毓铨论集》,北京:中华书局,2005年。
王毓铨:《明代的军屯》,北京:中华书局,2009年。
William S. Atwell, A Seventeenth-century 'General Crisis' in East Asia, Modern Asian Studies, Vol. 24, No. 4, 1990.
巫仁恕:《品味奢华:晚明的消费社会与士大夫》,北京:中华书局,2008年。
吴松弟:《中国移民史·第三卷(隋唐五代时期)》,福州:福建人民出版社,1997年。
吴滔:《县所两相报纳:湖南永明县"四大民瑶"的生存策略》,《历史研究》2014年第

5期。

吴晓林:《社会整合理论的起源与发展:国外研究的考察》,《国外理论动态》2013年第2期。

肖立军:《明代省镇营兵制与地方秩序》,天津:天津古籍出版社,2010年。

肖许:《明代将帅家丁的兴衰及其影响》,《南开史学》1984年第1期。

谢国桢:《清开国史料考》,沈云龙主编:《近代中国史料丛刊》第15辑,台北:文海出版社,1967年。

谢湜:《"以屯易民":明清南岭卫所军屯的演变与社会建构》,《文史》2014年第4辑。

徐斌:《明清鄂州宗族与地方社会》,武汉:武汉大学出版社,2010年。

许大龄:《十六、十七世纪初期中国封建社会内部资本主义的萌芽》,《北京大学学报》1956年第3期。

薛磊:《元代东北统治研究》,北京:社会科学文献出版社,2012年。

岩见宏:《明代の民壮と北边防卫》,《东洋史研究》第19卷第2号,1960年。

杨海英:《山阴世家与明清易代》,《历史研究》2018年第4期。

杨海英:《明清之际辽东佟氏先世考辨》,《民族研究》2019年第6期。

杨武泉:《明清守、巡道制考辨》,《中国史研究》1992年第1期。

杨旸、袁闾琨、傅朗云:《明代奴儿干都司及其卫所研究》,郑州:中州书画社,1982年。

杨旸、孙与常、张克:《明代流人在东北》,《历史研究》1985年第4期。

杨旸:《明代辽东都司》,郑州:中州古籍出版社,1988年。

杨旸主编:《中国的东北社会(十四—十七世纪)》,沈阳:辽宁人民出版社,1991年。

杨旸:《明代东北亚丝绸之路与"虾夷锦"文化现象》,《社会科学战线》1993年第1期。

杨旸:《明代东北史纲》,台北:台湾学生书局,1993年。

杨旸、朱诚如等著,朱诚如主编:《辽宁通史》第2卷,沈阳:辽宁民族出版社,2009年。

叶高树:《清入关前统御汉官的策略》,《史耘》1995年第1期。

叶高树:《明清之际辽东的军事家族——李、毛、祖三家的比较》,《台湾师大历史学报》第42期,2009年。

余清良:《明代钞关制度研究中的四个问题》,《学术月刊》2009年第11期。

于志嘉:《明代军户世袭制度》,台北:台湾学生书局,1987年。

于志嘉:《卫所、军户与军屯——以明清江西地区为中心的研究》,北京:北京大学出版社,2010年。

于志嘉:《帮丁听继:明代军户中余丁角色的分化》,《中研院历史语言研究所集刊》第

84本第3分,2013年。

园田一龟:《明代建州女直史研究》,东京:国立书院,1948年。

佐伯富:《明清時代の民壯について》,《東洋史研究》第15卷第4号,1956年。

赵世瑜:《小历史与大历史:区域社会史的理念、方法与实践》,北京:生活·读书·新知三联书店,2006年。

赵世瑜主编:《大河上下——10世纪以来的北方城乡与民众生活》,太原:山西人民出版社,2010年。

赵世瑜:《时代交替视野下的明代"北房"问题》,《清华大学学报》2012年第1期。

赵世瑜:《旧史料与新解读:对区域社会史研究的再反思》,《浙江社会科学》2012年第10期。

赵世瑜:《卫所军户制度与明代中国社会——社会史的视角》,《清华大学学报》2015年第3期。

赵世瑜、杜洪涛:《重观东江:明清易代时期的北方军人与海上贸易》,《中国史研究》2016年第3期。

张金奎:《明代卫所军户研究》。北京:线装书局,2005年。

张金奎:《明代卫所经历司制度浅析》,《故宫博物院院刊》2007年第2期。

张士尊:《明初辽东二十五卫建置考释》,《鞍山师范学院学报》1994年第1期。

张士尊:《明初辽东二十五卫建置考释续》,《鞍山师范学院学报》1994年第2期。

张士尊:《明代辽东东部山区海岛开发考略》,《辽宁大学学报》2002年第4期。

张士尊:《明代辽东都司军政管理体制及其变迁》,《东北师大学报》2002年第5期。

张士尊:《明代辽东边疆研究》,长春:吉林人民出版社,2002年。

张士尊:《明代辽东都司与山东行省关系论析》,《东北师大学报》2008年第2期。

张士尊:《也论"辽土"与"辽人"——明代辽东边疆文化结构的多元倾向研究》,《社会科学辑刊》2011年第6期。

张士尊:《从近年出土的墓志看海州卫军功集团的兴衰》,《鞍山师范学院学报》2015年第5期。

张士尊:《从墓志看明代海州卫孙氏家族的兴衰》,《鞍山师范学院学报》2020年第3期。

张维华:《明辽东"卫"、"都卫"、"都司"建制年代考略》,《禹贡》第1卷第4期,1934年。

张维华:《明代辽东卫所建置考略》,《禹贡》第1卷第7期,1934年。

张显清:《明代后期社会转型研究》,北京:中国社会科学出版社,2008年。

张祥明:《明代武举新论》,《齐鲁学刊》2011年第3期。

张应强:《木材之流动:清代清水江下游地区的市场、权力与社会》,北京:生活·读书·新知三联书店,2006年。

郑钦仁教授七秩寿庆论文集编辑委员会编:《郑钦仁教授七秩寿庆论文集》,台北:稻香出版社,2006年。

郑天挺:《明代在东北黑龙江的地方行政组织——奴儿干都司》,《史学集刊》1982年第3期。

周远廉、谢肇华:《明代辽东军户制初探——明代辽东档案研究之一》,《社会科学辑刊》1980年第2期。

周远廉、谢肇华:《明代辽东军屯制初探——明代辽东档案研究之二》,《辽宁大学学报》1980年第6期。

周振鹤:《体国经野之道:新角度下的中国行政区划沿革史》,香港:中华书局(香港)有限公司,1990年。

周振鹤:《中国地方行政制度史》,上海:上海人民出版社,2005年。

钟民岩:《历史的见证——明代奴儿干永宁寺碑记校释》,《历史研究》1974年第1期。

后　　记

　　2014年,我在完成博士论文的时候并没有写后记,只是在最后向历史学系和北大图书馆提交的时候补了几行致谢的话。当时有个心愿,即日后如果有出版的机会,我一定会补写后记。

　　7年后,当时的压抑、苦闷仍然记忆犹新。我自2008年进入北京师范大学攻读硕士学位到2014年在北京大学获得博士学位期间,通常早上8点到晚上10点在图书馆或自习室学习。在学期间,我发表了《空位危机、女主干政与嘉靖议礼》《明代的国号出典与正统意涵》《明代辽东与山东的关系辨析》等5篇CSSCI论文,另有《"再造华夏":明初的传统重塑与族群认同》等学术论文4篇与《中国史研究》《中国地方志》的用稿通知2份。然而,我当年找工作的经历却异常艰难。赵世瑜老师、刘浦江老师先后施以援手,帮我联系,但都因为各种各样的原因,没有结果。论文答辩过后,甚至毕业典礼过后,我的工作仍然是个悬而未决的问题。

　　我在攻读博士学位的最后阶段,也就是博士三年级的最后一个学期,基本都是在可能找不到工作的阴霾下度过的。在续写、修改博士论文的过程中,我时而茫然若失,时而悲愤交加。偶尔在学术上有所发现的喜悦,也会迅速被阴郁、消沉的苦闷所淹没。

　　天无绝人之路,在看似山穷水尽的时候,忽然峰回路转。2014年8月,在一次学术会议的最后晚餐上,陈春声老师在得知我虽曾到内师大面试,但尚无最终结果的时候,表示愿意给我一个跟随他读博士后的机会。对我而言,这原本是求之不得的事情,陈老师的善意我也始终铭记在心。不过,综合考虑之下,我还是决定继续等待内师大的消息。事有凑巧,当晚我就收到了去内师大报到的通知。

如今,当我回首往事,我的心里充满感激之情。

感谢赵世瑜老师。硕士阶段,我虽然不在赵老师门下,但也时常向他求学问道。在他的影响下,我放弃秦汉史,改学明史,并对社会史产生了浓厚的兴趣。博士阶段,我有幸在赵老师门下学习,耳濡目染、潜移默化之间受益良多。尤其令我感激的是,当我在研究思路上固执己见时,也能够得到他的理解与宽容。或许正是这种不急于责成的教学方法,才能使他多年前的教诲在我的认识能力与学术能力提高之后产生十分重要的作用。

感谢刘浦江老师。刘老师开设的四库学课程,让我对文献学在历史研究中的重要作用有了更深的认识。刘老师还是我开题、中期、预答辩的评审委员会主席,他提出的宝贵意见,令我深受启发。更重要的是,刘老师对我学术方面的肯定,是我继续前行的动力。

感谢刘志伟老师。2013年,在赵世瑜老师的建议下,我带着博士论文的一部分参加了在中山大学举办的历史人类学研究生研讨班。当时,我问了刘老师一个问题,即如何研究区域社会史。刘老师的回答是,找到区域中的一群人,然后思考他们是谁,他们在做什么,他们为什么要这么做。这个言简意赅的回答,加深了我对区域社会史研究的认识。

感谢陈春声老师。陈老师《从倭乱到迁海》的文章和关于区域社会史的理论探讨对我影响很大。2014年8月的那次关于卫所制度的会议上,陈老师问我:"你研究历史的主要方法是什么?"他还要求我不假思索、立即回答。我几乎脱口而出:"直觉,在阅读大量史料后产生的直觉!"陈老师的提问和对我回答的肯定,让我对这个自己从来没有认真思考过的问题有了较深的认识,提高了我在历史研究方面的理论自觉。

感谢徐泓先生。徐先生对拙文《明代的国号出典与正统意涵》的褒奖激励我继续前行。徐先生拨冗为本书赐序,更令我感激不尽。

感谢我的硕士导师王东平老师,他的教诲令我受益匪浅。他的理解与宽容也让我在硕士阶段可以自由地探索自己感兴趣的研究领域。

感谢商传老师、万明老师、郭润涛老师、张帆老师、彭勇老师等参加我博士论文答辩的老师,以及我博士论文的匿名评审老师。他们提出的宝贵意见,令我深受启发。七年后,在修改博士论文的过程中,他们提出的一些问题以及相应的声音、画面仍然能够在我脑海中重现。虽然我已经竭尽所能地听取了老师们的意见,但能力所限,书中出现的所有纰漏,我文责自负。

感谢崔金柱、崔学森、申斌、毛亦可和刘庆霖。他们在日本帮我复印的研究资料,对我博士论文的写作具有十分重要的参考意义。如果没有他们的帮助,我将无缘看到许多对本书而言十分重要的日文著作。

感谢辽阳博物馆的工作人员。感谢他们在2010年允许我进入正在维修的博物馆,拍摄收藏在那里的碑刻、墓志等珍贵文物。感谢绥中文管所和广宁文管所的工作人员。

感谢邹宝库、温德辉等辽宁文史工作者,与他们的交流,使我深受启发。

感谢李成梁的两位后人。他们带我参观了李成梁家族墓地,并与我进行了较为深入的交流。但愿我对李成梁的客观描述,不会使他们感到不快。

感谢北京大学图书馆、国家图书馆的工作人员,感谢他们在我借阅图书时提供的便利。

感谢陈晓伟牵线搭桥,感谢于永(当年内蒙古师范大学历史文化学院的院长)、布仁(当年内蒙古师范大学人事处的处长)和校领导的果断决策,为我提供了在大学从事教学、科研工作的机会。

感谢内蒙古师范大学历史文化学院对本书出版的资助。

感谢我的妻子。感谢她为了解决我们两地分居的问题,放弃了在山东的教师编制来到内蒙古工作。感谢她在生活上对我的照顾,从而让我可以将更多的时间和精力投入到教学与科研工作之中。

杜洪涛
2021年1月29日
写于内蒙古师范大学盛乐校区专家公寓